ECONOMICS & MANAGEMENT

教育部经济管理类主干课程教材

管理科学与工程系列

Operations Research for Management

管理运筹学

管理科学方法（第3版）

谢家平　梁　玲　田亚明　编著

中国人民大学出版社

· 北京 ·

前 言

管理决策是问题导向的，由管理者进行抉择，体现管理的艺术性特色；而量化分析是辅助管理者正确决策的必要工具，体现了管理的科学性特色。决策意识的科学性对企业管理尤为重要，正确的决策不仅需要科学的决策信息，更需要管理科学提供定量分析解决方法，运用合理的科学分析来改善决策质量，为管理决策的方案选择与优化提供方法技术的支持。

20 世纪 50 年代，一批数学家将运筹学引入我国，率先进行推广与普及。运筹学的数学色彩一直很浓，人们把运筹学看作应用数学，寻求模型算法的完美与精致。管理运筹学着重介绍运筹学的主要方法在工商管理中的实际应用，突出商科的应用性特色。优化算法固然重要，但对于管理者而言，更要突出实用性和通俗化。因此，管理运筹学又称为狭义的管理科学，这门学科主要研究经济和管理活动中能用数量关系描述的管理系统优化问题。学科特点是以定量分析为主来研究管理问题，对管理决策问题进行合理的量化分析，为决策者提供决策依据。目标是在企业经营内外部环境的限制下，实现有限资源效用最大化配置。在国内外的商学院中，管理运筹学作为管理类专业的学科基础课程之一，为管理专业课程提供量化分析工具。

在管理类专业系列课程中，管理运筹学主要是帮助学习者掌握定量分析方法。其工作程序是针对企业管理领域中存在的问题，首先在定性分析的基础上，建立数学量化模型；然后通过运筹学优化软件进行求解；最后对求解结果加以分析与评价，为决策提供定量依据和决策实施过程的策略建议。因此管理运筹学的重点在于模型构建及对结果的评价分析。前者是把实际管理问题提炼为一个合适且可以定量研究的数学模型；而后者是对计算机求解的结果进行参数变化分析，以作出切合实际的管理策略建议。

管理运筹学课程的教学目标在于：培养学员的创造性思维能力，强化结合实际问题建立管理优化模型的能力，强化解决问题的方案或模型的解的分析与应用能力。教师在教学过程中，应重点关注学习者基本优化方法、实践应用能力的培养，淡化数学推证；重视基本理论、基本方法的企业实践决策应用，每讲都要介绍典型应用案例及其分析，形成优化方法、模型介绍和经济管理应用相互融合的学术性和实践性特色。对学习者来说，重点在于将管理实际与方法模型应用相结合，培养理论联系实际的能力，充分借助管理运筹学教学软件进行模型算法求解，而且应该理解各种优化技术的基本原理，掌握其中常用优化模型的建模及其解的分析。

一本教材难以包容所有的模型和算法。本书针对的是商科院校工商管理、物流管理、市场营销、财务管理和人力资源管理等专业的本科生和工商管理专业硕士，本书也可以作为理工科学生了解管理科学方法的自学用书。本书集作者近30年管理运筹学的教学和咨询经验，从管理者视角讲解管理运筹学，为了突出企业管理中的实用性，没有安排随机规划、随机网络和仿真模拟等内容。全书结构清晰合理，体系完整实用，内容丰富新颖，淡化数学算法，强调通用软件求解，突出应用特色。本书先讲解规划论，一是有关不关注时间维度的静态规划，如线性规划、对偶规划、整数规划、目标规划和非线性规划，适用于企业年度综合计划的优化决策；二是关注阶段维度的动态规划，适用于企业进行多阶段决策问题的优化。之后，讲解可以图示化的网络分析和网络计划以及库存模型、决策分析、对策理论和排队理论。

本书自2010年首版以来，承蒙读者喜爱，已经9次印刷。2012年获上海财经大学优秀教材二等奖。第3版修订了前版教材各章的文字表述，全书共12章，沿袭了前版重视将优化模型和实践案例融合，每章都配备典型的例题和应用分析。此次修订更加凸显出其是体现商科类院校实用特色的一本实践性教材，主要体现在：案例引导，实用为要；深入浅出，化繁为简；体系完整，篇幅合理。

本书由上海财经大学谢家平教授、上海对外经贸大学梁玲博士、河北地质大学田亚明副教授组织编写，华东师范大学吕君、山东财经大学刘鲁浩、上海海事大学刘娟娟和孟燕萍、烟台大学赵忠、上海应用技术大学刘娟、浙江林业大学刘笑萍、新疆财经大学林秋萍等老师，上海财经大学博士研究生张为四、夏宇、李璟、迟琳娜、翟勇洪、刘宇熹、陈静，以及硕士研究生张剑云、孙威风、方煦、张忠伦、陈婉雪、潘亚菲、姚勇、樊莹莹、朱傲雪等参与编写或改稿工作。LINDO/LINGO软件应用部分主要由田亚明、武建章和刘宇熹编写。谢家平教授、梁玲博士负责本次改版框架结构的策划和统稿工作。

在编写过程中，阅读并参考了许多国内外的学术论著，借鉴了众多学者的学术见解。文献未能一一列出，在此我们一并表示诚挚的感谢！

目　录

绪　论

管理运筹学是一门研究如何提高系统效率并寻求最优或次优决策方案的学科。运筹学的英文是 operations research 或 operational research，日本将其译作“运用学”，我国香港、台湾将其译为“作业研究”，大陆将其译作“运筹学”，取自汉高祖刘邦对张良的评价“夫运筹策帷帐之中，决胜于千里之外”中的“运筹”二字，充分体现了这门学科“运心筹谋、策略取胜”的精髓。

对管理运筹学的理论研究，美国学者称之为“管理科学”（management science）。1953 年，美国成立了管理科学学会，并创办了《管理科学》杂志，其基本内容是关于管理运筹学的理论研究。20 世纪中期，管理科学主要用管理运筹学来解决实际管理中碰到的优化问题，但 20 世纪后期管理科学发展很快，它已经不仅运用管理运筹学来定量分析一些具体的管理问题，还运用自然科学与社会科学领域的综合性交叉科学来分析。管理科学发展成为运用数学、统计学和运筹学中的量化分析原理和方法，建立数学模型和进行计算机仿真，给管理决策提供科学依据的学科。其核心问题是借助于管理信息系统，通过建立数学模型或计算机仿真，实现管理决策的优化，从而提高管理效益。因此，常把管理运筹学称为狭义的管理科学。

一、发展历史

无论称谓是什么，管理运筹学都是一门新兴学科，但其历史渊源非常久远。管理运筹学的发展历史可粗略分为如下三个阶段。

（一）早期的运筹思想

运筹学的思想和方法在我国古代有过不少记载。例如田忌赛马、丁渭修皇宫和沈括运粮的故事，就充分说明了我国很早就有朴素的运筹思想和方法。

1. 田忌赛马

战国时期，齐王与大将田忌赛马，约定双方各从上、中、下三个等级的马中选出一匹对赛，田忌的马都比齐王的马稍逊一筹，每次赛马田忌总输。有一次，田忌又与齐王赛马，每局赌注一千金。田忌求助于谋士孙膑。孙膑献策：比赛时用田忌的下等马对齐王的上等马（输），用中等马对齐王的下等马（赢），用上等马对齐王的中等马（赢）。结果一负二胜，劣势之下反赢得一千金。由于孙膑运筹有方，田忌终以弱胜强。这个故事告诫管理者，凡事要讲求谋略和策划，才能不断取胜。

2. 丁渭修皇宫

宋真宗年间，皇宫失火，大臣丁渭奉命重建。他摆脱了传统的先清理后重建的思路，命人在城中街道上取土，形成一条大沟，又把汴河水引入沟中，经这条大沟运送各种物料。皇宫营建完毕后，再将拆掉废旧皇宫及营建新皇宫所产生的废弃物回填到沟中，修复大街。他把取土、运料、清废三项既定任务进行统筹规划，既缩短了工程周期，又节省了费用。这个故事告诫管理者，凡事要统筹谋划，相互协调，才能实现系统优化。

3. 沈括运粮

北宋时期，沈括率兵抗击西夏军队的侵扰。他研究军队的人数及其行军的天数与所需粮食之间的数量关系，量化思考挑夫与士兵的配比和行军天数的关系。沈括认为，自运军粮不仅费用多，而且难以载粮远行。通过令人信服的数据论证，他指出军队远征时从敌方获取军粮是最要紧的任务，从而在指挥作战实践中作出“因粮于敌”的决策。

4. 科学管理

科学的发展与生产力水平密切相关，实践的需要是科学进步之母。随着产业革命的深入发展、机器的大规模引入，企业规模不断壮大。种种复杂的管理问题，使得以往的经验管理无能为力，客观上要求对大企业进行系统协调管理，需要专门的职业管理人员，建立各级职能制，代替过去个人的经验管理。在这种背景下，20世纪初，科学管理（scientific management）应运而生。这种管理方法所推行的是按标准操作方法培训工人，实行的是差别计件工资制，明确划分管理职能，使管理工作专业化。另外，这种管理方法对每个作业者规定了合理的工作定额，按其完成的情况来确定工资率，解决了在传统的管理阶段出现的作业者有组织的怠工问题，提高了劳动生产率。

1917年，丹麦工程师爱尔朗（A. K. Erlang)在哥本哈根电话公司研究电话通信时，提出了著名的排队论；同年，美国学者哈里斯（F. W. Harris)应用经济批量（economic lot size）模型进行库存控制；20世纪30年代，沃尔特·休哈特（Walter Shewhart）和道奇（H. F. Dodge)提出通过质量控制（quality control）进行产品质量管理；1939年，苏联学者康德洛维奇（Kantorovich）在解决生产组织与计划问题时提出了类似线性规划的模型。科学家们通过量化分析来解决技术与管理问题，为优化方法的产生奠定了基础。

（二）军事运筹学阶段

作为一门现代管理科学的运筹优化方法，军事运筹学于20世纪40年代前后诞生于英国。这是用数学方法研究各类系统最优化问题的学科，由于在各个领域的巨大作用而广为传播。

第二次世界大战初期，英国陆军在战争中遇到很大挫折，又受到德国空军和海军的封锁，形势十分危急，如何转变战争局势，成为当时亟待解决的问题。在20世纪30年代末期，虽然已成功研制出雷达、高射炮和新式作战飞机等武器，但由于雷达和高射炮之间缺乏科学的合理布局，防空系统的效率并不高。为解决这个问题，英军动员各方力量，首先是发挥科学家的聪明才智，1940年组织了以著名物理学家、诺贝尔奖获得者布莱克特（Blackett）为核心的运筹学小组进行作战研究。该小组包括四位物理学家、两位数学家、三位生理学家、一位测量员和一位军官，形成了11个人的作战研究小组。这个小组研究了一些与作战和武器运用有关的问题，取得了显著效果。效仿英国的做法，美国和加拿大也在军队中设立了运筹学小组，协助指挥官研究战略战术问题。

军事运筹学小组研究了雷达与火炮的布局问题，有效地扼制了德国空军的偷袭；研究了驱逐舰与运输船的编队问题，以及当船队遇到潜艇攻击时如何使损失最小的问题，提出了船队在受到敌机攻击时，大船应急转弯，小船缓慢转向逃避的方法，使中弹率由47%降到29%；研究了运输船上武器防卫系统的配置问题，使运输船的损失率由25%降到10%；研究了反潜艇深水炸弹的合理深度，使德国潜艇被摧毁数增加了400%；研究了轰炸机与战斗机的组合编队问题，提高了轰炸目标的成功率。这一时期有来自各个领域的科学家从事军事运筹活动，取得了辉煌的战果。

（三）管理运筹学阶段

第二次世界大战结束之后，各国经济都亟待恢复，而由于战争的破坏和损耗，经济建设所需资源严重短缺。因此，合理调配资源并充分利用稀缺资源以取得最佳经济效果成为关键问题。那些战时在军事运筹学小组工作过的科学家，逐渐认识到这些问题与战争中曾面临的问题类似，只是具有不同的现实环境而已。从事军事运筹学研究的许多科学家转向了经济建设问题的研究，有些人回到大学，针对原先建立的运筹优化方法开展基础理论研究和传授，有些人则受聘于企业，使运筹优化方法在企业管理方面的应用有了长足进步，重点集中在如何用一定的投入得到更多的产出或一定的产出如何用更少的投入来实现，以实现资源最优分配。一些大公司率先建立了管理运筹学组织，如美国联合钢铁公司的运筹优化组织成员超过100人，英国国家煤炭局约有100人，英国石油公司约有50人，后来一些中型企业也设专人从事管理运筹工作。许多大学开设了管理运筹学或管理科学方法课程。之后，随着计算机的问世和普及，管理运筹学逐渐发展成为一个门类齐全、理论完善、应用广泛的学科。不仅在军事和企业部门，而且在政府、银行、医院、科研、教育等领域都有广泛的应用。

20世纪50年代中期，钱学森、许国志等将运筹优化方法引入我国，结合我国特点推广应用。以华罗庚为首的一大批数学家加入运筹优化研究队伍，巡回演讲，推广统筹法和优选法。这门学科在我国制造、建筑、物流、航空、宾馆、邮政等行业都有应用。在运输方面，我国学者提出了表上作业法；在研究邮递员投递路线时，管梅谷提出了“中国邮递员问题”。改革开放以来，管理运筹学被列为经济管理及部分技术专业的必修课，管理运筹学的推广应用又前进了一大步。

二、学科作用

从学科发展历史可以看出，管理运筹学是用数量方法研究管理系统最优化问题的学科。它因现实中的需要而诞生，又因实用性强而发展。尽管管理运筹学学界同仁从不同的角度给出了不同的定义，但基本点是一致的，即对管理系统的资源进行统筹安排，为决策提供有科学依据的最优方案建议。

（一）量化管理的重要性

决策意识的科学性对企业的经营层和管理层尤为重要。美国企业协会的一项调查报告显示，在企业的成功要素中，观念意识占47%，企业文化占35%，技术优势仅占18%。观念意识对于美国的企业家尚且如此重要，对中国企业管理者而言，更应思考成功决策意识和正确决策意识的选择问题。这两种决策意识的差异在于对决策失误风险的态度。常言道：没有风险就没有收益。但是如果追求单次决策的成功，而不注意损失风险的承受能力，长期下去终将走向失败。所以，每次决策都要谨慎思考损失风险的承受能力，这才是正确的决策理念。每次都获得一定的收益，而不是单纯追求高风险高回报，长期坚持下去企业将会逐步成长与发展。这就需要定量测度损失风险，而不只是凭经验直觉进行决策。

从定性分析到定量分析，数量界限很重要，量变可引起质变。H. 詹姆斯·哈林顿（H. James Harrington）认为量化管理是第一步，只有量化才能有效实施控制，并最终实现改进。如果管理问题不能被量化，就不能正确认识和理解它；如果不能正确理解，就不能控制；如果不能控制，也就无法改进。

作为狭义管理科学的管理运筹学，就是对与定量因素有关的管理问题通过应用科学的方法进行辅助管理决策的一门学科。其目的在于用科学方法分析管理问题，为管理者决策提供依据，目标是在企业经营内外部环境的限制下，实现资源效用最大化配置。

（二）量化思考使人理性

冰淇淋实验的决策思考。冰淇淋A有70克，装在50克的杯子里，看上去要溢出了；冰淇淋B有80克，装在100克的杯子里，看上去还没装满。单凭经验判断，相信眼见为实，在相同的价格上，人们普遍选择A，然而事实上B的价值更大。没有数量的界定，我们单凭观察，很难正确区分出重量的差异，所作出的购买决策也就不是理性决策。如果量化思考，根据它们的重量，理性选择应该是B。

听一场音乐会的决策思考。网上订票的票价为500元/人，不去可以网上退票。

情况 1：在你就要出发的时候，发现最近买的价值 500 元的电话卡丢了，你是否还会去听这场音乐会呢？情况 2：假设上周网上支付 500 元获得今晚音乐会的交费取票单，而在你出发时，发现取票单丢失，如果去听音乐会，就必须再花 500 元买票，你去还是不去呢？调查表明，对于情况 1 而言，大部分的回答者仍旧会去听；但对于情况 2 而言，结果却是大部分人回答说不去了。这两种情况，就资金损失而言，都是1 000 元，为什么人们的选择不同呢？这就是人们没有进行量化思考的非理性决策的结果。

（三）量化分析辅助决策

如果问提高企业利润的策略有哪些，你的回答可能非常零乱。量化分析就可以帮你理清思路。在盈亏平衡分析中，企业实现的税前利润等于销售收入减去运作费用支出，如图 0-1 所示。

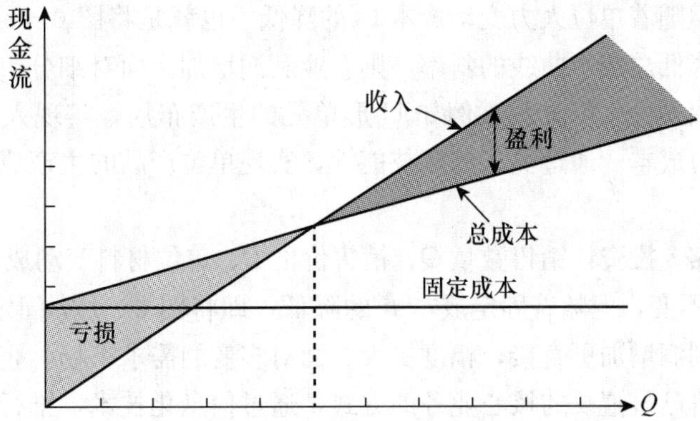

图 0-1 盈亏平衡分析

销售收入是销售价格 P 和销售数量 Q 的乘积；运作费用按成本类型分为固定成本 F 和变动成本 C；变动成本又细分为单位材料成本 C_m 和单位人力成本 C_h。因此，企业利润 I 的数量关系可以表述为：

$$I=(P-C_m-C_h)Q-F$$

为了提高企业的盈利，主要策略如下：

策略 1 售价：销售数量 Q、固定成本 F、单位材料变动成本 C_m 和单位人力变动成本 C_h 不变，但销售价格 P 上涨，则利润提高。为了通过提价获得更大利润，企业需要创造相对垄断的市场，应采取领先者战略，开发竞争对手难以推出的创新产品，实现差异化，从而获得竞争优势。请大家注意：采取追随者战略是难以通过提价获取利润的。除了价格弹性小的产品，由经济学的供求关系可知，需求是价格的函数，价格提高，需求量降低，利润不会增长。

策略 2 规模：销售价格 P、固定成本 F、单位材料变动成本 C_m 和单位人力变动成本 C_h 不变，但随着销售数量 Q 的增加，即图 0-1 中销售数量向右移动，则利润额更大。面对需求比较稳定的大规模市场，企业为了增加利润，需要采取扩大规模的策略，通过大量生产的规模化经营来实现。然而，面对细分市场，如何实现规模经济呢？这就需要分析细分市场的产品差异特性，把各细分市场所需产品的共同部分（通用性产品），按大量生产来实现规模化经营；而把各细分市场产品差异化的部分，采取成组技术或延迟化策略，按订单装配成型，实现范围经济，从而在产品的规模上实现利润增长。

策略3成本：销售数量Q、销售价格P、固定成本F和单位人力变动成本C_h不变，但随着单位材料变动成本C_m的降低，即将图0－1中总成本曲线向下压，以降低总成本曲线的斜率，企业采取低成本竞争策略实现利润增加。面对大规模市场，低成本才有低价格，低价格才能争取到用户。企业为了增加利润，采取机械化生产方式，实现物尽其用，提高材料利用率和产品合格率，从而使单位产品的生产成本降低，获得第一利润源。

策略4效率：销售数量Q、销售价格P、固定成本F和单位材料变动成本C_m不变，但随着单位人力变动成本C_h的降低，也就是将图0－1中的总成本曲线向下压，以降低总成本曲线的斜率，则企业利润增加。面对细分市场，企业为了增加利润，采取柔性生产方式，例如U形单元的生产布局，实现人尽其用，降低单位产品的人力成本。通过员工的多技能性，实现单位产品的生产成本降低，获得第二利润源。

策略5投资：销售数量Q、销售价格P、单位材料变动成本C_m和单位人力变动成本C_h不变，但随着固定成本F的降低，即将图0－1中固定成本曲线向下平移，则企业利润增加更直接，幅度更大。面对多变的需求市场，企业为了增加利润，采取只做自己最擅长的核心业务的方式，通过信息化技术，推行非核心业务外包，实现固定成本大幅降低；或者通过信息网络化技术和第三方物流技术，推行供需双方的合作，在小批量供货降低库存成本的同时，采取并单组合运输实现规模效应，达到材料采购和成品流通领域的物流运作成本的降低，获得第三利润源。

例如，某企业今年的财务数据如下：销售收入1 100万元，物料成本700万元，员工工资200万元，管理费用100万元，可以计算得现在税前利润为100万元。如果企业明年的经营目标是税前利润增加50万元，则利润实现的方法有：（1）销售收入增加50%；（2）员工工资减少25%；（3）管理费用减少50%；（4）物料成本减少7.1%。量化分析之后容易找到实现方法及其组合。如果选择降低物料成本，则只需将采购、运输或仓储等物料作业成本降低7.1%，容易实现；如果选择裁员，需要裁减25%的人员，又要保证原有生产任务如期完成，显然难度较大；如果选择增加销售收入，需要把销售数量扩大50%，难度可能更大。

三、学科性质

长期以来，运筹学研究中有两种不同的倾向：一是把运筹学看作应用数学，寻求模型算法的完美与精致；二是将运筹学看作解决现实问题的方法，只要能够解决问题，都在应用之列。优化算法研究固然重要，但对于管理者而言，更要突出实用性和通俗化。因此，管理运筹学被称为狭义的管理科学，关注的重点在于各种优化方法的管理实践应用，解决具体的实际管理问题。它是一门应用性学科，要突出其实用性，是科学、量化的决策方法。

（一）研究对象

管理运筹学的研究对象是经济和管理活动中能用数量关系描述的有关运营、规划与组织管理问题及其解决的理论模型和优化方法实践。管理运筹学通过对管理问题的识别与分析，透过各种因素之间错综复杂的数量关系，选择主要作用因素，建立合适的量化模型，运用计算机软件实现算法的优化求解，从而得到合理方案的决策建议。

同时，主因的识别和量化需要多学科、多部门和多人员的密切合作，相互协调地解决问题。从全局的角度分析管理问题，即从系统全局的视角来思考哪些是主要因素，主要限制又是什么，以此为基础建立量化关系模型，寻求解决问题的方法和途径，力图找到一个最有利于系统整体效益的方案。

例如，在现有的资源约束或市场需求约束条件下，确定企业生产任务的产出计划，以谋求生产总利润最大或生产总成本最小。又如，运输问题中，确定合理的调运方案、运输线路或运输工具，使总运输成本最小或运输效率最高。再如，仓储问题中，分析物资的供需特性，确定合理订货批量或库存水平，使得与储存有关的费用之和最小。或如人员配比问题中，对人员的需求进行预测分析，确定合理的人员编制，根据现有人员合理地进行任务指派等。

（二）学科特点

（1）强调科学性和定量分析。应用管理运筹学解决实际问题时，应进行科学的定量和定性分析，强调以定量分析为基础的可靠性和科学性，避免想当然，尽量寻求最好的结果，即达到通常所说的最优。在实践中有时“最优”过于理想化，难以达到，这时也可用“次优”或“满意”取代。

（2）强调应用性和实践性。管理运筹学是一门面向应用的实践性学科。既要对企业经营面临的各种问题进行创造性的科学研究，又涉及组织的实际管理问题。离开实践，它就失去了存在的价值和意义，它的任务就是为决策者提供合理的建议和方案。

（3）强调从整体上进行把握。把所要解决的问题看作一个系统，而不是孤立地去认识它。要考虑到有关的各种主要因素和条件，从相互联系中尽量全面地去考察问题，强调总体效果，而不是某个方面的局部最优。它总是使系统的产出最大化，使投入与产出的比例实现最佳配置。

四、工作程序

管理运筹学采取科学的研究方法，分析与定量因素有关的管理问题，从而辅助管理决策。科学方法具有客观性、现实性、规范性、概括性，这就需要减少人为主观倾向、反映现实问题、遵从研究范式、抽象主要因素。处理过程遵循识别问题、量化分析、建立模型、软件求解、结果分析等程序，如图0-2所示。工作程序的每一个步骤都要扎扎实实地进行，任何疏忽大意都可能导致量化管理工作的失败。

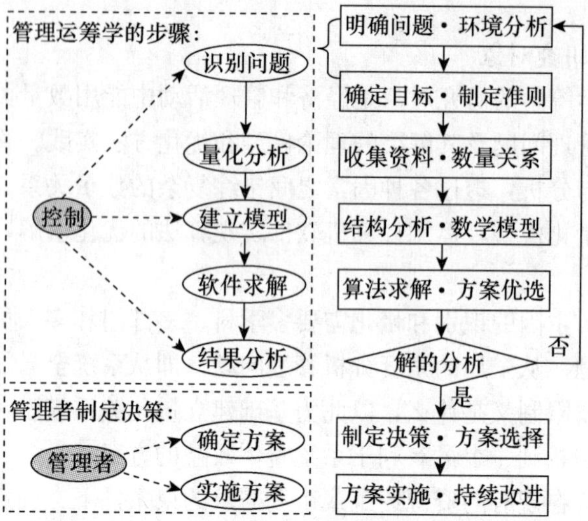

图0-2 科学研究方法的程序

（一）识别问题

弄清要解决的问题，明确预期实现的目标。管理运筹学的目的就是解决经济管理过程中的现实问题，要解决问题就必须先确定问题。一旦明确了需要解决的问题，就必须从客观事实出发分析问题。首先，确定当前提出的问题能否通过现有的技术和资源条件解决，如果不具备技术可行性，提出的问题就无法圆满地解决。另外，需要确定解决这个管理问题的经济成本，即收集资料、建立模型、算法求解、结果分析等方面的费用支出是否可以接受，会不会因经费所限而难以完成。

（二）量化分析

分析所处环境和约束，取得统计数据资料。在定性分析的基础上，进行数据统计与关系量化分析，这是管理运筹学分析问题的关键程序。因此，为了更真实地反映现实问题，建立模型前需要收集大量的数据资料。收集数据与量化分析两者是紧密联系的。我们根据拟采用的模型筛选主要因素，进而收集和整理有关数据，梳理数量关系，必须强调所使用数据的客观性和精确性。若不能获取正确的数据，即使所用模型能正确表述实际管理现象，也将导致错误的结果。对于大型问题，收集准确的数据是一项费时费力的艰巨工作。

（三）建立模型

管理模型是对管理问题的抽象和简化。定量优化一般需要抽象为数学模型或仿真模型，并以数学模型为主。数学模型是对现实管理系统结构和行为的一种定量描述和本质抽象，它包含参数、变量或随机因素，构成决策目标和限制条件的函数关系。因此，主要任务在于确定决策变量、建立目标函数、构造约束方程，从而得出合适的数学模型。目标函数可以是单目标，也可以是多目标；目标可以是极大极性，也可以是极小极性。限制条件根据问题的性质和决策者的意愿确定，一般是多个约束，称为约束条件。若模型不含随机因素，称它为确定性模型，否则称为随机性模型。当变量只取离散值时，称为离散模型，否则称为连续模型。实际问题通常比较复杂，而模型只是根据一些理论和前提条件对现实问题的简化表述。因此，建立的模型往往要经过多次修改才能在允许的限度内符合实际情况。实际上，有时由于难以得到足够的数据而必须改变拟采用模型的结构或类型。

（四）软件求解

随着科学技术的进步和管理水平的提高，现代管理人员和数学模型打交道的机会越来越多。但对于一般的管理者来说，也并不要求深入到建立复杂的数学模型和求解中，只要求能有效地利用常用的各种模型和算法就可以了。一个只要求少量数据但适用的近似算法，往往比一个虽然更精确但对数据要求太高的模型算法更受欢迎。模型算法的实用性是管理科学学者需要牢记的准则。至于模型求解的过程可以利用专门的计算机软件来完成，这不是管理者关注的重点，而是理论研究者的领域。

（五）结果分析

由于模型和实际之间总是存在一定的差异，因此必须通过验证和解的分析进行检验。检查建模的变量、目标和约束是否恰当，算法求解过程有无错误，分析求解结果是否符合现实问题。尤其是模型的参数多是统计或预测的，本身会存在误差或变动，这就需要对所得的解进行灵敏度分析，分析这些参数的允许变化范围，考察参数值变动对所得结论的影响，从而指出优化方案在实施过程中需要重点监管的因素。对于敏感性的模型参数，在实践过程中需要重点关注，而非敏感性因素只需一般关注。在将参数的实际变化和允许变动范围进行比较后，可以作出是否进行方案调整的执行决策。因此要将求解结果表现为管理人员能够理解和执行的形式，保证问题的解决。

之后的程序是实际方案的确定和方案的实施，这是管理者决策和执行的问题，不属于管理运筹学的决策范围。

五、学科体系

量化理论和方法模型来源于实践，服务于实践。为了理解学科体系的构成，我们先梳理企业管理中常见的管理决策问题。

（一）管理问题

管理问题有很多，不同企业遇到的管理问题可能不同，常见的企业管理问题如

表0－1所示。

表0－1 企业管理中的常见问题

问题类型	典型的管理问题
需求预测	产品的市场需求量有多大？需求类别如何？对企业盈利有何影响？
生产计划	在有限资源约束下，生产什么、生产多少获利最大？
资源配置	需要哪些资源？如何进行最优配置？资源紧缺程度如何？以什么代价获取？
作业排序	作业的重要次序如何？作业的顺序安排如何？
市场营销	广告预算、媒介选择、产品定价、销售计划等如何安排？
运输问题	最佳运输线路是哪条？物流配送积载如何优化？物流设施布局如何设置？
设施选址	运营点如何选择？需要哪些运营设施？设施如何布局？
库存控制	应保持多大库存量？何时应进行订货？订货批量多少为宜？
项目规划	项目工期多长为宜？哪些作业起关键性作用？资源如何分配？
设备更新	设备运转状况如何？运行可靠性如何？何时以及如何更新或改造？
人力资源	人员需求预测状况如何？技能要求如何？编制与任务指派情况如何？绩效测评结果如何？人员留用多长时间？
财务资金	投放资金的数量为多少？从何处融资？资金成本是多少？
排队问题	队列多长？有无容量限制？多少服务台为宜？能提供什么水平的服务？

对这些问题的定量分析和优化，可以借助管理运筹学的定量分析理论和方法。

（二）学科内容

管理运筹学经过半个多世纪的发展，已经形成了一个完整的知识体系，如表0－2所示。

表0－2 管理运筹学的主要内容

模型类型	解决的典型办法
线性规划	在线性目标和约束条件间取得最优化结果
整数规划	在线性目标和约束条件间寻求整数决策最优
目标规划	在相对立的目标间寻得多目标妥协的满意解
非线性规划	在非线性目标和约束条件间取得最优化结果，即目标函数与约束函数中至少有一个是决策变量的非线性函数
动态规划	寻求多阶段动态系统的整体决策优化问题
网络分析	寻求网络路径、流量分布、网络瓶颈及其改进
网络计划	用各种作业和结点的网络排列来说明项目实施计划
库存模型	寻求订货、储存和缺货等库存成本降至最低的经济批量
管理决策	依据决策准则权衡比较备选方案的决策结果
对策理论	研究多个决策主体的行为发生相互作用下的决策行为以及这种竞争性行为的最终结局
统计方法	从一个抽样得到普遍结果的推论和曲线拟合
排队理论	分析正在等待的队列特点及其运行指标
仿真模拟	动态观察复杂的管理问题的行为，模拟管理系统的结构关系

随着管理运筹学科的发展，有些分支逐渐成熟而独立成为一门学科，如随机理论、马尔科夫过程、系统分析等；有些则被其他学科所吸收，如预测、抽样、回归

分析被统计学吸收，盈亏平衡分析被管理会计吸收，对策论被经济博弈论吸收，排队理论被运营管理吸收，等等。由于管理运筹学作为管理科学方法的学科支持特性，这种趋势还将继续。

一本教材难以包容所有的模型和算法。为了突出企业管理中的实用性，本书没有编入随机规划、随机网络和仿真模拟。本书先讲解规划论，一是不关注时间维度的静态规划，如线性规划、对偶规划、整数规划、目标规划和非线性规划；二是关注阶段维度的动态规划。之后，讲解可以图示化的网络分析和网络计划以及库存模型、决策分析、对策理论和排队理论。

（三）学科应用

管理既是科学又是艺术，低层管理科学成分较多，高层管理艺术成分较多；运营管理需较多管理科学，人力资源管理需较多管理艺术；例行管理需要较多管理科学，例外管理需要较多管理艺术。管理决策是问题导向的，由管理者制定决策，但需要科学的决策信息；管理科学提供定量解决方法，运用合理的科学分析来改善决策的制定，为管理决策的方案选择与优化提供方法技术的支持。在企业管理中，管理科学主要用于解决职能层面的管理问题，如需求预测、生产计划、作业排序、进度安排、库存控制、方案优选、设施选址，以及人员测评、任务分配、产品定价和投资优化等，如图 0-3 所示。

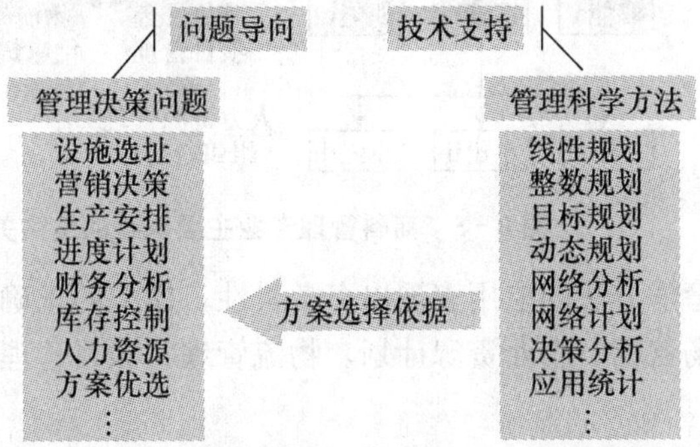

图 0-3 管理决策问题与管理科学方法之关系

六、学习要求

要把学习重点放在结合管理实际的应用上，不要被一些概念、理论的困难吓倒，要用好计算机这个强有力的计算工具。

（一）学科地位

管理运筹学的基础知识，是以数学知识（高等数学、概率统计、线性代数等）、技术科学（如加工技术、工程技术、信息技术等）、管理学科基础理论（如经济学、管理学、行为科学）为基础（如图 0-4 所示），以计算机为解题的手段。为了学好管理运筹学相关理论和方法，学习之前应对数学和管理学相关基础知识进行概览性的温习。管理运筹学与计算机的发展密切相关，没有计算机学科的发展，也不可能有管理运筹学的推广和应用。

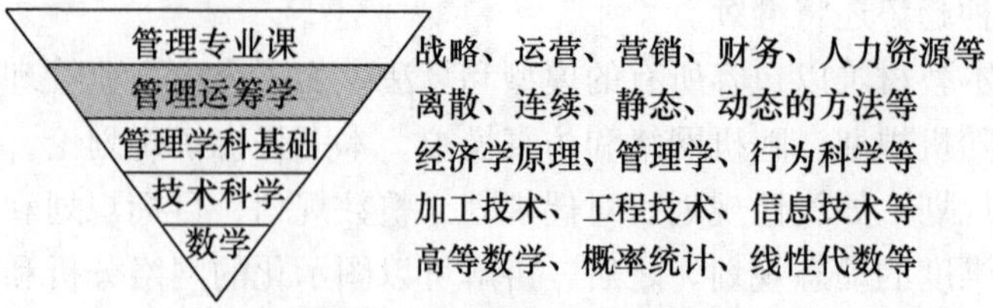

图0-4 管理运筹学的学科地位

管理运筹学是一门应用性的方法类学科，在商科管理专业主要课程中，其后续课程为运营管理、市场营销、质量管理、物流管理、供应链管理、项目管理等管理专业课程，如图0-5所示。

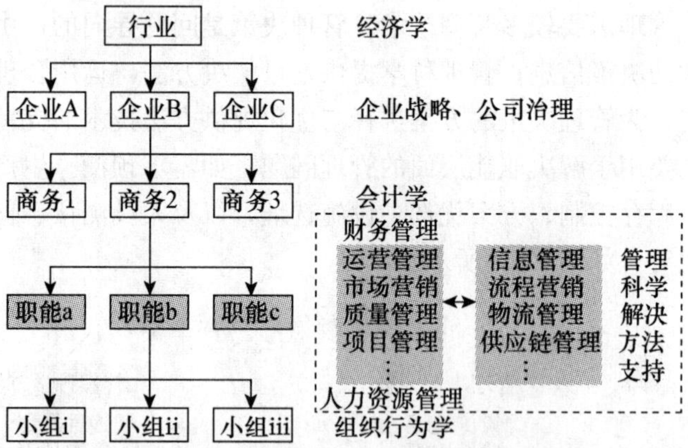

图0-5 商科管理专业主要课程的结构关系

管理运筹学方法的应用表现出多学科性，模型的正确应用会涉及财务管理、运营管理、市场营销、企业资源计划、物流管理、项目管理等学科知识。

（二）如何学习

重点在结合管理实际的方法模型应用，培养理论联系实际的能力，强化结合实际问题建立管理优化模型的能力，强化解决问题的方案或模型之解的分析与应用能力，充分借用管理运筹学教学软件进行模型算法求解。

第1章 线性规划

Chapter 1

学习要点

- 掌握线性规划模型的结构及建模步骤
- 理解线性规划的图解法及解的可能性
- 了解线性规划的标准型及其转换方法
- 掌握线性规划的单纯形法和解的判定
- 理解目标函数和约束条件的表达技巧
- 了解企业管理中线性规划模型的应用

引导案例

某市一家汽车制造厂的主营业务为机动车的生产加工制造，主要工艺流程为：冲压—焊接—涂装—总装。该厂生产的成品汽车型号多样，可满足多行业的运输需求。全国市场占有率为10%，年实现利润可达6.5亿元。

近年来，新能源汽车的发展使其对环保的重要性提高，政府大力支持汽车制造企业转型，尤其有利于规模较大的制造商。因此为了扩大市场占有率，进一步提高企业知名度，为下一步开拓市场做好准备，该厂拟对主营业务再制造分厂实行资产经营，要求有关部门拿出一份经营报告书。要求明确分析的问题包括：最大盈利能力；合理的制造计划；年汽车专用钢进口总量；等等。

如果你是该部门主管，在掌握各环节详细数据的基础上，你会从哪几个方面分析问题？这份报告如何写才能获得实行资产经营的资格？

第1节 线性规划的数学模型

线性规划（linear programming，LP）是运筹学中最成熟的一个分支，并且是应用最广泛的一个运筹学分支。线性规划属于规划论中的静态规划，即单周期决策，是一种重要的优化工具，能够解决有限资源的最佳分配问题。历史上，由线性规划引申出的很多概念，启发了数学优化理论的核心概念，如“对偶”“凸性”等。同样，在微观经济学和商业管理领域，线性规划大量应用于解决各种情况下的有限资源的最佳分配问题。

线性规划问题最早由苏联学者康德洛维奇于1939年提出，但他的工作当时并未广为人知。第二次世界大战中，美国空军的一个研究小组在研究战时稀缺资源的最优化分配这一问题时，提出了线性规划问题。到1947年，乔治·丹齐格（George Dantzig）开发了一种解决线性规划问题的有效方法——单纯形法（simplex method），使线性规划在理论上趋于成熟，应用日益广泛。自单纯形法开发出来，银行、教育、林业、石油和运输等各种行业就一直在用线性规划解决最优化问题。特别是在用计算机处理具有成百上千个约束条件的大规模线性规划问题后，其适应性更强，应用更加广泛和深入。

在运用线性规划方法解决企业运营中的实际问题时，需要先将实际问题转化为数学问题，即通过建立数学模型、运用数学方法去解决问题。同时，不同类型的企业运营、决策现状、产生的问题等不尽相同，针对种类繁杂的问题则需要建立不同的线性规划模型去应对。本章将通过具体的案例来学习线性规划的建模方法和解题思路。

一、线性规划的三个要素

在学习如何求解线性规划问题，使用线性规划工具之前，首先要了解线性规划问题的三个要素：决策变量、约束条件、目标函数。这是认识线性规划问题的前提与基础。

决策变量（decision variable）是决策问题待定的量值。决策变量应当完全描述出此问题应当作出的决策，按照实际应用取值一般为非负，但从理论研究的角度也有可能是负值。

约束条件（constraint conditions）是指决策变量取值时受到的各种资源条件的限制。因为任何管理决策问题都是限定在一定的条件下求解，把各种限制条件表示为决策变量的一组等式或不等式，成为决策方案可行的保障。特别需要注意的是：线性规划中的约束条件均为决策变量的线性函数。

目标函数（objective function）是指决策变量的函数表达式，表示决策者希望实现的目标。它是衡量决策优劣的准则，例如利润最大化、成本最小化、时间最短等。线性规划的决策目标是单一的；同时，目标函数也是决策变量的线性函数。与决策准则对应的是，有的目标要实现极大值，有的则要求极小值。目标函数中变量的系数称为价值系数，反映出每个决策变量单位取值对目标的贡献程度。

二、线性规划模型

线性规划模型是目标函数和约束条件都是决策变量的线性函数的最优化数学模

型。根据线性规划问题三要素的特点，合理确定决策变量是模型建立过程中重要的一步，一旦界定了决策变量，在满足决策变量的非负性（在实际运用中）的前提下就可以构造出线性目标函数以及一组线性的约束条件。线性规划的应用范围广泛，涵盖生产计划、合理资源配置、物流优化和经济规划等领域的问题，下面通过两个实际案例来进一步说明线性规划的建模过程。

（一）线性规划一般模型

［**例 1-1**］　生产计划问题。某厂生产甲、乙两种产品，生产工艺路线为：各自的零部件分别在设备 A，B 加工，最后都需在设备 C 装配。经测算得到相关数据如表 1-1 所示。

表 1-1　　甲、乙单位产品的生产消耗

设备	工时消耗（小时）		工时成本（元/小时）	生产能力（小时）
	产品甲	产品乙		
A	2	0	20	16
B	0	2	15	10
C	3	4	10	32

据市场分析，甲、乙单位产品的销售价格分别为 73 元和 75 元，试确定获利最大的产品生产计划。

解　建立模型过程如下：

（1）决策变量：此问题是要确定甲、乙两种产品的产量，这些待定的量值就称为决策变量。设

x_1＝生产甲产品的产量

x_2＝生产乙产品的产量

（2）约束条件：生产产品受到现有设备能力的制约，能力需求量不能突破有效供给量。

如果只考虑目标函数，则随着决策变量 x_1 和 x_2 值的增大，目标函数的值也会很快地增大，但是决策变量 x_1 和 x_2 的值受到三种设备加工能力的限制。

约束条件 1：生产单位甲产品需消耗 2 小时的设备 A，设备 A 加工能力不能超过 16 小时，则设备 A 的约束条件表达为：

$$2x_1 \leqslant 16$$

约束条件 2：设备 B 的加工能力约束条件表达为：

$$2x_2 \leqslant 10$$

约束条件 3：设备 C 的装配能力也有限，其约束条件表达式为：

$$3x_1 + 4x_2 \leqslant 32$$

（3）目标函数：目标是企业利润最大化，用 Z 表示利润。

根据ABC作业成本法，由表1-1的数据可以计算出产品的生产成本。生产单位甲产品，需要消耗设备A的小时数为2，设备C的小时数为3；而设备A的单位小时成本为20元，设备C的单位小时成本为10元，因此单位甲产品的生产成本为70元（2×20+3×10），即单位甲产品的获利为3元（73−70）。同理。单位乙产品的生产成本为70元（2×15+4×10），即单位乙产品的获利为5元（75−70）。

企业生产总利润是决策变量 x_1 和 x_2 的线性函数，即

$$\max Z=3x_1+5x_2$$

（4）非负约束：甲、乙产品的产量为非负，表述为：

$$x_1\geqslant 0,\ x_2\geqslant 0$$

在线性规划数学模型中，决策变量的取值一般会有符号的限制，但如果决策变量的取值可以取任意值，既可以取负值，也可以取正值，称该决策变量为无约束变量或自由变量。一般而言，从生产的角度，决策变量的取值都应满足非负的约束。

综上所述，该问题的线性规划模型可以表示为：

$$\max Z=3x_1+5x_2$$

$$\text{s. t.}\begin{cases}2x_1\leqslant 16\\ 2x_2\leqslant 10\\ 3x_1+4x_2\leqslant 32\\ x_1,x_2\geqslant 0\end{cases}$$

“max”是英文单词“maximize”的缩写，含义为“最大化”；“s. t.”是“subject to”的缩写，表示“满足于……”。因此，上述模型的含义是：在给定的条件限制下，求使得目标函数 Z 达到最大的 x_1，x_2 的取值。

满足上述全部约束的 x_1 和 x_2 的任意值构成了一个可行解集，否则就是不可行解集。线性规划模型的目标是寻找到最优的可行解，称为最优解。如上例确保生产总利润达到最大的产量组合。

［例1-2］ 物资运输问题。某产品公司有2个货源地分布在2座城市 W_1，W_2，有3个区域目标市场（销地或销售商）R_1，R_2，R_3。已知各货源地的产量、各销售商的销售量及从 W_i 到 R_j 的每吨产品运费为 C_{ij}，见表1-2。为发挥集团优势，公司要统一筹划运销问题，求运费最小的调运方案。

表1-2 **各厂运量分布** 单位：吨

货源地	销地			产量
	R_1	R_2	R_3	
W_1	3	4	5	15
W_2	2	2	3	5
销量	5	10	5	

解 建立模型过程如下：

(1) 决策变量：设从 W_i 到 R_j 的运输量为 x_{ij}。

(2) 目标函数：目标是运费最小化，用 Z 表示运费，则

$$\min Z=3x_{11}+4x_{12}+5x_{13}+2x_{21}+2x_{22}+3x_{23}$$

(3) 约束条件：产量之和等于销量之和，故要满足以下条件：

供应平衡条件：

$$\begin{cases}x_{11}+x_{12}+x_{13}=15\\x_{21}+x_{22}+x_{23}=5\end{cases}$$

销售平衡条件：

$$\begin{cases}x_{11}+x_{21}=5\\x_{12}+x_{22}=10\\x_{13}+x_{23}=5\end{cases}$$

非负性约束：

$$x_{ij}\geqslant 0,\quad i=1,2;\ j=1,2,3$$

因此，该问题的线性规划模型可以表示为：

$$\min Z=3x_{11}+4x_{12}+5x_{13}+2x_{21}+2x_{22}+3x_{23}$$

$$\text{s. t.}\begin{cases}x_{11}+x_{12}+x_{13}=15\\x_{21}+x_{22}+x_{23}=5\\x_{11}+x_{21}=5\\x_{12}+x_{22}=10\\x_{13}+x_{23}=5\\x_{ij}\geqslant 0,\quad i=1,2;\ j=1,2,3\end{cases}$$

综上，通过这两个案例，可以看出线性规划的一般模型可以表示为用一组非负决策变量表示的一个决策问题；存在一组等式或不等式的线性约束条件；有一个希望达到的目标，可表示成决策变量的线性函数，可能是最大化，也可能是最小化。线性规划的一般模型代数式如下：

$$\max(\min)Z=c_1x_1+c_2x_2+\cdots+c_nx_n$$

$$\text{s. t.}\begin{cases}a_{11}x_1+a_{12}x_2+\cdots+a_{1n}x_n\leqslant(=,\geqslant)b_1\\a_{21}x_1+a_{22}x_2+\cdots+a_{2n}x_n\leqslant(=,\geqslant)b_2\\\cdots\cdots\\a_{m1}x_1+a_{m2}x_2+\cdots+a_{mn}x_n\leqslant(=,\geqslant)b_m\\x_1,x_2,\cdots,x_n\geqslant 0\end{cases}$$

式中，$Z=c_1x_1+c_2x_2+\cdots+c_nx_n$ 为目标函数；x_1，x_2，…，x_n 为决策变量；c_1，c_2，…，c_n 为目标函数系数；a_{mn} 为决策变量约束系数；b_m 为右端约束系数。

（二）模型隐含假定

作为严密的数学模型，线性规划蕴含着以下假定。

（1）线性化假定。当且仅当对于某组常数 c_1，c_2，…，c_n，与决策变量 x_1，x_2，…，x_n 的函数关系式满足 $f(x_1, x_2, \cdots, x_n)=c_1x_1+c_2x_2+\cdots+c_nx_n$ 条件时，称 $f(x_1, x_2, \cdots, x_n)$ 是线性函数。

例如，$f(x_1, x_2)=3x_1+5x_2$ 是 x_1 和 x_2 的线性函数，而 $f(x_1, x_2)=x_1x_2^2$ 则不是 x_1 和 x_2 的线性函数。对于不等式也应当满足这样的性质。在经济学中，大多考虑函数的非线性特性，如长期成本曲线和利润曲线，一般都是非线性的，通过偏导数寻求最优解。然而，在企业的实际运营决策中，一般考虑某个较短时期的作业计划安排，因此通过线性化，更便于方法的应用。

我们知道，在描述设备生命周期的磨损情况时，存在一条设备故障率和运行时间的浴盆函数曲线，如图1-1所示。这是一个非线性函数。

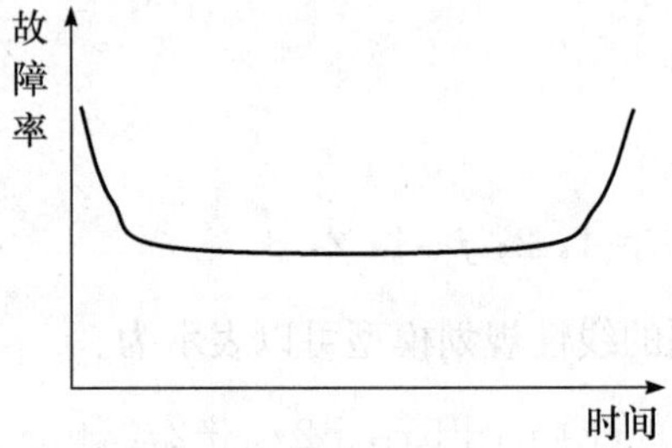

图1-1 设备磨损浴盆曲线

图1-1是考察设备全生命周期情况，如果具体到某年或某月的生产计划，设备的磨损就可以满足线性化原则。尤其是在正常磨损时期，比例系数几乎不变。

在企业实践中，建立线性规划模型的技巧在于：将非线性的函数进行分段化处理，使之线性化。

（2）同比例假定。决策变量变化引起目标函数的改变量和决策变量的改变量成比例；同样，每个决策变量的变化引起约束方程左端值的改变量和该变量的改变量成比例。例如，生产一个单位的甲产品需耗费设备A 2小时，设备C 3小时，那么生产10单位的甲产品需耗费设备A 20小时，设备C 30小时，即它们的耗费是线性成倍变动的。由此假定我们可以看出，它忽略了经济学中的规模报酬规律。这是因为线性规划只是考虑某一短期内的情况，例如年度生产计划的规划安排，而不是企业长期生产的规模优化。

在图1-1中，如果具体到某一较短时段，设备的磨损就可以满足同比例性原则。同样，虽然产品售价与时间的关系也有一条长尾曲线（如图1-2所示），但在某一具体较短的时期，也服从同比例性原则。

（3）可加性假定。每个决策变量对目标函数和约束方程的影响是独立于其他变量的。按照价值属性的可加性原理，目标函数值是每个决策变量对目标函数贡献的总和。例如，生产总利润与甲产品的产量 x_1 和乙产品的产量 x_2 之间为加法合成关系。

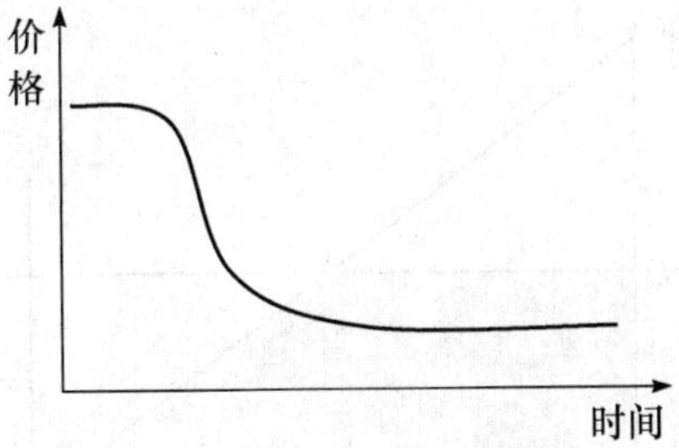

图1-2　产品售价的长尾效应曲线

(4) 连续性假定。线性规划问题中的决策变量应取连续值。一般来说生产甲产品的数量 x_1 和生产乙产品的数量 x_2 只能取整数值，但是为了数学求解方便，假定 x_1 和 x_2 的取值是连续的。对于 x_1 和 x_2 取值不连续，只能取整数的情况，会在整数规划一章中加以研究。

(5) 确定性假定。线性规划问题中的所有参数都是确定的参数。线性规划问题不包含随机因素。如果对生产中的一些数值不确定，这有悖线性规划模型的基本假定。

三、线性规划的图解方法

本书将为读者介绍线性规划的两种求解方法，即图解法和单纯形法。单纯形法将在第2节中详细介绍。本节主要通过图解法，讨论线性规划的可行域、最优解、解的可能情况及其处理策略。

图解法就是用图示的方法来求解线性规划问题。二维的线性规划问题可以在平面图上求解，三维的线性规划问题则要在立体图上求解，这时就比较麻烦了，而维数再高就不能图示了。这里不是将图解法作为一种解题方法来介绍，而是试图通过二维问题的图示，使大家对线性规划问题及其相关概念有一个感性直观的认识。

(一) 线性规划的可行域

在学习图解法之初，首先需要理解可行域的概念。可行域是指满足所有约束条件的解的集合，即所有约束条件共同围成的区域。满足所有约束条件的解，称为可行解。

例1-1中的生产计划问题只有两个决策变量，属于二维空间范畴，可以在平面坐标系中表示出来，其围成的可行域如图1-3所示。

如图所示，$3x_1+4x_2=32$ 是平面（x_1，x_2）上的一条直线，而 $3x_1+4x_2\leqslant 32$ 是直线 $3x_1+4x_2=32$ 下方的一个半平面，$x_1\geqslant 0$ 是纵轴右侧的半平面，$x_2\geqslant 0$ 是横轴上方的半平面。所有约束条件的半平面的公共部分，就构成了满足约束条件的解的集合，称为可行域，即图1-3中的阴影部分。

五边形 $OABCD$ 内（含边界）的任意一点（x_1，x_2）都是满足所有约束条件的一个解，称为可行解。

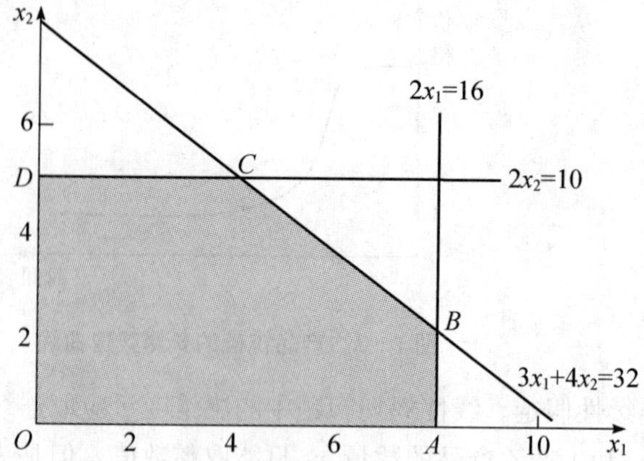

图1-3　图解法可行域

（二）线性规划的最优解

在确定可行域后就可以进行最优解的求解。可以将目标函数 $Z=3x_1+5x_2$ 视作代表以 Z 为参数的一簇平行线画在图中，随着 Z 值的不断增大平行线向右上方移动，见图1-4。

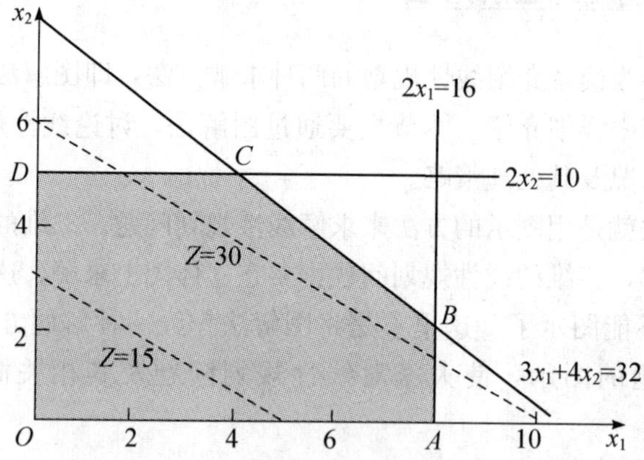

图1-4　最优解的确定

线性规划问题是寻求一组既满足约束条件又使目标函数最优的解，这组解一定在可行域上，究竟是哪一点要由目标函数来判断。目标函数等值线离原点越远，Z 值越大，当移至点 C 时，与可行域只有一个交点，如果继续上移则与可行域不相交，此时的解便不是可行解。故点 $C(4，5)$ 是可行解当中使 Z 值（$Z=37$）最大的解。我们把可行解中使目标函数最优（极大或极小）的解称为最优解。

这里对图解法求解线性规划问题的步骤进行总结。

首先，在图中画出已建立模型的约束条件对应的等式，按照约束条件不等式的范围在图中标明可行解的范围。

其次，将目标函数对应的直线画在图中，平移目标函数线，定位于最优解点。

最后，通过联立方程求解最优解点的值。

(三) 线性规划解的特性

通过图解法可以看到，对于两个决策变量的线性规划：

第一，由线性不等式组成的可行域是凸多边形（凸多边形是凸集）。

凸集的定义是：集合内部任意两点连线上的点都属于这个集合。如图 1－5 所示，(c) 和 (d) 是凸集，而 (a) 和 (b) 都不是凸集。

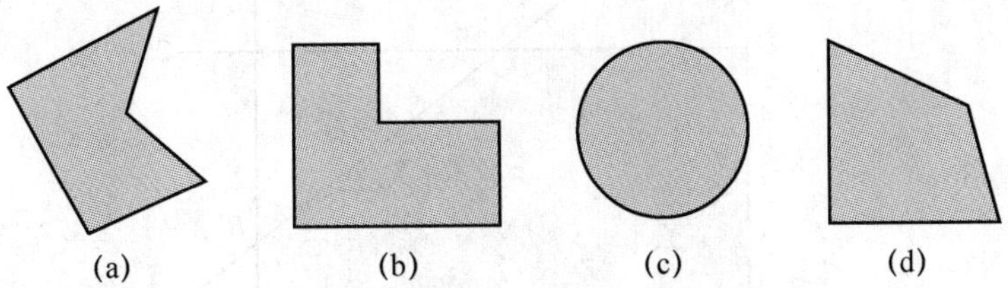

图 1－5　凸集与非凸集

第二，可行域有有限个顶点。

设线性规划问题有 n 个变量，m 个约束，则顶点的个数不多于C_n^m个。线性规划问题的唯一最优解在一个顶点上得到，如图 1－4 所示。

第三，目标函数最优值一定在可行域的边界达到，而不可能在其区域的内部。

四、线性规划解的可能性

在线性规划问题的图解法中，我们可以看出线性规划解无非存在四种情况。

(一) 唯一最优解

唯一最优解是在一个顶点上得到最优。在图 1－4 的数学模型中，由于只有一个最优点使目标函数值达到最大，这种情况就是线性规划图解法中最优解唯一的情况。

(二) 多重最优解

多重最优解是指在两个顶点上同时得到最优，其连线上任意一点都可使目标函数最优，即为无穷多最优解。例如，例 1－1 中，由于单位乙产品的盈利性比单位甲产品好，有更多供货商加入竞争，致使供求关系发生变化，当单位乙产品市场价格下降到 74 元，其数学模型变为：

$$\max Z=3x_1+4x_2$$

$$\text{s. t.}\begin{cases}2x_1\leqslant16\\2x_2\leqslant10\\3x_1+4x_2\leqslant32\\x_1,x_2\geqslant0\end{cases}$$

在图 1－6 中画出可行域与目标函数等值线。这里目标函数为 $Z=3x_1+4x_2$，目标函数线与 $3x_1+4x_2=32$ 线平行，Z 值最大时目标函数线与 BC 线段重合，即在两个顶点上同时达到最优，这时 BC 线段上所有的点都是问题的最优解，即有多重最优解。

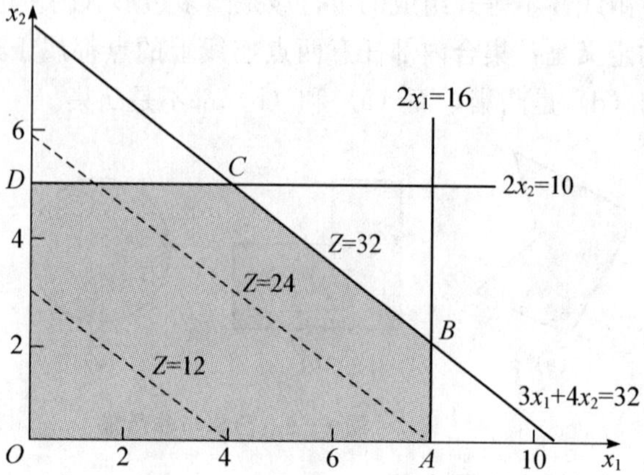

图 1-6　多重最优解

对于多重最优解情况，管理者如何据此作出合理决策呢？这就需要分别寻求图 1-6中的点 C 和点 B 坐标，点 C 为（4，5），点 B 为（8，2），把最优解进行线性组合，如下：

$$\begin{pmatrix} x_1^* \\ x_2^* \end{pmatrix} = \alpha \begin{pmatrix} 4 \\ 5 \end{pmatrix} + (1-\alpha) \begin{pmatrix} 8 \\ 2 \end{pmatrix}, \quad 0 \leqslant \alpha \leqslant 1$$

然后，根据市场供求状况，预测计划期的需求和竞争变动趋势，考察线性组合中不同点的供应竞争风险，作出合理的生产决策。

（三）无界解

无界解是指线性规划问题的可行域无界，并且目标函数无最优解。

由于缺乏必要的约束，使可行域无界，目标值随着目标函数等值线的移动而无限增大，称为无界解。如下面的数学模型：

$$\max Z = 3x_1 + 5x_2$$

$$\text{s. t.} \begin{cases} 2x_1 \leqslant 16 \\ x_1, x_2 \geqslant 0 \end{cases}$$

其可行域如图 1-7 所示，目标函数 $Z=3x_1+5x_2$ 对应的等值线可以无限上移，无最优解。

由于数学模型是现实管理系统的抽象，而建立数学模型时，一般只是将主要影响因素表示为约束限制。如果出现线性规划模型有无界解，则说明分析管理问题时遗漏了主要的约束条件，需要重新审视建模过程，看约束条件是否有疏漏。例如，企业生产产品的市场占有量都是有限的，系列产品的总装配车间的生产能力也是有限的，只要管理问题分析准确，一般不会出现解无界的情况。

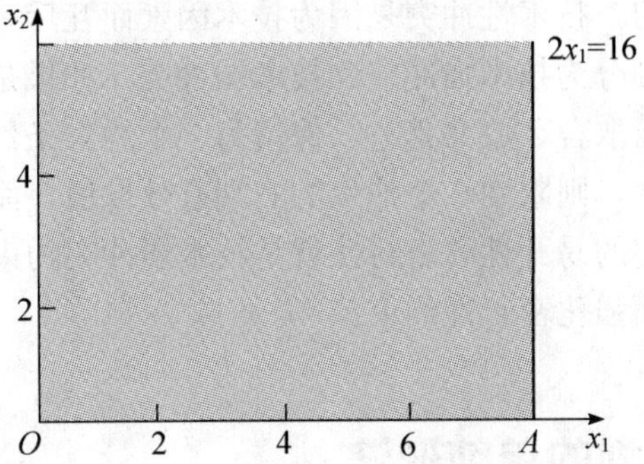

图 1-7　无界解

(四) 无可行解

无可行解是指线性规划问题的可行域是空集。

当约束条件相互矛盾时，可行域为空集，也就没有最优解。如下面的数学模型：

$$\max Z=3x_1+5x_2$$

$$\text{s. t.}\begin{cases}x_1+x_2\leqslant 5\\3x_1+4x_2\geqslant 24\\x_1,x_2\geqslant 0\end{cases}$$

将上面的数学模型用二维平面表示，如图 1-8 所示，没有共同的区域，其可行域为空集。

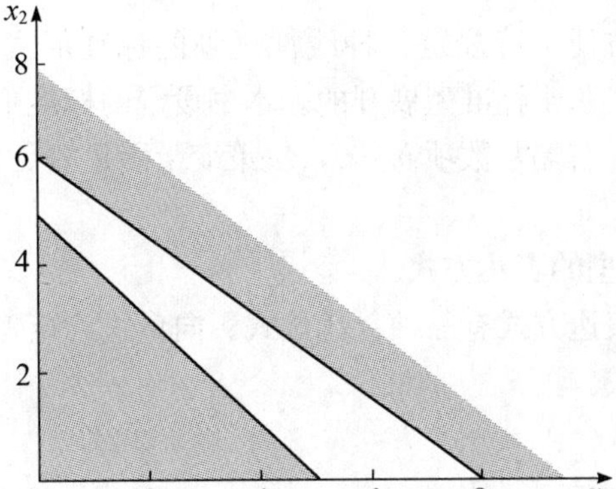

图 1-8　无可行解

在管理系统中，常常存在目标冲突，需要进行权衡。所谓目标冲突是指同时要达到两个互斥的目标。如果发生无可行解的情况，首先应重新审查建模过程，检查是否存在约束条件设定错误的情况。如果约束条件设定无误，但仍然没有共同的区域，则需要思考系统约束冲突的解决机制。由于两个约束条件是背道而驰的，会因不可能同时达到而引起互斥冲突。

约束条件的冲突可以分为技术性冲突和利害性冲突。后者是因为经济利益而相互矛盾，可以采取经济补偿来解决。也就是将一方的损失加到另外一个约束之中，进行权衡和妥协。技术性冲突是因为技术因素而互斥，可以通过设定优先次序的方式解决，又可细分为技术强冲突和技术弱冲突。如果是技术强冲突，则只能按照约束的重要性进行取舍，放弃其一，保留另一个约束条件，使其起绝对约束作用；如果是技术弱冲突，则限制一个约束的右端有效取值，而调整另一个约束条件的右端取值。例如车门的易开性和密封性就是技术弱冲突约束，可以以普通人的手力为易开性的取值，而强化密封性约束。

第2节　线性规划的单纯形法

从上一节的图解法中我们可以知道，如果线性规划存在可行解，那么这样的可行解是有无穷多个的，如何在无穷多个解中寻找一个最优解，采用枚举法显然是不可行的，需要有效率更高的算法——单纯形法来求解最优解。单纯形法是1947年由乔治·丹齐格提出的一种解决线性规划问题的有效方法，这种方法简捷、规范，是举世公认的解决线性规划问题行之有效的方法。

一、线性规划的标准型

前面介绍的线性规划模型有各种不同的数学形式，如目标函数有极大化和极小化；约束条件有“≤”、“≥”和“=”三种情况；决策变量一般有非负性要求，有的则没有。

为了求解方便，特规定一种线性规划的标准形式，非标准型可以转化为标准型，单纯形法是基于标准型展开的。本书设定的标准形式为：目标函数极大化，约束条件为等式，右端常数项 $b_i \geqslant 0$，决策变量满足非负性。

（一）标准型的表达方式

标准型的表达方式有三种：代数式、向量式、矩阵式。

（1）代数式。

$$\max Z = \sum_{j=1}^{n} c_j x_j$$

$$\text{s. t.} \begin{cases} \sum_{j=1}^{n} a_{ij} x_j = b_i, \quad i = 1,2,\cdots,m \\ x_j \geqslant 0, \quad j = 1,2,\cdots,n \end{cases}$$

（2）向量式。

$$\max Z = CX$$

$$\text{s. t.} \begin{cases} \sum_{j=1}^{n} P_j x_j = b \\ x_j \geqslant 0, \quad j = 1,2,\cdots,n \end{cases}$$

式中，$C=(c_1, c_2, \cdots, c_n)$，$X=\begin{pmatrix} x_1 \\ x_2 \\ \vdots \\ x_n \end{pmatrix}$，$P_j=\begin{pmatrix} a_{1j} \\ a_{2j} \\ \vdots \\ a_{mj} \end{pmatrix}$，$b=\begin{pmatrix} b_1 \\ b_2 \\ \vdots \\ b_m \end{pmatrix}$。

(3) 矩阵式。

$$\max Z=CX$$
$$\begin{cases} AX=b \\ X\geqslant 0 \end{cases}$$

式中，C，X，b 同上；$A=(P_1, P_2, \cdots, P_n)=\begin{pmatrix} a_{11} & a_{12} & \cdots & a_{1n} \\ a_{21} & a_{22} & \cdots & a_{2n} \\ \vdots & \vdots & & \vdots \\ a_{m1} & a_{m2} & \cdots & a_{mn} \end{pmatrix}$。

A 称为技术系数矩阵，简称系数矩阵；b 代表可以利用的资源量，称为资源向量；C 反映决策变量对决策目标的贡献程度，称为价值向量；X 称为决策向量。

(二) 标准型的转化方法

通过上面转化为标准型的例子，我们可以引申出非标准型向标准型转化的一般方法。

(1) 目标转换。

如果原问题目标函数求极小值：$\min Z=CX$，则令 $Z'=-Z$，转化为求 $\max Z'=-CX$。如果用几何图形来表示见图 1-9，例如求 $f(x)$ 的最小值在点 E，如果取反的话，正好变为求最大值点 E'。

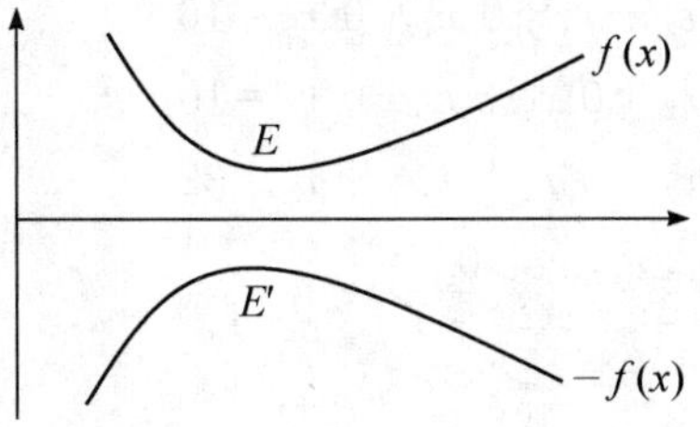

图 1-9　max 与 min 的关系

(2) 约束转换。

若某个右端常数 $b_i<0$，则以 -1 乘该约束两端，这样就可以使右端资源限量变为满足非负性的要求。

若某约束为“≤”型的不等式约束，则在左端加上一个非负变量，使其变为等式。我们把人为加的这个变量称为松弛变量（slack variable）；若某约束为“≥”型，则在左端减去一个非负剩余变量，使不等式转化为等式。为什么称其为松弛变量呢？如果加入的这个非负变量取值为非零，则说明该约束限定没有约束力，对企业来说不是紧缺资源，所以称为松弛变量；剩余变量取值为非零，则说明“≥”型约束的左边取值大于右边规划值，出现剩余量。

(3) 变量转换。

若某决策变量 x_k 自由或者无约束，即没有非负性要求，令 $x_k = x_k' - x_k''$，$x_k' \geqslant 0$，$x_k'' \geqslant 0$，用 x_k'，x_k'' 取代模型中的 x_k，则既符合了非负性要求，又在 x_k'，x_k'' 此消彼长的关系中体现了 x_k 的自由变量特征。如果某决策变量 $x_k \leqslant 0$，令 $x_k' = -x_k$，则 $x_k' \geqslant 0$，可把模型中的 x_k 用 $-x_k'$ 代换。

将例 1-1 标准化，得

$$\max Z = 3x_1 + 5x_2 + 0x_3 + 0x_4 + 0x_5$$

$$\text{s. t.} \begin{cases} 2x_1 + 0x_2 + x_3 = 16 \\ 0x_1 + 2x_2 + x_4 = 10 \\ 3x_1 + 4x_2 + x_5 = 32 \\ x_1, x_2, x_3, x_4, x_5 \geqslant 0 \end{cases}$$

式中，x_3，x_4，x_5 分别代表约束条件的资源没有被使用，所以对生产利润而言，没有贡献，它们在目标函数中的价值系数为 0，一般情况下在目标函数中可以不写。

二、线性规划之解的概念

针对标准化的线性规划模型，m 个方程线性无关，即矩阵 A 的秩为 m；又设右端 $b_i \geqslant 0$，根据线性代数的定理可知，若 $m < n$，则方程组有多个解，这也正是线性规划寻求最优解的余地所在。

为了直观起见，我们结合例 1-1 来说明有关线性规划解的概念。例 1-1 的约束方程组为：

$$\begin{cases} 2\,x_1 + 0\,x_2 + x_3 + 0\,x_4 + 0\,x_5 = 16 \\ 0\,x_1 + 2\,x_2 + 0\,x_3 + x_4 + 0\,x_5 = 10 \\ 3\,x_1 + 4\,x_2 + 0\,x_3 + 0\,x_4 + x_5 = 32 \\ x_1, x_2, x_3, x_4, x_5 \geqslant 0 \end{cases}$$

其系数矩阵为：

$$A = \begin{pmatrix} 2 & 0 & 1 & 0 & 0 \\ 0 & 2 & 0 & 1 & 0 \\ 3 & 4 & 0 & 0 & 1 \end{pmatrix}$$

在矩阵 A 中有 C_5^3 个 3×3 阶的子矩阵。例如，取子矩阵

$$B_0 = \begin{pmatrix} 1 & 0 & 0 \\ 0 & 1 & 0 \\ 0 & 0 & 1 \end{pmatrix}$$

这是一个非奇异的子矩阵（线性无关），称为一个基矩阵 B。与之对应的变量 x_3，x_4，x_5 称为基变量，其余的变量 x_1，x_2 称为非基变量。

令所有非基变量 $x_1=x_2=0$，得出基变量的唯一解，我们把这个解称为基解。即

$$\begin{pmatrix}1&0&0\\0&1&0\\0&0&1\end{pmatrix}\begin{pmatrix}x_3\\x_4\\x_5\end{pmatrix}=\begin{pmatrix}16\\10\\32\end{pmatrix}$$

由线性代数的克莱姆法则容易求得：$x_1=0$，$x_2=0$，$x_3=16$，$x_4=10$，$x_5=32$。

又如，取如下线性无关的子矩阵

$$B_1=\begin{pmatrix}0&1&0\\2&0&0\\4&0&1\end{pmatrix}$$

与之对应的变量 x_2，x_3，x_5 为基变量，其余的变量 x_1，x_4 则为非基变量。同理求得：$x_1=0$，$x_2=5$，$x_3=16$，$x_4=0$，$x_5=12$。

再如，取如下线性无关的子矩阵

$$B_2=\begin{pmatrix}0&1&0\\2&0&1\\4&0&0\end{pmatrix}$$

同理求得：$x_1=0$，$x_2=8$，$x_3=16$，$x_4=-6$，$x_5=0$。

可见，基变量是相对于所选的基矩阵而言的。结合对例 1-1 的图解法所绘制的图 1-4，求得的这三个基解分别对应于此线性规划可行域的点 O、点 D 和点（0，8）。

线性规划标准型有一个非负性约束，满足约束方程又满足非负性约束的解就是可行解，其对应的基矩阵为可行基。例如上述的 B_0 和 B_1 为可行基，因为其基解满足非负性约束（均为正分量），故称为基可行解；然而，上述的 B_2 为非可行基，因为其基解中 $x_4=-6$，不满足非负性约束，故称为基非可行解。

（一）线性规划解之关系

可行解、基解、基可行解三者之间的关系可用图 1-10 来表示。

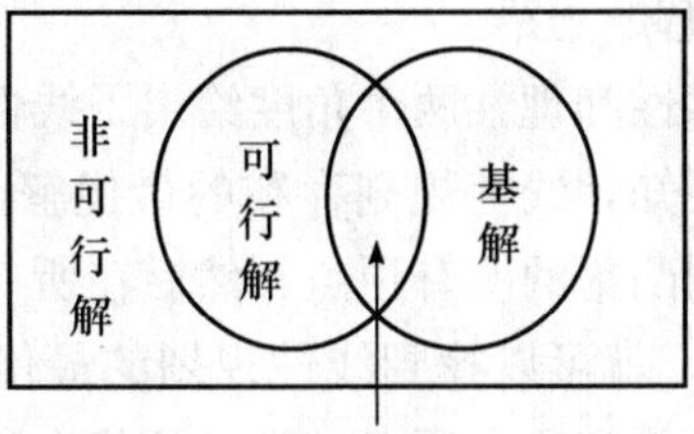

图 1-10 线性规划解之关系

通过上例中的实际数据，我们对线性规划解的概念有了初步的感观了解，下面给出一般性的定义。

基矩阵：系数矩阵 A 中任意 m 列所组成的 m 阶非奇异子矩阵（线性无关），称为该线性规划问题的一个基矩阵，简称为一个基，用 B 表示，称基矩阵的列为基向量，用 $P_j(j=1, 2, \cdots, m)$ 表示。

基变量：与基向量 P_j 相对应的变量 x_j 称为基变量，其余的变量为非基变量。

基解：令所有非基变量等于零，对 m 个基变量求解，对应一个特定的基矩阵能求得一组唯一解，这个对应于基的解称为基解。

可行解：满足约束条件 $AX=b$，$X\geqslant 0$ 的解，称为可行解。

基可行解：满足非负性约束的基解，称为基可行解。

可行基：对应于基可行解的基，称为可行基。

最优解：使目标函数最优的可行解，称为最优解。

最优基：最优解对应的基矩阵，称为最优基。

（二）线性规划基本定理

由图解法，可以得知线性规划解的一些性质，如可行域凸多边形、线性规划得到最优解是在一个顶点上等，但图解法只能感性地看见，而且只适用于两个决策变量的情况。鉴于本书面向的主要是经济管理类的学生，对于一般性的线性规划基本定理，在此只列示，而不做推证。

定理 1　若线性规划问题存在可行域，则其可行域一定是凸集。

引理 1　线性规划问题的可行解为基可行解的充分必要条件是其正分量对应的系数列向量线性无关。

定理 2　线性规划问题的基可行解对应可行域的顶点。

引理 2　若可行域是有界凸集，则凸集内任何一点都可以表示为凸集顶点的凸组合。

定理 3　若可行域有界，线性规划的目标函数一定可以在可行域的顶点上达到最优。

定理 4　线性规划如果有可行解，则一定有基可行解；如果有最优解，则一定有基可行解是最优解。

（三）线性规划解题思路

至此，我们从感性和理性两个角度给出了线性规划解的基本情况。由线性规划的图解法和定理 4 可知，线性规划存在的最优解必然在可行域凸集的顶点上得到。那么，如果能够找到凸集的所有顶点，然后在所有顶点的目标函数值中找到一个最优的（最大或最小），就可以找到线性规划的最优解。而可行域凸集的顶点又与基可行解一一对应，要找到所有顶点，则必须找出所有基可行解，要找出所有基可行解，则必须找出所有基解，但是，当 n，m 较大时，C_n^m 非常大，不可能把这么多基解一一求出来加以比较找出基可行解。

那么能不能先找到一个初始基可行解，也就是找到一个初始可行基，想办法判断这个基可行解是不是最优解？如果是最优解，就得到这个线性规划问题的最优解；如果判断出不是最优解，就想办法由这个可行基按一定规则变化到下一个可行基，然后再判断新得到的基可行解是不是最优解；如果还不是，再接着进行下一个可行基变化，直至得到最优解。这就是下面要讲的单纯形法的基本思路。

三、单纯形法的基本原理

单纯形法求解有代数、表格、矩阵三种形式。这三种方法各有优缺点。代数解法主要是为了让大家更容易理解单纯形法的基本原理；表格法简洁规范，一目了然；矩阵形式主要用于计算机编程计算。

为了便于大家理解，首先结合实例用代数解法说明求解单纯形法的解题原理，然后再论述单纯形法的一般步骤。

（一）单纯形的代数解法

对于例 1－1 的生产计划问题，下面用单纯形的代数解法求解此问题。

$$\begin{aligned} 2x_1+0x_2+x_3 \qquad\qquad &=16 \\ 0x_1+2x_2 \qquad +x_4 \qquad &=10 \\ 3x_1+4x_2 \qquad\qquad +x_5 &=32 \\ -Z+3x_1+5x_2+0x_3+0x_4+0x_5 &=0 \end{aligned}$$

其约束方程的系数矩阵 A 中取变量 x_3，x_4，x_5 的系数矩阵为 B_0，显然这是一个单位矩阵，必定为线性无关的非奇异子矩阵，可以作为一个初始基。

1. 初始基可行解

初始基 B_0 对应的变量 x_3，x_4，x_5 为初始基变量，x_1，x_2 则为非基变量。将基变量用非基变量线性表示，即

$$\begin{cases} x_3=16-2x_1 \\ x_4=10-2x_2 \\ x_5=32-3x_1-4x_2 \end{cases}$$

令所有非基变量都为 0，即 $x_1=x_2=0$，很容易得到一个初始的基可行解：$x_1=0$，$x_2=0$，$x_3=16$，$x_4=10$，$x_5=32$。结合图 1－4 来看，正好是坐标原点 O。

这个基可行解就是一个生产方案，在上述方案中两种产品都不生产，设备 A，B 及设备 C 全部剩余，没有使用，所以利润 $Z=0$。$x_3=16$ 表示设备 A 的工时富余 16 小时，$x_4=10$ 表示设备 B 的工时富余 10 小时，$x_5=32$ 表示设备 C 的工时富余 32 小时，这显然不是个好的生产方案。

2. 第一次迭代

第一，确定进基变量。

考察此时的目标函数行 $-Z+3x_1+5x_2+0x_3+0x_4+0x_5=0$，可以看出，非基

变量 x_1，x_2 在目标函数行中的系数均为正数（分别为3和5）。只要 x_1，x_2 有一个为非零，就可以使目标函数值得到改进，生产利润会增大。

一般而言，因为此时 x_2 的系数大于 x_1 的系数，即生产单位乙产品比单位甲产品利润会更高一些，故选择优先生产乙产品。

第二，确定离基变量。

x_2 由非基变量变成基变量，而基变量的个数只能有 m 个（本例 $m=3$），那么原来的基变量 x_3，x_4，x_5 中必须有一个变为非基变量，即迫使原来的基变量 x_3，x_4，x_5 中必须有一个取值为0。

让 x_2 进基作为基变量，则原来的非基变量 x_1 仍然为非基变量，取值仍为0，即有

$$\begin{cases} x_3=16 \\ x_4=10-2x_2 \\ x_5=32-4x_2 \end{cases}$$

x_2 由非基变量变为基变量，则必须仍然保证 x_3，x_4，x_5 满足非负，即

$$\begin{cases} x_3=16\geqslant 0 \\ x_4=10-2x_2\geqslant 0 \\ x_5=32-4x_2\geqslant 0 \end{cases}$$

即

$$\begin{cases} \text{与}\,x_2\,\text{无关} \\ x_2\leqslant\dfrac{10}{2}=5,\text{记}\,\theta_2=5 \\ x_2\leqslant\dfrac{32}{4}=8,\text{记}\,\theta_3=8 \end{cases}$$

在变量 x_3，x_4，x_5 非负前提之下，要使 x_2 由0变为正数，应尽可能多地生产。x_2 最多只能增大到 $\min\limits_i \theta_i=\theta_2=5$。当 x_2 由0变为5时，这时 x_4 的取值由原来的10变为0，即 x_4 离基，由基变量变为非基变量。

第三，进行基变换。

用进基变量 x_2 替代离基变量 x_4，进基变量 x_2 所在列为主列，离基变量 x_4 所在行为主行，主行和主列相交元素 $a_{22}=2$ 称为主元。

主列

$$\begin{aligned} 2x_1+0x_2+x_3 \qquad\qquad &=16 && ① \\ 0x_1+2x_2\qquad +x_4 \qquad &=10 \quad \text{主行} && ② \\ 3x_1+4x_2 \qquad\qquad +x_5 &=32 && ③ \\ -Z+3x_1+5x_2+0x_3+0x_4+0x_5 &=0 && ④ \end{aligned}$$

现在的基变量变为 x_3，x_2，x_5，然后进行初等行变换，变主元为1，主列为单

位列向量。即把 x_3，x_2，x_5 前的系数变为单位矩阵，因为初等行变换不影响线性方程组解的性质。用初等变换将式②/2＝式②′，式③－式②×2＝式③′，式④－式②′×5＝式④′，得

$$
\begin{array}{lr}
2x_1+0x_2+x_3 \qquad\qquad =16 & ①' \\
0x_1+x_2 \qquad +\frac{1}{2}x_4 \qquad =5 & ②' \\
3x_1+0x_2 \qquad -2x_4+x_5=12 & ③' \\
-Z+3x_1+0x_2+0x_3-\frac{5}{2}x_4+0x_5=-25 & ④'
\end{array}
$$

再将基变量用非基变量线性表示，即

$$
\begin{cases}
x_3=16-2x_1 \\
x_2=5-\frac{1}{2}x_4 \\
x_5=12-3x_1+2x_4
\end{cases}
$$

令现有所有非基变量取值为 0，即 $x_1=x_4=0$。这样得到一个新基可行解：$x_1=0$，$x_2=5$，$x_3=16$，$x_4=0$，$x_5=12$。其经济意义是生产 5 单位乙产品，设备 B 的资源全部耗尽，但设备 A 和 C 的工时分别富余 16 和 12 小时。

结合图解（见图 1-4）来看，即由可行域的顶点 O 换到了顶点 D。因为每一次换一个变量，所以问题的解是从一个顶点向邻近的另一个顶点转移。

3. 第二次迭代

第一，再次确定进基变量。

考察此时的目标函数行 $-Z+3x_1+0x_2+0x_3-\frac{5}{2}x_4+0x_5=-25$，可以看出，非基变量 x_1，x_4 在目标函数行中的系数 $\sigma_1=3$，$\sigma_4=-\frac{5}{2}$。由于 $\sigma_1=3$ 为正，因此只要 x_1 进基变为非零，就可以使目标函数值再次得到改进，生产利润会进一步增大，说明没有得到最优解。

注意：由于 x_4 前面的系数 $\sigma_4=-\frac{5}{2}$ 为负数，如果 x_4 由 0 变为非零，反而使目标函数值进一步减小，与其这样，不如保持其仍为 0。

第二，再次确定离基变量。

x_1 由非基变量变成基变量，而基变量的个数也只能有 $m=3$ 个，那么原来的基变量 x_2，x_3，x_5 中必须有一个变为非基变量（取值为 0）。

让 x_1 进基作为基变量，则原来的非基变量 x_4 仍然为非基变量，取值仍为 0，即有

$$
\begin{cases}
x_3=16-2x_1 \\
x_2=5 \\
x_5=12-3x_1
\end{cases}
$$

x_1 由非基变量变为基变量，则必须仍然保证 x_3，x_2，x_5 满足非负，即

$$\begin{cases} x_3=16-2x_1\geqslant 0 \\ x_2=5\geqslant 0 \\ x_5=12-3x_1\geqslant 0 \end{cases}$$

即

$$\begin{cases} x_1\leqslant \dfrac{16}{2}=8,\text{记}\theta_1=8 \\ \text{与}x_1\text{ 无关} \\ x_1\leqslant \dfrac{12}{3}=4,\text{记}\theta_3=4 \end{cases}$$

在变量 x_3，x_2，x_5 非负前提之下，要使 x_1 由 0 变为正数，应尽可能多地生产。x_1 最多只能增大到 $\min\limits_i \theta_i=\theta_3=4$。当 x_1 由 0 变为 4 时，这时 x_5 的取值由原来的 12 变为 0，即 x_5 离基，由基变量变为非基变量。

第三，再次进行基变换。

用进基变量 x_1 替代离基变量 x_5，进基变量 x_1 所在列为新的主列，离基变量 x_5 所在行为新的主行，主行和主列相交元素 $a_{31}{}'=3$ 为新的主元。

主列

$$2x_1+0x_2+x_3 \qquad\qquad =16 \qquad ①'$$

$$0x_1+x_2 \qquad +\frac{1}{2}x_4 \qquad =5 \qquad ②'$$

$$3x_1+0x_2 \qquad -2x_4+x_5=12 \quad \text{主行} \qquad ③'$$

$$-Z+3x_1+0x_2+0x_3-\frac{5}{2}x_4+0x_5=-25 \qquad ④'$$

现在的基变量变为 x_3，x_2，x_1，然后进行初等行变换，变主元为 1，主列为单位列向量。即把 x_3，x_2，x_1 前的系数变为单位矩阵。用初等变换将式③′/3=式③″，式①′−式③″×2=式①″，式④′−式③″×3=式④″，即

$$0x_1+0x_2+x_3+\frac{4}{3}x_4-\frac{2}{3}x_5=8 \qquad ①''$$

$$0x_1+x_2 \qquad +\frac{1}{2}x_4 \qquad =5 \qquad ②''$$

$$x_1+0x_2 \qquad -\frac{2}{3}x_4+\frac{1}{3}x_5=4 \qquad ③''$$

$$-Z+0x_1+0x_2+0x_3-\frac{1}{2}x_4-x_5=-37 \qquad ④''$$

再将基变量用非基变量线性表示，即

$$\begin{cases} x_3=8-\dfrac{4}{3}x_4+\dfrac{2}{3}x_5 \\ x_2=5-\dfrac{1}{2}x_4 \\ x_1=4+\dfrac{2}{3}x_4-\dfrac{1}{3}x_5 \end{cases}$$

令现有所有非基变量取值为0，即 $x_4=x_5=0$。这样得到一个新基可行解：$x_1=4$，$x_2=5$，$x_3=8$，$x_4=0$，$x_5=0$。

由上式可以看出，目标函数也可表示为一个常数和非基变量的表达式。x_4，x_5 前面的系数都为负数，如果 x_4，x_5 由0变为非零，反而使目标函数值进一步减小，与其这样，不如保持其仍为0。说明此式可得到的是最优解。其经济意义是生产甲产品4单位，乙产品5单位，盈利37元。为了实现这一生产计划，设备B和C的工时全部耗尽，但设备A的工时富余8小时；$x_4=0$，$x_5=0$，说明设备B和C是企业的瓶颈资源，而 $x_3=8$ 说明设备A是非瓶颈资源。

（二）单纯形的一般步骤

第一步，确定初始基可行解。

观察技术系数矩阵 A 中是否存在一个单位矩阵。若存在，则以此作为初始基；如果不存在，就采用人造基的办法，构造出一个单位矩阵（此种方法在后面讲解）。初始基选择单位矩阵的原因在于：一是单位矩阵肯定线性无关；二是单位矩阵的逆矩阵也是单位矩阵；三是进行初等行变换，把可行基变换为单位矩阵后，初始基所在列的新系数就是可行基的逆矩阵（线性代数矩阵求逆的方法之一）。

可行基记为 B，对应的基变量为 X_B；非基变量记为 X_N，其系数矩阵为 N。系数矩阵 $A=(B, N)$，则约束方程可以写成 $BX_B+NX_N=b$。进行初等行变换，由上面的代数解法中可以看出，每一次的可行基都可通过行变换转化为单位矩阵。基变量用非基变量线性表示为：$X_B=B^{-1}b-B^{-1}NX_N$。

第二步，最优性检验与解的判别。

将上述这一组解代入目标函数，有

$$\begin{aligned} Z &= CX = C_BX_B + C_NX_N \\ &= C_B(B^{-1}b - B^{-1}NX_N) + C_NX_N \\ &= C_BB^{-1}b + (C_N - C_BB^{-1}N)X_N \end{aligned}$$

令 $Z_0=C_BB^{-1}b$，$\sigma_N=C_N-C_BB^{-1}N$，即 $\sigma_j=c_j-C_BB^{-1}P_j=c_j-\sum_{i=1}^{m}C_{Bi}a_{ij}'$；由于基变量的检验数 $\sigma_B=C_B-C_BB^{-1}B=0$，则 $Z=Z_0+\sum_{j=1}^{n}\sigma_jx_j$。可见，$Z_0$ 是否最大，取决于 σ_j 的正负，因此 σ_j 是判别最优解的准则，一般称之为检验数。

通过检验数可以判断以下几种情况：

（1）所有非基变量的检验数为负数，即 $\sigma_j<0$，则该问题已求得唯一最优解。

（2）若所有非基变量的检验数 $\sigma_j\leqslant 0$，且存在某个非基变量 x_{Nk} 的检验数 $\sigma_k=0$，让其进基，目标函数的值仍然保持原值。如果同时存在最小 θ 值，说明有离基变量，则该问题在两个顶点上同时达到最优，为无穷多最优解。

（3）若某个非基变量 x_{Nk} 的检验数 $\sigma_k>0$，但其对应的系数列向量 P_k' 中，每一个元素 $a_{ik}'(i=1, 2, 3, \cdots, m)$ 均非正数，即有进基变量但找不到离基变量，这时该线性规划问题解无界。

（4）若存在非基变量 x_{Nk} 的检验数 $\sigma_k>0$，其对应的系数列向量 P_k' 中，至少有一个 $a_{ik}'>0$，既有进基变量又有离基变量，则问题还没有得到最优解，应进行下一步。

第三步，进行基变换。

（1）进基变量的确定。在 $\sigma_j>0$ 中一般选择较大的一个，即 $\max\limits_j\{\sigma_j \mid \sigma_j>0\}=\sigma_k$，则以 σ_k 对应的非基变量 x_{Nk} 作为进基变量，当然也可以任选，或选脚标最小的一个。

（2）离基变量的确定。进基变量 x_{Nk} 原是非基变量，取值为 0；现在将其作为基变量，取值为正。要保持除 x_{Nk} 以外的原非基变量继续为 0，迫使某个原基变量取值为 0，即从基变量变为非基变量。为了保持原基变量取值仍然满足非负性约束，以保持解的可行性，则取最小 θ 值。

$$\theta=\min_i\theta_i=\min_i\left\{\frac{b_i'}{a_{ik}'}\,\middle|\,a_{ik}'>0\right\}=\frac{b_l'}{a_{lk}'}$$

当取 $x_{Nk}=\theta$ 时，将迫使原基变量 $x_{Bl}=0$，这时就将 x_{Bl} 从基变量中替换了出来。由此完成了从一组基可行解到另一组基可行解的变换，或称完成了一次基变换。

第四步，进行函数迭代。前一阶段确定了 x_{Nk} 为进基变量，x_{Bl} 为离基变量，通过系数矩阵的初等变换把主列变为单位列向量。

令非基变量 x_{N1}，x_{N2}，…，x_{Bl}，…，$x_{N(n-m)}$ 为 0，就得到一个新的基可行解。转入第二步。

（三）单纯形的表格形式

表格单纯形法是对前面讨论的方法步骤进行具体化、规范化、表格化的结果，它以单纯形表的形式，将所有相关内容凝结为一体，使复杂的求解过程变得简练、直观。

单纯形表的表格形式如表 1－3 所示。计算步骤与前面所讲单纯形法的一般步骤是一致的。首先找出初始可行基，建立初始单纯形表。

表 1－3　　单纯形表

	c_j		c_1	c_2	…	c_j	…	c_n	θ_i
C_B	X_B	b	x_1	x_2	…	x_j	…	x_n	
C_{B1}	x_{B1}	b_1	a_{11}	a_{12}	…	a_{1j}	…	a_{1n}	θ_1
C_{B2}	x_{B2}	b_2	a_{21}	a_{22}	…	a_{2j}	…	a_{2n}	θ_2
⋮	⋮	⋮	⋮	⋮		⋮		⋮	⋮
C_{Bm}	x_{Bm}	b_m	a_{m1}	a_{m2}	…	a_{mj}	…	a_{mn}	θ_m
	σ_j		σ_1	σ_2	…	σ_j	…	σ_n	

其次，计算各非基变量的检验数 σ_j。若所有 $\sigma_j\leqslant0$，则问题已得到最优解，停止计算；否则，若存在检验数 $\sigma_k>0$，且所对应的系数列向量 $P_k'\leqslant0$，则此问题是无界解，停止计算；否则根据 $\max\limits_j\{\sigma_j \mid \sigma_j>0\}=\sigma_k$ 原则，确定 x_k 为进基变量，再按

$\theta=\min_i\theta_i=\theta_l$规则，确定$x_{Bl}$为离基变量。

建立新的单纯形表，此时基变量中x_k取代了x_{Bl}的位置。以a_{lk}'为主元素进行迭代，把x_k所对应的列向量变为单位列向量，即主元变为1，主列中其他元素为0，转第二步。

单纯形表的便利之处首先在于，从表中可以直接读出基可行解$x_{Bi}=b_i'$，其他$x_{Nj}=0$；相应目标函数值是C_B列与b列元素乘积之和；其次，每个变量x_j（包括基变量在内）的检验数σ_j，等于c_j减去C_B列元素与x_j的系数列向量元素乘积之和。更有益的是，单纯形法的全部分析和计算过程，可以比较方便地在单纯形表中完成，所以手工计算线性规划一般都采用单纯形表格法进行计算。

下面仍以例1-1的生产计划问题为例，对用单纯形的表格解法求解此问题的运算过程进行演示。

（1）从标准形看出x_3，x_4，x_5的系数为一单位矩阵，可作为初始可行基，于是以x_3，x_4，x_5作为基变量，建立初始单纯形表，如表1-4所示。

表1-4　　初始单纯形表

	c_j		3	5	0	0	0	θ_i
C_B	X_B	b	x_1	x_2	x_3	x_4	x_5	
0	x_3	16	2	0	1	0	0	—
0	x_4	10	0	[2]	0	1	0	5
0	x_5	32	3	4	0	0	1	8
	σ_j		3	5	0	0	0	

（2）基变量的检验数不需计算，全部填0（因为基变量的检验数全为0），非基变量的检验数计算如下：

$$\sigma_1=c_1-\sum_{i=1}^{m}C_{Bi}a_{i1}=3-(0\times2+0\times0+0\times3)=3$$

$$\sigma_2=c_2-\sum_{i=1}^{m}C_{Bi}a_{i2}=5-(0\times0+0\times2+0\times4)=5$$

初始基可行解为$X^{(0)}=(0,0,16,10,32)^{\mathrm{T}}$，$Z=0$。非基变量的检验数都大于0，说明此解不是最优解，且其对应的系数列向量均有正分量，转入下一步。

（3）$\max\{\sigma_1,\sigma_2\}=\max\{3,5\}=5$，对应的进基变量为$x_2$。计算$\theta$值：

$$\theta=\min_i\theta_i=\min_i\left\{\frac{b_i'}{a_{i2}'}\,|\,a_{i2}'>0\right\}=\min\left\{-,\frac{10}{2},\frac{32}{4}\right\}=5$$

对应的离基变量为x_4。进基变量所在列为主列，离基变量所在行为主行，它们交叉点上的系数称为主元，即$a_{22}=2$。为区别起见，主元素用“[ ]”标出。

（4）建立新的单纯形表，新的基变量$X_B^{(1)}=(x_3,x_2,x_5)^{\mathrm{T}}$，运用初等变换，化主元为1，主列其余全都变为0，如表1-5所示。

表1-5　　第一次迭代后的单纯形表

	c_j		3	5	0	0	0	θ_i
C_B	X_B	b	x_1	x_2	x_3	x_4	x_5	
0	x_3	16	2	0	1	0	0	8
5	x_2	5	0	1	0	$\frac{1}{2}$	0	—
0	x_5	12	[3]	0	0	−2	1	4
	σ_j		3	0	0	$-\frac{5}{2}$	0	

迭代过程是：表1-4第2行除以2填入表1-5第2行；表1-4第1行直接填入表1-5第1行；表1-4第3行减去表1-5第2行的4倍填入表1-5第3行；再计算检验数行。

表1-5中检验数 $\sigma_1=3>0$，且对应的系数列向量存在正元素，应继续迭代。确定 x_1 为进基变量。$\min\theta=4$，位于表1-5的第3行，确定 x_5 为离基变量，主元素为 $a_{13}{}'=3$。

(5) 新的基变量为 $X_B^{(1)}=(x_3,\ x_2,\ x_1)^{\mathrm{T}}$，建立新表并进行迭代，得表1-6。

表1-6　　第二次迭代后的单纯形表

	c_j		3	5	0	0	0	θ_i
C_B	X_B	b	x_1	x_2	x_3	x_4	x_5	
0	x_3	8	0	0	1	$\frac{4}{3}$	$-\frac{2}{3}$	
5	x_2	5	0	1	0	$\frac{1}{2}$	0	
3	x_1	4	1	0	0	$-\frac{2}{3}$	$\frac{1}{3}$	
	σ_j		0	0	0	$-\frac{1}{2}$	−1	

表1-6中所有检验数 $\sigma_j\leqslant 0$，此时已得到最优解，$X^{(3)}=(4,\ 5,\ 8,\ 0,\ 0)^{\mathrm{T}}$。

从初始单纯形表中，可以看出最优基矩阵为：

$$\begin{pmatrix}1&0&2\\0&2&0\\0&4&3\end{pmatrix}$$

另外，从最末单纯形表中，还可以看出最优基矩阵的逆为：

$$\begin{pmatrix}1&\frac{4}{3}&-\frac{2}{3}\\0&\frac{1}{2}&0\\0&-\frac{2}{3}&\frac{1}{3}\end{pmatrix}$$

（四）单纯形的管理启示

对于例1-1的表格形法的求解过程，结合图解法，如图1-11所示。

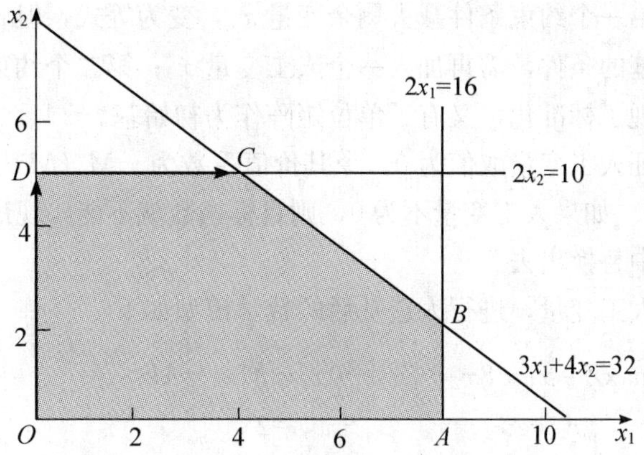

图 1-11　单纯形法的几何意义

第一次的基可行解 $X^{(1)}=(0, 0, 16, 10, 32)^T$，相当于坐标原点 O，进行基变换后，第二次的基可行解 $X^{(2)}=(0, 5, 16, 0, 12)^T$相当于顶点 D，再一次进行基变换后，第三次的基可行解 $X^{(3)}=(4, 5, 8, 0, 0)^T$，与点 C 相对应，也正是此问题的最优解。

请大家思考，单纯形法过程给予我们的管理启示是什么？单纯形迭代程序是不断改进可行方案的过程，从一个基可行解迭代到另一个基可行解，目标得以改进，也就是一次从一个变量入手进行改进，如此反复，不断追求优化。企业管理过程也是如此，把现有方案作为初始方案，找到最需要改进的某个问题和改进方向，一次做好某个主要问题的解决与改进；一次只解决和改进一个问题的难度最小；解决之后，再寻求可以改进的其他地方，再次改进，不断地追求完美。

四、人工变量构造初始基

上述单纯形法需要有一个单位矩阵作为初始基，以便于求解计算。当约束条件都是"$\leqslant$"时，加入松弛变量就形成了初始基，但实际问题中往往出现"$\geqslant$"或"$=$"型的约束，这时就没有现成的单位矩阵。需要采用人造基的办法，向无单位列向量的等式中加入人工变量，从而得到一个初始基。由于人工变量是为便于计算而人为加进的，只有取 0 时，原来的约束条件才是它本来的意义。当初始基可行解无法直接获得时，需用特定的方法求出，主要包括大 M 法和两阶段法。

(一) 大 *M* 法

［例 1-3］　求解下列线性规划问题。

$$\max Z=x_1-8x_2+3x_3$$

$$\text{s. t.}\begin{cases}x_1+2x_2-x_3\geqslant 2\\x_1-2x_2+x_3=4\\x_1, x_2, x_3\geqslant 0\end{cases}$$

解 第一个约束条件减去剩余变量 x_4，变为等式，但 x_4 的系数是-1，不符合构造初始基的条件，需再加入一个人工变量 x_5；第二个约束条件加入人工变量 x_6，这样既实现了标准化，又有了单位矩阵作为初始基。

为保证人工变量取值为0，令其价值系数为$-M$（M 为无限大的正数，这是一个惩罚项）。如果人工变量不为0，则目标函数就不能实现最优，因此必须将其逐步从基变量中替换出去。

加入人工变量，进行人造基后的数学模型如下：

$$\max Z = x_1 - 8x_2 + 3x_3 + 0x_4 - Mx_5 - Mx_6$$

$$\text{s.t.}\begin{cases} x_1 + 2x_2 - x_3 - x_4 + x_5 = 2 \\ x_1 - 2x_2 + x_3 + x_6 = 4 \\ x_1, x_2, x_3, x_4, x_5, x_6 \geqslant 0 \end{cases}$$

列出初始单纯形表如表1-7所示，其求解过程与前面讲述的单纯形表算法一致。

表1-7　　大 *M* 法单纯形迭代过程

	c_j		1	-8	3	0	$-M$	$-M$	θ_i
C_B	X_B	b	x_1	x_2	x_3	x_4	x_5	x_6	
$-M$	x_5	2	[1]	2	-1	-1	1	0	2
$-M$	x_6	4	1	-2	1	0	0	1	4
	σ_j		$1+2M$	-8	3	$-M$	0	0	
1	x_1	2	1	2	-1	-1	1	0	—
$-M$	x_6	2	0	-4	[2]	1	-1	1	1
	σ_j		0	$-10-4M$	$4+2M$	$1+M$	$-1-2M$	0	
1	x_1	3	1	0	0	$-\frac{1}{2}$	$\frac{1}{2}$	$\frac{1}{2}$	
3	x_3	1	0	-2	1	$\frac{1}{2}$	$-\frac{1}{2}$	$\frac{1}{2}$	
	σ_j		0	-2	0	-1	$-M+1$	$-M-2$	

由于所有变量的检验数均为非正，计算过程中人工变量 x_5，x_6 相继离基，获得最优解为 $x_1=3$，$x_3=1$。

注意：如果最末单纯形表中人工变量仍没有置换出去，那么这个问题就没有可行解，当然亦无最优解。

（二）两阶段法

［例1-4］　求解下列线性规划问题。

$$\min Z = 5x_1 + 21x_3$$

$$\text{s.t.}\begin{cases} x_1 - x_2 + 6x_3 - x_4 = 2 \\ x_1 + x_2 + 2x_3 - x_5 = 1 \\ x_i \geqslant 0, \quad i=1,2,3,4,5 \end{cases}$$

解 首先引入人工变量，构建模型

$$\min Z' = x_6 + x_7$$

$$\text{s. t.} \begin{cases} x_1 - x_2 + 6x_3 - x_4 + x_6 = 2 \\ x_1 + x_2 + 2x_3 - x_5 + x_7 = 1 \\ x_i \geqslant 0, \quad i = 1,2,3,4,5,6,7 \end{cases}$$

以 x_6 和 x_7 为基变量，可以得到第一阶段基可行解 $(0, 0, 0, 0, 0, 2, 1)^T$，该辅助问题对应的单纯形表如表 1-8 所示。

表 1-8

	c_j		0	0	0	0	0	−1	−1	θ_i
C_B	X_B	b	x_1	x_2	x_3	x_4	x_5	x_6	X_7	
−1	X_6	2	1	−1	[6]	−1	0	1	0	1/3
−1	X_7	1	1	1	2	0	−1	0	1	1/2
	σ_j		2	0	8	−1	−1	0	0	
0	X_3	1/3	1/6	−1/6	1	−1/6	0	1/6	0	—
−1	X_7	1/3	2/3	[4/3]	0	1/3	−1	−1/3	1	1/4
	σ_j		2/3	4/3	0	1/3	−1	−4/3	0	
0	X_3	3/8	1/4	0	1	−1/8	−1/8	1/8	1/8	
0	X_2	1/4	1/2	1	0	1/4	−3/4	−1/4	3/4	
	σ_j		0	0	0	0	0	−1	−1	

由于所有变量的检验数均为非正，计算过程中人工变量 x_6，x_7 均为非基变量，因此可得到原问题的基可行解，对应的基变量为 x_2，x_3，原问题的单纯形表如表 1-9 所示。

表 1-9

	c_j		−5	0	−21	0	0	θ_i
C_B	X_B	b	x_1	x_2	x_3	x_4	x_5	
−21	X_3	3/8	1/4	0	1	−1/8	−1/8	3/2
0	X_2	1/4	[1/2]	1	0	1/4	−3/4	1/2
	σ_j		1/4	0	0	−21/8	−21/8	
−21	X_3	1/4	0	−1/2	1	−1/4	1/4	
−5	X_1	1/2	1	2	0	1/2	−3/2	
	σ_j		0	−1/2	0	−11/4	−9/4	

由于所有检验数均为非正，所对应的基可行解就是原问题的最优解，最优值为 31/4，对应的最优解为 $(1/2, 0, 1/4, 0, 0)^T$。

第3节 线性规划的建模技巧

利用线性规划模型解决实际问题需要对实际情况进行真实表达，但是在大多数情况下这种表达必须涉及不同程度的近似。即任何模型都对现实世界进行了一定程度的简化和处理，而处理的原则是在数学的框架下能够清楚地表达并解决问题。

一、目标函数的灵活性

在例1-1中只列出了设备资源约束，在企业的实际运作过程中还应该考虑市场占有量、原料供应约束、运输能力等因素；企业盈利能力还与薪酬制度直接相关。因此，在学习如何应用线性规划帮助企业制定生产计划的过程中，需要恰当分析企业内外环境约束，正确识别总利润的函数形式。请看下面的例子。某企业投入A，B，C，D四种材料，利用E，F，G，H四种设备，生产甲、乙、丙三种产品，其工艺路线见图1-12。已知A，B，C，D的采购价格分别为30元、35元、30元和65元，甲、乙、丙产品的市场售价分别为173元、233元和170元，每周市场需求分别为40件、80件和40件。每星期工作5天，每天正常工作8小时。

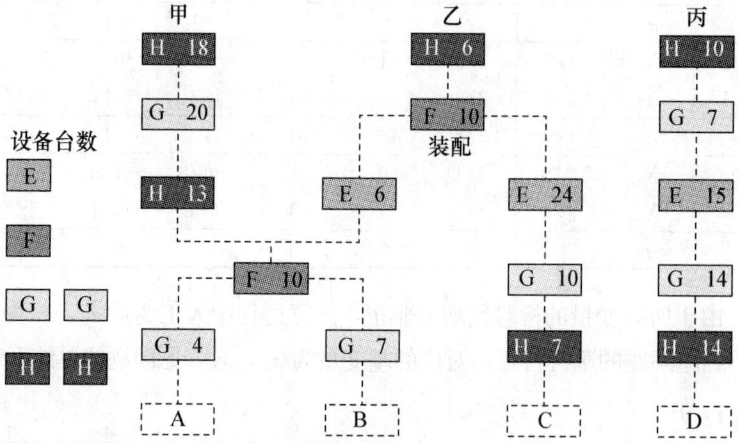

图1-12 某企业产品生产工艺路线图

说明：图中数字为加工作业时间（单位：分钟）。

据统计，每星期的运营费用（包括直接人工成本与间接费用）为11 000元，其中直接人工成本为10元/小时（每台机器需要一位作业人员），间接费用是人工成本的2.5倍。具体的成本费用消耗见表1-10。

表1-10 单位产品生产工时和成本

	甲	乙	丙
原材料成本（元）	65	95	65
直接人工工时（分钟）	72	84	60
直接人工成本（元）	12	14	10
间接费用（元）	30	35	25

企业总是追求使自身利润最大化的决策，因而不同企业采用不同的薪酬制度，其应该采取的科学的决策理念也就不同。可以进行量化分析，制定不同的方案，供决策者进行生产计划决策。

（一）计件工资制

方案一是计件工资制。其特征是由于市场需求波动，员工多劳多得。市场需求订单少时，员工薪酬低，但当市场需求量大时，员工自愿加班，而不额外支付加班工资。

首先计算单位产品的盈利能力。由表 1-10 可知，甲产品的单位生产成本为 107 元，乙产品的单位生产成本为 144 元，丙产品的单位生产成本为 100 元，因此单位产品实现利润分别为 66 元、89 元、70 元。

由于产品甲、乙、丙每周市场需求分别为 40 件、80 件、40 件，因此制定生产计划为甲产品产量 40 件、乙产品产量 80 件、丙产品产量 40 件，总利润为 12 560 元（$40\times66+80\times89+40\times70$）。

用数学建模的语言描述为：设产品甲的产量为 x_1 件，产品乙的产量为 x_2 件，产品丙的产量为 x_3 件，在计件工资体系下，目标是企业利润最大化，用 Z 表示利润，则目标函数为：

$$\max Z=66x_1+89x_2+70x_3$$

在计件工资制薪酬体系下，工作时间不会完全受每天 8 小时工作时间约束，但有产品市场需求约束，为：

产品甲：$x_1\leqslant40$

产品乙：$x_2\leqslant80$

产品丙：$x_3\leqslant40$

非负性约束：$x_1, x_2, x_3\geqslant0$

（二）岗位工资制

方案二是岗位工资制。员工为了获得本岗位薪酬，在市场需求波动的情况下，自觉加班，而没有额外的加班工资。甲产品产量 40 件、乙产品产量 80 件、丙产品产量 40 件，总收入为 32 360 元（$40\times173+80\times233+40\times170$），原料成本为 12 800 元（$40\times65+80\times95+40\times65$），运营费用为 11 000 元，总利润为 8 560 元（$32\,360-12\,800-11\,000$）。

用数学建模语言描述，即岗位工资制薪酬体系以计时工资制为基础，实行定岗定员。

总收入为 $173x_1+233x_2+170x_3$，原料成本为 $65x_1+95x_2+65x_3$，运营费用为 11 000 元，则企业最大化利润的目标函数为：

$$\max Z=108x_1+138x_2+105x_3-11\,000$$

同样，在岗位工资制薪酬体系下，工作时间也不会完全受每天 8 小时工作时间约束，但有产品市场需求约束，如下：

产品甲：$x_1\leqslant40$

产品乙：$x_2\leqslant80$

产品丙：$x_3 \leqslant 40$

非负性约束：$x_1, x_2, x_3 \geqslant 0$

（三）计时工资

每天只工作8小时，这样就需要分析工时的供给量。工时需求和供给情况如表1－11所示。

表1－11　　产品生产的工时需求和供给情况

产品	市场需求（件）	单位产品设备工时消耗（分钟）			
		E	F	G	H
甲	40	0	10	31	31
乙	80	30	20	21	13
丙	40	15	0	21	24
需求产能		3 000	2 000	3 760	3 240
可用产能		2 400	2 400	4 800	4 800

从表1－11可知，如果按市场需求进行生产计划安排，设备F，G，H的工时能力可以满足，而且设备G和H的工时还有很大的富余，存在能力浪费；然而设备E的工时能力供给不足，成为瓶颈设备。

企业实际生产的利润目标函数，不但因薪酬制度而异，还受决策者观念意识的影响。下面依据决策者意识是看重单位产品的利润率还是瓶颈资源的占有率（见表1－12），讨论方案三和方案四。

表1－12　　产品生产决策意识分析

	甲	乙	丙
单位产品利润（元）	66	89	70
单位产品瓶颈设备E的工时消耗（分钟）	0	30	15

方案三：计时工资，且以单位产品利润率高低为决策意识。

由于单位产品甲不需要瓶颈设备E，因此按市场需求安排生产。生产产品乙和丙都需要瓶颈设备E，产品乙的单位利润为89元，而产品丙的单位利润才为70元，因此凭经验认为优先考虑生产产品乙。又因为瓶颈资源设备E的可用产能只有2 400分钟，所以可以生产产品乙80件（2 400/30），则产品丙无法生产。即甲产品40件，乙产品80件，丙产品0件，总收入为25 560元（40×173＋80×233＋0×170），原料成本为10 200元（40×65＋80×95＋0×65），运营费用11 000元，利润为4 360元（25 560－10 200－11 000）。

方案四：计时工资，且以单位产品的瓶颈资源占有率高低为决策意识。

由于单位产品丙的生产对瓶颈设备E的工时消耗为15分钟，而生产单位产品乙对瓶颈设备E的工时消耗为30分钟，因此优先考虑生产丙产品40件，需用设备E的产能600分钟（40×15），剩下1 800分钟，再安排产品乙的生产，可以生产乙产品60件。即甲产品40件，乙产品60件，丙产品40件，总收入为27 700元

(40×173+60×233+40×170)，原料成本为10 900元(40×65+60×95+40×65)，运营费用为11 000元，利润为5 800元(27 700−10 900−11 000)。

对于上述分析过程，用数学建模的语言表示就相对简洁，即设备工时约束条件表示为决策变量的线性等式或不等式约束函数。既有市场容量约束，又有生产能力的工时约束。模型的目标函数为：

$$\max Z=108x_1+138x_2+105x_3-11\,000$$

产品市场需求约束为：

产品甲：$x_1\leqslant 40$

产品乙：$x_2\leqslant 80$

产品丙：$x_3\leqslant 40$

设备能力约束为：

设备E：$0x_1+30x_2+15x_3\leqslant 2\,400$

设备F：$10x_1+20x_2+0x_3\leqslant 2\,400$

设备G：$31x_1+21x_2+21x_3\leqslant 4\,800$

设备H：$31x_1+13x_2+24x_3\leqslant 4\,800$

非负性约束：$x_1\geqslant 0,x_2\geqslant 0,x_3\geqslant 0$

上述数学模型的求解结果与方案四是一致的，因为数学模型是寻求最优值的过程，从数值上看，方案四显然要优于方案三。

其实方案一的计件工资制和方案二的岗位工资制都存在瓶颈设备E加班，多生产产品乙需要增加设备工时$\Delta t=(80-60)\times 30=600$分钟$=10$小时。如果既非计件工资制，又非岗位工资制，规定支付加班费为双倍工资，则由于加班增加的费用为$\Delta C=10\times(1+2.5)\times 10=350$元。方案二实行岗位工资制，最大利润为8 560元，而计时工资的最大利润为5 800元，它们的差值$\Delta Z=8\,560-5\,800=2\,760$元。由于$\Delta C<\Delta Z$，因此，计时工资制下，安排加班是合适的。

对于计件工资制下，如果规定加班需要额外支付加班费，假设仍然是双倍工资，支付加班费ΔC所带来的利润$\Delta Z=12\,560-5\,800=6\,760$元。同理，由于$\Delta C<\Delta Z$，因此，即使在计件工资制下，规定加班要支付双倍工资，安排加班仍然是合适的。

二、线性规划的适用层次

利用线性规划模型解决企业资源的优化配置问题，明晰制造企业生产计划层次是十分必要的。企业的计划层次从宏观上来看，可以分为战略层计划、战术层计划和作业层运作计划。战略层计划主要关注产品发展方向、生产发展规模、技术发展水平；战术层计划的职能是在现有资源条件下确定产品品种、产量、产值、利润；作业层运作计划重点在于生产进度控制、人员班次安排、质量控制等。

（一）计划链的层次

正如上文所述，线性规划主要用于制定计划，解决企业资源分配问题，但它主要适用于企业哪一层次的计划制定呢？制造企业的计划链层次如图1-13所示。

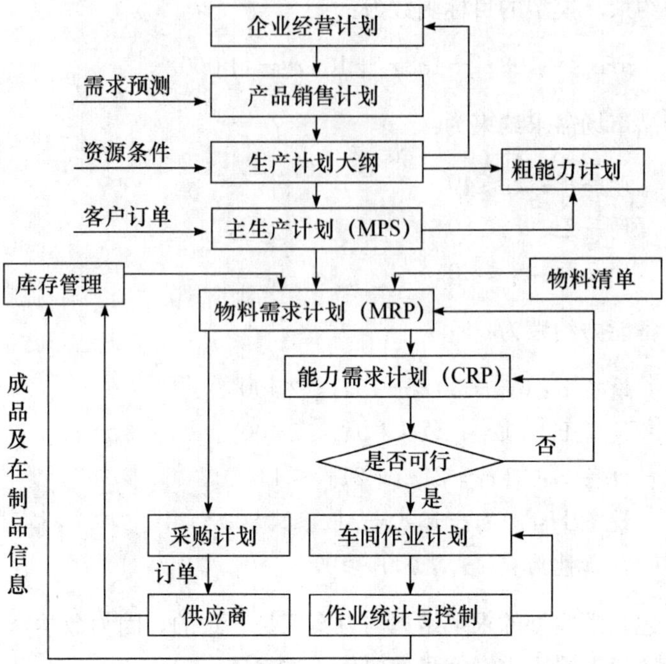

图1-13　计划层次图

战术层计划链从上至下依次是企业经营计划、产品销售计划、综合生产计划（生产计划大纲）、主生产计划、物料需求计划和能力需求计划。采购计划和车间作业计划属于作业层运作计划。为了理解线性规划模型的适用性，首先要了解各层次计划的功能和特点。

在计划层次图的最顶层是企业经营计划，主要制定企业的产值计划或利润计划，从而确定生产的绝对数量或增长幅度，期限一般以年为单位，即企业的年度经营计划，这由企业经营层制定。

（二）产品销售计划

下一层是企业制定的产品销售计划，企业经营计划要在产品销售出去后才能实现。这一层次计划决定下一时期大类产品的销售目标，可以是销售收入，也可以是销售产品数量，期限一般以年度为单位，规划产品的品种，统计预测产品数量。

制造企业在规划产品品种时常采用波士顿矩阵法，根据市场吸引力与企业实力维度，帮助企业制定产品品类的发展策略。这种方法通常以销售增长率代表市场吸引力，以市场占有率代表企业实力，利用象限法将产品分成明星类产品、问题类产品、现金牛类产品以及瘦狗类产品四种品类组合，如表1-13所示，据此采取相应品类发展策略。

表 1-13 产品品类选择的波士顿矩阵法

销售增长率	市场占有率	
	高	低
高	明星类产品（发展）	问题类产品（维持）
低	现金牛类产品（维持）	瘦狗类产品（放弃?）

明星类产品占有很高的市场份额，具有较强的发展潜力。明星类产品一般是企业继续投资于问题类产品发展起来的，企业预测该产品处于市场高成长阶段，极有可能成为公司未来的现金牛类产品。一般来说，明星类产品是创新性产品，企业增加投资或者发挥本来优势，以保持与市场同步增长，增强竞争力。

当产品所处市场发展潜力小，但能够为企业带来大量的现金，此类产品就被定义为现金牛类产品。现金牛类产品处在市场成熟阶段，企业不需要进行大量投资就能获得较高的盈利率。因此，对这类产品企业选择维持策略，以支持其他业务的发展。

当产品的市场占有率与销售增长率都很低时，产品就进入了生命周期过程中的衰退期，即成为瘦狗类产品。这类产品不能为企业带来盈利甚至是亏损的，企业应该逐步缩减规模，有计划地撤出市场。

问题类产品的市场份额低，企业需要深思熟虑，根据自身发展愿景、拥有的资源，谨慎地进行分析，判断是继续投资发展还是逐步缩小规模。如果是创新性产品，处于市场开拓期，选择发展策略；如果此类产品为功能性产品，则选择维持策略。

产品销售数量的预测包括定性与定量两种预测方法。定性预测可以由部门主管集体讨论或汇总销售人员意见，使预测既着眼于公司发展又符合实际销售状况。另外，可根据以往销售数据采用时间序列等定量预测方法，使预测结果更可靠、有据。

（三）综合生产计划

产品营销策略的实现需要企业生产职能提供支持，而企业的物料资源、流动资金和工时能力等有限，就存在物料约束、资金约束和能力约束，需要对企业的生产策略进行优化安排。

在企业计划层次中，综合生产计划是一个中期生产计划，处理的对象以产品级（大类产品）为主，属于企业的战术层计划。主要以市场需求作为输入，通过合理安排使整个计划期的需求和生产能力达到大致的平衡，并且使完成任务的成本尽可能低。

因此，在分析产品种类与预测品类的市场占有数量（市场约束）之后，就进入制定生产计划大纲阶段。在这一层次，企业制定大类产品的年度或季度生产计划。在市场容量和企业资源约束下，规划生产什么和生产多少，确定大类产品的品种和年度生产数量。

（四）主生产计划

主生产计划（MPS）将生产计划大纲加以细化和落实，确定具体产品在具体时段的出产计划。具体产品需要细化到产品的规格和型号，具体时段一般以周为单位。

首先将线性规划模型所得的结果，按一定分配方式（均匀分配、递增分配、递减分配等），将综合生产计划分摊到每一个工作周，确定出各周的产品生产量（预测生产量）。再将合同订单与预测生产量转换为明确的生产任务计划（产品的毛需求量）。

之后，物料需求计划（MRP）按产品结构、现有库存、主生产计划的产量和交货期，进一步将产品的出产计划转换成物料需求表（外协计划和生产作业计划）。在MRP算法中，毛需求量减去有效库存量和在单量得到净需求量，这才是真正的当期生产产出的数量。

企业根据所采用的生产方式不同来选择不同的毛需求量。当企业采用备货式生产方式，毛需求量为预测生产量；当企业采用订货式生产方式，产品出产计划的毛需求量为客户订单的合同量；当企业采用备货与订货相结合方式，则考虑需求时再确定毛需求量。对于企业产出计划展望期，确定出需求时界和计划时界，将计划期分为需求时区（近期）、计划时区（中期）和预测时区（远期）。

在需求时区，订单已经确认，产品需求的数量和交货期不变，产出的毛需求量为实际订单需求量；计划时区属于中期，企业为了平稳生产，产品出产数量和交货期已经做好资源安排，如果需要变动，则需主管的批准，一般企业选择预测量与合同量中最大的为毛需求量；预测时区属于远期，由于客户订货需求可能发生变化因而不确定，这时的毛需求量为预测值。

综上所述，本章中学习的线性规划方法就是用来解决如何利用企业现有资源进行生产计划安排。销售部门预测的销量成为产品生产的市场约束条件。综合生产计划的执行支撑企业的营销策略。也就是说，线性规划方法主要用于企业综合生产计划的有效制定，以及生产作业计划的优化。关于战略层次的计划问题，线性规划模型主要用于解决企业设施布局选址和供应链网络设施的选址问题。

第4节　线性规划的典型案例

线性规划模型在生产计划、库存控制、物流配送、产品混合、人力资源调度等方面应用较广，例1-1为生产计划问题，而人力资源调度问题将在第3章中介绍。在本节中，我们将通过生产、生活中的具体例子来介绍其余领域中线性规划模型的建立以及具体应用。

一、配送中心选择

在供应链物流网络选址问题中，决策者需要考虑一系列问题：每个配送中心所建位置及其运作能力，每个供应商、工厂或者港口应该把货发至哪个配送中心，分销商应该从哪个配送中心取货，等等。针对不同的环境条件，会有不同的选址方法作出合理的规划。

［例1-5］　把例1-2中某企业的供货渠道拓展到3级网络结构。存在2个供货源（产地）S_1和S_2（实际上可以是企业下属加工厂、外协生产商或多家供应商组成的供货市场），已知原有供货源S_1每月的供货能力是5万台，新增供货源S_2的生产能力可以满足产品的需求，且两个货源的价格相同。有3个区域目标市场（销地或销售商）R_1，R_2，R_3，各销地每月的市场需求量分别为5万台、10万台、5万台。在分销渠道中，拟定在两个地点中选址设立分销中心W_1，W_2，执行产品的转运任务。各地之间的单位运输物流成本（由距离和运输方式决定）如图1-14所示。应如何作出选址规划和安排调运，使运输物流费用最小？

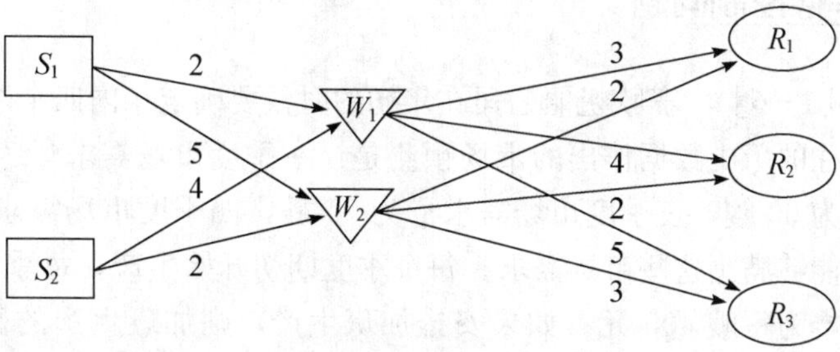

图1-14　分销链网络选址

解　本题目与一般的运输问题不同，特别之处在于确定运输量的同时还需要明确分销中心的设置与否。因此，本质上这是一个配送中心选址的问题，通过一般的线性规划思维可以巧妙求解。

（1）决策变量：设从供货源S_i到分销中心W_j的运输量为y_{ij}，从分销中心W_j到需求市场R_k的运输量为x_{jk}。选址规划在于y_{ij}和x_{jk}的实际取值。如果$y_{11}+y_{21}=0$，则不设置分销中心W_1；反之，如果$y_{11}+y_{21}>0$，则设置分销中心W_1，其规模为$y_{11}+y_{21}$。同理，如果$y_{12}+y_{22}=0$，则不设置分销中心W_2；反之，如果$y_{12}+y_{22}>0$，则设置分销中心W_2，其规模为$y_{12}+y_{22}$。

（2）目标函数：各条路段上的实际运输量乘以物流运输的单位费用之总和最小，即

$$\min Z=2y_{11}+5y_{12}+4y_{21}+2y_{22}+3x_{11}+4x_{12}+5x_{13}+2x_{21}+2x_{22}+3x_{23}$$

（3）约束条件：存在供应能力约束、市场需求约束、配送中转约束，如下所示。

供应能力平衡约束：

$$y_{11}+y_{12}=50\ 000$$
$$y_{21}+y_{22}=150\ 000$$

市场需求平衡约束：

$$x_{11}+x_{21}=50\ 000$$
$$x_{12}+x_{22}=100\ 000$$
$$x_{13}+x_{23}=50\ 000$$

配送中心不存留产品：

$$y_{11}+y_{21}-x_{11}-x_{12}-x_{13}=0$$
$$y_{12}+y_{22}-x_{21}-x_{22}-x_{23}=0$$

所有变量大于等于零：

$$y_{11},y_{12},y_{21},y_{22},x_{11},x_{12},x_{13},x_{21},x_{22},x_{23}\geqslant 0$$

本题目的最优解是 $Z=900\ 000$，$y_{11}=50\ 000$，$y_{12}=y_{21}=0$，$y_{22}=150\ 000$，$x_{11}=50\ 000$，$x_{12}=x_{13}=x_{21}=0$，$x_{22}=100\ 000$，$x_{23}=50\ 000$。

二、库存控制问题

［例 1-6］ 赛欧帆船公司在年初的时候要确定年内四个季度的生产计划安排。根据以往的历史数据作出的市场预测是：一季度市场需求量为 30 艘，二季度市场需求量为 60 艘，三季度市场需求量为 75 艘，四季度市场需求量为 25 艘。公司必须确保能够满足这些市场需求。每个季度期初开始生产，每季度最大产能是 40 艘，所需成本为每艘 400 元。如果安排加班生产，则加班生产的数量不能超过 20 艘，加班生产的单位成本是 450 元/艘。如果没有销售出去，每艘帆船每季度的库存持有成本是 20 元。请问，赛欧公司的年度生产计划该如何安排才能实现生产成本和库存成本的最小化？

解 本题可以看成是多阶段优化的问题（关于多阶段的动态优化可以用本书后面的动态优化方法求解），本章用库存理论和线性规划理论予以求解。

（1）决策变量：在每个季度，赛欧公司都必须确定正常生产和加班生产的帆船数量，因此定义如下决策变量：

x_i＝第 i 季度正常生产帆船的数量$(i=1,2,3,4)$

y_i＝第 i 季度加班生产帆船的数量$(i=1,2,3,4)$

请大家思考，定义这两个决策变量是否足以描述本题中的企业实际呢？实际上，企业在每个季度的期末还存在期末库存，因此定义 s_i 为每季度末企业的期末库存量，即

s_i＝第 i 季度末的帆船库存量$(i=1,2,3,4)$

利用库存理论可以确定赛欧公司每季度的总成本方程：

$$\text{总成本}=\frac{\text{正常劳动时间}}{\text{生产帆船的成本}}+\frac{\text{加班劳动时间}}{\text{生产帆船的成本}}+\frac{\text{期末库存}}{\text{成本}}$$

（2）目标函数：企业的优化目标就是追求总成本的最小化，因此目标函数为：

$$\begin{aligned}\min Z=&400x_1+400x_2+400x_3+400x_4+450y_1+450y_2+450y_3+450y_4\\&+20s_1+20s_2+20s_3+20s_4\end{aligned}$$

（3）约束条件：在确定本模型的约束条件之前，我们需要基于库存理论对该企业的生产计划情况做分析。对于第 i 季度，总存在以下库存守恒公式：

$$\begin{matrix}\text{第}(i-1)\text{季度末} \\ \text{的库存量}\end{matrix}+\begin{matrix}\text{第}\,i\,\text{季度} \\ \text{的生产量}\end{matrix}=\begin{matrix}\text{第}\,i\,\text{季度} \\ \text{的需求量}\end{matrix}+\begin{matrix}\text{第}\,i\,\text{季度末} \\ \text{的库存量}\end{matrix}$$

这个关系在几乎所有的生产调度模型中都有关键作用。在本例题中需求量是预测已知的（$d_1=30$，$d_2=60$，$d_3=75$，$d_4=25$）。

于是，库存平衡的约束条件为：

$$s_{i-1}+(x_i+y_i)=d_i+s_i,\quad i=1,2,3,4$$

此外，还有生产能力的约束条件：

$$x_i\leqslant 40, y_i\leqslant 20,\quad i=1,2,3,4$$

非负约束是：

$$x_i\geqslant 0, y_i\geqslant 0, s_i\geqslant 0,\quad i=1,2,3,4$$

本题的最优解是：

$$Z=78\,850, x_1=x_2=x_3=40, x_4=25, y_1=5, y_2=y_3=20, y_4=0$$
$$s_1=s_2=15, s_3=s_4=0$$

三、合理下料问题

［例 1－7］　某建筑公司要用铝型材作为构架，制作 100 个铝合金窗子，每个窗子需要 2.8 米的材料 3 根，1.8 米的 2 根，1.17 米的 4 根，0.6 米的 4 根，原材料每根 6 米，怎样下料才能使余料最少？

解　本例和前两例不同，不能直接设定决策变量。前两例隐含着无数个可行方案，而在本例中方案却没有直接给出，这就需要我们自己先设定若干个下料方案，把每个下料方案实施的次数作为决策变量。由题意可知，做窗子需用的材料长度共有 4 种：2.8 米，1.8 米，1.17 米和 0.6 米，所设下料方案要能够满足上述长度要求，并且方案的余料要尽可能少。为了简化问题，只选列余料小于 0.3 米的下料方案，见表 1－14。

表 1－14　下料的可能方案

长度（米）	下料根数									
	方案 1	方案 2	方案 3	方案 4	方案 5	方案 6	方案 7	方案 8	方案 9	方案 10
2.8	1	0	0	0	0	0	1	0	1	0
1.8	1	1	2	0	3	0	0	1	1	0
1.17	1	2	2	0	0	2	2	3	0	3
0.6	0	3	0	10	1	6	1	1	2	4
合计	5.77	5.94	5.94	6.00	6.00	5.94	5.74	5.91	5.80	5.91
余料	0.23	0.06	0.06	0	0	0.06	0.26	0.09	0.20	0.09

设按方案 1 截取 x_1 根，按方案 2 截取 x_2 根，…，按方案 10 截取 x_{10} 根，设长

度为2.8米的材料多余 s_1 根，1.8米的多余 s_2 根，1.17米的多余 s_3 根，0.6米的多余 s_4 根，因为多余的根数也算余料，但是在实际操作中，多余的根可以不用先截取，保持和某种方案的余料连在一起，这样余料的单个长度会增加，以备其他用途。则其数学模型为：

$$\min Z=0.23x_1+0.06x_2+0.06x_3+0x_4+0x_5+0.06x_6+0.26x_7+0.09x_8+0.20x_9+0.09x_{10}+2.8s_1+1.8s_2+1.17s_3+0.6s_4$$

$$\text{s.t.}\begin{cases}x_1+x_7+x_9-s_1=300\\x_1+x_2+2x_3+3x_5+x_8+x_9-s_2=200\\x_1+2x_2+2x_3+2x_6+2x_7+3x_8+3x_{10}-s_3=400\\3x_2+10x_4+x_5+6x_6+x_7+x_8+2x_9+4x_{10}-s_4=400\\x_1,x_2,\cdots,x_{10},s_1,s_2,s_3,s_4\geqslant 0\end{cases}$$

本题的最优解是 $Z=72$，$x_1=80$，$x_2=30$，$x_7=130$，$x_9=90$，其余决策变量全部为0。这样下料废料最少。

四、营养配餐问题

［例1-8］　假定一个成年人每天需要从食物中摄取3 000千卡的热量、55克的蛋白质和800毫克的钙。如果市场上只有4种食品可供选择（当然可以扩充到 n 种食品），它们每千克所含的热量、营养成分和市场价格见表1-15。如何选择才能在满足营养的前提下使购买食品的费用最小？

表1-15　食物热量和营养成分需求表

食物	热量（千卡）	蛋白质（克）	钙（毫克）	价格（元）
猪肉	1 000	50	400	14
鸡蛋	800	60	200	6
大米	900	20	300	3
白菜	200	10	500	2

解　设 x_j 为第 j 种食品每天的购入量，则配餐问题的线性规划模型为：

$$\min Z=14x_1+6x_2+3x_3+2x_4$$

$$\text{s.t.}\begin{cases}1\,000x_1+800x_2+900x_3+200x_4\geqslant 3\,000\\50x_1+60x_2+20x_3+10x_4\geqslant 55\\400x_1+200x_2+300x_3+500x_4\geqslant 800\\x_1,x_2,x_3,x_4\geqslant 0\end{cases}$$

本题的最优解是 $Z=10$，$x_1=x_2=x_4=0$，$x_3=10/3$，也就是为了降低费用并保证营养只能吃米饭。

五、产品混合问题

［例1-9］　新时代制药公司利用4种化学原料A，B，C，D来生产一种新

药，新药的产量必须达到每天1 000千克以上。新药中含有3种有效成分甲、乙、丙，它们的含量分别不低于8%，4%，2%。每千克原料的价格和所含有效成分的比例如表1-16所示。

表1-16　　原料所含有效成分的比例

化学原料	价格（元）	有效成分甲	有效成分乙	有效成分丙
A	8	0.03	0.02	0.01
B	10	0.06	0.04	0.01
C	11	0.10	0.03	0.04
D	14	0.12	0.09	0.04

根据仓库部门的信息反馈，化学原料B必须要使用100千克以上。新时代制药公司关注生产成本的降低，请帮助该企业对上述情况建立数学模型。

解（1）决策变量：在本例中，新时代制药公司所选择的是4种化学原料的投入量，所以决策变量就是A，B，C，D的生产投入量x_1，x_2，x_3，x_4。

（2）目标函数：化学原料价格与购买量的线性组合，即

$$\min Z=8x_1+10x_2+11x_3+14x_4$$

（3）约束条件：新药产量必须达到每天1 000千克以上，有效成分甲、乙、丙的含量分别不低于8%，4%，2%，化学原料B必须要使用100千克以上，其余化学原料的使用量不能为负值。用数学公式表示如下：

$$x_1+x_2+x_3+x_4\geqslant 1\,000$$
$$0.03x_1+0.06x_2+0.10x_3+0.12x_4\geqslant 8\%(x_1+x_2+x_3+x_4)$$
$$0.02x_1+0.04x_2+0.03x_3+0.09x_4\geqslant 4\%(x_1+x_2+x_3+x_4)$$
$$0.01x_1+0.01x_2+0.04x_3+0.04x_4\geqslant 2\%(x_1+x_2+x_3+x_4)$$
$$x_2\geqslant 100, x_1\geqslant 0, x_3\geqslant 0, x_4\geqslant 0$$

本题的最优解是$Z=10\,637.5$，$x_1=285$，$x_2=100$，$x_3=417.5$，$x_4=197.5$。

除以上例子，线性规划模型还可用于投资问题、航班问题、配料问题等。线性规划在现实中用于成功决策的实例，如加拿大魁北克省水利部门关于用哪几座水库来满足每天电力需求的决策；美国农场信贷系统联邦土地银行关于如何支付到期债券和应发售多少新债券以获取资金（每年共计60亿美元）来维持发展的决策；北美长途运输公司关于每周如何调度数千辆货车的决策；埃克森炼油厂关于调节冶炼能力去适应关于无铅燃料生产的法律更改的决策等大型案例。

线性规划在定量分析中可以使用的方面很多，这里不一一列举。由以上可以看出建立线性规划模型的基本步骤：首先，根据影响所要达到目的的因素确定决策变量；其次，由决策变量所受的限制条件确定决策变量所要满足的一组线性约束条件；最后，由决策变量和所要达到目的之间的函数关系确定一个线性的目标函数。如果目标函数和约束条件中有一个不满足线性要求，需要进行线性化处理，否则，就称这种模型为非线性规划。

□ 案例分析

综合本章的内容，我们再来回顾一下开篇的那个案例：假设你是该整车制造厂主营业务部门的主管，要求你拿出一份经营报告书，分析的问题包括：最大盈利能力；合理的制造计划；汽车专用钢进口总量等。

现在已知生产过程中各项经济指标如下。

（1）钢板冲压：冲压成型合格率可达99%，且每件成型工件在扣除加工过程中各项成本后的净利润平均约为1 000元；职工实行计件工资制，每件合格品的工资为650元。

（2）车身焊接：工件在焊接后可继续生产的概率为98%，焊接后产生的价值增值在扣除成本后为350元；职工实行计件工资制，每件合格品的工资为800元。

（3）车体涂装：车体涂装工艺复杂，对技术要求较高，合格品率可达99%，不同车型的涂装成本各不相同，该环节后每件产品增值平均为800元；职工实行计件工资制，每件合格品的工资为600元。

（4）车辆总装：车辆总装即把车身、发动机等零部件组合到一起，装配工艺的先进程度影响着车辆总装的成功率。总体而言，该整车制造厂的两厢轿车合格品率为95%，三厢轿车合格品率为92.5%，SUV型汽车合格品率为91%，油电混合类汽车合格品率为90.5%。组装后每辆汽车扣除各项成本净收入平均约为19 000元；职工实行计件工资，合格品每辆900元；不同车型的销售价格如表1-17所示。

表1-17

车型	两厢轿车	三厢轿车	SUV	油电混合
价格（元/辆）	75 000	93 000	155 000	124 000

该部门进行市场分析后，结合销售预测情况给出了具体信息：销售部门预计下一年度汽车的销售总量可达28 000辆，其中两厢轿车不少于14 000辆；三厢轿车至少2 800辆，至多8 400辆；SUV型汽车中有3 000辆的已达订单必须满足；油电混合类汽车的订货量一般可达到三厢轿车订货量的3/4。

结合本章所学的内容，如何制定最优生产计划，既能满足消费者需求，又能获得最多的利润？

□ 复习思考题

1. 什么是线性规划？线性规划的三要素是什么？
2. 求解线性规划问题时可能出现几种结果？哪种结果说明建模时有错误？

3. 什么是线性规划的标准型？松弛变量和剩余变量的管理含义是什么？

4. 试述线性规划问题的可行解、基解、基可行解、最优解的概念及其相互关系。

5. 用表格单纯形法求解如下线性规划：

$$\max Z=4x_1+x_2+2x_3$$

$$\text{s. t.}\begin{cases}8x_1+3x_2+x_3\leqslant 2\\6x_1+x_2+x_3\leqslant 8\\x_1,x_2,x_3\geqslant 0\end{cases}$$

6. 表 1-18 中给出了求解某极大化问题的单纯形表，表中 a_1，a_2，c_1，c_2，d 为何值及变量属于哪一类型时有：(1) 表中解为唯一最优解；(2) 表中解为无穷多最优解之一；(3) 下一步迭代将以 x_1 代替基变量 x_5；(4) 该线性规划问题具有无界解；(5) 该线性规划问题无可行解？

表 1-18　　某极大化问题的单纯形表

c_j			c_1	c_2	0	0	0	θ_i
C_B	X_B	b	x_1	x_2	x_3	x_4	x_5	
0	x_3	d	4	a_1	1	0	0	
5	x_2	2	−1	−5	0	1	0	
0	x_1	3	a_2	−3	0	0	1	
σ_j			c_1	c_2	0	0	0	

7. 用大 M 法或两阶段法求解如下线性规划：

$$\max Z=5x_1+3x_2+6x_3$$

$$\text{s. t.}\begin{cases}x_1+2x_2+x_3\leqslant 18\\2x_1+x_2+3x_3\leqslant 16\\x_1+x_2+x_3=10\\x_1,x_2,x_3\geqslant 0\end{cases}$$

8. A，B，C 三个城市每年需分别供应电力 320，250 和 350 单位，由Ⅰ，Ⅱ两个电站提供，它们的最大可供电量分别为 400 单位和 450 单位，单位费用如表 1-19所示。由于需要量大于可供量，决定城市 A 的供应量可减少 0～30 单位，城市 B 的供应量不变，城市 C 的供应量不能少于 270 单位。试建立线性规划模型，求将可供电量用完的最低总费用分配方案。

表 1-19　　单位电力输电费　　单位：元

电站	城市		
	A	B	C
Ⅰ	15	18	22
Ⅱ	21	25	16

9. 某公司在三年的计划期内，有四个建设项目可以投资：项目Ⅰ从第一年到第三年年初都可以投资。预计每年年初投资，年末可收回本利120%，每年都可以重新将所获本利纳入投资计划；项目Ⅱ需要在第一年年初投资，经过两年可收回本利150%，可以重新将所获本利纳入投资计划，但用于该项目的最大投资额不得超过20万元；项目Ⅲ需要在第二年年初投资，经过两年可收回本利160%，但用于该项目的最大投资额不得超过15万元；项目Ⅳ需要在第三年年初投资，年末可收回本利140%，但用于该项目的最大投资额不得超过10万元。在这个计划期内，该公司第一年可供投资的资金有30万元。应如何设置投资方案，才能使该公司在这个计划期获得最大利润？

10. 某家具制造厂生产五种不同规格的家具。每种家具都要经过成型、打磨、上漆几道主要工序。每种家具的每道工序所用时间、每道工序的可用时间、每种家具的利润由表1-20给出。工厂应如何安排生产，使总利润最大？

表1-20　家具生产工艺耗时与利润表

生产工序	所需时间（小时）					每道工序可用时间（小时）
	家具1	家具2	家具3	家具4	家具5	
成型	3	4	6	2	3	3 600
打磨	4	3	5	6	4	3 950
上漆	2	3	3	4	3	2 800
利润（百元）	2.7	3	4.5	2.5	3	

11. 某厂生产甲、乙、丙三种产品，分别经过A，B，C三种设备加工。已知生产单位产品所需的设备台时数、设备的现有加工能力及每件产品的利润如表1-21所示。

表1-21　产品生产工艺消耗系数

	甲	乙	丙	设备能力
A（小时）	1	1	1	100
B（小时）	10	4	5	600
C（小时）	2	2	6	300
单位产品利润（元）	10	6	4	

（1）建立线性规划模型，求使该厂获利最大的生产计划。

（2）产品丙每件的利润增加到多大时才值得安排生产？如产品丙每件的利润增加到6，求最优生产计划。

（3）产品甲的利润在多大范围内变化时，原最优计划保持不变？

（4）设备A的能力如为$100+10q$，确定保持原最优基不变的q的变化范围。

（5）如合同规定该厂应至少生产10件产品丙，试确定最优计划的变化。

第 2 章 对偶规划

Chapter 2

学习要点

- 构建线性规划问题的对偶规划模型
- 理解对偶规划模型的解和基本性质
- 掌握影子价值的含义及其实际应用
- 了解参数变动分析原理和经济意义
- 能分析价值系数和资源数量的变动
- 掌握资源总存量和分配量增减决策

引导案例

本章所介绍的对偶规划与线性规划有着千丝万缕的关系，可以说是线性规划的进一步延伸。因此，我们沿用第 1 章的引导案例，介绍对偶规划的特性。

由第 1 章的引导案例可知，该汽车制造厂的主营业务为汽车的生产制造，该厂为了扩大市场占有率而实行资产经营，详细分析盈利能力，制定生产计划。随着该厂业务量的提升，为了满足更高的需求，该厂希望能扩展业务范围、增加业务种类，不仅仅局限于生产制造这一个环节，而是通过产业升级获得更多的利润。因此，汽车制造环节的设备产生冗余，为了避免设备闲置带来的损失，该厂计划将制造设备和技术人员等资源出租，从而获取一定的利润。

如果你是该部门主管，会怎样制定出租计划、选择出租单位？生产不同型号汽车的设备中哪些属于紧缺设备，哪些存在冗余呢？而当进口生产成本、工人费用等条件发生变化时，应该如何调整生产计划来应对复杂的变化？

随着线性规划应用的逐步深入，人们发现每一个线性规划问题都存在另一个与之配对、具有密切联系的线性规划问题。称其中一个为原问题，另一个为对偶问题(dual linear programming)，这个特性称为线性规划的对偶性，这不仅仅是数学上的理论问题，由对偶问题引申出来的对偶解还有着重要的经济意义，也是经济管理中重要的概念与工具之一，尤其是对生产管理有一定的理论帮助。对偶理论充分显示出线性规划理论逻辑上的严谨性与结构上的对称性，它使线性规划理论更加丰富，应用领域更加广泛。

第 1 节　对偶规划的数学模型

企业既是服务社会的组织，又是“制造”利润的“机器”。在“制造”利润的过程中，各种资源的贡献率是不同的，一般来说，粗放经营的企业只知道各种资源缺一不可，而实现集约经营则要对各种资源对于利润的影响程度有一个动态的掌握。

一、对偶问题的提出

［**例 2－1**］　在例 1－1 中，讨论了典型的生产计划线性规划模型，并建立了相应的线性规划模型：

$$\max Z=3x_1+5x_2$$

$$\text{s. t.}\begin{cases}2x_1\leqslant 16\\2x_2\leqslant 10\\3x_1+4x_2\leqslant 32\\x_1,x_2\geqslant 0\end{cases}$$

现从另一个角度考虑，若该厂的产品平销，现有另一企业想租赁其设备。该厂的决策者考虑自己不生产甲、乙产品，而把原拟用于生产这两种产品的工时资源出租、出让或做代加工。厂方为了谈判时心中有数，需掌握设备台时费用的最低价码，以便衡量对方出价，对出租与否作出抉择。在这个问题上厂长面临两种选择：自行生产或出租设备。

显然，决策者要考虑两个原则：第一，每种设备出租收益应不低于自己生产时可获得的利润；第二，定价要在市场可接受的范围内，不能太高。

如前所述，建立最优生产的线性规划模型，运用单纯形法求出最优生产计划为 $x_1^*=4$，$x_2^*=5$，$Z^*=37$。为保持利润水平不降低，资源转让的最低价格应该是多少?

设零件加工设备 A 的单位工时出租收益为 y_1，设备 B 的单位工时出租收益为 y_2，装配工序设备 C 的单位工时出租收益为 y_3。

原本用于生产单位甲产品的资源，如若出让（出租），不应低于自行生产带来的利润，否则宁愿自己生产。于是有

$$2y_1+0y_2+3y_3\geqslant 3$$

同理，对乙产品而言则有

$$0y_1+2y_2+4y_3\geqslant 5$$

显然，还有

$$y_1,y_2,y_3\geqslant 0$$

对出租方来说，出租收益固然是越高越好，但对于竞争性市场而言，要价太高会得不到市场的承认，所以厂方的目标只能是求出自己定价的一个保守收益（希望出让的收益最小值）。全部资源出租的租金收益目标函数（w）应该是：

$$\min w=16y_1+10y_2+32y_3$$

于是建立对偶问题的线性规划模型，称为对偶线性规划，如下：

$$\min w=16y_1+10y_2+32y_3$$
$$\text{s.t.}\begin{cases}2y_1+0y_2+3y_3\geqslant 3\\0y_1+2y_2+4y_3\geqslant 5\\y_1,y_2,y_3\geqslant 0\end{cases}$$

检查对偶问题的数学模型可以发现：第一，它的变量个数与原问题模型的约束个数相同，且第 i 个变量 y_i 与原问题模型的第 i 个约束对应；第二，对偶问题约束条件的个数与原问题模型的变量个数相同，且第 j 个约束与原问题模型的第 j 个变量 x_j 对应；第三，对偶问题目标函数的系数正好是原问题模型的右端常数，对偶问题模型的右端常数正好是原问题的目标函数系数；第四，它的系数矩阵是原问题模型的系数矩阵 A 的转置矩阵。

再将对偶线性规划利用单纯形法进行求解，结果为 $y_1^*=0$，$y_2^*=0.5$，$y_3^*=1$，$w^*=37$。其松弛变量 $y_4=0$，$y_5=0$。

发现对偶问题与原问题的目标函数值相等，这不是偶然的。上述两个问题实际上是一个问题的两个方面，如果把前者称为线性规划原问题，后者便是它的对偶问题，反之亦然。

任何一个线性规划问题都有一个对偶问题存在，只要给出系数矩阵 A、价值系数 C 和资源向量 b，就可以写出它的对偶问题；反之也是一样。

原问题和对偶问题从不同的角度来分析同一个问题，前者从产品产量的角度来考察利润，后者则从形成产品本身所需要的各种资源的角度来考察利润，即利润是产品生产带来的，也是资源消耗带来的。

二、对偶规划的性质

为了研究方便，原问题假设为：

$$\max Z=CX$$
$$\text{s.t.}\begin{cases}AX\leqslant b\\X\geqslant 0\end{cases}$$

则对偶问题为：

$$\min w = b^{\mathrm{T}}Y$$
$$\text{s. t.}\begin{cases}A^{\mathrm{T}}Y \geqslant C\\ Y \geqslant 0\end{cases}$$

即对称式对偶问题。

对偶问题的特性十分显著，主要包括如下几个方面。

（一）对称性定理

对偶问题的对偶问题是原问题。

根据对偶规划，很容易写出对偶问题的对偶问题模型。可以验证，它就是原问题。

（二）最优性定理

设 $\bar{X}$，$\bar{Y}$ 分别为原问题和对偶问题的可行解，且 $C\bar{X} = b^{\mathrm{T}}\bar{Y}$，则 $\bar{X}$，$\bar{Y}$ 分别为各自的最优解。

（三）对偶性定理

若原问题有最优解，那么对偶问题也有最优解，而且两者的目标函数值相等。

（四）互补松弛性

原问题和对偶问题的松弛变量为 X_S 和 Y_S，它们的可行解 X^*，Y^* 为最优解的充分必要条件是 $Y^*X_S = 0$，$Y_SX^* = 0$。

因此，对偶问题的最优解对应于原问题最末单纯形法表中初始基变量的检验数的负值。根据这一性质，对偶问题和原问题，只解其中之一，便可同时求得两个问题的解。

$-Y_S$ 对应原问题决策变量 X 的检验数；$-Y$ 则对应原问题松弛变量 X_S 的检验数。

第2节 对偶规划的经济解释

对偶理论的研究大大丰富了线性规划的内涵，使我们不仅可以求得线性规划问题的最优解，还能了解原问题与对偶问题之间的若干数量关系。通过透析这些性质的数量关系，可以更好地指导企业的生产和经营决策，有效地促进资源的合理利用和经济效益的提高。前述对偶理论从数学角度阐明了原问题和对偶问题之间的数量关系。下面则从经济角度揭示两者的性质关系，以充分利用解题信息，指导经营决策。

一、影子价值的内涵

从第 1 节的分析可知，当原问题和对偶问题分别有最优解时，则有相同的最优值

$$Z=\sum_{j=1}^{n}c_jx_j=\sum_{i=1}^{m}b_iy_i=w$$

利用上式对 Z 求 b_i 的偏导数，得

$$\frac{\partial Z}{\partial b_i}=y_i$$

这说明 y_i 是右端项 b_i 每增加一个单位对目标函数 Z 的贡献。由此可以得出：对偶变量 y_i 在经济上表示原问题第 i 种资源的边际价值。对偶变量的值 y_i^* 表示第 i 种资源的边际价值，称为影子价值。可以把对偶问题的解 Y 定义为每增加一个单位的资源引起的目标函数值的增量。影子价值的含义广泛，涉及影子利润和影子价格两种类型。

1. 影子利润

例 1－1 以利润为目标，y_i 定义为每增加单位资源 i 对利润的贡献程度，称为资源的影子利润。从例 1－1 生产计划问题的最终单纯形表可以看出：$y_1=0$，$y_2=0.5$，$y_3=1$。

$y_1=0$ 说明原问题第一个约束条件为严格不等式，即设备 A 为不起作用的约束。就是说，设备 A 的工时增加并不影响利润的增加。$x_3=8$ 表明设备 A 工时剩余 8 个小时，即使再增加其供应量，也不能多出产品，不会使利润增加一分钱。

$y_2=0.5$ 表明设备 B 的工时起约束作用，即设备 B 制约了产量的增长，若增加设备 B 的工时 1 小时，可使利润增加 0.5 元。

$y_3=1$ 表明装配设备 C 也是实质性的制约因素，若增加 1 小时的设备 C，则可增加利润 1 元。

可见，当影子利润为零时，说明这种资源为非瓶颈资源；当影子利润大于零时，说明这种资源为瓶颈资源。

2. 影子价格

若以产值为目标（如销售金额），则 y_i 是增加单位资源 i 对产值的贡献程度，称为资源的影子价格（shadow price），即有“影子价格＝资源成本＋影子利润”。因为它并不是资源的实际价格，而是企业内部资源的配比价格，是由企业内部资源的配置状况来决定的，并不是由市场来决定，所以叫影子价格。

可以将资源的市场价格与影子价格进行比较，当市场价格小于影子价格时，企业可以购进相应资源，储备或者投入生产；当市场价格大于影子价格时，企业可以考虑暂不购进资源，减少不必要的损失。例 1－1 中，设备 A，B，C 的单位工时资源成本分别为 20 元、15 元和 10 元，则它们的影子价格分别为 20 元、15.5 元和 11

元；如果资源的市场价格分别为21元、15元和12元，则可以考虑出让部分设备A的工时，购进部分紧缺设备B的工时，虽然设备C的工时最为紧缺，但由于其市场价格大于影子价格，因此暂时不能购买。

二、影子价值的应用

影子价值日益为经济界所关注，它可以为经济活动提供更多可利用的信息：

第一，影子利润说明增加哪种资源对增加经济效益最有利。如例1-1中的三种资源的影子利润为（0，0.5，1），说明首先应考虑增加设备C，因为相比之下它带来的收益增加最大。

第二，影子价格告诉经营者以怎样的代价去取得紧缺资源。企业经营决策者可以把本企业资源的影子价格与当时的市场价格进行比较，当第i种资源的影子价格高于市场价格时，则企业可以买进该种资源；而当某种资源的影子价格低于市场价格时（特别是当影子利润为零时），则企业可以卖出该种资源，以获得较大的利润。

第三，影子价格也是一种机会成本，能够揭示企业设备出租或原材料转让的基价。同时也可以用于测算产品的代加工价格，即用影子价格乘以代加工产品资源消耗系数。

第四，指导新产品的定价与投产决策。企业在新产品投产之前，可利用影子价格，通过分析新产品使用资源的经济效果，决定新产品是否应该投产。如在例1-1中，企业要生产一新产品，单件消耗三种资源的数量是（4，3，4），则新产品的盈利能力一定要大于5.5(即$0\times4+0.5\times3+1\times4$)，才能增加公司的收益；反之，生产是不合算的。

第五，利用影子价格分析现有产品价格变动时资源紧缺情况的影响。如在例1-1中，如果甲、乙产品的售价是（73，77），则单位产品利润为（3，7），从最优单纯形表中获得最优基的逆，可计算出影子利润。

$$\sigma_s=(0,0,0)-(0,7,3)\begin{pmatrix}1 & \frac{4}{3} & -\frac{2}{3}\\ 0 & \frac{1}{2} & 0\\ 0 & -\frac{2}{3} & \frac{1}{3}\end{pmatrix}=-\left(0,\frac{3}{2},1\right)$$

即$y_1=0$，$y_2=\frac{3}{2}$，$y_3=1$。这说明如果产品乙的价格增加，设备B将变得紧俏。

第六，利用影子价格可以帮助分析工艺改变后对资源节约的收益。如在例1-1中，工艺过程改进后，使设备C节约2%，则带来的经济收益将是0.64(即$1\times32\times2\%$)。

第七，影子价格可以让企业管理者知道哪种资源对企业来说是稀缺资源，哪种资源不是稀缺的，因为经济学就是研究资源的稀缺性。由例1-1的影子价格可以看出，设备A对企业来说是非稀缺的，因为它有剩余。

值得指出的是，影子价格不是资源的实际价格，而是资源配置结构的反映，是在其他数据相对稳定的条件下某种资源增加一个单位导致的目标函数值的增量变化。如若其他数据变了，影子价格也随之变化；即使其他数据不变，它也只能在一定的范围内保持不变，超出这个范围，最优基将发生变化，原来的影子价格也就变化了。正是由于影子价格在经济管理中对收益能提供大量的信息，所以对偶理论中的影子价格概念日益受到管理人员的重视。以上分析都是在最优基不变的条件下进行的，如果最优基有变化，则应结合参数变动分析的方法进行分析。

第3节 资源的参数变动分析

线性规划研究的是在一定约束条件下的最优问题，其优化方案可以达到节约资源、提高效益的目的，但在企业现实的生产经营过程中，很多因素都在不断变化，决策者必须随时掌握市场动态，对原有的决策作出调整和修正，不可机械地对待。

一、参数变动分析的必要性

首先，优化方案是建立在特定的资源环境和技术条件之上的，而环境和条件总是处在不断变化之中，如产品价格、原材料成本、资源拥有量等时有波动，所以优化方案只是在一定范围内的最优解，当基础数据的变动超出这个范围时，最优解也就变了。

其次，模型参数的值是通过估计或预测得到的，带有一定的不确定性，虽然运算过程要求严谨，但预测数据的误差是不可避免的，所以当模型发生变化时，如约束条件、变量个数、参数系数等发生变化，最优解也会发生变化。

因此，当线性规划模型的参数 A，C，b 发生变化时，决策者应当决定针对这些变化及时作出反应，是调整计划还是静观其变；或者说，参数 A，C，b 在什么范围内变化时，所制定的计划相对稳定。

例如，在例1-1中，已求得最优解为 $X=(4,5,8,0,0)^T$，目标函数值为37，这时的最优基变量为 x_3，x_2，x_1，说明企业对产品甲和乙都要进行生产。如果模型参数发生了变化，则有可能要影响此问题的最优基解。但是，当系数 A，C，b 发生变化，使其最优基发生了变化，比如由 x_3，x_2，x_1 变为 x_3，x_2，x_4，即产品甲现在不生产了，这在企业管理中是一大忌。因为原计划生产产品甲，现在不生产了，相当于停掉了生产产品甲的生产线，这给企业造成的损失可能是巨大的。这比在原有生产线上少生产或多生产的影响还要大。所以就需要研究在保持最优基不变的条件下，模型参数允许的变化范围。

参数变动分析又称敏感性分析（sensitivity analysis）或优化后分析（post optimality analysis），它研究基础数据发生波动后对最优解的影响，以及在多大的范围内波动才不影响最优基。参数变动分析就是研究最优解对数据变化的敏感程度。敏感性太强，则说明最优解的稳定性程度较低，这时应对该数据作进一步核定，使最优解建立在坚实可靠的基础之上。通过参数变动分析能帮助管理人员对其掌握的资源、产品组合和收益等相互关系有更深入的了解，以便在情况变化时作出最有利的决策，这一点有时比优化本身更重要。

通过前面的学习可知，对于线性规划

$$\max Z = CX$$
$$\text{s.t.}\begin{cases} AX = b \\ X \geqslant 0 \end{cases}$$

要保持最优基不变，无非两个判断标准：一是所有的检验数仍然小于等于零，即 $\sigma_j \leqslant 0 (j=1, 2, \cdots, n)$；二是最优基解都是可行解，即变量取值 $X_B = B^{-1}b$ 都大于等于零。只有同时满足了这两条才可以使线性规划问题的最优基不发生变化，即原有的生产线不发生变化。

当然，模型参数有可能同时发生变化，为了理论研究简便起见，下面介绍只有一种系数发生变化的情况。由于产品售价和资源价格受市场供求关系影响，在计划执行过程中容易发生变化，导致参数 C 变动；资源拥有量可以从市场购买，或经营层在做资源分配时，可以增加其当前分配量，也就是说右端资源量 b 可能变动。然而，当设备磨损处于平稳期，研究企业某一较短时期（年）的生产计划，设备加工能力和工艺消耗系数相对变动不大，如图 1-1 中的水平时段。下面主要研究目标系数 C 的变化，右端常数 b 的变化。

二、价值系数的变动分析

由 $\sigma_j = c_j - C_B B^{-1} P_j$ 可知，价值系数的变动会影响到解的最优性，但基变量价值系数和非基变量价值系数变动影响的情况不同。基变量价值系数变化不会影响自己的检验数（基变量的检验数总为零），但会影响非基变量的检验数；非基变量价值系数变动只会影响它自己的检验数。下面分别予以讨论。

（一）非基变量 x_j 的价值系数 c_j 变动

非基变量 x_j 的检验数 $\sigma_j = c_j - C_B B^{-1} P_j$。可看出：$c_j$ 的变化只影响到 x_j 自己的检验数，对其他变量的检验数没有影响。因此只要 $\sigma_j' = c_j + \Delta c_j - C_B B^{-1} P_j \leqslant 0$，即 $\Delta c_j \leqslant C_B B^{-1} P_j - c_j = -\sigma_j^*$，就可以保持最优基不变，其中 σ_j^* 是最末单纯形表中的检验数。

（二）基变量 x_{Bi} 的价值系数 c_{Bi} 的改变

由 $\sigma_j = c_j - C_B B^{-1} P_j$ 看出：某一基变量 x_{Bi} 的价值系数 c_{Bi} 变化，将引起所有非基变量的检验数随之发生变化。

基变量的检验数 $\sigma_B = C_B + \Delta C_B - (C_B + \Delta C_B) B^{-1} B = 0$，不受变动影响；但非

基变量的检验数变为：

$$\sigma_j{}'=c_j-(C_B+\Delta C_B)B^{-1}P_j=c_j-C_BB^{-1}P_j-\Delta C_BB^{-1}P_j$$
$$=\sigma_j^*-\Delta C_BP_j^*$$

式中，σ_j^* 和P_j^* 为最末单纯形表中的对应数。

仍以例1-1为例，考虑如下问题：

第一，根据市场预测，乙产品价格可能下降，将导致利润降低40%，这时对最优解有何影响?

第二，确定价值系数 c_1 的变化范围。

为了求解方便及使读者容易看到数据，把例1-1的最末单纯形表搬到此处，见表2-1。

表2-1　　例1-1的最末单纯形表

c_j			3	5	0	0	0	θ_i
C_B	X_B	b	x_1	x_2	x_3	x_4	x_5	
0	x_3	8	0	0	1	$\frac{4}{3}$	$-\frac{2}{3}$	
5	x_2	5	0	1	0	$\frac{1}{2}$	0	
3	x_1	4	1	0	0	$-\frac{2}{3}$	$\frac{1}{3}$	
σ_j			0	0	0	$-\frac{1}{2}$	-1	

1. 乙产品价格下降

乙产品利润下降了40%，即 $c_2=3$。因 c_2 是基变量的价值系数，影响到 C_B，故需重新计算检验数，只要所有 $\sigma_j\leqslant 0$，则不影响最优解；否则继续迭代，直至求出新的最优解。计算非基变量的检验数，即

$$\sigma_4=0-\left[0\times\frac{4}{3}+3\times\frac{1}{2}+3\times\left(-\frac{2}{3}\right)\right]=\frac{1}{2}$$

$$\sigma_5=0-\left[0\times\left(-\frac{2}{3}\right)+3\times 0+3\times\frac{1}{3}\right]=-1$$

由于 $\sigma_4>0$，因此最优基变化，继续迭代如表2-2所示。

继续迭代，最终求解为：$x_1^*=8$，$x_2^*=2$。

计算结果表明，乙产品降价以后生产方案相应调整为生产甲产品8件、乙产品2件，设备B剩余6小时，而设备A和设备C变为紧缺资源。

2. c_1 的变动范围

求价值系数的允许变动范围，可以利用最末单纯形表直接计算，其原则是：不管价值系数怎么变化，只要所有检验数都保持非正就不影响最优基。只要求 Δc_1 的变动，将最末单纯形法表2-1中 x_1 的价值系数变为 c_1，如表2-3所示。

表 2-2　　c_2 变化的单纯形法迭代

	c_j		3	3	0	0	0	θ_i
C_B	X_B	b	x_1	x_2	x_3	x_4	x_5	
0	x_3	8	0	0	1	$\left[\frac{4}{3}\right]$	$-\frac{2}{3}$	6
3	x_2	5	0	1	0	$\frac{1}{2}$	0	10
3	x_1	4	1	0	0	$-\frac{2}{3}$	$\frac{1}{3}$	—
	σ_j		0	0	0	$\frac{1}{2}$	-1	
0	x_4	6	0	0	$\frac{3}{4}$	1	$-\frac{1}{2}$	
3	x_2	2	0	1	$-\frac{3}{8}$	0	$\frac{1}{4}$	
3	x_1	8	1	0	$\frac{1}{2}$	0	0	
	σ_j		0	0	$-\frac{3}{8}$	0	$-\frac{3}{4}$	

表 2-3　　c_1 变化的单纯形法迭代

	c_j		c_1	5	0	0	0	θ_i
C_B	X_B	b	x_1	x_2	x_3	x_4	x_5	
0	x_3	8	0	0	1	$\frac{4}{3}$	$-\frac{2}{3}$	
5	x_2	5	0	1	0	$\frac{1}{2}$	0	
c_1	x_1	4	1	0	0	$-\frac{2}{3}$	$\frac{1}{3}$	
	σ_j		0	0	0	$\frac{2}{3}c_1-\frac{5}{2}$	$-\frac{1}{3}c_1$	

当 $\sigma_4=\frac{2}{3}c_1-\frac{5}{2}\leqslant 0$，且 $\sigma_5=-\frac{1}{3}c_1\leqslant 0$ 时，最优解不变。解得 $0\leqslant c_1\leqslant\frac{15}{4}$，即 Δc_1 的变动范围为 $-3\leqslant\Delta c_1\leqslant 0.75$。可见，最优方案对甲产品价格的变动很不敏感，单位甲产品的盈利在 0～3.75 元之间波动都不会影响最优基。

三、资源限量的变动分析

在现实问题中，右端项 b_i 代表资源量。资源限量虽然在线性规划模型中不是决策变量，但它往往是可以改变的。如通过招工解决人力问题，通过增容解决电力约束，通过增加流动资金解决原材料供应限制等。这里要回答的问题是增加或减少一些资源对最优解有何影响，以及保持最优基不变的前提下允许资源有多大的变动幅度。

（一）考察 b 的变化分析

在例 1-1 中，如果企业通过购买设备 B 的工作时间，使设备 B 增加了 6 小时，最优解有何变化？

对于例 1-1，也就是说原来第二个约束的右端资源项 b_2 由 10 变成了 16。因为 b 的变化并不影响检验数，只影响 $X_B=B^{-1}b$。

由例 1-1 的最末单纯形表找出最优基的逆为：

$$B^{-1}=\begin{pmatrix}1 & \frac{4}{3} & -\frac{2}{3}\\ 0 & \frac{1}{2} & 0\\ 0 & -\frac{2}{3} & \frac{1}{3}\end{pmatrix}$$

由 $X_B=B^{-1}b$，有

$$X_B'=B^{-1}b'=\begin{pmatrix}1 & \frac{4}{3} & -\frac{2}{3}\\ 0 & \frac{1}{2} & 0\\ 0 & -\frac{2}{3} & \frac{1}{3}\end{pmatrix}\begin{pmatrix}16\\16\\32\end{pmatrix}=\begin{pmatrix}16\\8\\0\end{pmatrix}$$

$X_B>0$ 说明仍是基可行解。这里 $x_1=0$，$x_2=8$，$Z=40$。这表明随着设备台时的增加，产品生产方案发生了变化：乙产品增加，甲产品减少，利润增加。利润的增加额恰是设备台时的影子价格与设备台时增量的乘积。

（二）考察 b 的变化范围

第 r 个约束的右端项为 b_r，其增量为 Δb_r，其他数据不变。新的基解为：

$$X_B'=B^{-1}(b+\Delta b)=B^{-1}b+B^{-1}\begin{pmatrix}0\\ \vdots\\ \Delta b_r\\ \vdots\\ 0\end{pmatrix}$$

$$=B^{-1}b+\begin{pmatrix}a_{1r}^*\Delta b_r\\ a_{2r}^*\Delta b_r\\ \vdots\\ a_{mr}^*\Delta b_r\end{pmatrix}=\begin{pmatrix}b_1^*\\ b_2^*\\ \vdots\\ b_m^*\end{pmatrix}+\Delta b_r\begin{pmatrix}a_{1r}^*\\ a_{2r}^*\\ \vdots\\ a_{mr}^*\end{pmatrix}$$

式中，$b^*=B^{-1}b$ 为变动以前的最优解；$\begin{pmatrix}a_{1r}^*\\ a_{2r}^*\\ \vdots\\ a_{mr}^*\end{pmatrix}$ 为 B^{-1} 中的第 r 列。

这时，只要 $X_B'\geqslant 0$，则可保持最优基不变。即上式中的每一个数都大于等于零，最优基不变。上式可以表示成 m 个不等式方程，写成一般式，为：

$$X_{Bi}'=b_i^*+\Delta b_r a_{ir}^*\geqslant 0,\quad i=1,2,\cdots,m$$

当 $a_{ir}^*\geqslant 0$ 时，有

$$\Delta b_r\geqslant -\frac{b_i^*}{a_{ir}^*}$$

当 $a_{ir}^*<0$ 时，有

$$\Delta b_r\leqslant -\frac{b_i^*}{a_{ir}^*}$$

综合两式得到 b_r 的变动范围为：

$$\max_i\left\{-\frac{b_i^*}{a_{ir}^*}\middle| a_{ir}^*>0\right\}\leqslant\Delta b_r\leqslant\min_i\left\{-\frac{b_i^*}{a_{ir}^*}\middle| a_{ir}^*<0\right\}$$

由上式可以算出例 1－1 中 Δb_2 的变动范围：

$$\max\left\{-\frac{8}{4/3}\right\}\leqslant\Delta b_2\leqslant\min\left\{-\frac{4}{-2/3}\right\}$$

即 Δb_2 的变动范围是 $-6\leqslant\Delta b_2\leqslant 6$，$b_2$ 的变动范围则是 $4\leqslant b_2\leqslant 16$。

同理，Δb_1 的变动范围为 $\Delta b_1\geqslant -8$，但没有上界；b_1 的变动范围为 $b_1\geqslant 8$。Δb_3 的变动范围为 $-12\leqslant\Delta b_3\leqslant 12$；$b_3$ 的变动范围为 $20\leqslant b_3\leqslant 44$。从变动范围分析可以看出，资源限量在一定范围内变动不影响最优基，但如果超出了这个范围，资源紧缺程度就会发生变化。

第 4 节　资源定价的决策案例

［例 2－2］　某厂生产甲、乙两种产品，生产单位产品的资源消耗如表 2－4 所示。

表 2－4　　**生产资源消耗情况表**

	甲	乙	资源成本	资源拥有量
原材料（千克）	9	4	20	360
设备（小时）	4	5	50	200
电力（度）	3	10	1	300
销售价格（元）	390	352		

应如何安排甲、乙两产品的产量，使每周的利润为最大？如果企业可以不生产，资源出让如何定价？

一、最优生产决策

决策变量：要确定甲、乙两种产品的产量，我们设每周生产的甲产品的产量为

x_1，每周生产的乙产品的产量为 x_2。由表 2-4 计算得单位甲产品的成本为 383 元，单位乙产品的成本为 340 元，则它们的盈利能力分别为 7 元和 12 元。生产计划的线性规划模型可以表示为：

$$\max Z=7x_1+12x_2$$

$$\text{s.t.}\begin{cases}9x_1+4x_2\leqslant 360\\4x_1+5x_2\leqslant 200\\3x_1+10x_2\leqslant 300\\x_1,x_2\geqslant 0\end{cases}$$

运用单纯形法求解如表 2-5 所示。

表 2-5　单纯形法求解过程

	c_j		7	12	0	0	0	θ_i
C_B	X_B	b	x_1	x_2	x_3	x_4	x_5	
0	x_3	360	9	4	1	0	0	90
0	x_4	200	4	5	0	1	0	40
0	x_5	300	3	[10]	0	0	1	30
	σ_j		7	12	0	0	0	
0	x_3	240	7.8	0	1	0	−0.4	30.8
0	x_4	50	[2.5]	0	0	1	−0.5	20
12	x_2	30	0.3	1	0	0	0.1	100
	σ_j		3.4	0	0	0	−1.2	
0	x_3	84	0	0	1	−3.12	1.16	
7	x_1	20	1	0	0	0.40	−0.20	
12	x_2	24	0	1	0	−0.12	0.16	
	σ_j		0	0	0	−1.36	−0.52	

表 2-5 中最后所有检验数 $\sigma_j\leqslant 0$，此时已得到最优解 $X^*=(20,\ 24,\ 84,\ 0,\ 0)^{\mathrm{T}}$。其经济意义是生产甲产品 20 单位，乙产品 24 单位，最大获利 428 元。此时，原材料富余 84 千克，为非紧缺资源；设备和电力全部耗尽，为紧缺资源。

二、资源获利决策

如果决策者考虑自己不生产甲、乙两种产品，而把原拟用于生产这两种产品的原材料、设备工时、电力资源全部出售给外单位，或者做代加工，则应如何确定这三种资源的价格？

设原材料的单位出让获利为 y_1，设备工时的单位出让获利为 y_2，电力的单位出让获利为 y_3。于是就出让决策问题可以建立一个新的线性规划模型，为：

$$\min w=360y_1+200y_2+300y_3$$

$$\text{s.t.}\begin{cases}9y_1+4y_2+3y_3\geqslant 7\\4y_1+5y_2+10y_3\geqslant 12\\y_1,y_2,y_3\geqslant 0\end{cases}$$

解得 $y_1^*=0$，$y_2^*=1.36$，$y_3^*=0.52$，$Z^*=428$。其松弛变量 $y_4^*=0$，$y_5^*=0$。

从表2-5的最末单纯形表可以看出：影子利润分别为 $y_1^*=0$，$y_2^*=1.36$，$y_3^*=0.52$。这说明原材料为企业生产甲、乙产品的非瓶颈资源，而设备工时和电力是企业生产的瓶颈紧缺资源。由于 $y_2^*>y_3^*$，表明设备工时的紧缺程度高于电力的紧缺程度，在财力有限的情况下，应该优先解决设备工时瓶颈制约问题，因为相比之下它能带来的收益增加最大。

假设资源市场上，原材料的价格为18元/千克，设备的单位工时价格为52元，电力的成本为1.3元/度，企业是否需要购进资源？

由于原材料的资源成本为20元/千克，设备工时的资源成本50元，电力的资源成本为1元/度，因此它们的影子价格分别为20元/千克、51.36元/小时、1.52元/度。企业经营决策者可以在把本企业资源的影子价格与市场价格进行比较后，作出决策。电力资源的影子价格高于市场价格，企业可以考虑购进资源，增大其持有量；而设备工时的影子价格低于市场价格，企业暂不可购买；虽然原材料市场价格低于其影子价格，但它是非紧缺资源，企业增加资源不但难以获利，还会增加库存成本。

当然，产品的销售价格变动和资源拥有量的变化，都可能导致资源紧缺程度发生变化。

□ 案例分析

通过综合本章的内容和开篇的案例，假设你是该企业的部门主管，你将如何选择出租策略、制定设备购买计划？（生产过程中各项经济指标见第1章案例。）

同时，当人事部门进行调整后，你将如何更改生产计划以应对变化？调整如下：

（1）钢板冲压：冲压成型合格率可达99%，且每件成型工件扣除加工过程中各项成本后的净利润平均为1 200元；职工实行计件工资制，每件合格品的工资为770元。

（2）车身焊接：工件在焊接后可继续生产的概率为98%，焊接后产生的价值增值扣除成本后为450元；职工实行计件工资制，每件合格品的工资为850元。

（3）车体涂装：车体涂装工艺复杂，对技术要求较高，合格品率可达99%，不同车型的涂装成本各不相同，该环节后每件产品增值平均为950元；职工实行计件工资制，每件合格品的工资为710元。

（4）车辆总装：车辆总装即把车身、发动机等零部件组合到一起，装配工艺的先进程度影响着车辆总装的成功率。随着技术的进步，该整车制造厂的两厢轿车合格品率可达到97%，三厢轿车合格品率为95.5%，SUV型汽车合格品率为95%，油电混合类汽车合格品率为94.5%。组装后每辆汽车扣除各项成本净收入平均约为20 000元；职工实行计件工资制，合格品每辆1 300元；不同车型的销售价格如表2-6所示。

表 2-6

车型	两厢轿车	三厢轿车	SUV	油电混合
价格（元/辆）	99 000	117 000	146 000	102 000

与第 1 章案例结果相比，调整之后的最优利润发生变化了吗？如何变化的？

复习思考题

1. 对偶问题和对偶变量（即影子价值）的经济意义是什么？

2. 什么是资源的影子价格？它与相应的市场价格有什么区别？

3. 如何根据原问题和对偶问题之间的对应关系，找出两个问题变量之间、解及检验数之间的关系？

4. 已知线性规划问题如下：

$$\max Z=4x_1+x_2+2x_3$$

$$\text{s.t.}\begin{cases}8x_1+3x_2+x_3\leqslant 2\ (\text{第一种资源})\\6x_1+x_2+x_3\leqslant 8\ (\text{第二种资源})\\x_1,x_2,x_3\geqslant 0\end{cases}$$

（1）求出该问题产值最大的最优解和最优值。

（2）求出该问题的对偶问题的最优解和最优值。

（3）给出两种资源的影子价格，并说明其经济含义。第一种资源限量由 2 变为 4，最优解是否改变？

（4）代加工产品丁，每单位产品需消耗第一种资源 2 单位，消耗第二种资源 3 单位，应该如何定价？

5. 某厂生产 A，B，C，D 共四种产品，有关资料如表 2-7 所示。

表 2-7

资源	资源消耗				资源供应量（千克）	资源成本（元/千克）
	产品 A	产品 B	产品 C	产品 D		
甲	2	3	1	2	800	2.0
乙	5	4	3	4	1 200	1.0
丙	3	4	5	3	1 000	1.5
单位产品售价（元）	14.5	21	15.5	16.5		

（1）请构造使该厂所获利润最大的线性规划模型，并用单纯形法求解该问题（不计加工成本）。

（2）该厂若出租资源给另一个工厂，构成原问题的对偶问题，列出对偶问题的数学模型，资源甲、乙、丙的影子价格是多少？若工厂可在市场上买到资源丙，工厂是否应该购进该资源以扩大生产？

（3）资源丙可利用量在多大范围内变化时，原最优生产方案中生产产品的品种不变（即最优基不变）？

(4) 若产品B的价格下降了0.5元，生产计划是否需要调整？

6. 某企业生产甲、乙两种产品，产品生产的工艺路线如图2-1所示，试统计单位产品的设备工时消耗，填入表2-8。又已知材料、设备C和设备D等资源的单位成本和拥有量如表2-8所示。

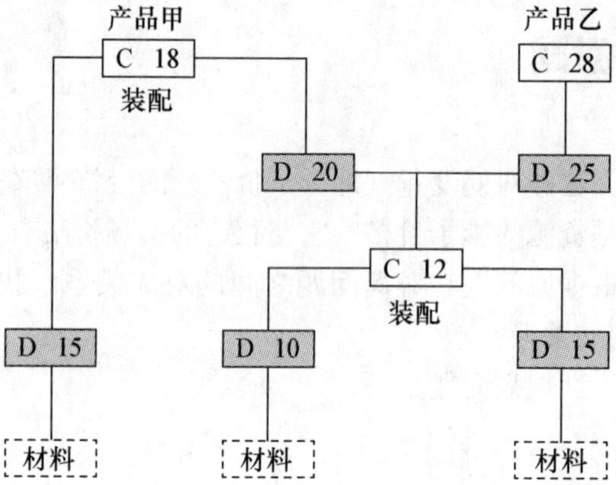

图2-1 工艺路线

表2-8 资源消耗与资源成本表

资源	资源消耗		资源成本（元/单位资源）	资源拥有量
	产品甲	产品乙		
材料（千克）	60	50	200	4 200
设备C（小时）			10	3 000
设备D（小时）			20	4 500

据市场分析，甲、乙产品销售价格分别为13 700元和11 640元，试确定获利最大的产品生产计划。

(1) 设产品甲的计划生产量为x_1，产品乙的计划生产量为x_2，试建立其线性规划的数学模型；若将材料约束加上松弛变量x_3，设备C约束加上松弛变量x_4，设备D约束加上松弛变量x_5，试化成标准型。

(2) 利用LINDO软件求得：最优目标函数值为18 400，变量的最优取值分别为$x_1=20$，$x_2=60$，$x_3=0$，$x_4=0$，$x_5=300$，则产品的最优生产计划方案是什么？解释$x_3=0$，$x_4=0$，$x_5=300$的经济意义。

(3) 利用LINDO软件对价值系数进行敏感性分析，结果如下：

Obj Coefficient Ranges

Variable	Current Coef	Allowable Increase	Allowable Decrease
x_1	200	88	20
x_2	240	26.67	73.33

试问如果生产计划执行过程中，甲产品售价上升到13 800元，或者乙产品售价

降低 60 元，所制定的生产计划是否需要进行调整？

（4）利用 LINDO 软件对资源向量进行敏感性分析，结果如下：

Righthand Side Ranges

Resource	Current Rhs	Allowable Increase	Allowable Decrease
材料	4 200	300	450
设备 C	3 000	360	900
设备 D	4 500	Infinity	300

试问非紧缺资源最多可以减少到多少，而紧缺资源最多可以增加到多少？

（5）写出本题中线性规划的对偶模型；如果对甲、乙产品生产计划的线性规划模型进行单纯形法迭代，其最末单纯形表的检验数为：$\sigma_1^*=0$，$\sigma_2^*=0$，$\sigma_3^*=-0.89$，$\sigma_4^*=-4.89$，$\sigma_5^*=0$，试写出对偶问题的最优解，并给出经济解释。若材料的现有市场价格为 210 元/千克；装配设备 C 可以外协加工，其当前加工价格为 12 元/小时，请问是否应购进或外协加工，企业应如何决策？

实验：软件解线性规划

在解决实际问题时，往往面对的问题规模庞大，一般不能用单纯形法人工计算，这时需要借助计算机软件来求解。

LINDO/LINGO是用来求解线性优化问题的简易工具，具有求解速度快和精度高的优点，可以高效快速求解并分析结果。

一、LINDO求解线性规划

第一步，启动LINDO进入初始界面，如图2-2所示。

图2-2 LINDO初始界面

第二步，在LINDO的命令窗口中输入例1-1的线性规划的数学模型（没有上下标之分），如图2-3所示。约束条件以“subject to”开始，以“end”结束。然后，可以单击File菜单下的Save，将模型保存，供以后使用（当然也可以不保存）。

图2-3 输入模型界面

说明：目标函数所在行是第一行，第二行起为约束条件；表达式中不接受括号“()”，需要写成代数展开式；表达式应化简，同一变量不能拆分成多项；变量与系数间可以有空格（甚至回车），但无运算符；变量名以字母开头，但不能超过8个字符；变量名不区分大小写；变量不能出现在一个约束条件的右端；行中“!”符号后面的部分为注释；在模型的任何地方都可以用“TITLE”对模型命名（最多 72 个字符）；缺省假定所有变量非负，但可在模型的 end 语句后用“FREEname”将变量 name 的非负假定取消。

第三步，单击 LINDO 菜单下的 Solve 菜单项，对模型进行求解。弹出如图 2-4 所示的对话窗口。

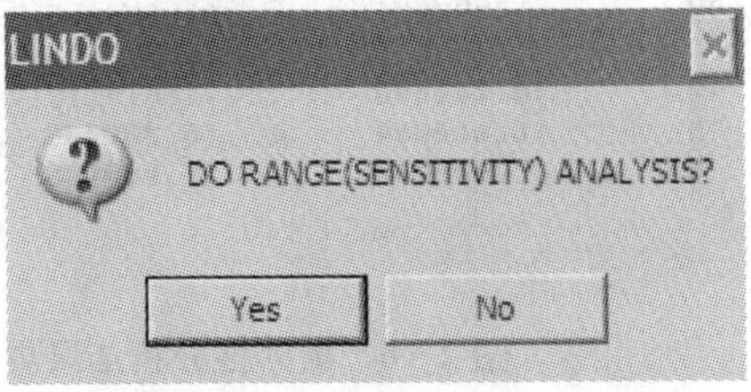

图 2-4　敏感性分析选择界面

（1）如果选择“No”，则报告结果如图 2-5 所示。

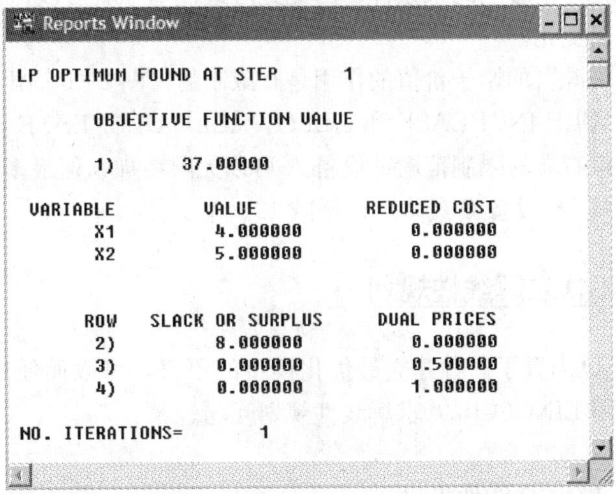

图 2-5　例 1-1 的计算结果图

由计算结果可知：最优解为 $x_1=4$，$x_2=5$，最优值为 $Z=37$，即产品甲生产 4 单位，产品乙生产 5 单位，可获最大利润 37 元。另外还可以看出第一个约束的资源剩余 8 个单位，即设备 A 剩余，对应的影子价格为 0；第二个约束和第三个约束对应的资源没有剩余，相应的影子价格分别为 0.5 和 1.0。即设备 A、设备 B 和设备 C 的工时出让利润分别为 0，0.5，1.0。

（2）如果选择“Yes”，则报告结果除图 2-5 的信息以外，还包括图 2-6 所示的信息。

1）目标函数的系数发生变化时（假定约束条件不变），最优解和最优值会改变吗？这个问题不能简单地回答。图 2-6 中的输出结果给出了最优基不变条件下目标函数系数的允许变化范围：x_1 的系数允许增加 0.75 和允许减少 3，即在（0，3.75)区间，最优生产计划不变；同理，x_2 的系数允许增加“无限”，但只

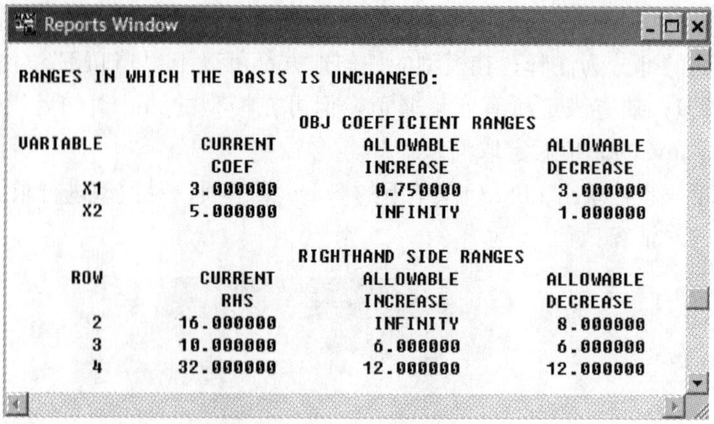

图 2-6　敏感性分析结果界面

许减少 1，即在（4，∞）区间，最优生产计划不变。

注意：x_1 系数的允许范围需要 x_2 系数 5 不变，反之亦然。由于目标函数的费用系数变化并不影响约束条件，因此此时最优基不变可以保证最优解也不变，但目标函数值会变化。

2）“资源”的影子价值的作用是有限制的。图 2-6 输出的 CURRENT RHS 的 ALLOWABLE INCREASE 和 ALLOWABLE DECREASE 给出了影子价值有意义条件下约束右端的限制范围：设备 A 可以无限增加，但最多只能减少 8；设备 B 最多可以增减 6；设备 C 最多可以增减 12。

二、LINGO 求解线性规划

LINGO 内置了一种建立最优化模型的语言，可以简便地表达大规模问题。现在我们利用 LINGO 10.0 求解线性规划问题。

（一）LINGO 软件步骤

第一步，启动 LINGO 进入初始界面，这与 LINDO 类似。

第二步，求解线性规划模型，先要对初始求解方法及参数进行设置，选择 LINGO 菜单下的 Option 菜单项，并在 General Solver（通用求解器）页面和 Linear Solver（线性求解器）页面切换，如图 2-7 所示。

因为例 1-1 的线性规划模型较为简单，数值也比较小，而且需要进行敏感性分析，所以将 General Solver 选项卡上的 Dual Computations（对偶计算）项设为 Prices & Ranges（对偶价格和变动范围）。将 Linear Solver（线性求解器）选项卡上的 Method（求解方法）项设为 Primal Simplex（单纯形法）。其余的选项采用默认值。注意，如果模型变量较多，数值较大时，就需要对其他选项进行设置。

第三步，在 LINGO 的命令窗口中输入例 1-1 的数学模型（没有上下标之分），但与 LINDO 有差别，如图 2-8 所示。同样，可以单击 File 菜单下的 Save，将模型保存，供以后使用。

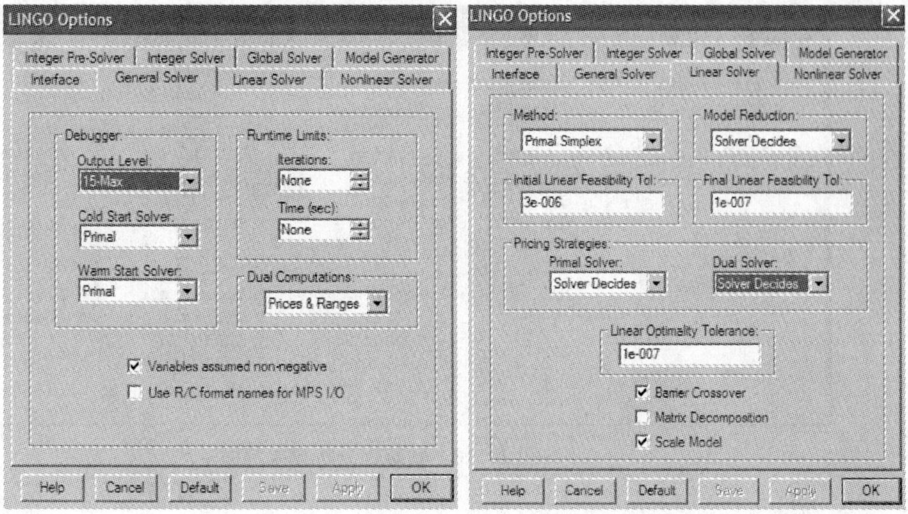

图 2－7　General Solver 和 Linear Solver 选项设置

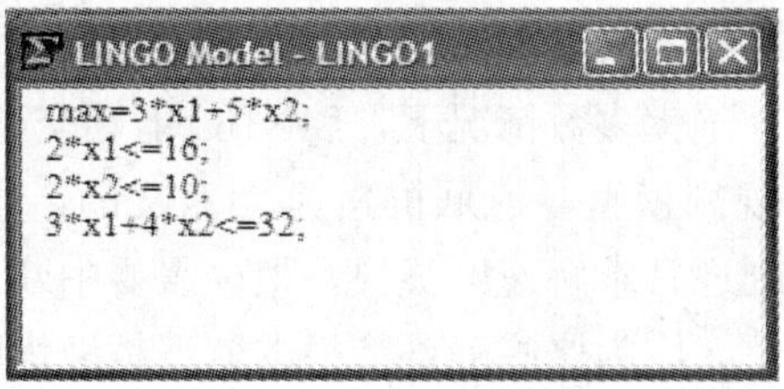

图 2－8　输入模型界面

第四步，单击 LINGO 菜单下的 Solver 菜单项，对模型进行求解。结果如图 2－9 所示。

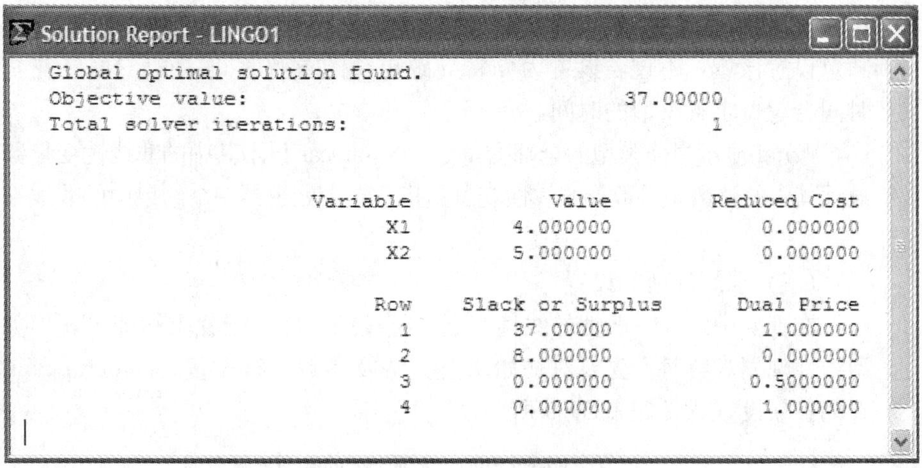

图 2－9　例 1－1 的计算结果图

第五步，单击图 2－9 窗口中的关闭按钮，关闭求解窗口。然后再单击模型窗口，使其处于活动状态。接着单击 LINGO 菜单下的 Range 菜单项，其结果如图 2－10所示。

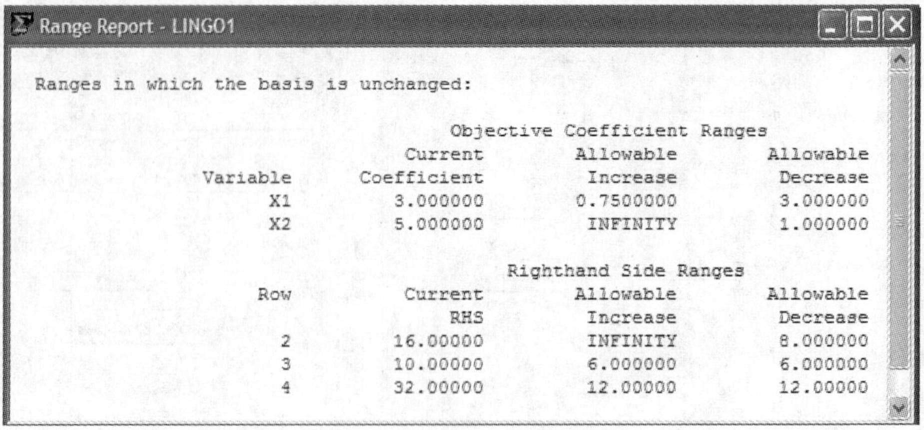

图 2-10　敏感性分析结果界面

（二）求解器状态窗口

求解器状态窗口对于监视求解器的进展和模型大小是有用的。求解器状态窗口提供了一个中断求解器按钮（Interrupt Solver），点击它会导致 LINGO 在下一次迭代时停止求解。在绝大多数情况下，LINGO 能够交还和报告到目前为止的最好解。一个例外是线性规划模型，返回的解是无意义的，应该忽略。但这并不是一个问题，因为线性规划通常求解速度很快，很少需要中断。注意：在中断求解器后，必须小心解释当前解，因为这些解可能根本就不是最优解，可能也不是可行解，或者对线性规划模型来说是无价值的。

在中断求解器按钮的右边是关闭按钮。点击它可以关闭求解器状态窗口，不过可在任何时间通过选择 Windows | Status Window 重新打开。

在中断求解器按钮的上边是标记为更新时间间隔（Update Interval）的域。LINGO 将根据该域指示的时间（以秒为单位）为周期更新求解器状态窗口。可以随意设置该域，不过若设置为 0 将导致更长的求解时间——LINGO 花费在更新的时间会超过求解模型的时间。

Total 显示当前模型的全部变量数，Nonlinear 显示其中的非线性变量数，Integers 显示其中的整数变量数。非线性变量是指它至少处于某一个约束中的非线性关系中。

（三）求解选项的设置

在现实中对于一般性的线性规划直接按照上面的步骤求解即可，但如果是对大型线性规划求解时，先要对初始求解方法及参数进行设置。General Solver 选项卡上的各项设置意义如表 2-9 所示。

表 2-9　General Solver 选项卡上的各项设置说明

选项组	选项	含义
Generator Memory Limit (MB) （矩阵生成器的内存限制（兆））		缺省值为 32 兆，矩阵生成器使用的内存超过该限制，LINGO 将报告“The model generator ran out of memory”。

续前表

选项组	选项	含义
Run Time Limits（运行限制）	Iterations（迭代次数）	求解一个模型时，允许的最大迭代次数（缺省值为无限）。
	Time（sec）（运行时间（秒））	求解一个模型时，允许的最大运行时间（缺省值为无限）。
Dual Computations（对偶计算）		求解时控制对偶计算的级别，有三种可能的设置： ● None：不计算任何对偶信息。 ● Prices：计算对偶价格（缺省设置）。 ● Prices and Ranges：计算对偶价格并分析敏感性。
Model Regeneration（模型的重新生成）		控制重新生成模型的频率，有三种可能的设置： ● Only when text changes：只有当模型的文本修改后才再生成模型。 ● When text changes or with external references：当模型的文本修改或模型含有外部引用时（缺省设置）。 ● Always：每当有需要时。
Linearization（线性化）	Degree（线性化程度）	决定求解模型时线性化的程度，有四种可能的设置： ● Solver Decides：若变量数小于等于 12 个，则尽可能全部线性化；否则不做任何线性化（缺省设置）。 ● None：不做任何线性化。 ● Low：对函数@ABS（ ），@MAX（ ），@MIN（ ），@SMAX（ ），@SMIN（ ），以及二进制变量与连续变量的乘积项做线性化。 ● High：同上，此外对逻辑运算符＃LE＃，＃EQ＃，＃GE＃，＃NE＃做线性化。
	BigM（线性化的大 M 系数）	设置线性化的大 M 系数（缺省值为 10^6）。
	Delta（线性化的误差限）	设置线性化的误差限（缺省值为 10^{-6}）。
Allow Unrestricted Use of PrimiSet Member Names（允许无限制地使用基本集合的成员名）		选择该选项可以保持与 LINGO 4.0 以前的版本兼容，即允许使用基本集合的成员名称直接作为该成员在该集合的索引值（LINGO 4.0 以后的版本要求使用@INDEX 函数）。
Check for Duplicate Names in Data and Model（检查数据和模型中的名称是否重复使用）		选择该选项，LINGO 将检查数据和模型中的名称是否重复使用，如基本集合的成员名是否与决策变量名重复。
Use R/C Format Names for MPS I/O（在 MPS 文件格式的输入输出中使用 R/C 格式的名称）		在 MPS 文件格式的输入输出中，将变量和行名转换为 R/C 格式。

接下来再对 Linear Solver（线性求解器）选项卡进行设置，各项设置说明如表 2－10所示。

表 2-10　　Linear Solver 选项卡各项设置说明

选项组	选项	含义
Method （求解方法）		求解时的算法，有四种可能的设置： ● Solver Decides：LINGO 自动选择算法（缺省设置）。 ● Primal Simplex：原始单纯形法。 ● Dual Simplex：对偶单纯形法。 ● Barrier：障碍法（即内点法）。
Initial Linear Feasibility Tol （初始线性可行性误差限）		控制线性模型中约束满足的初始误差限（缺省值为 3 * 10^{-6}）。
Final Linear Feasibility Tol （最后线性可行性误差限）		控制线性模型中约束满足的最后误差限（缺省值为 10^{-7}）。
Model Reduction （模型降维）		控制是否检查模型中的无关变量，从而降低模型的规模： ● Off：不检查。 ● On：检查。 ● Solver Decides：LINGO 自动决定（缺省设置）。
Pricing Strategies （价格策略（决定出基变量的策略））	Primal Solver （原始单纯形法）	有三种可能的设置： ● Solver Decides：LINGO 自动决定（缺省设置）。 ● Partial：LINGO 对一部分可能的出基变量进行尝试。 ● Devex：用 Steepest-Edge（最陡边）近似算法对所有可能的变量进行尝试，找到使目标值下降最多的出基变量。
	Dual Solver （对偶单纯形法）	有三种可能的设置： ● Solver Decides：LINGO 自动决定（缺省设置）。 ● Dantzig：按最大下降比例法确定出基变量。 ● Steepest-Edge：最陡边策略，对所有可能的变量进行尝试，找到使目标值下降最多的出基变量。
Matrix Decomposition （矩阵分解）		选择该选项，LINGO 将尝试将一个大模型分解为几个小模型求解；否则不尝试。
Scale Model （模型尺度的改变）		选择该选项，LINGO 检查模型中的数据是否平衡（数量级是否相差太大）并尝试改变尺度使模型平衡；否则不尝试。

第 3 章 Chapter 3 整数规划

学习要点

- 了解整数规划的含义及类型
- 掌握分支定界的原理和步骤
- 能够正确引入 0-1 变量建模
- 熟悉整数规划问题应用实例

引导案例

我们仍以第 1 章的整车制造厂为例，汽车制造过程中所要求的工艺多、技术难度大，该厂的汽车制造设备均从德国生产商进口，双方达成了良好的战略合作伙伴关系。近日，德国设备生产商计划委托该整车制造厂在中国举办一次汽车制造设备展销会，目的是吸引更多的客户、打开中国市场，同时也可以提升该公司的海内外知名度。

此次展销会活动内容丰富，届时会有诸多国内外汽车制造商代表前来参观、购买设备。会议筹备组要为与会人员提供预订宾馆、租借会议室、安排专车接送等服务。

假设你是该整车制造厂后勤部门主管，需要统筹计划安排与会人员的酒店住宿、签订合同会议等任务，面对如此高规格的会议和庞大的与会人数，你将如何计划？实际情况可能会包括宾馆客房的数量有限、会议室数量有限、不同与会人员在费用方面的要求不一致、相同领域的与会者希望能在距离上比较靠近等，最重要的是，所选择的宾馆数量应该尽可能少，从而降低此次会议的承办成本。

面对这诸多的需求与要求，你该如何计划和安排？考虑问题应从哪几个方面入手？

在一般线性规划问题中，决策变量的取值可以是任意的非负实数。但在许多实际问题中，只有当决策变量的取值为整数时才有意义。例如，所求的是产品的件数、机器的台数、装货的车数、下料的根数、完成工作的人数等，分数或小数解答显然是不合理的。在线性规划问题中，隐含着决策变量的连续性假定。如果线性规划问题不考虑连续性假定，就变成了整数规划。

第1节 整数规划数学模型

在线性规划问题中，要求全部或部分决策变量的取值为整数的一类规划，称为整数线性规划，简称整数规划（integer programming），它是数学规划问题中的一个重要分支。

整数线性规划数学模型的一般形式为：

$$\max(\min)Z=\sum_{j=1}^{n}c_jx_j$$

$$\text{s. t.}\begin{cases}\sum_{j=1}^{n}a_{ij}x_j\leqslant(=,\geqslant)b_i, & i=1,2,\cdots,m\\ x_j\geqslant 0, & j=1,2,\cdots,n\\ x_1,x_2,\cdots,x_n \text{ 中部分或全部取整数}\end{cases}$$

整数线性规划问题可以分为下列几种类型。

一、纯整数规划

纯整数规划（pure integer linear programming）指全部决策变量都必须取整数值的整数线性规划。有时，也称为全整数规划。

［例3-1］ 某企业利用材料和设备生产某产品，该产品有甲、乙两种型号，其工艺消耗系数和单台产品的获利能力如表3-1所示。

表3-1 甲、乙型号产品生产数据

资源	产品型号		资源现有量
	甲	乙	
A	2	1	9
B	5	7	35
单台利润（元）	6	5	

应如何安排甲、乙两种型号产品的产量，使利润最大？

解 设 x_1 为甲型号的台数，x_2 为乙型号的台数。其整数规划问题的数学模型如下：

$$\max Z=6x_1+5x_2$$

$$\text{s. t.}\begin{cases}2x_1+x_2\leqslant 9\\ 5x_1+7x_2\leqslant 35\\ x_1,x_2\geqslant 0\\ x_1,x_2 \text{ 取整数}\end{cases}$$

二、0-1规划

0-1规划（zero-one integer linear programming）指决策变量只能取值0或1的整数线性规划。

0-1规划是整数规划中的特殊情形，它的变量 x_j 仅取值0或1。这时 x_j 称为0-1变量，或称二进制变量。x_j 仅取值0或1这个条件可由下列约束条件：

$$x_j \leqslant 1$$
$$x_j \geqslant 0, \text{整数}$$

所代替，这是与一般整数规划的约束条件形式一致的。在实际问题中，如果引入0-1变量，就可以把有各种情况需要分别讨论的线性规划问题统一在一个问题中讨论了。

[例3-2] 某企业计划在华东、华南、华北、华中、西南、西北、东北七个区域新建工厂。假设每个区域最多只能建设一个工厂，且该工厂只能覆盖本区域的销售。各区域的工厂建设成本和销售份额见表3-2。一期建设最多可投入的建设资金为2 500万元。该企业应优先建设哪些地区的工厂，使得覆盖的销售份额最大？

表3-2 工厂建设成本、销售份额

序号	1	2	3	4	5	6	7
区域	华东	华南	华北	华中	西南	西北	东北
成本（百万元）	5	5	2	6	12	2	4
销售份额（%）	31	15	18	14	8	4	10

解 每个区域的工厂无非有两种状态：建或者不建，不妨设

$$x_j=\begin{cases}0, \text{在 } j \text{ 区域建设工厂} \\ 1, \text{在 } j \text{ 区域不建设工厂}\end{cases} \qquad j=1,2,\cdots,7$$

所以，此0-1规划的模型为：

$$\max Z=31x_1+15x_2+18x_3+14x_4+8x_5+4x_6+10x_7$$

$$\text{s. t.}\begin{cases}5x_1+5x_2+2x_3+6x_4+12x_5+2x_6+4x_7\leqslant 25 \\ x_j=0 \text{ 或 } 1, \quad j=1,2,\cdots,7\end{cases}$$

三、混合整数规划

混合整数规划（mixed integer linear programming）指决策变量中有一部分必须取整数值，另一部分可以不取整数值的整数线性规划。

[例3-3] 某企业的某种产品有 n 个细分市场，各市场的需求量为 b_j 吨/月；现拟在 m 个工厂中设置该产品的生产线，一个工厂最多只能添置一条生产线；若选第 i 厂，生产能力为 a_i 吨/月，其运营费用为 F_i 元/月；如果放宽例3-2中每个工厂

只能覆盖本区域的销售的假设，即各区域间可以调运，现已知 i 厂至市场 j 的运价为 c_{ij} 元/吨。应如何配置生产线和安排调运，使该产品的总费用最小？

解 工厂 i 是否添置生产线是个 0－1 型决策变量，假设 $y_i=1$，选择第 i 厂添置生产线，$y_i=0$，不选择第 i 厂；计划从 i 厂至区域市场 j 的运输运量 x_{ij} 为实数型决策变量。

目标函数是该产品的生产运营费用和运输费用之和为最小：

$$\min Z=\sum_{i=1}^{m} y_i F_i+\sum_{i=1}^{m}\sum_{j=1}^{n} c_{ij} x_{ij}$$

如果不选择 i 厂，其生产线产能为零；选择 i 厂，则存在生产能力约束，因此 i 厂的生产能力为 $y_i a_i$。供应能力约束是运出量不超过生产量，即

$$\sum_{j=1}^{n} x_{ij} \leqslant y_i a_i, \quad i=1,2,\cdots,m$$

市场需求要满足，而区域市场 j 的需求量为 b_j，则需求平衡（运来的量等于需求量）为：

$$\sum_{i=1}^{m} x_{ij}=b_j, \quad j=1,2,\cdots,n$$

该问题的混合整数规划数学模型如下：

$$\min Z=\sum_{i=1}^{m} y_i F_i+\sum_{i=1}^{m}\sum_{j=1}^{n} c_{ij} x_{ij}$$

$$\text{s. t.}\begin{cases}\sum_{j=1}^{n} x_{ij} \leqslant y_i a_i, & i=1,2,\cdots,m \\ \sum_{i=1}^{m} x_{ij}=b_j, & j=1,2,\cdots,n \\ x_{ij} \geqslant 0 \\ y_i=0,1\end{cases}$$

选择决策变量 y_i 要求取整数值 0 或 1，而运输决策变量 x_{ij} 可以取任意的非负实数。

第 2 节 整数规划典型解法

一、舍入化整法

为了满足整数解的要求，比较自然的想法是似乎可以把用线性规划求得的带有分数或小数的解进行“舍入”或“截尾”处理，以得到与最优解相近的整数解，即采用舍入化整法。这样做除少数情况外，一般是不可行的，因为化整后的解有可能

超出了可行域，成为非可行解；或者虽是可行解，却不是最优解。

对于例 3-1 的数学模型，不考虑整数约束则是一个线性规划问题，称为原整数规划问题的松弛问题。不考虑整数约束的最优解：

$$x_1^* = 3\frac{1}{9}, x_2^* = 2\frac{7}{9}, Z^* = 32\frac{5}{9}$$

采用舍入化整法：

$x_1=3$，$x_2=3$，$Z=33$，不满足约束条件 $5x_1+7x_2\leqslant 35$，为非可行解；

$x_1=3$，$x_2=2$，$Z=28$，满足约束条件，是可行解，但不是最优解；

$x_1=4$，$x_2=1$，$Z=29$，满足约束条件，是最优解。

但是舍入化整法也有一定的适用条件：第一，决策变量的取值非常大。此时可以考虑使用舍入化整，因为对于生产管理来说少生产一个多生产一个无所谓。比如说 x_j 的取值 10 000.2，这时候取整影响不是太大。第二，决策变量的价值系数非常小。如果价值系数比较小，舍入化整后影响很小；如果价值系数非常大，舍入化整对目标的影响是很大的。

二、穷举整数法

求解整数规划时，可能想到的方法，就是在可行域内列出所有决策变量可能取的整数值，然后求出这些变量所有可行的整数解，并比较它们相应的目标函数值，最优的目标函数值所对应的解就是整数规划的最优解，见图 3-1。

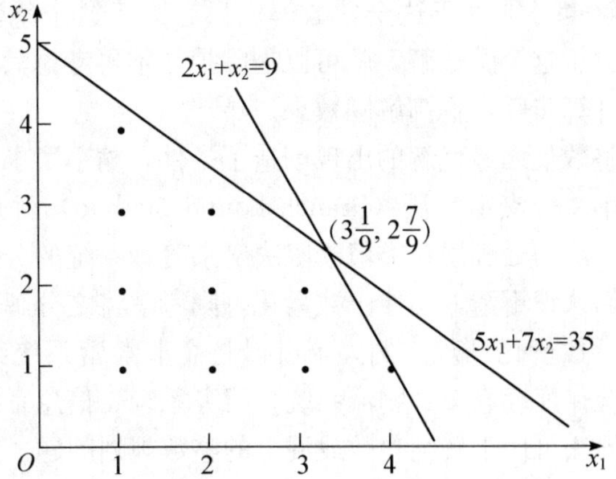

图 3-1　穷举整数点

对于决策变量少，可行的整数解又较少时，这种穷举法有时是可行的，并且也是有效的。但对于大型的整数规划问题，可行的整数解数量很多，用穷举法求解是不可能的。例如，指派问题是一个典型的整数规划问题。将 n 项任务指派 n 个人去完成，不同的指派方案共有 $n!$ 种，当 $n=10$ 时，指派方案就有 360 多万个。显然，对一般的整数规划问题，穷举法是不可取的。

因此，这就促使人们去研究探索求解整数规划的有效方法。但到目前为止，整数规划尚未在理论上自成体系，也还没有一种非常令人满意和有效的解法。但是，由于应用及理论的需要，也已提出了许多能用于求解整数线性规划问题的方法。例如，求解全整数规划和混合整数规划的分支定界法，求解全整数规划的割平面法，0－1规划的隐枚举法和指派问题的匈牙利法。工商管理类人员主要应掌握整数规划模型的应用，因此下面只简单介绍应用比较广泛的分支定界法。

三、分支定界法

整数规划可认为是在相应的线性规划的基础上增加变量为整数的约束条件。如果不考虑整数约束，整数规划就变成了一个线性规划，这个线性规划称为整数规划的松弛问题（slack problem）。

（一）分支定界原理

首先求出整数规划相应的松弛问题（即不考虑整数限制）的最优解，若求得的最优解符合整数要求，则这个解就是原整数规划的最优解；若不满足整数条件，则任选一个不满足整数条件的变量来构造两个新的约束，使原问题分成两个问题，在原可行域中剔除部分非整数解，如此不断重复，直到获得一个整数解。

另外，整数规划的最优解不会优于相应线性规划的最优解。这样，对极大化问题来说，相应线性规划的目标函数最优值是原整数规划目标函数值的上界；对极小化问题来说，相应线性规划的目标函数最优值是原整数规划目标函数值的下界。

对于最大化问题，在分支的过程中，如果求得一个整数解，则其他分支的松弛问题的最优解也必须大于这个整数解。只有大于这个整数解，才有必要再接着分支；如果不大于这个整数解，就可以剔除掉，不再考虑其分支，即剪枝。这样一来就可以简化计算步骤，提高解题效果。

分支为整数规划最优解的出现创造了条件，缩小了求解范围，而定界则可以提高求解的效率。分支定界法（branch bound method）就是依据这种思路进行求解的。分支定界法的处理思路类似于解决复杂管理系统的分解和协调原理。对于一个大系统，人们认识不清，不便于数量化，则考虑将之分解为不同的子系统，以便理解系统和进行数量化处理。例如，可以将企业经营系统细分为生产系统、销售系统、采购系统、库存系统、物流系统、财务系统、信息系统等。

分支定界法可用于解纯整数或混合的整数规划问题。该法于20世纪60年代初由兰德·多伊格（Land Doig）和戴金（Dakin）等人提出。分支定界法具有以下优点：第一，任何整数模型均可用（混合整数规划、全整数规划）；第二，思路简单、灵活；第三，适合计算机求解。因此现在它已是解整数规划的重要方法。目前已成功地应用于求解生产进度问题、旅行推销员问题、工厂选址问题、背包问题及分配问题等。

（二）分支定界举例

下面我们先用例3－1来说明分支定界法的原理和步骤。

第一步，不考虑整数约束，求出相应松弛问题 LP_0 的最优解：

$$x_1=3\frac{1}{9},x_2=2\frac{7}{9},Z_0=32\frac{5}{9}$$

第二步，定界过程。

这个解不满足整数约束，因此不是原整数规划的最优解。

因为这个问题是求最大化问题，前面说过整数规划是在线性规划的基础上增加了整数约束，现在不考虑整数约束求得这个解，其目标函数值 Z 是原整数规划目标函数的上界，记 $\overline{Z}=32\frac{5}{9}$。由于 $x_1=0$，$x_2=0$ 必然满足整数约束，其目标函数值为 0，确定为现有下界，记 $\underline{Z}=0$。

第三步，分支过程。将不满足整数约束的变量 x_1 进行分支，x_1 称为分支变量，构造两个新的约束条件：

$$x_1\leqslant\left[3\frac{1}{9}\right]=3$$

$$x_1\geqslant\left[3\frac{1}{9}\right]+1=4$$

式中，$\left[3\frac{1}{9}\right]$表示不大于 $3\frac{1}{9}$的最大整数。这样就把相应的线性规划的可行域分成两个部分，如图 3-2 所示，即增加约束 $x_1\leqslant 3$ 或 $x_1\geqslant 4$。

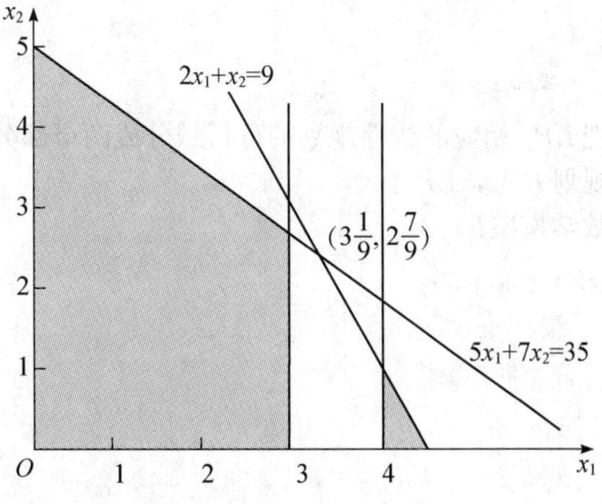

图 3-2 分支问题的图解

由于区域 $3<x_1<4$ 中不包含整数点，使其可行域缩小了一部分，因此分支后不影响整数规划的最优解。把新构造的两个约束分别并入原整数规划相应的线性规划中，构成两个新的线性规划 LP_1 和 LP_2。

LP_1 的数学模型：

$$\max Z=6x_1+5x_2$$

$$\text{s. t.}\begin{cases}2x_1+x_2\leqslant 9\\5x_1+7x_2\leqslant 35\\x_1\leqslant 3\\x_1,x_2\geqslant 0\end{cases}$$

LP_2 的数学模型：

$$\max Z=6x_1+5x_2$$

$$\text{s. t.}\begin{cases}2x_1+x_2\leqslant 9\\5x_1+7x_2\leqslant 35\\x_1\geqslant 4\\x_1,x_2\geqslant 0\end{cases}$$

对于问题 LP_1 可以利用单纯形法求解，得：$x_1=3$，$x_2=2\,\frac{6}{7}$，$Z_1=32\,\frac{2}{7}$；对于问题 LP_2 求解，得：$x_1=4$，$x_2=1$，$Z_2=29$。

第四步，定界过程。LP_2 的解满足整数约束，不必再分支，它的目标函数值是 29，大于原有下界 0，则新的下界为 29，即 $\underline{Z}=29$；现有上界为未分支子问题中目标函数最大值，即为 $\overline{Z}=32\,\frac{2}{7}$。$LP_1$ 的解仍不满足整数约束的要求，且现有上界大于现有下界，应继续分支。

第五步，分支过程。选 LP_1 的 $x_2=2\,\frac{6}{7}$ 作为分支变量，构造以下两个新的约束条件：

$$x_2\leqslant 2 \text{ 或 } x_2\geqslant 3$$

这样就把 LP_1 相应的线性规划的可行域分成两个部分，分别并入 LP_1，构造两个新的线性规划 LP_3，LP_4。

LP_3 的数学模型：

$$\max Z=6x_1+5x_2$$

$$\text{s. t.}\begin{cases}2x_1+x_2\leqslant 9\\5x_1+7x_2\leqslant 35\\x_1\leqslant 3\\x_2\leqslant 2\\x_1,x_2\geqslant 0\end{cases}$$

LP_4 的数学模型：

$$\max Z=6x_1+5x_2$$

$$\text{s. t.}\begin{cases}2x_1+x_2\leqslant 9\\5x_1+7x_2\leqslant 35\\x_1\leqslant 3\\x_2\geqslant 3\\x_1,x_2\geqslant 0\end{cases}$$

求解 LP_3，得最优解：$x_1=3$，$x_2=2$，$Z_3=28$。求解 LP_4，得最优解：$x_1=2\frac{4}{5}$，$x_2=3$，$Z_4=31\frac{4}{5}$。

第六步，定界过程。LP_3 的解满足整数约束要求，不必再进行分支，比较所有整数可行解，选择目标函数值最大者为新的下界，即现有下界仍为 29，而 LP_3 不优于现有下界，应当剪枝；现有上界为 $\bar{Z}=31\frac{4}{5}$，上下界不相等，说明介于 $31\frac{4}{5}$ 和整数解 29 之间还有可能存在其他解，应接着将上界所对应的线性规划问题再次对 LP_4 分支。

第七步，分支过程。选 LP_4 的 $x_1=2\frac{4}{5}$ 作为分支变量，构造以下两个新的约束条件：

$$x_1\leqslant 2 \text{ 或 } x_1\geqslant 3$$

这样又把 LP_4 相应的线性规划的可行域分成两个部分，分别并入 LP_4，构造两个新的线性规划 LP_5，LP_6。

LP_5 的数学模型：

$$\max Z=6x_1+5x_2$$

$$\text{s. t.}\begin{cases}2x_1+x_2\leqslant 9\\5x_1+7x_2\leqslant 35\\x_1\leqslant 3\\x_2\geqslant 3\\x_1\leqslant 2\\x_1,x_2\geqslant 0\end{cases}$$

LP_6 的数学模型：

$$\max Z=6x_1+5x_2$$

$$\text{s. t.}\begin{cases}2x_1+x_2\leqslant 9\\5x_1+7x_2\leqslant 35\\x_1\leqslant 3\\x_2\geqslant 3\\x_1\geqslant 3\\x_1,x_2\geqslant 0\end{cases}$$

求解 LP_5，得最优解：$x_1=2$，$x_2=3\frac{4}{7}$，$Z_5=29\frac{6}{7}$；求解问题 LP_6 相应的线性规划的最优解，无最优解。

第八步，定界过程。LP_6 无最优解，应当剪枝；LP_5 的解不满足整数约束，所以下界仍为 $\underline{Z}=29$（已经获得整数解中选择目标函数最大值）；上界为 $\bar{Z}=29\frac{6}{7}$（没有分支问题中选择目标函数最大值）。上下界不相等，说明还无法判定满足整数

约束的 LP_2 解 $x_1=4$，$x_2=1$，$Z_2=29$ 是否就是整数规划的最优解，应接着将上界所对应的线性规划问题再次对 LP_5 分支。

第九步，分支过程。选 LP_5 的 $x_2=3\frac{4}{7}$ 作为分支变量，构造以下两个新的约束条件：

$$x_2\leqslant 3 \text{ 或 } x_2\geqslant 4$$

这样就把 LP_5 相应的线性规划的可行域分成两个部分，分别并入 LP_5，构造两个新的线性规划 LP_7，LP_8。

LP_7 的数学模型：

$$\max Z=6x_1+5x_2$$

$$\text{s. t.}\begin{cases}2x_1+x_2\leqslant 9\\5x_1+7x_2\leqslant 35\\x_1\leqslant 3\\x_2\geqslant 3\\x_1\leqslant 2\\x_2\leqslant 3\\x_1,x_2\geqslant 0\end{cases}$$

LP_8 的数学模型：

$$\max Z=6x_1+5x_2$$

$$\text{s. t.}\begin{cases}2x_1+x_2\leqslant 9\\5x_1+7x_2\leqslant 35\\x_1\leqslant 3\\x_2\geqslant 3\\x_1\leqslant 2\\x_2\geqslant 4\\x_1,x_2\geqslant 0\end{cases}$$

求解问题 LP_7 相应的线性规划的最优解：$x_1=2$，$x_2=3$，$Z_7=27$；求解问题 LP_8 相应的线性规划的最优解：$x_1=1\frac{2}{5}$，$x_2=4$，$Z_8=28\frac{2}{5}$。

第十步，定界过程。LP_7 的最优解满足整数约束，不必再分支，但其整数解不优于现有下界，所以下界仍为 29；现有上界为未分支子问题中目标函数最大值，即为 29。LP_8 的解仍不满足整数约束的要求，它的目标函数值 $28\frac{2}{5}$ 小于现有下界 29，应当进行剪枝，不再继续分支。上界＝下界＝29，所以得到整数规划问题的最优解就是 LP_2 的最优解，即 $x_1^*=4$，$x_2^*=1$，$Z^*=29$。

将分支过程用一个树形图来表示，如图 3－3 所示。图 3－3 中的结点表示各线性规划，对应的数值表示相应线性规划的最优解和最优目标函数值。

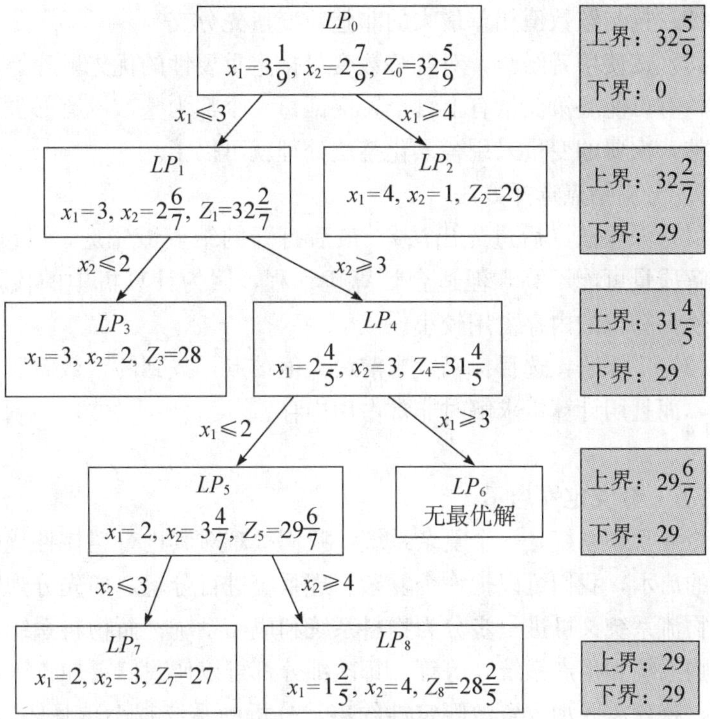

图3-3　分支定界树形图

（三）分支定界步骤

综上所述，分支定界法的一般步骤如下：

（1）首先不考虑整数条件，求解整数规划相应的线性规划问题。若相应的线性规划问题没有可行解，停止计算，这时原整数规划也没有可行解。

（2）定界过程。对于极大化的整数规划问题，当前所有未分支子问题中最大的目标函数值为整数规划问题上界；在满足整数约束的子问题的解中，最大的目标函数值为整数规划问题的下界。当上下界相同时，则已得最优解；否则，转入剪枝过程。

（3）剪枝过程。在下列情况下剪除这些分支：1）若某一子问题相应的线性规划问题无可行解；2）在分支过程中，求解某一线性规划所得到的目标函数值 Z 不优于现有下界。

（4）分支过程。当有多个待求分支时，应先选取目标函数值最优的一枝继续进行分支。选取一个不符合整数条件的变量 x_i 作为分支变量，若 x_i 的值是 b_i^*，构造两个新的约束条件：$x_i \leqslant [b_i^*]$ 或 $x_i \geqslant [b_i^*]+1$，分别并入相应的数学模型中，构成两个子问题。对任一个子问题，转步骤（1）。

（四）分支定界说明

1. 分支变量选择原则

（1）按目标函数系数：选系数绝对值最大的变量先分。因为价值系数的绝对值大，对目标函数的值升降影响最大。

（2）选与整数值相差最大的非整数变量先分支。

（3）按使用者经验，对各整数变量排定重要性的优先顺序。因为在实际生产管理中，有可能决策变量有上百个，保证每一个都为整数没有必要，只要保证主要变量为整，次要的变量采用舍入化整法处理就可以了。

2. 分支结点选择方法

（1）深探法（后进先出法）：最后打开的结点最先选，可以尽快找到整数解。整数解质量可能不高，但适合计算机编程，因为计算机中的栈正好和这种思维结合，使计算机的内存占用较小。

（2）广探法：选目标函数当前最大值结点，找到的整数解质量高，但是求解速度慢，而且用计算机求解时非常占用内存。

（五）分支定界启示

企业管理系统是一个复杂系统，我们很难对其进行整体性优化。根据分支定界原理的启示，我们可以把一个复杂管理系统进行分解，如先分为物流系统和财务系统；物流系统又可进一步分为物料系统和成品系统；而物料系统还可以进一步细分为采购系统和生产系统，等等。每次细分都可以使我们更加正确地认识所要解决的问题，这就需要加入资源限定性约束，分析的系统越小越具体，资源限制就越多，取值范围就会逐步缩小。管理系统分解到何时为止呢？那就是要能正确识别和解决既定问题，明确划定一个子系统的边界，也就是定界。

第3节 整数规划应用案例

一、互斥问题

互斥问题是指几个事件中的任何一个不可能与其他一个或多个事件同时发生的情况。这在管理决策中很常见，例如项目投资选择、产品决策、人员分工等，往往会出现非此即彼的互斥情况。对于这种类型的问题通常需要引入 0－1 变量 y 和一个足够大的常数 M 来求解。

［例3－4］　某产品的生产线设备有两种选择：设备Ⅰ和设备Ⅱ。两种设备每月可用的机器工时、单位产品所需机器工时以及单台利润见表3－3。两种设备购买成本相同。应购买哪一种设备以及在该设备上生产甲、乙型号产品各多少台才能获得最大利润？

表3－3　生产设备选择

产品型号	单台所需机器工时		单台利润
	设备Ⅰ	设备Ⅱ	
甲	3	3.5	6
乙	2	3	5
每月可用机器工时	450	600	

解　设甲、乙的产量分别为 x_1，x_2。由于要在两种设备中选择一个，因此我们设变量

$$y=\begin{cases}1\text{，购买设备 I}\\0\text{，购买设备 II}\end{cases}$$

目标为总利润最大：

$$\max Z=6x_1+5x_2$$

两种设备工作效率不同，如果选择设备Ⅰ，即 $y=1$ 时，必须满足设备Ⅰ的工时约束：

$$3x_1+2x_2\leqslant 450$$

如果选择设备Ⅱ，即 $y=0$ 时，必须满足设备Ⅱ的工时约束：

$$3.5x_1+3x_2\leqslant 600$$

那么，如何将决策变量 y 与两个约束条件联系起来呢？上述两个约束方程之间的互斥问题可由下列条件代替：

$$3x_1+2x_2\leqslant 450+(1-y)M$$
$$3.5x_1+3x_2\leqslant 600+yM$$

式中，M 是充分大的正数。读者可以验证，当 $y=1$ 时，设备Ⅰ约束方程自然成立。当 $y=0$ 时就是设备Ⅱ的约束方程。引入的变量 y 不必出现在目标函数内，即认为在目标函数式内 y 的系数为 0。

解得：$y=1$，$x_1=0$，$x_2=225$，即仅购买设备Ⅰ，且完全用于乙型号产品生产时利润最大，最大利润为 1 125。

二、选址问题

在供应链物流网络中，选址问题往往涉及多个设施的综合分析，这时就需要决策者考虑每个仓库的位置及规模，每个供应商、工厂或者港口应该把货发至哪个仓库储存，分销商应该从哪个仓库取货等一系列问题。

[例 3-5]　以图 1-14 所示分销链网络为例。在分销渠道中，分销中心 W_1 的建设成本为 10 万元，最大库容为 20 万台，单位产品的仓储成本为 2 元；分销中心 W_2 的建造成本为 20 万元，最大库容为 25 万台，单位产品的仓储成本为 3 元。各地之间的单位运输物流成本和距离保持不变。

应如何设立分销中心和安排调运，使建造费用、运输费用、仓储费用之和为最小？

解　(1) 决策变量：设从供货源 S_i 到分销中心 W_j 的运输量为 x_{ij}，从分销中心 W_j 到需求市场 R_k 的运输量为 y_{jk}。仓库选址决策引入 0-1 变量 w_j，如下：

$$w_j=\begin{cases}1,\text{拟规划建立仓库}W_j\\0,\text{不规划建立仓库}W_j\end{cases}$$

（2）目标函数：各条路段上的实际运输量乘以物流运输的单位费用之总和，再加上仓库建造固定费用和仓库运行成本费用最小，即

$$\begin{aligned}\min Z=&2x_{11}+5x_{12}+4x_{21}+2x_{22}+3y_{11}+4y_{12}+5y_{13}+2y_{21}+2y_{22}+3y_{23}\\&+100\,000w_1+200\,000w_2+2(x_{11}+x_{21})+3(x_{12}+x_{22})\end{aligned}$$

（3）约束条件中，除了存在例1-5中提到的供应能力约束、市场需求约束、中转库存约束，本例题中还存在仓储能力限制约束：

$$x_{11}+x_{21}\leqslant 200\,000w_1$$
$$x_{12}+x_{22}\leqslant 250\,000w_2$$

结合例1-5中的各项约束，解得

$$w_1=0,w_2=1,x_{12}=50\,000,x_{22}=150\,000$$
$$y_{21}=50\,000,y_{22}=100\,000,y_{33}=50\,000$$

即仅设立W_2，供货源S_1向仓库供货5万台，S_2向仓库供货15万台，市场R_1，R_2，R_3的需求全部由W_2满足。

三、指派问题

在实际工作中常常会遇到这样的问题：有n项不同的任务，需要n个人分别去完成其中一项，但由于任务的性质和各人的专长不同，因此，各人完成不同任务的效率（或花费的时间等）也就不同。现在的问题是，应指派哪个人去完成哪项任务，使总的效率最高或花费的总时间最少。这类问题通常称为指派问题或分配问题(assignment problem)。

［例3-6］ 甲、乙、丙、丁四个人完成A，B，C，D四项任务，不同的人做不同的工作效率不同（见表3-4），如何指派不同的人去做不同的工作以使效率最高，即花费的总时间最短？

表3-4　　指派问题时间需求数据

人员	时间			
	任务A	任务B	任务C	任务D
甲	3	5	8	4
乙	6	8	5	4
丙	2	5	8	5
丁	9	2	5	2

解　对于这个问题，很容易建立一个数学模型，引入0-1变量x_{ij}。

当$x_{ij}=1$时，表示任务j指派人员i去完成；当$x_{ij}=0$时，表示任务j不派人

员 i 去完成。

目标函数是总时间最短，即

$$\min Z=3x_{11}+5x_{12}+8x_{13}+4x_{14}+6x_{21}+8x_{22}+5x_{23}+4x_{24}+2x_{31}+5x_{32}+8x_{33}+5x_{34}+9x_{41}+2x_{42}+5x_{43}+2x_{44}$$

一项任务只由一个人完成，有如下约束：

$$x_{11}+x_{21}+x_{31}+x_{41}=1$$
$$x_{12}+x_{22}+x_{32}+x_{42}=1$$
$$x_{13}+x_{23}+x_{33}+x_{43}=1$$
$$x_{14}+x_{24}+x_{34}+x_{44}=1$$

一人只能完成一项任务，有如下约束：

$$x_{11}+x_{12}+x_{13}+x_{14}=1$$
$$x_{21}+x_{22}+x_{23}+x_{24}=1$$
$$x_{31}+x_{32}+x_{33}+x_{34}=1$$
$$x_{41}+x_{42}+x_{43}+x_{44}=1$$

解得：x_{14}，x_{23}，x_{31}，$x_{42}=1$，x_{11}，x_{12}，x_{13}，x_{21}，x_{22}，x_{24}，x_{32}，x_{33}，$x_{34}=0$。即派甲完成D任务，乙完成C任务，丙完成A任务，丁完成B任务。

推广到有 n 项任务指派 n 个人（或设备）去完成，则指派问题的一般模型为：

$$\min Z=\sum_{i=1}^{n}\sum_{j=1}^{n}c_{ij}x_{ij}$$

$$\text{s. t.}\begin{cases}\sum\limits_{j=1}^{n}x_{ij}=1, & i=1,2,\cdots,n\\ \sum\limits_{i=1}^{n}x_{ij}=1, & j=1,2,\cdots,n\\ x_{ij}=0\text{ 或 }1\end{cases}$$

四、生产租赁

为了降低投资风险，增强灵活性，越来越多的企业选择轻资产的运营方式。设备租赁和业务外包是实现轻资产运作的必要手段。当设备租赁成本不同，产品售价也不同，该选用何种设备生产哪种商品、生产的数量是多少等是企业常常面临的选择问题。

［例3-7］ 一个服装公司租用生产线生产T恤、衬衫和裤子。租用T恤生产线需花费20万元/年，衬衣生产线需花费15万元/年，裤子生产线需花费10万元/年。每年可用的劳动力8 200个单位，布料8 800平方米。每种产品的平均花费劳动力、布料以及售价和成本如表3-5所示。试建立一个整数规划模型求解使这个服装公司的年利润最大的方法。

表 3-5 服装生产资源

	劳动力（单位）	布料（平方米）	售价（元）	变动成本（元）
T恤	3	0.8	250	100
衬衫	2	1.1	400	180
裤子	6	1.5	600	300

解 我们首先定义一组决策变量：x_1 表示每年内生产 T 恤的数量，x_2 表示每年内生产衬衫的数量，x_3 表示每年内生产裤子的数量。

注意：对于固定成本，它并不依赖于生产产品的件数，而是取决于要生产什么类型的产品，所以还需定义如下变量：

$$y_1=\begin{cases}1,\text{选择 T 恤生产线}\\0,\text{不选择 T 恤生产线}\end{cases}$$

$$y_2=\begin{cases}1,\text{选择衬衫生产线}\\0,\text{不选择衬衫生产线}\end{cases}$$

$$y_3=\begin{cases}1,\text{选择裤子生产线}\\0,\text{不选择裤子生产线}\end{cases}$$

如果 $x_1>0$，则 y_1 必须等于 1，如果 $x_1=0$，则 y_1 必须等于 0；同理，对于 x_2，x_3 也是一样的，则每年花费的固定成本为：$200\,000y_1+150\,000y_2+100\,000y_3$。

利润等于收入减去变动成本再减去固定成本，并且公司的目标是利润最大。所以目标函数为：

$$\begin{aligned}\max Z=&(250x_1+400x_2+600x_3)-(100x_1+180x_2+300x_3)\\&-(200\,000y_1+150\,000y_2+100\,000y_3)\end{aligned}$$

简化为：

$$\max Z=150x_1+220x_2+300x_3-200\,000y_1-150\,000y_2-100\,000y_3$$

接下来考虑每周劳动力及面料的限制约束条件：

$$3x_1+2x_2+6x_3\leqslant 8\,200$$
$$0.8x_1+1.1x_2+1.5x_3\leqslant 8\,800$$

所以初步建立的模型如下：

$$\max Z=150x_1+220x_2+300x_3-200\,000y_1-150\,000y_2-100\,000y_3$$

$$\text{s.t.}\begin{cases}3x_1+2x_2+6x_3\leqslant 8\,200\\0.8x_1+1.1x_2+1.5x_3\leqslant 8\,800\\x_1,x_2,x_3\geqslant 0,\text{且取整数}\\y_1,y_2,y_3=0\text{ 或 }1\end{cases}$$

初看起来这个模型已经建立好了，但仔细研究，发现不管 x_i 取什么值，y_i 值都取 0 时肯定是最优的，利润目标与 y_i 没有关系，所以这个模型是错误的。

分析可知，如果 $x_i>0$，则 y_i 必须等于 1，如果 $x_i=0$，则 y_i 必须等于 0。对于 x_i 和 y_i 可以这样表达：

$$x_1 \leqslant My_1$$

式中，M 是一个非常大的数，这样上述条件就可以得到满足。

同理，对于 x_2，x_3 也是一样的，可以表示为：

$$x_2 \leqslant My_2$$

$$x_3 \leqslant My_3$$

所以整个模型应当在现有模型的基础上增加以上三个约束才正确。

最后解得：$x_1=0$，$x_2=4\,100$，$x_3=0$，$y_1=0$，$y_2=1$，$y_3=0$，即只租用衬衫生产线，年产量 4 100 件，最大利润为 752 000 元。

五、项目投资选择

项目投资是一种以特定项目为对象，直接与新建项目或更新改造项目有关的长期投资行为。从决策的角度看，可把投资分为采纳与否投资和互斥选择投资。采纳与否投资是指决定是否投资于某一独立项目的决策。在两个或两个以上的项目中，只能选择其中之一的决策叫作互斥选择投资决策。现金流量估计是投资决策的重要环节。

［例 3－8］　用 600 万元投资 5 个项目，其投资限制及收益情况如表 3－6 所示，求利润最大的项目投资方案。

表 3－6　　**项目投资方案条件**

项目	投资额（万元）	项目收益（万元）	约束条件
Ⅰ	210	160	项目Ⅰ，Ⅱ，Ⅲ中选一项 项目Ⅲ，Ⅳ之中选一项 选项目Ⅴ必先选项目Ⅰ
Ⅱ	300	210	
Ⅲ	150	60	
Ⅳ	130	80	
Ⅴ	260	180	

解　对于每一个项目无非两种状态，投资或者不投资，所以引入决策变量 x_j：

$$x_j=\begin{cases}1,\text{选中第 } j \text{ 个项目投资} \\ 0,\text{不选第 } j \text{ 个项目投资}\end{cases} \quad j=1,2,3,4,5$$

另外考虑约束条件：Ⅰ，Ⅱ，Ⅲ中选一项，说明 x_1，x_2，x_3 的取值只有一个 1，其余全为 0，所以约束条件为：$x_1+x_2+x_3=1$。

同理，项目Ⅲ，Ⅳ之中选一项的约束条件为：$x_3+x_4=1$。

选项目Ⅴ必先选项目Ⅰ，也就说明，x_5 取值为 1，则 x_1 也必须取值为 1；反之，如果 x_5 取值为 0，则 x_1 可取值为 1 也可取值为 0，观察数值，则可以建立约束条件为：$x_5 \leqslant x_1$。

因此，整个项目投资的整数规划模型如下：

$$\max Z=160x_1+210x_2+60x_3+80x_4+180x_5$$

$$\text{s.t.}\begin{cases}210x_1+300x_2+150x_3+130x_4+260x_5\leqslant 600\\x_1+x_2+x_3=1\\x_3+x_4=1\\x_5\leqslant x_1\\x_1,x_2,x_3,x_4,x_5=0\text{ 或 }1\end{cases}$$

解得：x_1，x_4，$x_5=1$，x_2，$x_3=0$，即对项目Ⅰ，Ⅳ，Ⅴ进行投资，最大收益为420万元。

六、人力资源分配

人力资源分配就是根据员工的能力和岗位的要求，把合适的员工安排到合适的岗位，实现人尽其才，才尽其用，效率优化。人力资源配置是基于员工素质和工作性质的不同，员工素质各异，不同工作时间的效率也有很大的差异，因此合理地分配工作人员会极大地提高工作效率。

［例3-9］ 某钢铁厂轧钢部门由于不能停产，必须24小时有人员监岗，对工人的要求较高，每位工人的周工资为1 400元，该部门对人员每天的需求经统计如表3-7所示。

表3-7　　工人需求表

	星期一	星期二	星期三	星期四	星期五	星期六	星期日
人数	12	15	12	14	16	18	19

为了保证工人的休息和生产部门的顺利工作，工人每周工作5天，连续休息2天。问应该如何安排工人的工作时间，使钢铁厂工资支出总费用最小？

解 由于每人连续休息2天，且每天工作人数不能低于需求量，所以第n天工作的人数为第$n-2$天之前5天内开始工作的人数，约束条件为：

$$\begin{aligned}&x_2+x_3+x_4+x_5+x_6\geqslant 12\\&x_3+x_4+x_5+x_6+x_7\geqslant 15\\&x_4+x_5+x_6+x_7+x_1\geqslant 12\\&x_5+x_6+x_7+x_1+x_2\geqslant 14\\&x_6+x_7+x_1+x_2+x_3\geqslant 16\\&x_7+x_1+x_2+x_3+x_4\geqslant 18\\&x_1+x_2+x_3+x_4+x_5\geqslant 19\\&x_i\geqslant 0,\quad i=1,2,3,4,5,6,7\end{aligned}$$

该规划的目标即使总费用最小，总费用与上班的工人人数成正比，由于每人都会在某天开始工作或者开始休息，所以总人数为$\sum_{i=1}^{7}x_i$。

因此，整个项目投资的整数规划模型如下：

$$\min Z = 1\,400\sum_{i=1}^{7} x_i$$

$$\text{s. t.}\begin{cases} x_2+x_3+x_4+x_5+x_6 \geqslant 12 \\ x_3+x_4+x_5+x_6+x_7 \geqslant 15 \\ x_4+x_5+x_6+x_7+x_1 \geqslant 12 \\ x_5+x_6+x_7+x_1+x_2 \geqslant 14 \\ x_6+x_7+x_1+x_2+x_3 \geqslant 16 \\ x_7+x_1+x_2+x_3+x_4 \geqslant 18 \\ x_1+x_2+x_3+x_4+x_5 \geqslant 19 \\ x_i \geqslant 0, \quad i=1,2,3,4,5,6,7 \end{cases}$$

□ 案例分析

学完本章的内容之后，我们再来看一下开篇案例，作详细分析。

一家整车制造厂近期要为其德国设备生产商承办一场汽车设备展销会，届时会有世界各地的汽车制造商代表前来参会，同时也有国内优秀技术操作人员前来学习。假设你是此次会议的负责人，任务是为与会人员预订宾馆、租借会议室、安排专车接送等。你将如何统筹计划安排与会人员的酒店住宿、开展会议等任务？实际情况可能会包括宾馆客房的数量有限、会议室数量有限、不同与会人员在费用方面的要求不一致、相同领域的与会者希望能在距离上比较靠近等，最重要的是，所选择的宾馆数量应该尽可能少，从而降低此次会议的承办成本。

根据与会人员回执整理出来的住房信息汇总如表 3 - 8 所示。

表 3 - 8　与会人员回执中的住房信息汇总

	合住 1	合住 2	合住 3	独住 1	独住 2	独住 3
男	154	104	32	107	68	41
女	78	48	17	59	28	19

注：表中第一行中的数字 1，2，3 分别代表每天每间房价在 120～160 元、161～200 元和 201～300 元三种类型。合住是指要求两人合住一间房。独住是指可安排单人间或者一个人独住双人间。

根据承办展销会的一般经验，有些被邀请人虽然承诺与会但却临时有事无法参加，同时也有一些被邀请人没有承诺与会但却准时参加，相同规格会议的相关数据见表 3 - 9。

表 3 - 9　往年回执情况汇总

	A 会议	B 会议	C 会议	D 会议
发回的回执数量	315	356	408	711
发回回执但未与会的人员数量	89	115	121	213
未发回执但与会的人员数量	57	69	75	104

在实际操作中，如果预订客房数量多于实际入住数量，则举办方将承担一天的空房费用，但是，如果预订客房的数量少于实际到会的人数，那么会造成与会人员的不满。

通过实地考察和上网收集资料，已经筛选出6家宾馆作为备选，分别用1～6表示，相关信息和客房规格见表3-10。

表3-10　备选宾馆相关数据

宾馆	客房			会议室		
	规格	数量	价格（元/天）	规模	数量	价格（元/天）
1	普通双人间	50	180	200人	1	1 500
	商务双人间	30	220	150人	2	1 200
	普通单人间	30	180	60人	2	600
	商务单人间	20	220			
2	普通双人间	50	140	150人	2	1 000
	商务双人间	35	160	180人	1	1 500
	高级单人间	30	180	45人	3	350
	高级双人间	35	200	35人	3	350
3	普通双人间	50	180	200人	1	1 500
	商务双人间	25	200	150人	2	1 100
	普通单人间	33	180	100人	5	700
4	普通双人间	40	160	150人	2	1 300
	商务双人间	40	178	100人	2	1 000
	商务单人间	30	199	50人	5	300
	高级双人间	35	310			
5	普通双人间	50	160	50人	2	800
	普通单人间	50	120	30人	3	200
6	精品单人间	20	180	260人	1	1 800
	精品双人间	30	220	200人	1	1 200
	豪华单人间	20	260	120人	2	800
	商务双人间	30	320			

请你通过数学建模方法，在尽力满足各方要求的基础上，为这次展销会制定一个合理的客房、会议室安排方案。

□ 复习思考题

1. 整数规划的类型有哪些？
2. 试述整数规划分支定界法的思路。
3. 试用分支定界法求解如下线性规划：

$$\max Z=40x_1+90x_2$$

$$\text{s. t.}\begin{cases}9x_1+7x_2\leqslant 56\\ 7x_1+20x_2\leqslant 70\\ x_1, x_2\geqslant 0\\ x_1, x_2 \text{ 取整数}\end{cases}$$

4. 有 4 名职工，由于能力不同，每个人做各项工作所用的时间不同，所花费时间如表 3-11 所示。

表 3-11　　单位：分钟

人员	花费时间			
	任务 A	任务 B	任务 C	任务 D
甲	15	18	21	24
乙	19	23	22	18
丙	26	17	16	19
丁	19	21	23	17

应指派哪个人去完成哪项工作，可使总的消耗时间最少？

5. 某部门一周中每天需要不同数目的雇员：周一到周四每天至少需要 50 人，周五至少需要 80 人，周六和周日每天至少需要 90 人，现规定应聘者需连续工作 5 天，试确定聘用方案，即周一到周日应每天聘用多少人，使在满足需要的条件下聘用总人数最少？

实验：软件解整数规划

在 LINDO/LINGO 上求解整数规划问题与前面的线性规划问题类似。

一、LINDO 求解整数规划

LINDO 用分支定界法求解纯整数规划或混合整数规划，模型的输入与线性规划问题类似，但在 end 语句后需定义整型变量。

（一）0－1 型整数变量

可由 INTEGER（简写为 INT）命令来标识，有以下两种用法：

1. INT vname

将决策变量 vname 标识为 0－1 型。例 3－2 的 0－1 型整数规划模型输入如图 3－4 所示。

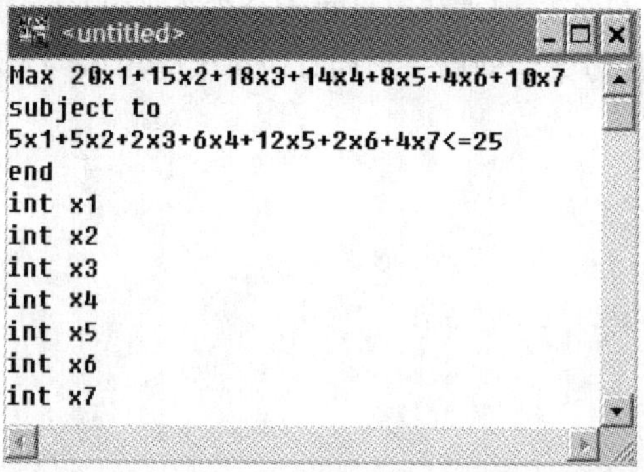

图 3－4 INT vname 命令标识 0－1 整数变量

2. INT n

将模型中的前 n 个变量标识为 0－1 型，变量顺序由输入时出现的先后顺序决定，如图 3－5 所示。

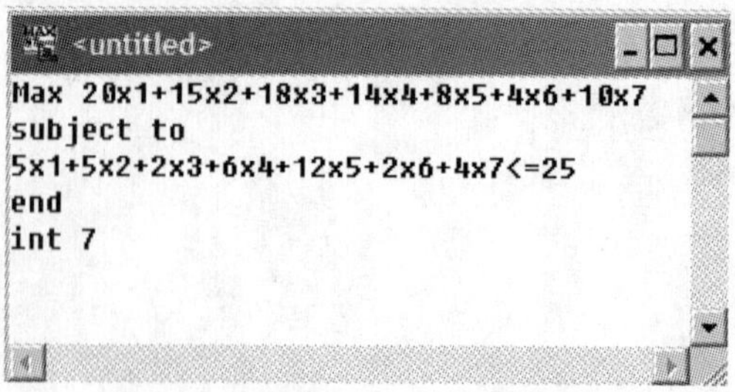

图 3－5 INT n 命令标识 0－1 整数变量

（二）一般整数变量

可用命令 GIN（General Integer 的缩写）来标识，有以下两种用法。

1. GIN vname

将决策变量 vname 标识为非负整数。例 3-1 的全整数规划模型输入如图 3-6 所示。

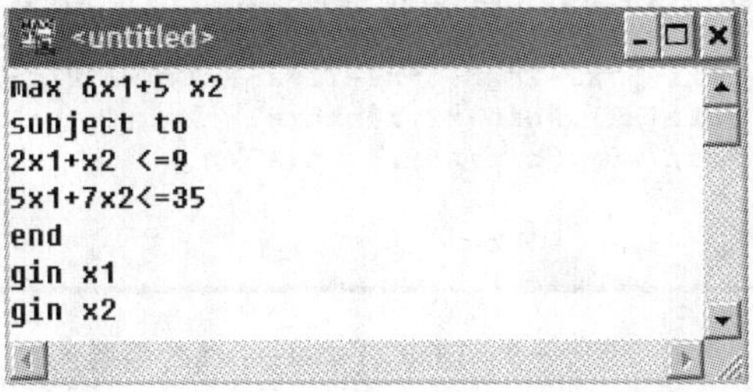

图 3-6　GIN vname 命令标识整数变量

2. GIN n

将模型中的前 n 个变量标识为非负整数，变量顺序由输入时出现的先后顺序决定（见图 3-7）。

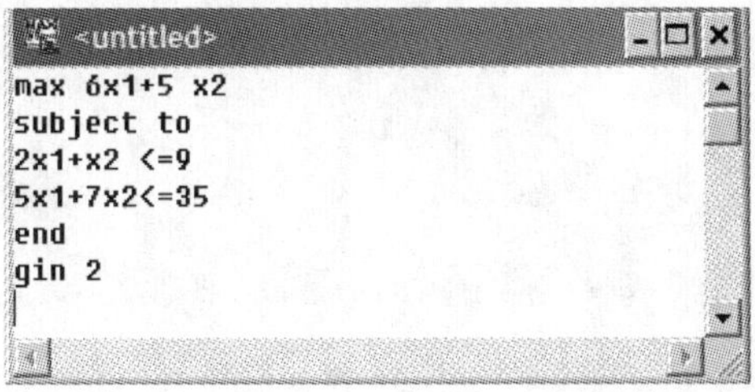

图 3-7　GIN n 命令标识整数变量

提醒读者，对整数变量的说明只能放在模型的 end 语句之后。

二、LINGO 求解整数规划

用 LINGO 解整数规划问题比用 LINDO 求解更容易输入模型。注意以下几点。

(1) 语句的顺序不重要。

(2) 在 LINDO 中的 end 语句后面的限定变量取整数的语句 “gin x1” 和 “gin x2”，在这里变成了 “@gin（x1）” 和 “@gin（x2）”；但是，在 LINDO 中可以写成 “gin2”，LINGO 中不能写成 “@gin（2）”，否则 LINGO 将把这个模型看成是没有整数变量（见图 3-8）。

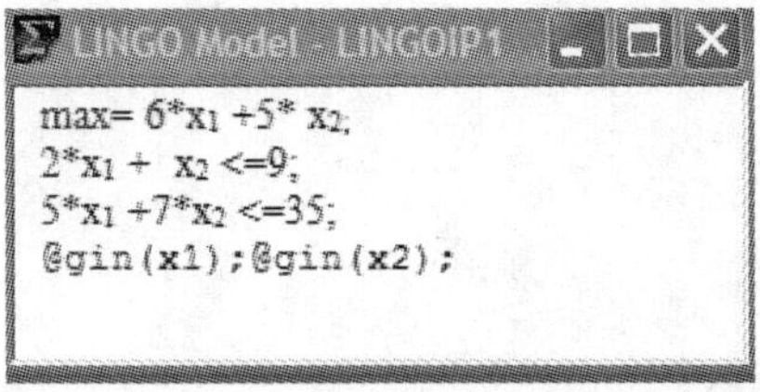

图 3-8　LINGO 中一般整数变量的输入模型

（3）在 LINGO 中，以“@”开头的都是函数调用，LINGO 中的函数一律需要以“@”开头（见图 3-9）。

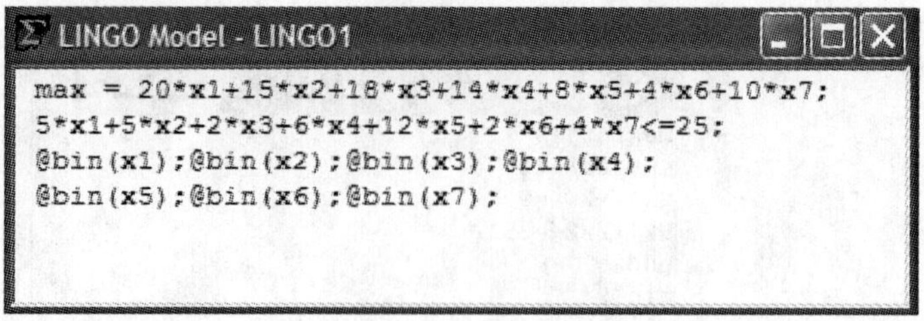

图 3-9　LINGO 中 0-1 整数变量的输入模型

第 4 章 目标规划

Chapter 4

学习要点

- 了解目标规划与线性规划的异同
- 理解目标约束中的正负偏差变量
- 思考目标约束与系统约束的差异
- 理解目标优先级和目标加权系数
- 了解目标规划图解法和单纯形法

引导案例

我们继续以第 1 章引导案例中所提到的整车制造厂为例，该企业在扩大业务经营范围、升级产业模式、引进大量高新技术人员之后，销售额大大提高，一跃成为可以影响该市经济的重要企业，得到政府的高度重视和政策支持。因此，该市发改委通过慎重考量和筛选，为该企业的下一年度发展提供了重大项目规划建议，在支持该企业继续发展的同时，政府也提出了几点要求：希望企业能严格履行国家环保减排计划，做到减少废弃物排放量；希望企业能带动该市经济发展，提高全市生产总值；希望企业能增加劳动岗位，为社会做出一定贡献。

该厂的决策团队在详细分析政府提供的项目规划建议后，从中初选了 8 项计划，并且规定该企业的全年总投资额不超过 60 亿元。

要求如下（重要程度依次递减）：

(1) 从节能减排的角度考虑，希望项目总废弃物排放量不超过 15 万吨；

(2) 从提高全市产值的角度考虑，希望项目总利润最高；

(3) 从促进社会发展的角度考虑，希望尽可能多地新增就业岗位。

如果你是该厂生产计划部门的负责人，应如何从这 8 项计划中选择？

目标规划（goal programming，GP）是在线性规划的基础上，为适应经济管理中多目标决策的需要而逐步发展起来的一个运筹学分支，是实行目标管理这种现代管理技术的一个有效工具。目标规划的有关概念和模型最早在1961年由美国学者查恩斯（A. Charnes）和库伯（W. W. Coopor）在他们合著的《管理模型和线性规划的工业应用》一书中提出，以后这种模型又经尤吉·艾吉里（Yuji Ijiri）等人不断完善与改进，1976年伊格尼齐奥（J. P. Ignizio）出版了《目标规划及其扩展》一书，系统归纳总结了目标规划的理论和方法。目前研究较多的有线性目标规划、非线性目标规划、线性整数目标规划和0－1目标规划等。运筹学专家和管理工作者在关于目标规划的基本概念、数学模型、求解方法及计算机算法等方面做了很多工作，取得了许多应用成果。特别是计算机技术的飞速发展使计算工作量大大减轻，促进了目标规划的广泛应用。

第1节　多目标规划问题

应用线性规划，可以处理线性系统的最优化问题。但是，线性规划作为一种决策工具，在解决实际问题时存在一定的局限性。

一、线性规划的局限性

第一，线性规划是在一组线性约束条件下，寻求一项目标（如产量、利润或成本等）的最优值，而实际中往往要考虑多个目标的决策问题。例如，在生产计划问题中，通常要考虑到产值、利润、满足市场需求、降低消耗、提高质量、提高劳动生产率等；在工业生产布局问题中，确定新的工业基地时，除了要考虑运输费用、投资、原材料供应、产品需求量等经济指标，还要考虑污染和其他社会因素等；在水资源系统的规划和管理中，要考虑到国民经济发展、区域规划、地区开发、环境质量和社会福利等目标。对于大而复杂的系统，需要考虑的目标更多。又如在例1－1中，只考虑使其利润最大，但实际中，也有可能考虑到产品的生产情况，比如，产品乙开始进入衰退期，产品甲正处于成熟期，则要尽可能少地生产产品乙，尽可能多地生产产品甲，而线性规划问题没有考虑到这些问题。

第二，线性规划最优解存在的前提条件是可行域为非空集，否则线性规划无解。然而实际中，有时可能出现资源条件满足不了管理目标要求的情况，此时仅做出无解的结论是没有意义的。现实中，也有可能各个目标相互矛盾，根本找不出一个全部目标都满足的解，但是在决策时，仍必须找出一个满意的解。

第三，线性规划问题中的约束条件是不分主次、同等对待的，是一律要满足的“硬约束”，而在实际问题中，多个目标和多个约束条件并不一定是同等重要的，而是有轻重缓急和主次之分；有近期目标，也有远期目标；有定量的，也有定性的；有互相补充的，也有互相对立的，对这样复杂的决策问题，线性规划方法就无能为力了。线性规划致力于某个目标函数的最优解，这个最优解若是超过了实际需要，很可能是以过分地消耗了约束条件中的某些资源为代价。

第四，线性规划的最优解可以说是绝对意义的最优，但很多实际情况只需（或只能）找出满意解。

上述原因限制了线性规划的应用范围。目标规划就是在解决以上问题的研究中应运而生，它能更确切地描述和解决经济管理中的许多实际问题。目前目标规划的理论和方法已经在经济计划、生产经营、市场分析、财务管理等方面得到广泛的应用。实际上，在研究线性规划时就提出了四个假设：比例性假设、可加性假设、连续性假设、确定性假设。在整数规划一章，解决了连续性假设，本章的目标规划将解决比例性假设和可加性假设。

二、多目标规划的提出

[例 4-1]　对于例 1-1 的生产计划问题，应如何安排甲、乙产品的产量，使企业利润最大?

解　设甲产品的产量为 x_1，乙产品的产量为 x_2，该问题的线性规划模型可以表示为：

$$\max Z=3x_1+5x_2$$

$$\text{s. t.}\begin{cases}2x_1\leqslant 16\\2x_2\leqslant 10\\3x_1+4x_2\leqslant 32\\x_1,x_2\geqslant 0\end{cases}$$

假设该厂根据市场需求或合同规定，希望尽量扩大产品甲的生产量，减少产品乙的生产量，这时又增加了两个目标，则可建立如下模型：

$$\max Z_1=3x_1+5x_2$$

$$\max Z_2=x_1$$

$$\min Z_3=x_2$$

$$\text{s. t.}\begin{cases}2x_1\leqslant 16\\2x_2\leqslant 10\\3x_1+4x_2\leqslant 32\\x_1,x_2\geqslant 0\end{cases}$$

容易看出，这是一个具有三个目标的线性规划模型，这些目标之间一般是相互矛盾的。利润最大化目标要求多生产产品乙而少生产产品甲，但市场目标是多生产产品甲而少生产产品乙，形成目标排斥。

[例 4-2]　计算机厂装配两种型号的笔记本，每台笔记本需装配时间 1 小时，每周工作 5 天，每天计划开动 8 小时，预计型号Ⅰ的笔记本每周销售 24 台，每台可获利 80 元，型号Ⅱ的笔记本每周销售 30 台，每台可获利 40 元。该厂目标如下：

第一，充分利用装配线，避免开工不足。

第二，允许装配线加班，但加班时间尽可能短。

第三，尽量满足市场需求。

第四，每周的利润尽可能大。

请合理安排笔记本的生产任务。

解 设笔记本Ⅰ的产量为 x_1，笔记本Ⅱ的产量为 x_2，该问题的规划模型可以表示为：

$$
\begin{aligned}
&\max Z_1 = x_1 + x_2 \\
&\min Z_2 = x_1 + x_2 - 40 \\
&\max Z_3 = x_1 \\
&\max Z_4 = x_2 \\
&\max Z_5 = 80x_1 + 40x_2 \\
&\text{s. t. } x_1, x_2 \geqslant 0
\end{aligned}
$$

此例也变为具有多个目标的线性规划问题。

从上述例子不难得出，多目标线性规划模型的原始一般形式如下：

$$
\begin{aligned}
&\max(\min) Z_1 = c_{11}x_1 + c_{12}x_2 + \cdots + c_{1n}x_n \\
&\max(\min) Z_2 = c_{21}x_1 + c_{22}x_2 + \cdots + c_{2n}x_n \\
&\cdots\cdots \\
&\max(\min) Z_l = c_{l1}x_1 + c_{l2}x_2 + \cdots + c_{ln}x_n \\
&\text{s. t.} \begin{cases} a_{11}x_1 + a_{12}x_2 + \cdots + a_{1n}x_n \leqslant (=, \geqslant) b_1 \\ a_{21}x_1 + a_{22}x_2 + \cdots + a_{2n}x_n \leqslant (=, \geqslant) b_2 \\ \cdots\cdots \\ a_{m1}x_1 + a_{m2}x_2 + \cdots + a_{mn}x_n \leqslant (=, \geqslant) b_m \\ x_1, x_2, \cdots, x_n \geqslant 0 \end{cases}
\end{aligned}
$$

式中，有 n 个决策变量，m 个约束条件，l 个目标函数。当 $l=1$ 时，即为我们熟悉的单目标线性规划模型。

三、多目标规划的解法

显然，对上述多目标线性规划模型，一般的线性规划方法不能求解。为此，许多学者提出了求解多目标规划问题的方法，其中不少方法已取得了富有成效的应用。而且，新的算法仍在不断地提出和改进。在众多的算法中，绝大多数是基于以下加权系数法、优先等级法、有效解法和目标规划法等基本思想。

（一）加权系数法

这类方法的基本思想是试图在各目标之间寻找一种统一的度量标准，通过为每一目标赋一个加权系数，把多目标模型转化成单一目标的模型。从计算的角度看，这种方法确实吸引人。如果原模型是线性的，就可以用传统的单纯形法求解。但这类方法存在的一个明显困难是要确定比较合理的加权系数，以反映不同目标之间的重要程度，特别是当各个目标的性质不同、度量单位不同时，这将更加困难。例如在例 4－1 中有三个目标，需要确定哪个目标重要，它的重要性是另一个目标的几倍，这往往取决于决策者的偏好，倍数的估计是不容易做到客观合理的。所以加权系数法一般应用于具有同一度量标准的多目标模型。

（二）优先等级法

这类方法也是试图将多目标问题转化为单目标模型，但它避开了给各目标确定一个很难找到的加权系数，而是将各目标按其重要程度分成不同的优先等级，这对大多数决策者来说还是相对容易做到的，然后根据确定的目标优先等级的次序来求解。如果上一等级目标得不到满足，则下一等级目标不予考虑。

（三）有效解法

这类方法的基本思想与前两类方法有很大的区别。在多目标规划问题中，最优解是使所有目标同时达到最优值的可行解。但是，在更多的情况下，由于众多的目标之间常常相互矛盾，因此，多目标规划问题的绝对最优解往往是不存在的，一部分目标的改善往往以牺牲另一部分目标的利益为代价。因而，多目标规划问题转而求能够照顾到各个目标，并使决策者满意的解。有效解或非劣解法就是找出可行域中全部的有效解或非劣解。所谓有效解或非劣解指的是在所有可行解集中没有一个解优于它，或者它不劣于可行解集中任何一个解。有效解不是唯一的，在众多的有效解中，究竟孰优孰劣很难作出判断。如果能找到全部的有效解，则把它们提供给决策者，由决策者来确定选取哪一个解，即得到一个满意解。有效解法和加权系数法一样，表面上看起来很吸引人，但在实际应用时仍然有许多局限性。在大多数具有实际意义的问题中，因有效解的数目太多而难以将其一一求出并提供给决策者，从而限制了它在实际中的具体应用。

上述三种基本方法反映了当前多目标规划研究的方向，在进行这些常规方法研究的同时，其他一些实用的、有效的多目标规划方法也发展起来，有些方法则是这几种方法的综合。本章要讨论的目标规划法就是加权系数法和优先等级法的结合。

（四）目标规划法

目标规划法是目前比较成功的求解多目标规划问题的方法，它的基本思想是：对多目标规划问题的每一个目标函数确定一个希望达到的期望值（目标值或理想值），但由于各种条件的限制，这些目标值往往不可能全部达到。因而对每一个目标函数引入正的或负的偏差变量，分别表示超过或未达到目标值的情况。为区别各目标的重要程度，引入目标的优先等级和加权系数；然后，对所有的目标函数建立约束方程，并入原来的约束条件中，组成新的约束条件；从这组新的约束条件中，寻找使组合偏差最小的方案。目标规划模型的建立简明易懂，模型及其假设比较符合实际。与其他方法相比，目标规划法在处理多目标问题时具有更大的灵活性、有效性以及方便性。

第2节 目标规划数学模型

一、目标的期望值

对多目标规划问题的每一个目标可以确定或根据以往的历史资料统计分析出希望达到的期望值（或目标值、理想值），记为$E=(e_1, e_2, \cdots, e_l)^{\mathrm{T}}$。这些值的确定不要求十分精确和严格，它们可以根据以往的历史资料、市场需求或企业上级部门的布置等来确定。显然，这样确定的目标期望值往往互相矛盾，而且一般也不可能全部达到。但是目标规划的作用就是寻找某个可行解，使这些目标函数的期望值能够最好、最接近地得以实现。

二、正负偏差变量

目标l的期望值e_l确定之后，目标的实际值和它的期望值之间就有正的或负的偏差。为了从数量上描述各目标的期望值达到的程度，对第l个目标的函数式分别引入正、负偏差变量d_l^+，d_l^-，且d_l^+，$d_l^-\geqslant 0$。d_l^+表示第l个目标超过期望值的数值；d_l^-表示第l个目标未达到期望值的数值。

对同一个目标函数，由于它的取值不可能在超过期望值的同时又没有达到期望值，或在没有达到期望值的同时又超过期望值，所以在d_l^+和d_l^-中至少有一个必须为零，即有关系$d_l^+ d_l^-=0$。

引入了正、负偏差变量之后，就可以对例4-1中的各个目标建立目标约束方程，为：

$$\sum_{j=1}^{n} c_{lj} x_j + d_l^- - d_l^+ = e_l$$

此式称为目标约束（或称为软约束），而把原来的约束条件称为系统约束（或称为硬约束）。这样，原来的目标函数就变成了约束条件的一部分，这是目标规划模型的一个特点。

[例4-3] 在例4-1中，管理部门提出了新的要求：第一个目标是实现利润最大，计划部门规定利润目标是30元。对其余两个目标则作如下规定：减少乙产品产量但希望不低于4，甲产品产量希望不少于6。对各目标函数引入正、负偏差变量d_l^+和d_l^-（$l=1, 2, 3$）。这样，我们可以得到三个目标约束方程：

$$3x_1+5x_2+d_1^- - d_1^+=30$$

$$x_2+d_2^- - d_2^+=4$$

$$x_1+d_3^- - d_3^+=6$$

式中，d_1^+ 表示利润超过 30 元的数量，d_1^- 表示利润不到 30 元的数量；d_2^+ 表示乙产品产量超过 4 的数量，d_2^- 表示乙产品产量不到 4 的数量；d_3^+ 表示甲产品产量超过 6 的数量，d_3^- 表示甲产品产量不到 6 的数量。

经过上述处理之后，目标函数就变成了约束条件的一部分，接下来要考虑的问题就是如何构造一个新的目标函数。

三、目标达成函数

多目标模型的各个目标函数，通过引入期望值和正、负偏差变量，而被列入了约束条件。接着要考虑的就是在这组新的约束条件下，如何寻找一个可行的方案（即求出一个可行解），使各目标的实际值最接近各自的期望值。也就是说，要使诸偏差变量达到最小值。为此，要构造一个新的目标函数以求得有关偏差变量的最小值。

由于这个新的目标函数反映了各目标函数的期望值达到或实现的情况，故把这个新的目标函数称为目标达成函数，或简称为达成函数。在不至于与原目标函数混淆的情况下，也可以直接把它称为目标函数。这个目标达成函数是目标的正、负偏差变量的函数。

随着多目标问题中对各个目标的要求和目标结构的不同，目标达成函数的形式也不相同。在实际计算中会遇到多种组合形式，这里仅介绍三种基本目标函数形式的组合。

（一）要求尽可能达到

若要求尽可能达到规定的目标期望值，则应使相应的正、负偏差变量 d_l^+ 和 d_l^- 都尽可能达到最小，所以应将 d_l^+ 和 d_l^- 都列入目标达成函数中，形式为 $\min G_1 = d_l^+ + d_l^-$。

（二）允许超过期望值

若允许某个目标超过期望值，或希望尽可能不低于期望值，如产值、利润等目标，则应使相应的负偏差变量 d_l^- 尽可能小，而不关心超出量 d_l^+ 的大小，故只需将 d_l^- 列入目标达成函数中，形式为 $\min G_2 = d_l^-$。

（三）允许低于期望值

若允许某个目标低于期望值，但希望不得超过期望值，如材料、能源等资源约束，则应使相应的正偏差变量 d_l^+ 尽可能小，而不关心低于期望值的 d_l^- 的大小，故只需将 d_l^+ 列入目标达成函数中，形式为 $\min G_3 = d_l^+$。

按照题设条件，建立例 4－3 的目标达成函数为：

$$\min G = d_1^- + d_2^- + d_3^-$$

上面构造的目标达成函数形式把三个目标视为位于同等重要层次，无法区别各目标的重要程度。为区别这些目标不同的重要程度，目标规划模型引入了目标优先等级和加权系数的概念。

四、目标优先等级

对于多目标问题来讲，一般各个目标的重要程度对决策者来说是不完全相同的。若把所有目标所对应的偏差变量简单地组合在一起作为一个目标达成函数进行优化，往往得不到满意的结果。在所有目标不能同时达到的情况下，决策者一般考虑先达到某些最重要的目标，在这些目标得到满足的前提下再考虑次要的目标。为此，目标规划引入了目标优先等级和加权系数的概念，允许根据目标重要程度的不同给每个目标赋予不同的优先等级和加权系数。在相同的约束条件下，不同的加权系数和优先等级反映了决策者不同的目标结构，将会得到不同的最优解或满意解。

根据目标的重要程度，把所有目标分别安排在不同的优先等级上来处理，并用优先等级因子 P_k 来表示第 k 目标级别（共有 K 个优先等级）。优先等级因子是为表示各目标的优先等级而引入的一种记号。它有两重含义：

其一，它仅仅是用于区别各目标等级的一种符号。当我们要把极小化某偏差变量 d_l^- 列为最重要目标时，就记为 $P_1 d_l^-$；当把极小化某偏差变量 d_l^+ 列为第二级重要目标时，就记为 $P_2 d_l^+$，等等。如果把极小化偏差变量 d_l^- 和 d_l^+ 同时列为同等级目标，则记为 $P_l(d_l^- + d_l^+)$。

其二，把它们理解为一种特殊的正的常数，作为偏差变量的一种具有特别含义的加权系数，且在各 P_k 之间有以下关系：$P_1 \gg P_2 \gg \cdots \gg P_K$，关系“$P_{k-1} \gg P_k$”意味着不论 P_k 乘以一个多大的正数 M，均有 $P_{k-1} > MP_k$，称为 P_{k-1} 远远大于 P_k。

处于同一个优先等级下的目标可能不止一个，为区别它们之间的相对重要性，可以对同一优先等级下的各目标，分别赋予不同的加权系数，一般情况下，处于同一等级的目标都要具有同一度量标准才可以。如若 d_l 和 d_k 同时列为第 l 级目标，在同一优先等级又认为 d_l 比 d_k 的重要性大，这时可给 d_l 赋一个大于 1 的加权系数 w_l，表示 d_l 比 d_k 的重要程度，这时第 l 级目标可表示为 $P_l(w_l d_l + d_k)$。

如例 4-3 中，P_1 级目标实现利润至少 30 元；P_2 级目标是甲、乙产品的产量，决策者认为乙产品产量不少于 4 比甲产品产量不少于 6 更重要，取其权重为 2，则目标规划模型为：

$$\min G = P_1 d_1^- + P_2(2d_2^- + d_3^-)$$

$$\text{s.t.}\begin{cases} 3x_1 + 5x_2 + d_1^- - d_1^+ = 30 \\ x_2 + d_2^- - d_2^+ = 4 \\ x_1 + d_3^- - d_3^+ = 6 \\ 2x_1 \leqslant 16 \\ 2x_2 \leqslant 10 \\ 3x_1 + 4x_2 \leqslant 32 \\ x_1, x_2 \geqslant 0 \\ d_l^-, d_l^+ \geqslant 0, \quad l = 1,2,3 \end{cases}$$

在例 4-2 中，可把各级目标表述为：P_1 级目标是充分利用装配线，避免开工不足；P_2 级目标是允许装配线加班，但尽量不超过 10 小时；P_3 级目标是尽量满足市场需求，且两种型号笔记本满足市场需求的重要性与其获利能力成正比；P_4 级目标是保证每周的利润至少在 5 000 元以上。

同样可以对例 4-2 建立目标规划模型，为：

$$\min G=P_1d_1^- +P_2d_2^+ +P_3(2d_3^- +d_4^-)+P_4d_5^-$$

$$\text{s. t.}\begin{cases}x_1+x_2+d_1^- -d_1^+ =40\\ x_1+x_2+d_2^- -d_2^+ =50\\ x_1+d_3^- -d_3^+ =24\\ x_2+d_4^- -d_4^+ =30\\ 80x_1+40x_2+d_5^- -d_5^+ =5\,000\\ x_1,x_2\geqslant 0\\ d_l^-,d_l^+\geqslant 0,\quad l=1,2,\cdots,5\end{cases}$$

通过上面的分析与讨论可知，目标达成函数中只有优先等级和加权系数，以及正、负偏差变量，而没有决策变量。

对于 n 个决策变量，m 个系统约束条件，L 个目标，K 个优先等级，其目标规划模型的一般形式如下：

达成函数：

$$\min G=\sum_{k=1}^{K}P_k\left(\sum_{l=1}^{L}w_{kl}^-d_l^- +w_{kl}^+d_l^+\right)$$

目标约束：

$$\sum_{j=1}^{n}c_{lj}x_j+d_l^- -d_l^+ =e_l,\quad l=1,2,\cdots,L$$

系统约束：

$$\sum_{j=1}^{n}a_{ij}x_j\leqslant(=,\geqslant)b_i,\quad i=1,2,\cdots,m$$

非负性约束：

$$x_j\geqslant 0,\quad j=1,2,\cdots,n$$
$$d_l^-,d_l^+\geqslant 0,\quad l=1,2,\cdots,L$$

通过上面的例题可以看出目标规划模型的一些特点，它比线性规划有更大的灵活性和适应性，更能适应各种复杂的经济管理决策问题。

第 3 节 目标规划的图解法

与前面讨论的线性规划一样，只含有两个决策变量的目标规划模型也可以用图解法来求解。目标规划的图解法有助于理解目标规划求解方法的基本思想和技巧，了解线性规划模型求解方法与目标规划模型求解方法的关系和区别，通过直观解释理解目标规划的有关概念。

线性规划解法与目标规划解法的区别在于：线性规划是在可行域中寻找一点，使单个目标达到极大或极小，而目标规划是寻找一个区域，这个区域提供了相互矛盾的目标集的折中方案。

目标规划的图解法，首先是在可行域 R 内寻找一个使 P_1 级各目标均满足的区域 R_1；然后再在 R_1 中寻找一个使 P_2 级各目标均满足的区域 R_2（显然 $R_2\subseteq R_1$）；接着在 R_2 中寻找一个满足 P_3 级各目标的区域 R_3（$R_3\subseteq R_2\subseteq R_1$）；如此继续，直到寻找到一个区域 $R_K(R_K\subseteq R_{K-1}\subseteq\cdots\subseteq R_3\subseteq R_2\subseteq R_1)$，满足 K 级各目标，这时 R_K 即为这个目标规划的满意解空间，其中的任一点均为这个目标规划的满意解。

如果某一个 $R_k(1\leqslant k\leqslant K)$ 已退化为一点，则计算也应终止，这一点即为满意解，说明它只能满足 P_1，P_2，…，P_k 各级目标，而无法再进一步改进以满足 P_{k+1}，P_{k+2}，…，P_K 各级目标。

由此可见，目标规划问题的可行域是弹性的，即使不能满足全部目标，它也能得到一个满足部分目标的满意解，并能给出达不到其余目标的原因。下面用例 4-3 的目标规划模型来说明目标规划模型的图解法。

$$\min G=P_1d_1^-+P_2(2d_2^-+d_3^-)$$

$$\text{s.t.}\begin{cases}3x_1+5x_2+d_1^--d_1^+=30 & (1)\\ x_2+d_2^--d_2^+=4 & (2)\\ x_1+d_3^--d_3^+=6 & (3)\\ 2x_1\leqslant 16 & (4)\\ 2x_2\leqslant 10 & (5)\\ 3x_1+4x_2\leqslant 32 & (6)\\ x_1,x_2\geqslant 0 & (7)\\ d_l^-,d_l^+\geqslant 0,\quad l=1,2,3 & \end{cases}$$

该模型图解如图 4-1 所示。模型的系统约束（4）～（7）是硬约束，必须首先满足，因此，区域 $OABCD$（阴影区域）为该问题的可行域。

在可行域 $OABCD$ 中寻找满足 P_1 级目标的区域。由于 P_1 级目标是使 d_1^- 实现极小化，达到最优时必有 $d_1^-=0$，从图 4-1 中可以看出，直线（1）以上的阴影区域，即区域 $BCEF$ 的所有点都能满足使 $d_1^-=0$。再在区域 $BCEF$ 中寻找满足 P_2 级目标的区域，要求 $2d_2^-+d_3^-$ 实现极小化。由于 d_2^- 的加权系数大于 d_3^- 的加权系数，所以先要考虑 d_2^- 实现极小化，则直线（2）又将可行域缩小到区域 $CEGH$；然后，在区域 $CEGH$ 内，使 d_3^- 实现极小化，则考虑直线（3)，点 H 实现 d_3^- 极小化。联立 $x_2=4$ 和 $3x_1+4x_2=32$，解得 $x_1=5\frac{1}{3}$，$x_2=4$。又由于产品数为整数，即有满意解：$x_1=5$，$x_2=4$。

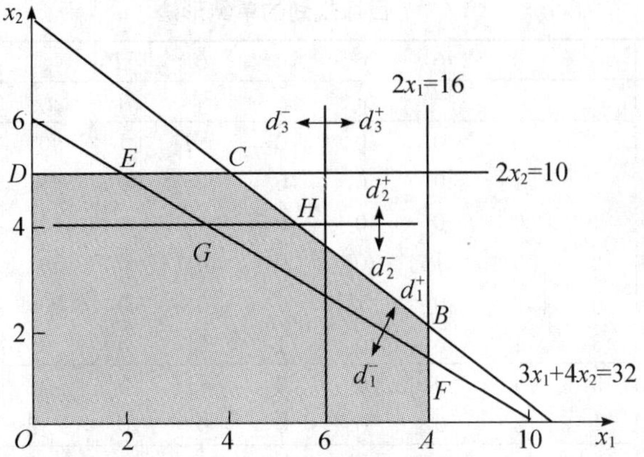

图 4－1　目标规划图解法

一般来说，目标的期望值定得越低，可供选择的解就越多；目标期望值定得越高，满意解的选择余地也就越小，并且可能使一些较低等级的目标无法完全实现。

第 4 节　目标规划单纯形法

目标规划模型有多种求解方法，主要有：单纯形法、序贯式算法和多阶段算法。这些算法均能很好地求出目标规划模型的解，且各有特点。结合前面学过的线性规划的单纯形法，这里只介绍目标规划的单纯形法。

从本章前面的分析与讨论中可以看到，目标规划的数学模型与线性规划的数学模型有相似的结构，可用前述单纯形法求解目标规划模型。

把例 4－3 的数学模型标准化，从极小化变成极大化，并给系统约束加上松弛变量。即

$$\max -G=-P_1d_1^- -P_2(2d_2^- +d_3^-)$$

$$\text{s. t.}\begin{cases}3x_1+5x_2+d_1^- -d_1^+ =30\\ x_2+d_2^- -d_2^+ =4\\ x_1+d_3^- -d_3^+ =6\\ 2x_1+x_3=16\\ 2x_2+x_4=10\\ 3x_1+4x_2+x_5=32\\ x_1,x_2,x_3,x_4,x_5\geqslant 0\\ d_l^-,d_l^+\geqslant 0,\quad l=1,2,3\end{cases}$$

将 P_1，P_2 视为正常数，d_1^+，d_1^-，d_2^+，d_2^-，d_3^+，d_3^- 视为松弛变量，从标准型中可以确定初始基变量为 d_1^-，d_2^-，d_3^-，x_3，x_4，x_5，建立初始单纯形表 4－1。最优性判别准则和计算步骤类似于线性规划的单纯形法。

表 4-1　　　　目标规划的单纯形法

	c_j		0	0	0	0	0	0	$-P_1$	0	$-2P_2$	0	$-P_2$	θ_i
C_B	X_B	b	x_1	x_2	x_3	x_4	x_5	d_1^+	d_1^-	d_2^+	d_2^-	d_3^+	d_3^-	
$-P_1$	d_1^-	30	3	5	0	0	0	-1	1	0	0	0	0	6
$-2P_2$	d_2^-	4	0	[1]	0	0	0	0	0	-1	1	0	0	4
$-P_2$	d_3^-	6	1	0	0	0	0	0	0	0	0	-1	1	—
0	x_3	16	2	0	1	0	0	0	0	0	0	0	0	—
0	x_4	10	0	2	0	1	0	0	0	0	0	0	0	5
0	x_5	32	3	4	0	0	1	0	0	0	0	0	0	8
σ_j		P_1	3	5	0	0	0	-1	0	0	0	0	0	
		P_2	1	2	0	0	0	0	0	-2	0	-1	0	
$-P_1$	d_1^-	10	[3]	0	0	0	0	-1	1	5	-5	0	0	$\frac{10}{3}$
0	x_2	4	0	1	0	0	0	0	0	-1	1	0	0	—
$-P_2$	d_3^-	6	1	0	0	0	0	0	0	0	0	-1	1	6
0	x_3	16	2	0	1	0	0	0	0	0	0	0	0	8
0	x_4	2	0	0	0	1	0	0	0	2	-2	0	0	—
0	x_5	16	3	0	0	0	1	0	0	4	-4	0	0	$\frac{16}{3}$
σ_j		P_1	3	0	0	0	0	-1	0	5	-5	0	0	
		P_2	1	0	0	0	0	0	0	0	-2	-1	0	
0	x_1	$\frac{10}{3}$	1	0	0	0	0	$-\frac{1}{3}$	$\frac{1}{3}$	$\frac{5}{3}$	$-\frac{5}{3}$	0	0	—
0	x_2	4	0	1	0	0	0	0	0	-1	1	0	0	—
$-P_2$	d_3^-	$\frac{8}{3}$	0	0	0	0	0	$\frac{1}{3}$	$-\frac{1}{3}$	$-\frac{5}{3}$	$\frac{5}{3}$	-1	1	8
0	x_3	$\frac{28}{3}$	0	0	1	0	0	$\frac{2}{3}$	$-\frac{2}{3}$	$-\frac{10}{3}$	$\frac{10}{3}$	0	0	14
0	x_4	2	0	0	0	1	0	0	0	2	-2	0	0	—
0	x_5	6	0	0	0	0	1	[1]	-1	-1	1	0	0	6
σ_j		P_1	0	0	0	0	0	0	-1	0	0	0	0	
		P_2	0	0	0	0	0	$\frac{1}{3}$	$-\frac{1}{3}$	$-\frac{5}{3}$	$-\frac{1}{3}$	-1	0	
0	x_1	$\frac{16}{3}$	1	0	0	0	$\frac{1}{3}$	0	0	$\frac{4}{3}$	$-\frac{4}{3}$	0	0	
0	x_2	4	0	1	0	0	0	0	0	-1	1	0	0	
$-P_2$	d_3^-	$\frac{2}{3}$	0	0	0	0	$-\frac{1}{3}$	0	0	$-\frac{4}{3}$	$\frac{4}{3}$	-1	1	
0	x_3	$\frac{16}{3}$	0	0	1	0	$-\frac{2}{3}$	0	0	$-\frac{8}{3}$	$\frac{8}{3}$	0	0	
0	x_4	2	0	0	0	1	0	0	0	2	-2	0	0	
0	d_1^+	6	0	0	0	0	1	1	-1	-1	1	0	0	
σ_j		P_1	0	0	0	0	0	0	-1	0	0	0	0	
		P_2	0	0	0	0	$-\frac{1}{3}$	0	0	$-\frac{4}{3}$	$-\frac{2}{3}$	-1	0	

初始单纯形表中，检验数行的计算与线性规划单纯形表检验数的计算完全相同，只需把 P_1，P_2 看作正常数参与运算（回忆一下大 M 法的计算方法就容易理解了），检验数一般是各优先等级因子的代数和。现在的问题是如何判断检验数的正负和大小，在判断时，要牢牢记住关系 $P_1 \gg P_2$。

检验数的正负首先由 P_1 系数的正负决定。若 P_1 的系数为正，则不论 P_2 的系数是什么，检验数必定为正；若 P_1 的系数为负，则不论 P_2 的系数是什么，检验数必然均为负。若 P_1 的系数为零，则检验数的正负由 P_2 系数的正负来决定，以此类推。

若有两个以上的检验数为正，则需要比较它们的大小。首先比较 P_1 的系数，以 P_1 的系数大的检验数为大；若 P_1 的系数相同，再比较 P_2 的系数；以此类推。为了便于判定检验数的正负和大小，将检验数行按目标优先等级分行排列，如表 4-1 所示。

所有检验数都已非正，则得到满意解：$x_1=5\frac{1}{3}$，$x_2=4$，$d_3^-=\frac{2}{3}$，$x_3=5\frac{1}{3}$，$x_4=2$，$d_1^+=6$。这表明生产甲产品 $5\frac{1}{3}$ 单位、乙产品 4 单位，设备 A 的工时富余 $x_3=5\frac{1}{3}$ 小时，设备 B 的工时富余 $x_4=2$ 小时，设备 C 的工时全部耗尽。这个解和图解法图 4-1 得到的结果是一致的，它相当于图解法中的点 H。

解之分析：在现有工时约束下，甲产品产量目标没能实现，偏差 $d_3^-=\frac{2}{3}$，原因在于装配设备 C 的工时不足，如果要想完全实现甲产品产量目标，则需要加班 $a_{13}d_3^-=3\times\frac{2}{3}=2$ 小时。企业利润目标比预期超额实现 $d_1^+=6$。

第 5 节　目标规划应用案例

一、加班时间问题

［**例 4-4**］　某音像店有 5 名全职售货员和 4 名兼职售货员，全职售货员每月工作 160 小时，兼职售货员每月工作 80 小时。根据记录，全职售货员每小时销售 CD 25 张，正常工作工资每小时 15 元，加班工资每小时 22.5 元。兼职售货员每小时销售 CD 10 张，正常工作工资每小时 10 元，加班工资每小时 10 元。现在预测下月 CD 销售量为 27 500 张，商店每周开门营业 6 天，所以可能要加班。每出售一张 CD 盈利 1.5 元。

商店经理认为，保持稳定的就业水平加上必要的加班，比不加班就业水平要好，但全职销售员如果加班过多，就会因为疲劳过度而造成效率下降，因此不允许每月加班超过 100 小时，就此建立相应的目标规划模型。

（一）目标优先级

P_1 级：下月的CD销售量达到27 500张。

P_2 级：全职售货员加班时间不超过100小时。

P_3 级：保持全体售货员充分就业，对全职的要比兼职的加倍优先考虑。

P_4 级：尽量减少加班时间，对两种售货员区别对待，权重由他们对利润的贡献而定。

（二）目标约束函数

（1）销售目标约束。设全体全职售货员下月的工作时间为 x_1，全体兼职售货员下月的工作时间为 x_2；达不到销售目标的偏差为 d_1^-，超过销售目标的偏差为 d_1^+。

$$\min G_1 = P_1 d_1^-$$
$$25x_1 + 10x_2 + d_1^- - d_1^+ = 27\ 500$$

（2）正常工作时间约束。设全体全职售货员下月的停工时间为 d_2^-，全体全职售货员下月的加班时间为 d_2^+；全体兼职售货员下月的停工时间为 d_3^-，全体兼职售货员下月的加班时间为 d_3^+。

$$\min G_3 = P_3(2d_2^- + d_3^-)$$
$$x_1 + d_2^- - d_2^+ = 800$$
$$x_2 + d_3^- - d_3^+ = 320$$

（3）加班时间的限制。设全体全职售货员下月的加班不足100小时的偏差为 d_4^-，全体全职售货员下月的加班超过100小时的偏差为 d_4^+。

$$\min G_2 = P_2 d_4^+$$
$$x_1 + d_4^- - d_4^+ = 900$$

另外，两类售货员区别对待，权重由他们对利润的贡献而定，故权重比为3∶1，所以另一个加班目标约束为全职优先加班：

$$\min G_4 = P_4(d_2^+ + 3d_3^+)$$
$$x_1 + d_2^- - d_2^+ = 800$$
$$x_2 + d_3^- - d_3^+ = 320$$

最后，按目标的优先级，写出相应的目标规划模型：

$$\min G = P_1 d_1^- + P_2 d_4^+ + P_3(2d_2^- + d_3^-) + P_4(d_2^+ + 3d_3^+)$$

$$\text{s. t.}\begin{cases} 25x_1 + 10x_2 + d_1^- - d_1^+ = 27\ 500 \\ x_1 + d_2^- - d_2^+ = 800 \\ x_2 + d_3^- - d_3^+ = 320 \\ x_1 + d_4^- - d_4^+ = 900 \\ x_1, x_2 \geqslant 0 \\ d_l^-, d_l^+ \geqslant 0, \quad l = 1,2,3,4 \end{cases}$$

(三) 模型软件求解

运用 LINGO 软件求解，得满意解 $x_1=900$，$x_2=500$，即全职售货员总的工作时间为 900 小时（正常工作 800 小时（5×160），加班 100 小时），兼职售货员总工作时间 500 小时（正常工作 320 小时（4×80），加班 180 小时），下月共销售 CD 27 500 张，商店共获得利润 22 000 元（27 500×1.5－800×15－100×22.5－500×10）。

二、目标管理方案

目标管理的思想是从上往下进行目标分解，层层落实，从而保证企业经营目标的实现。企业在进行经营决策和目标分解时，时常存在目标冲突，例如要进行设备能力和盈利目标之间的权衡取舍。设备产能受限，但要求较高的利润指标。同时，不希望安排加班，因为加班运作将导致产品成本上升，影响企业利润目标的实现。下面进行目标规划模型分析，寻求目标分解下达时，冲突目标的解决。

［例 4－5］　某公司准备生产甲、乙两种产品，生产单位产品消耗的电力、设备以及获利情况如表 4－2 所示。根据市场调查结果，甲产品的最大市场需求 8 台，乙产品的最大市场需求 6 台。

表 4－2　目标管理相关数据

资源	产品甲	产品乙	资源拥有量
电力（度）	5	5	60
设备（小时）	30	60	360
产品成本（元）	900	1 400	
产品售价（元）	1 200	1 800	
市场容量（台）	8	6	

在满足现有电力资源严格供给约束的前提下，该公司考虑两个目标：一是总利润不低于 3 600 元；二是充分利用设备工时，但尽量少加班。应如何制定产品甲、乙的产量？试建立其目标规划的数学模型。

(一) 利润期望优先

首先，确定目标约束的优先级。如下：

P_1 级：总利润不低于 3 600 元；

P_2 级：充分利用设备工时 360 小时，但尽量少加班。

设甲产品产量为 x_1，乙产品产量为 x_2。

由于单位甲产品获利能力为 1 200－900＝300 元，单位乙产品获利能力为 1 800－1 400＝400 元，则总利润目标约束为：$300x_1+400x_2+d_1^- -d_1^+=3\,600$。

充分利用设备工时，但尽量少加班，其目标约束为：$30x_1+60x_2+d_2^- -d_2^+=360$。

此问题相应的目标规划数学模型为：

$$\min G=P_1 d_1^- +P_2(d_2^- +d_2^+)$$

$$
\text{s.t.}\begin{cases}300x_1+400x_2+d_1^- -d_1^+=3\,600\\30x_1+60x_2+d_2^- -d_2^+=360\\5x_1+5x_2\leqslant 60\\x_1\leqslant 8\\x_2\leqslant 6\\x_1,x_2\geqslant 0\\d_l^-,d_l^+\geqslant 0,\quad l=1,2\end{cases}
$$

运用图解法进行求解，首先考虑系统约束 $5x_1+5x_2\leqslant 60$，$x_1\leqslant 8$，$x_2\leqslant 6$，x_1，$x_2\geqslant 0$，可行域为五边形 $OABCD$（见图 4-2 中阴影部分）；然后考虑 P_1 级目标 d_1^- 最小，取值范围缩小到区域 $BCEF$；最后考虑 P_2 级目标 $d_2^-+d_2^+$ 总和最小，得满意解在点 F，解之有 $x_1=8$，$x_2=3$。

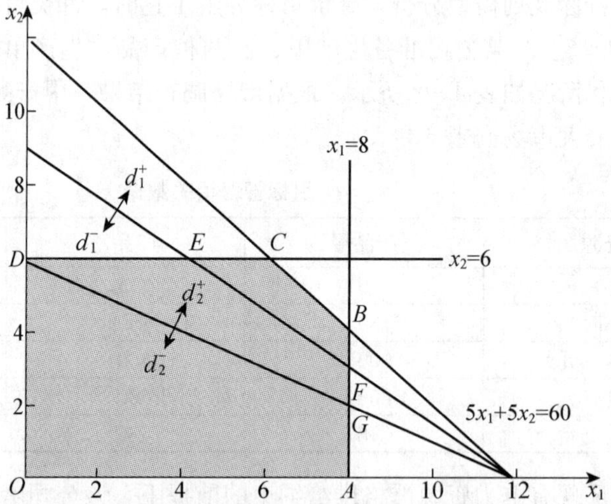

图 4-2 目标管理的目标规划图解法

生产所需的设备能力为 420 小时（30×8+60×3），而设备希望小时只有 360。这就是利润目标和设备工时不加班目标相互冲突。如果要优先实现利润目标，在现有设备工时消耗情况下，就需要自觉加班 60 小时（420－360）；否则，不愿意自觉加班作业，就需要采取工艺技术措施，减少无效作业时间，从而降低单位产品的设备工时消耗。

为了能同时实现目标 P_1 和 P_2，需要降低甲、乙产品的设备工时消耗，工时消耗降低率为 17%((420－360)/360)，如果甲、乙产品按同比例减少工时消耗，甲产品的设备消耗需要降低约 5 小时（30×17%），乙产品的设备消耗需要降低约 10 小时（60×17%）。这一解决策略，把难题交给了生产技术部，要求生产技术部采取不增加成本的工艺技术改进措施，将甲产品的设备消耗降低到 25 小时（30－5），乙产品的设备消耗降低为 50 小时（60－10）。由此得到目标管理的目标分解树如图 4-3 所示。

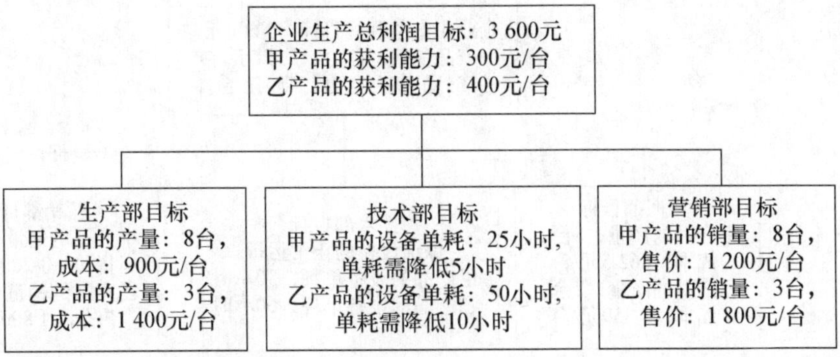

图 4-3　利润优先的目标分解方案 1

（二）设备工时优先

如果企业的工艺管理已经非常先进，生产技术部一时不能在不增加成本的条件下采取工艺技术改进措施，那么方案 1 将无法推进。这就需要换位思考，从增加盈利性入手。众所周知，单位产品利润＝价格－成本，如果企业推出的产品是创新性产品，其定价策略是先高后低，这时是相对垄断市场，可以考虑适当提价策略来获得利润的增加；但如果是功能性产品，其市场是竞争性的，靠提价获利不太可能，这就需要从成本入手，走内涵式发展之路。在保持设备工时消耗的现实情况下，采取什么措施来降低成本增加企业利润呢？也就是说，企业降低设备消耗很困难，需要调整经营目标的次序。

P_1 级：充分利用设备工时 360 小时，但尽量少加班；

P_2 级：总利润不低于 3 600 元。

此目标规划函数变为：

$$\min G = P_1(d_2^- + d_2^+) + P_2 d_1^-$$

同理，按目标优先等级，满意解在图 4-2 中的点 G，解之有：$x_1=8$，$x_2=2$。

生产实现利润总额为 3 200 元（300×8＋400×2），而期望总利润目标要求是 3 600 元，盈利降低 400 元。如不能提高产品售价，就必须降低生产成本，以增加企业利润，利润增长率为 12.5%（(3 600－3 200)/3 200）。

产品售价由市场决定，为提高利润，应从降低成本入手。甲、乙产品按同比率降低成本，则甲产品的单位成本需要由原来的 900 元，降为 862.5 元（1 200－300×(1＋12.5%)），成本降低额度为 37.5 元/台，降低幅度只需 4.2%；乙产品的成本需要由原来的 1 400 元/台，降为 1 350 元/台（1 800－400×(1＋12.5%)），成本降低额度为 50 元/台，降低幅度只需 3.6%。接下来，企业生产部门需要思考，如何才能降低产品成本？一是降低材料采购过程的成本；二是降低产品生产的工艺过程成本。降低材料采购成本可以从批量采购的价格折扣、材料供应物流的运输成本、材料储存的库存成本等方面入手，尤其是运输物流和仓储物流的运作成本，这是企业降低材料成本的主攻方向。有了解决的具体策略，由此得到另一个目标管理的目标分解树，如图 4-4 所示。

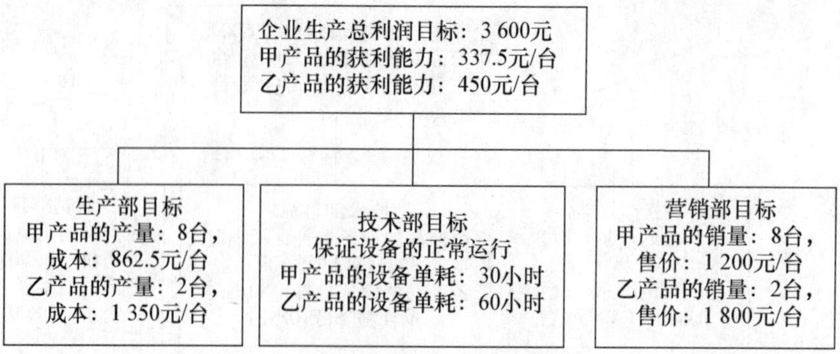

图 4-4　设备优先的目标分解方案 2

对于一个管理问题，解决的措施和策略不是唯一的，方法和途径很多。很多时候会存在矛盾和冲突，一个思路行不通，就要学会换位思考，比如改变目标次序，从而变换解决问题的路径。这也体现出一个管理者的灵活性和管理艺术。

□ 案例分析

在学习了本章内容之后，运用目标规划的思路，再来看一下开篇的那个案例。

如果你是该整车制造厂生产计划部门的负责人，在总投资不超过 60 亿元的条件下，需要从备选的 8 项计划中进行二次选择，在进行综合研究后，可得各项目的投资额、能产生的利润额、废弃物排放量和新增就业岗位，如表 4-3 所示。

表 4-3　各项目综合信息表

	计划 1	计划 2	计划 3	计划 4	计划 5	计划 6	计划 7	计划 8
投资额（亿元）	2.4	5.2	11	6.2	17	21	3.5	6.1
利润额（亿元）	0.4	1	3	2	4	5	0.7	1.5
废弃物排放量（万吨）	0.3	2	3	3	3	5	1	0.5
新增就业岗位（千人）	0.6	1.1	2	2.8	1	1.5	2	1.2

该厂所要求的各项指标如下（重要程度依次递减）：

（1）从节能减排的角度考虑，希望项目总废弃物排放量不超过 15 万吨；

（2）从提高全市产值的角度考虑，希望项目总利润最高；

（3）从促进社会发展的角度考虑，希望尽可能多地新增就业岗位。

如果你是该厂生产计划部门的负责人，会如何选择项目进行投资？

□ 复习思考题

1. 某计算机公司生产 A，B，C 三种型号的笔记本电脑。这三种笔记本电脑需要在复杂的装配线上生产，生产一台 A，B，C 型号的笔记本电脑分别需要 5 小时、

8 小时、12 小时。公司装配线正常的生产时间是每月 1 700 小时，公司营业部门估计 A，B，C 三种笔记本电脑每台的利润分别是 1 000 元、1 440 元、2 520 元，而且公司预测这个月生产的笔记本电脑能够全部售出。公司经理考虑以下目标：

第一目标：充分利用正常的生产能力，避免开工不足；

第二目标：优先满足老客户的需求，A，B，C 三种型号的电脑分别为 50 台、50 台、80 台，同时根据三种电脑的纯利润分配不同的加权系数；

第三目标：限制装配线加班时间，最好不超过 200 小时；

第四目标：满足各种型号电脑的销售目标，A，B，C 三种型号分别为 100 台、120 台、100 台，再根据三种电脑的纯利润分配不同的加权系数；

第五目标：装配线加班时间尽可能少。

请列出相应的目标规划模型，并用 LINGO 软件求解。

2. 已知三个工厂生产的产品供应给四个客户，各工厂产量、用户需求量及从各工厂到用户的单位产品的运费单价如表 4－4 所示。由于总产量小于总需求量，上级部门经研究后，制定了调配方案的 8 个目标，并规定了重要性的次序。

表 4－4　　工厂产量-用户需求量及运费单价　　单位：元

工厂	用户 1	用户 2	用户 3	用户 4	产量
1	5	2	6	7	
2	3	5	4	6	
3	4	5	2	3	
需求量（单位）	200	100	450	250	

第一目标：用户 4 为重要部门，需求量必须全部满足；

第二目标：供应用户 1 的产品中，工厂 3 的产品不少于 100 个单位；

第三目标：每个用户的满足率不低于 80%；

第四目标：应尽量满足各用户的需求；

第五目标：新方案的总运费不超过原运输问题（线性规划模型）的调度方案的 10%；

第六目标：因道路限制，工厂 2 到用户 4 的路线应尽量避免运输任务；

第七目标：用户 1 和用户 3 的满足率应尽量保持平衡；

第八目标：力求减少总运费。

请列出相应的目标规划模型，并用 LINGO 软件求解。

3. 已知条件如表 4－5 所示。

表 4－5　　数据资料

工序	产品型号		每周可用生产时间（小时）
	A	B	
Ⅰ（小时/台）	5	6	200
Ⅱ（小时/台）	3	3	85
利润（元/台）	310	455	

如果工厂经营目标的期望值和优先等级如下：

P_1：每周总利润不得低于10 000元；

P_2：因合同要求，A型产品每周至少生产15台，B型产品每周至少生产20台；

P_3：希望工序Ⅰ的每周生产时间正好为200小时，工序Ⅱ的生产时间最好用足，甚至可适当加班。

试建立这个问题的目标规划模型，并用LINGO软件求解。

实验：软件解目标规划

虽然 LINDO 不能直接求解目标规划问题，但这并不意味着 LINDO 失去了效力。可以巧妙地设置目标等级因子 P_k 的绝对数值，如例 4-1 的数学模型中，设置 $P_1 = 99\,999$ 和 $P_2 = 99$，这样就将带序数的目标达成函数转变成数值，即可用 LINDO 求解。

另外，序贯式算法是求解目标规划的一种早期算法，核心是根据优先级的先后次序，将目标规划问题分解成一系列的单目标规划问题，然后再依次求解。例 4-5 相应的 LINGO 程序如下。

```
sets:
Level/1..4/:G,p,Goal;                    ! 4级目标,结构类型名Level，目标达成函数G，p，Goal
Variable/1..2/:x;                        ! 2个决策变量x
S_Con_Num/1..4/:E,dplus,dminus;          ! E存放目标期望值，dplus存放正偏差变量
                                         ! dminus存放负偏差变量
S_Cons(S_Con_Num,Variable):c;            ! c存放目标约束中决策变量的价值系数值
Obj(Level,S_Con_Num):Wplus,Wminus;       ! Wplus存放目标达成函数中正偏差变量加权系数
                                         ! Wminus存放负偏差变量加权系数
endsets
data:
p=????;                        ! 运行时，输入目标等级，如1
Goal=0,0,0.0;                  ! 希望目标未实现的幅度
E=27 500 800 320 900;          ! 4级目标的目标期望值
c=25 10 1 0 0 11 0;            ! 4个目标约束中决策变量的价值系数值
Wplus=0 0 0 0                  ! 4个目标约束中的正偏差变量，在目标达成函数中的加权系数值
      0 0 0 1
      0 0 0 0
      0 1 3 0;
Wminus=1 0 0 0                 ! 4个目标约束中的负偏差变量，在目标达成函数中的加权系数值
       0 0 0 0
       0 2 1 0
       0 0 0 0;
enddata
min=@sum(Level:p*G);                                        ! 偏差之和为最小
@for(Level(i):                                              ! 第i个目标约束
G(i)=@sum(S_Con_Num(j):Wplus(i,j)*dplus(j))
   +@sum(S_Con_Num(j):Wminus(i,j)*dminus(j));               ! 加权系数×偏差量之和
  @for(S_Con_Num(i):
    @sum(Variable(j):c(i,j)*x(j))+dminus(i)-dplus(i)=E(i);  ! 第i个目标约束的偏差量
  );
  @for(Level(i)|i#lt#@size(Level):
    @bnd(0,G(i),Goal(i));    ! 界定函数bnd对变量G(i)取值范围限制0≤G(i)≤Goal(i)
  );
);
end
```

四级计算结果（只列出相关变量）：

Variable	Value	Reduced Cost
G（1）	0.000000	0.000000
G（2）	0.000000	0.000000
G（3）	0.000000	0.000000
G（4）	640.000000	0.000000
X（1）	900.000000	0.000000
X（2）	500.000000	0.000000
DPLUS（1）	0.000000	0.000000
DPLUS（2）	100.000000	0.000000
DPLUS（3）	180.000000	0.000000
DPLUS（4）	0.000000	0.000000
DMINUS（1）	0.000000	0.000000
DMINUS（2）	0.000000	0.000000
DMINUS（3）	0.000000	0.000000
DMINUS（4）	0.000000	0.000000

全职售货员总的工作时间为900小时，加班100小时；兼职售货员总工作时间500小时，加班180小时。第四级目标未完全实现。

注：LINGO运算符

算术运算符针对数值的运算操作：^为乘方，*为乘，/为除，＋为加，－为减。

逻辑运算符用于条件表达式："#not#"为否定该操作数的逻辑值，"#eq#"为相等，"#ne#"为不相等，"#gt#"为严格大于，"#ge#"为大于等于，"#lt#"为严格小于，"#le#"为小于等于，"#and#"为和，"#or#"为或。

关系运算符"＝"、"＜＝"和"＞＝"主要用在模型的约束条件中。

第 5 章 非线性规划

Chapter 5

学习要点

- 掌握非线性规划模型结构与建模
- 了解非线性规划模型的转换方法
- 掌握非线性规划模型的求解方法
- 了解非线性规划模型的管理应用

引导案例

Par 公司是一家生产高尔夫器材的小公司，计划生产高尔夫包，产品定位为标准和豪华两种，分别对应中等价位和高等价位。分销商虽然对新产品十分感兴趣，但需求与价格之间存在反向关系。随着价格升高，需求数量会下降。令P_S表示 Par 公司标准包的单价，P_D表示豪华包的单价。假定标准包的需求 S 和豪华包的需求 D 分别为$S=2\,250-15\,P_S$，$D=1\,500-5\,P_D$。据统计，生产一个中等价位标准高尔夫包需要用 7/10 工时切割与印染，1/2 工时缝合，1 工时成型，1/10 工时检查与包装。生产一个高等价位高尔夫包则需要 1 工时切割与印染，5/6 工时缝合，2/3 工时成型，1/4 工时检查与包装。生产成本统计情况：标准包为 70 美元/包，豪华包为 150 美元/包。Par 公司的生产受到各部门生产时间限制。生产主管估计未来 3 个月每个部门可用的最大生产时间分别是：切割与印染 630 工时，缝合 600 工时，成型 708 工时，检查与包装 135 工时。Par 公司应如何安排生产以获得最大的利润？

第 1 节　非线性规划的数学模型

由前面几章可知，在管理科学领域中，很多实际问题可以归结为静态规划问题。线性规划是目标函数和约束条件都为决策变量的线性函数的最优化数学模型。

但是，线性规划有很大的局限性，管理实践中有相当多的问题，其目标函数和（或）约束条件很难全部用线性函数表达。为了解决这类问题和提高求解实际问题的精度，人们提出了非线性规划。非线性规划自20世纪70年代以来得到了长足发展，已成为管理运筹学静态规划的一个重要分支，在管理科学、最优设计、系统控制等许多领域得到广泛应用。

一般来讲，非线性规划问题的求解比线性规划问题的求解困难得多，也不像线性规划问题那样具有通用的单纯形算法。本章重点介绍非线性规划问题的一些经典求解方法。

非线性规划是指目标函数和约束条件至少有一个是非线性函数的数学规划问题。

非线性规划数学模型的一般形式为：

$$\min f(X)$$
$$\text{s.t.}\begin{cases} h_i(X)=0, & i=1,2,\cdots,l \\ g_j(X)\geqslant 0, & j=1,2,\cdots,m \end{cases}$$

式中，$X=(x_1, x_2, \cdots, x_n)^{\mathrm{T}}$是 n 维欧氏空间E^n中的向量（点）。

由于等式约束$h_i(X)=0$ 等价于以下两个不等式约束：

$$h_i(X)\geqslant 0$$
$$-h_i(X)\geqslant 0$$

因此，非线性规划的数学模型可写成：

$$\min f(X)$$
$$g_j(X)\geqslant 0, \quad j=1,2,\cdots,m$$

式中，$X=(x_1, x_2, \cdots, x_n)^{\mathrm{T}}$。

若某约束条件是“$\leqslant$”不等式，只需约束条件的两端同乘“-1”，即可将这个约束条件变为“$\geqslant$”的形式。

由于 $\max f(X)=-\min f(X)$，当目标函数为求极大值时，只需使其负值极小化即可，因而仅考虑极小化问题。

一、极值问题

由第1章可知，由于线性规划的目标函数和约束条件都是线性函数，所以其可行域为凸集。如果其最优解存在，最优解只能在其可行域的边界上达到（特别是在可行域的顶点上达到），该最优解就一定是整个可行域上的全局最优解；而如果非线性规划的最优解存在，则可能在其可行域的任意一点达到，且局部最优解未必就一定是全局最优解。

（一）局部最优和全局最优

定义1 设 $f(X)$ 为定义在 n 维欧氏空间E^n的某一区域 R 上的 n 元实函数，其

中 $X=(x_1, x_2, \cdots, x_n)^T$。对于$X^* \in R$，如果存在某个 $\varepsilon>0$，使所有与X^*的距离小于 ε 的 $X \in R$（即 $X \in R$ 且$\|X-X^*\|<\varepsilon$）均满足 $f(X^*) \leqslant f(X)$，则称X^*为非线性规划问题的局部最优解，称 $f(X^*)$为局部最优值。如果对于所有 $X \neq X^*$ 且与X^*的距离小于 ε 的 $X \in R$，$f(X^*)<f(X)$，则称X^*为非线性规划问题的严格局部最优解，称 $f(X^*)$为严格局部最优值。

若点$X^* \in R$，对于所有 $X \in R$ 都有 $f(X^*) \leqslant f(X)$，$X \in E^n$，则称X^*为非线性规划问题的全局最优解，称 $f(X^*)$为全局最优值。如果有 $f(X^*)<f(X)$，$X \in E^n$，且 $X \neq X^*$，则称X^*为非线性规划问题的严格全局最优解，称 $f(X^*)$为严格全局最优值。

求解非线性规划问题就是希望找到它的全局最优解和全局最优值。但在很多情况下，只能求出它的局部最优解和局部最优值，甚至只能得到满足一定条件的解。

（二）最优解存在的条件

下面说明最优解存在的必要条件和充分条件。

定理 1（必要条件）　设 R 是 n 维欧氏空间E^n的某一开集，$f(X)$ 在 R 上有一阶连续偏导数，且在点$X^* \in R$ 取得局部极值，则必有

$$\frac{\partial f(X^*)}{\partial x_1}=\frac{\partial f(X^*)}{\partial x_2}=\cdots=\frac{\partial f(X^*)}{\partial x_n}=0 \tag{1}$$

或

$$\nabla f(X^*)=0 \tag{2}$$

上式中

$$\nabla f(X^*)=\left(\frac{\partial f(X^*)}{\partial x_1}=\frac{\partial f(X^*)}{\partial x_2}=\cdots=\frac{\partial f(X^*)}{\partial x_n}\right)^T$$

为函数 $f(X)$ 在点X^*处的梯度。

由高等数学知识可知，$\nabla f(X)$的方向为 $f(X)$的等值面（等值线）的法线（在点 x 处）方向，沿这个方向函数值增加最快。

满足式（1）或式（2）的点成为平稳点或驻点。在区域内部，极值点必为平稳点，但平稳点不一定是极值点。

定理 2（充分条件）　设 R 是 n 维欧氏空间E^n的某一开集，$f(X)$ 在 R 上有二阶连续偏导数，$X^* \in R$，若$\nabla f(X^*)=0$，且对任何非零向量 $Z \in E^n$有

$$Z^T \nabla^2 f(X^*) Z>0$$

则X^*为 $f(X)$ 的严格局部极小点。此处$\nabla^2 f(X^*)$为 $f(X)$ 在点X^*处的海赛（Hessen）矩阵。

$$\nabla^2 f(X^*)=\begin{pmatrix}\frac{\partial^2 f(X^*)}{\partial x_1^2} & \frac{\partial^2 f(X^*)}{\partial x_1\partial x_2} & \cdots & \frac{\partial^2 f(X^*)}{\partial x_1\partial x_n}\\ \frac{\partial^2 f(X^*)}{\partial x_2\partial x_1} & \frac{\partial^2 f(X^*)}{\partial x_2^2} & \cdots & \frac{\partial^2 f(X^*)}{\partial x_2\partial x_n}\\ \vdots & \vdots & & \vdots\\ \frac{\partial^2 f(X^*)}{\partial x_n\partial x_1} & \frac{\partial^2 f(X^*)}{\partial x_n\partial x_2} & \cdots & \frac{\partial^2 f(X^*)}{\partial x_n^2}\end{pmatrix}$$

（三）凸函数和凸规划

定义 2 若对任意x_1，x_2，$x_1\neq x_2$及$\lambda\in(0,1)$，都有

$$f(\lambda x_1+(1-\lambda)x_2)\leqslant\lambda f(x_1)+(1-\lambda)f(x_2)$$

则称 $f(x)$ 为凸函数。若上式以严格不等式成立，则称 $f(x)$ 为严格凸函数。

直观地看，对任意x_1，x_2，过点（x_1，$f(x_1)$）和（x_2，$f(x_2)$）的线段总在曲线 $f(x)$ 之上。

若$-f(x)$ 为（严格）凸函数，则 $f(x)$ 称为（严格）凹函数。

考虑非线性规划问题

$$\min f(X)$$
$$g_j(X)\geqslant 0,\quad j=1,2,\cdots,m$$
$$X=(x_1,x_2,\cdots,x_n)^{\mathrm{T}}$$

定义可行解集合（可行域）为：

$$R=\{X|g_j(X)\geqslant 0\quad j=1,2,\cdots,m\}$$

定义 3 若 $f(x)$ 为凸函数，$g_j(X)$（$j=1$，2，…，m）为凹函数，则称以上规划问题为凸规划。

可以证明凸规划有如下性质：

（1）可行解集合$R=\{X\mid g_j(X)\geqslant 0\quad j=1,2,\cdots,m\}$为凸集。

（2）水平集合 $\{X\mid f(X)\leqslant$常数$\}$ 为凸集。

（3）若 $f(x)$ 为严格凸函数，则规划问题的最优解（若存在）是唯一的。

二、下降迭代算法

为了求某可微函数（假定无约束）的最优解，可令该函数的梯度等于零，由此求得平稳点；然后用充分条件判别，求出最优解。对某些较简单的函数，这样做有时是可行的。但是对于一般 n 元函数 $f(X)$ 来说，由条件$\nabla f(X)=0$ 得到的常是一个非线性方程，求解相当困难，因此常使用迭代法。

迭代法的基本思想：为了求函数 $f(X)$ 的最优解，首先给定一个初始估计$X^{(0)}$，然后按某种规则（即算法）找出比$X^{(0)}$更好的解$X^{(1)}$，如此递推即可得到一个解的序列$\{X^{(k)}\}$，若这个序列有极限X^*，即

$$\lim_{k\to\infty}\|X^{(k)}-X^*\|=0$$

则称它收敛于X^*。在选择某一算法时，要求其产生的序列$\{X^{(k)}\}$中某一点或序列的极限值为非线性规划问题的最优解。

对于极小化问题，只要选择的某种算法产生的解序列$\{X^{(k)}\}$能使目标函数$f(X^{(k)})$逐步减小，就称算法为下降迭代算法。

假定已经迭代到点$X^{(k)}$，若从$X^{(k)}$出发沿任何方向移动都不能使目标函数值下降，则$X^{(k)}$是一局部极小点，迭代停止。若从$X^{(k)}$出发至少存在一个方向可使目标函数值有所下降，则可选定能使目标函数值下降的某方向$Z^{(k)}$，沿此方向迈进适当的一步，得到下一个迭代点$X^{(k+1)}$，并使$f(X^{(k+1)})<f(X^{(k)})$。相当于在射线

$$X=X^{(k)}+\lambda Z^{(k)}$$

上选定新点

$$X^{(k+1)}=X^{(k)}+\lambda_k Z^{(k)}$$

其中，$Z^{(k)}$称为搜索方向，λ_k称为步长。确定搜索方向$Z^{(k)}$是关键的一步，各种算法的区别主要在于搜索方向$Z^{(k)}$的确定方法不同。

下降迭代算法的步骤总结如下。

(1) 选定某一初始点$X^{(0)}$，并令$k:=0$。

(2) 确定搜索方向$Z^{(k)}$。

(3) 从$X^{(k)}$出发，沿方向$Z^{(k)}$求步长λ_k，产生下一个迭代点$X^{(k+1)}$。

(4) 检查求得的新点$X^{(k+1)}$是不是极小点或近似极小点。若是，停止迭代。否则，令$k:=k+1$，转回(2)继续进行迭代。

确定步长λ_k一般是以目标函数在搜索方向上下降最多为依据，即沿射线$X=X^{(k)}+\lambda Z^{(k)}$求目标函数$f(X)$的极小$\lambda_k$：$\min f(X^{(k)}+\lambda Z^{(k)})$。在上述过程中，由于确定步长是求以$\lambda$为变量的一元函数$\min f(X^{(k)}+\lambda Z^{(k)})$的极小点$\lambda_k$，所以这一过程为一维搜索，这样确定的步长为最佳步长。

一维搜索中有个非常重要的性质：在搜索方向是所得最优点处的梯度和该搜索方向正交。

因为真正的最优解事先并不知道，只能根据相继两次迭代的结果来建立终止迭代的准则。一般采用目标函数梯度的模足够小，$\|\nabla f(X)\|<\varepsilon$，其中，$\varepsilon$为事先给定的足够小的正数。

第2节　无约束最优化问题的解法

本节考虑问题

$$\min f(X),\quad X\in E^n$$

其中 $f(X)$ 一阶连续可微。

本节介绍两种方法：梯度法和牛顿法。考虑到理论背景的复杂性，这里只给出两种方法的原理和迭代步骤。

一、梯度法

梯度法（gradient method）又称最速下降法，其迭代过程简单，使用方便，而且是理解其他方法的基础，因此先对梯度法进行说明。

（一）梯度法原理

假设无约束极值问题的目标函数有一阶连续偏导数，且具有极小点 X^*，以 $X^{(k)}$ 表示极小点的第 k 次近似，为了求其第 $k+1$ 次近似点 $X^{(k+1)}$，在 $X^{(k)}$ 点沿方向 $Z^{(k)}$ 做射线 $X=X^{(k)}+\lambda Z^{(k)}$，在此 λ 为步长，$\lambda \geqslant 0$。

现将 $f(X)$ 在 $X^{(k)}$ 处展开成泰勒级数：

$$f(X)=f(X^{(k)}+\lambda Z^{(k)})=f(X^{(k)})+\lambda \nabla f(X^{(k)})^{\mathrm{T}} Z^{(k)}+o(\lambda)$$

其中，$o(\lambda)$ 是 λ 的高阶无穷小。对于充分小的 λ，只要

$$\nabla f(X^{(k)})^{\mathrm{T}} Z^{(k)}<0$$

即可保证 $f(X^{(k)}+\lambda Z^{(k)})<f(X^{(k)})$。此时，若取下一个点为：

$$X^{(k+1)}=X^{(k)}+\lambda Z^{(k)}$$

就能使目标函数值得到改善。

为了较快达到极小点，梯度法一般取负梯度方向 $Z^{(k)}=-\nabla f(X^{(k)})^{\mathrm{T}}$ 为搜索方向。在选定搜索方向后，还要确定步长 λ，通过在 $X^{(k)}$ 负梯度方向上的一维搜索，来确定可用的使 $f(X^{(k+1)})=f(X^{(k)}+\lambda Z^{(k)})$ 最小的 λ_k，这种梯度法就是最速下降法。

（二）梯度法计算步骤

（1）取初始点 $X^{(0)} \in E^n$，允许误差 $\varepsilon>0$，令 $k=0$。

（2）计算搜索方向 $Z^{(k)}=-\nabla_x f(X^{(k)})^{\mathrm{T}}$。

（3）检验是否满足条件 $\|Z^{(k)}\|<\varepsilon$。若满足，则迭代停止，得点 $X^{(k)}$。否则，转入下一步。

（4）求单变量极值问题的最优解：

$$\min_{\lambda \geqslant 0} f(X^{(k)}+\lambda Z^{(k)})$$

（5）令

$$X^{(k+1)}=X^{(k)}+\lambda Z^{(k)}$$

其中，$k=k+1$，转到（2），如此迭代下去，直到达到要求的精度。

用梯度法求解无约束最优化问题时，具有以下优点：程序简单，计算量及占用

的存储空间均小；迭代初期目标函数 $f(X)$ 下降很快；具有全局收敛性。

但理论分析和计算实践表明：梯度法也有很大的缺点，用梯度法极小化目标函数时，相邻两次的搜索方向是正交的。这表明迭代产生的序列 $\{X^{(k)}\}$ 是“之”字形的。当$X^{(k)}$接近极小点时，每次迭代移动的步长很小，呈现出锯齿现象，影响了收敛效率。因此，常将梯度法和其他方法联合起来应用，在前期使用梯度法，而在接近极小点时，则使用收敛较快的其他方法。

[例 5-1]　某企业生产甲、乙两种产品，一定期限内产量分别为x_1和x_2，产量不受资源限制，已知甲产品的成本为$2x_1^2$，乙产品的成本为x_2^2。应如何安排生产，使其成本最小?

解　由题意可知此规划问题的数学模型为：

$$\min f(X)=2x_1^2+x_2^2$$
$$\text{s. t. } x_1, x_2\geqslant 0$$

取初始点$X^{(0)}=(1,\ 1)^{\mathrm{T}}$，算出$\nabla f(X^{(0)})=(-4,\ -2)^{\mathrm{T}}$进行一维搜索，即求解

$$\min\varphi(\lambda)=f(X^{(0)}+\lambda Z^{(0)})$$

而
$$X^{(0)}+\lambda Z^{(0)}=\begin{pmatrix}1-4\lambda\\1-2\lambda\end{pmatrix}$$

$$\varphi(\lambda)=2\,(1-4\lambda)^2+(1-2\lambda)^2$$

由 $\varphi(\lambda)=0$，求得$\lambda_0=\dfrac{5}{18}$。

于是 $X^{(1)}= X^{(0)}+\lambda_0 Z^{(0)}=\left(-\dfrac{1}{9},\ \dfrac{4}{9}\right)^{\mathrm{T}}$。

算得 $\nabla f(X^{(1)})=\left(-\dfrac{4}{9},\ \dfrac{8}{9}\right)^{\mathrm{T}}$。

再从$X^{(1)}$出发，沿$Z^{(1)}=\nabla f(X^{(1)})=\left(-\dfrac{4}{9},\ \dfrac{8}{9}\right)^{\mathrm{T}}$进行一维搜索，即求解

$$\min\varphi(\lambda)=f(X^{(1)}+\lambda Z^{(1)})$$

因　$\varphi(\lambda)=\dfrac{2}{81}(-1+4\lambda)^2+\dfrac{16}{81}(1-2\lambda)^2$

令 $\varphi(\lambda)=0$，故$\lambda_1=\dfrac{5}{12}$。

于是$X^{(2)}=X^{(1)}+\lambda_1 Z^{(1)}=\left(\dfrac{2}{27},\ \dfrac{2}{27}\right)^{\mathrm{T}}$。

算得$\nabla f(X^{(3)})=\left(\dfrac{8}{27},\ \dfrac{4}{27}\right)^{\mathrm{T}}$。

按上述过程继续下去，直到满足收敛准则为止，得到该问题的最优解

$$X^*=(0,0)^{\mathrm{T}}\ f(X^*)=0$$

二、牛顿法

鉴于梯度法在求解无约束非线性规划时的不足，需对其核心，即下降搜索方向做一些修正。

（一）牛顿法原理

由高等数学相关知识可知，非二次函数如果在极小点的海赛矩阵是正定的，则该函数在极小点附近近似于一个正定二次函数。牛顿法（Newton's method）的基本思想是：从$X^{(k)}$到$X^{(k+1)}$的迭代中，在$X^{(k)}$处用与$f(X)$最接近的二次函数来近似$f(X)$，即取$f(X)$在$X^{(k)}$点的泰勒展开式的前三项：

$$f(X)\approx f(X^{(k)})+\nabla f(X^{(k)})^{\mathrm{T}}\Delta X+\frac{1}{2}\Delta X^{\mathrm{T}}\nabla^2 f(X^{(k)})\Delta X \tag{3}$$

则其梯度为：

$$\nabla f(X)\approx\nabla f(X^{(k)})+\nabla^2 f(X^{(k)})\Delta X$$

如果$X^{(k)}$为非线性目标函数的某一近似极小点，则下式成立：

$$\nabla f(X^{(k)})+\nabla^2 f(X^{(k)})\Delta X=0$$

从而 $\Delta X=X-X^{(k)}=-(\nabla^2 f(X^{(k)}))^{-1}\nabla f(X^{(k)})$

即 $X=X^{(k)}-(\nabla^2 f(X^{(k)}))^{-1}\nabla f(X^{(k)})$ (4)

如果$f(X)$是二次函数，则其海赛矩阵$\nabla^2 f(X^{(k)})$为常数，式（3）是精确的。如果海赛矩阵是正定的，则从任意一点出发，用式（4）只需要一步即可求出$f(X)$的极小点。

如果$f(X)$不是二次函数，式（3）仅是一个近似表达式。此时，按式（4）求得的极小点只是$f(X)$的近似极小点。在这种情况下，搜索方向

$$Z^{(k)}=-(\nabla^2 f(X^{(k)}))^{-1}\nabla f(X^{(k)}) \tag{5}$$
$$X^{(k+1)}=X^{(k)}+\lambda Z^{(k)}$$
$$\lambda_k:\min f(X^{(k)}+\lambda Z^{(k)})$$

按这种方式求函数$f(X)$极小点的方法称为牛顿法。式（5）所示的搜索方向称为牛顿方向。

牛顿法的优缺点几乎与梯度法相反。

牛顿法的主要优点有：收敛速度快，可证明它属二阶收敛算法；接近X^*时，推进能力相当强。

牛顿法的主要缺点有：计算量太大，每做一次迭代，都需要计算一次海赛矩阵的逆，n较大时，计算量急剧膨胀；具有局部收敛性。

(二) 牛顿法举例

［例 5-2］　试用牛顿法求 $f(X)=2(x_1+x_2)^2+2(x_1^2+x_2^2)$ 的极小值，给定初始点 $X^{(0)}=(5,\ 2)^T$。

解　$\nabla f(X)=[4(x_1+x_2)+4x_1,\ 4(x_1+x_2)+4x_2]^T$，$\nabla^2 f(X)=\begin{pmatrix}8 & 4\\4 & 8\end{pmatrix}$是正定矩阵。

在初始点$X^{(0)}=(5,2)^T$处，$\nabla f(X^{(0)})=(48,\ 36)^T$，$(\nabla^2 f(X^{(0)}))^{-1}=\begin{pmatrix}\frac{1}{6} & -\frac{1}{12}\\-\frac{1}{12} & \frac{1}{6}\end{pmatrix}$

$$X^{(1)}=X^{(0)}-(\nabla^2 f(X^{(0)}))^{-1}\nabla f(X^{(0)})=(0,0)^T$$

即 $f(X^{(1)})=(0,\ 0)^T$，故$X^{(1)}=(0,\ 0)^T$为 $f(X)$的极小点，极小值是 0。

□ 案例分析

学完本节的内容，我们来分析开篇案例。

由于生产一个标准包的成本是 70 美元，因此生产和销售 S 个标准包的利润是P_SS-70S。假定标准包的需求 $S=2\ 250-15P_S$，则可计算得到标准包的利润为$P_SS-70S=80S-\frac{1}{15}S^2$。

由于生产一个豪华包的成本是 150 美元，因此生产和销售 D 个豪华包的利润是$P_DD-150D$。假定豪华包的需求 $D=1\ 500-5P_D$，同理可得豪华包的利润为$P_DD-150D=150D-\frac{1}{5}D^2$。

因此，总利润$=80S-\frac{1}{15}S^2+150D-\frac{1}{5}D^2$。

此规划问题的数学模型为：

$$\max f(X)=80S-\frac{1}{15}S^2+150D-\frac{1}{5}D^2$$

$$\text{s. t. } S,D\geqslant 0$$

求解该无约束优化问题后可知，使利润函数达到最大的最优解是：$S=600$ 和 $D=375$。

第 3 节　约束最优化问题的解法

在解决实际管理问题的过程中，绝大多数的最优化问题都要受到某些条件的限制，这种限制是通过约束条件来实现的。求解带有约束的最优化问题比无约束最优化问题困难得多。

有约束非线性规划的求解算法大部分是由为解无约束问题设计的算法发展而来的。从发展的不同途径看，可以分为两大类：一类是把有约束问题化为无约束问题，再用无约束问题的方法去解；另一类是改进无约束问题的方法，使之能用于有约束的情况。

一、库恩-塔克条件

库恩-塔克（Kuhn-Tucker）条件是非线性规划领域最重要的理论成果之一，是确定某点为最优点的必要条件。只要是最优点（而且该点起约束作用的梯度线性无关，满足此要求的点称为正则点），就必须满足这个条件，但一般说来，它并不是充分条件，因而满足这个条件的点不一定是最优点。当非线性规划是凸规划时，库恩-塔克条件既是最优点存在的必要条件，也是最优解的一个充分条件。

考虑非线性规划问题

$$\begin{cases}\min f(X), \quad X\in E^n \\ g_j(X)\geqslant 0, \quad j=1,2,\cdots,m\end{cases}$$

设X^*是非线性规划的可行解，f，g在X^*可微，再假设$\nabla g_j(X^*)$（$j=1$，2，…，m）线性无关。如果X^*是局部最优解，则存在u_j（$j=1$，2，…，m）使得

$$\begin{cases}\nabla f(X^*)-\sum_{j=1}^{m}u_j\nabla g_j(X^*)=0 \\ u_j\nabla g_j(X^*)=0, \quad j=1,2,\cdots,m \\ u_j\geqslant 0, \quad j=1,2,\cdots,m\end{cases}$$

通常称上式为库恩-塔克条件。

定理3 设X^*是非线性规划问题的可行解，f，g_j（$j=1$，2，…，m）是凸函数，且在X^*可微，X^*满足库恩-塔克条件，则X^*是非线性规划问题的最优解。

考虑 $\min\ 2x_1+x_2+x_3$

$x_1\geqslant x_3^2$

$x_2\geqslant x_3^2$

易知相应的库恩-塔克条件为：

$$\begin{cases}\begin{pmatrix}2\\1\\1\end{pmatrix}^{\mathrm T}-u_1\begin{pmatrix}1\\0\\-2x_3\end{pmatrix}^{\mathrm T}-u_2\begin{pmatrix}0\\1\\-2x_3\end{pmatrix}^{\mathrm T}=0 \\ u_1,u_2\geqslant 0 \\ u_1(x_1-x_3^2)=0 \\ u_2(x_2-x_3^2)=0\end{cases}$$

解得：$u_1=2$；$u_2=1$；$x_1=\frac{1}{36}$；$x_2=\frac{1}{36}$；$x_3=\frac{1}{6}$。

故非线性规划问题最优解为 $X=\left(\frac{1}{36},\ \frac{1}{36},\ \frac{1}{6}\right)^{\mathrm{T}}$。

二、罚函数法

带有约束的最优化问题受到某些条件的限制，能否将这种非线性规划问题的求解转换为求解一系列无约束优化问题呢？通过无约束极小化技术来解决含等式与不等式约束非线性规划的方法称为序列无约束极小化技术，其核心思路就是利用目标函数和约束函数来构造新的目标函数，从而把约束问题转化为一系列无约束的极值问题。常用的方法有两类：一类是罚函数法（penalty function method），又称外点法；另一类是障碍函数法（又称内点法）。目前一般非线性求解更多运用罚函数法，因此本节重点介绍此种方法。

（一）罚函数法原理

从适用性来说罚函数法是一种求解非线性规则的“万能”方法，适用于凸规划与非凸规划、线性与非线性约束，其突出的优点是冲破了通常必须在可行域内进行搜索的束缚。通过构造一个由目标函数和约束函数组成的函数，对违反约束的点在目标函数中加入相应的惩罚，而对可行点则不予惩罚。迭代点通常在可行域外部移动，随着迭代的进行，惩罚也不断加大，迫使迭代点成为可行点，进而再寻求最优点。

考虑约束优化问题

$$\begin{aligned}&\min f(X)\\&\text{s.t. } X\in R,\quad R=\{X\,|\,g_j(X)\geqslant 0\quad j=1,2,\cdots,m\}\end{aligned}\tag{6}$$

仿照拉格朗日乘子法，将目标函数 $f(X)$ 与约束函数 $g_j(X)\geqslant 0$（$j=1,2,\cdots,m$）结合在一起，构成一个新的函数，从而实现带有约束的规划问题向一系列无约束极值问题的转化。为此，引入广义函数：

$$\varphi(t)=\begin{cases}0, & t\geqslant 0\\ \infty, & t<0\end{cases}$$

取 $t=g_j(X)$，则有

$$\varphi[g_j(X)]=\begin{cases}0, & X\in R\\ \infty, & X\notin R\end{cases}\qquad j=1,2,\cdots,m$$

于是，函数的两种状态刻画了点 X 在可行域内或是在可行域外的两种情况。

再做辅助函数

$$P(X)=f(X)+\sum_{j=1}^{m}\varphi[g_j(X)]$$

考察无约束极值问题

$$\min P(X)$$
$$\text{s.t. } X \in E^n \tag{7}$$

设式（7）的最优解为X^*，因 $\varphi[g_j(X)]$ 只取 0 与∞两值，故唯有取 0 才能使 $\min P(X)$ 有意义，从而有 $\varphi[g_j(X)]=0$（$j=1, 2, \cdots, m$）。同时，可推知 $\min P(X)=\min f(X)=f(X^*)$及$X^*\in R$。于是，转化的目的达到并获得约束优化问题式（6）的最优解。

但是，由于广义函数无连续可微等良好性质，不便做数学处理。为此，可将 $\varphi(t)$ 改善为经典函数并基本保持转化的功能，可取

$$\varphi(t)=\begin{cases}0, & t\geqslant 0\\ t^2, & t<0\end{cases}$$

不难证明，$\varphi(t)$一阶连续可微，有

$$\varphi'(t)=\begin{cases}0, & t\geqslant 0\\ 2t, & t<0\end{cases}$$

取 $t=g_j(X)$，则有

$$\varphi[g_j(X)]=\begin{cases}0, & X\in R\\ {g_j}^2(X), & X\notin R\end{cases}$$
$$=[\min(0,g_j(X))]^2,\quad j=1,2,\cdots,m$$

当 $X\in R$ 有

$$\sum_{j=1}^{m}\varphi[g_j(X)]=0$$

当 $X\notin R$，有

$$0<\sum_{j=1}^{m}\varphi[g_j(X)]<\infty$$

相应地，修正辅助函数 $P(X)$。为此，取一个充分大的数 $M>0$，令

$$P(X,M)=f(X)+M\sum_{j=1}^{m}[\min(0,g_j(X))]^2$$

从而可使 $\min P(X, M)$ 的解 $X(M)$ 为原约束优化问题式（6）的极小解或近似极小解。若求得的 $X(M)\in R$，则它必是原约束优化问题式（6）的极小解。事实上，对于所有 $X\in R$：

$$f(X)+M\sum_{j=1}^{m}[\min(0,g_j(X))]^2=P(X,M)\geqslant P(X(M),M)=f(X(M))$$

即当 $X\in R$ 时，有 $f(X)\geqslant f(X(M))$。

函数 $P(X, M)$ 称为（惩）罚函数，M 为（惩）罚因子：

$$M\sum_{j=1}^{m}[\min(0,g_j(X))]^2$$

为惩罚项。

随着 M 的逐渐增大，惩罚函数中的惩罚项所起的作用随之增大，$\min P(X, M)$ 的解 $X(M)$ 与约束集 R 的“距离”就越来越近。当 $0<M_1<M_2<\cdots<M_k<\cdots$ 趋于无穷大时，点列 $\{X(M_k)\}$ 就从可行域 R 的外部趋于原约束最优化问题式（6）的极小点。（此处假设点列 $\{X(M_k)\}$ 收敛。）

罚函数法的管理学意义如下：

若把目标函数 $f(X)$ 看作企业生产的成本，把约束条件 $g_j(X)\geqslant 0$ 视为技术规范约束，带约束的非线性规划问题式（6）为在满足技术规范要求的条件下使成本最小的问题。对违反技术规范要求制定了“罚款”政策，若符合技术规范要求（$X\in R$），则罚款为 0；若违反规定（$X\notin R$），则罚款巨大，为 $M\sum_{j=1}^{m}[\min(0,g_j(X))]^2$。于是，自然得到总代价是成本和罚款的总和。约束最优化问题的目标是总代价最小，这就是上述的无约束问题。当罚因子充分大时，违反规定的罚款是难以承担的，从而永远达不到总代价最小的目标，这就迫使人们必须在满足技术规范的条件下生产，即想方设法去掉罚款项，一旦获得使代价最小的解，此解当然符合技术规范，也就成为问题式（6）的解并且也是其最优解。

（二）罚函数法计算步骤

罚函数法计算步骤如下：

（1）取 $M_1>0$（比如可取 $M_1=1$），允许误差 $\varepsilon>0$，令 $k=0$。

（2）求无约束极值问题

$$\min P(X,M_k)=P(X^{(k)},M_k)$$

$$P(X,M_k)=f(X)+M_k\sum_{j=1}^{m}[\min(0,g_j(X))]^2$$

（3）当有某一 j（$1\leqslant j\leqslant m$），使得 $g_j(X^{(k)})\geqslant\varepsilon$，则取 $M_{k+1}>M_k$（可取 $M_{k+1}=cM_k$，$c=5$ 或 10）。

令 $k=k+1$，转（2）。否则，停止迭代，取 $X^{(k)}=X^*$。

［例 5-3］　某企业生产甲、乙两种产品，一定期限内产量分别为 x_1 和 x_2，产量受技术规范要求的条件如下：

$$x_2-1\geqslant 0$$

已知甲产品的成本为 $(x_1-2)^2$，乙产品的成本为 x_2^2。应如何安排生产，使其成本为最小？

解　由题意可知此规划问题的数学模型为：

$$\min f(X)=(x_1-2)^2+x_2^2$$

$$\text{s. t.}\begin{cases}x_2-1\geqslant 0\\ x_1,x_2\geqslant 0\end{cases}$$

构造罚函数 $P(X,\ M_k)=f(X)+M_k[\min(0,\ g(X))]^2$

$$=(x_1-2)^2+x_2^2+M_k[\min(0,\ x_2-1)]^2$$

$$P(X,M_k)=\begin{cases}(x_1-2)^2+x_2^2, & x_2\geqslant 1\\ (x_1-2)^2+x_2^2+M_k(x_2-1)^2, & x_2<1\end{cases}$$

本题可以用解析法求罚函数的无约束极小点。

因为 $\dfrac{\partial P}{\partial x_1}=2\ (x_1-2)$，$\dfrac{\partial P}{\partial x_2}=\begin{cases}2x_2, & x_2\geqslant 1\\ 2x_2+2M_k\ (x_2-1), & x_2<1\end{cases}$

令 $\quad \dfrac{\partial P}{\partial x_1}=\dfrac{\partial P}{\partial x_2}=0$

即 $\quad 2(x_1-2)=0$

$$\begin{cases}2x_2=0, & x_2\geqslant 1(\text{舍去})\\ 2x_2+2M_k(x_2-1)=0, & x_2<1\end{cases}$$

故 $X=\left(2,\ \dfrac{M_k}{1+M_k}\right)^{\mathrm{T}}$，$M_k$ 取值从 $1\rightarrow\infty$ 逐渐增加时，罚函数的一系列无约束极小点是从可行域外部趋向 X^* 的。$X^*=(2,\ 1)^{\mathrm{T}}$，$f(X^*)=1$。

□ 案例分析

学完本节的内容，我们再来分析开篇案例：在上节中没有考虑生产过程的技术要求，这在实际生产过程中是不现实的。接下来我们考虑各个部门生产时间的限制，这时该规划问题的数学模型为：

$$\max f(S,D)=80S-\frac{1}{15}S^2+150D-\frac{1}{5}D^2$$

$$\text{s. t.}\begin{cases}\dfrac{7}{10}S+D\leqslant 630\\ \dfrac{1}{2}S+\dfrac{5}{6}D\leqslant 600\\ S+\dfrac{2}{3}D\leqslant 708\\ \dfrac{1}{10}S+\dfrac{1}{4}D\leqslant 135\\ S,D\geqslant 0\end{cases}$$

求解该约束优化问题后可知，使利润函数达到最大的最优解是：$S=459$，

$D=308$。

□ 复习思考题

1. 试用梯度法求函数 $f(X)=-(x_1-2)^2-2x_2^2$ 的极大点。先以 $X^{(0)}=(0,\ 0)^T$ 为初始点进行计算，求出极大点；再以 $X^{(0)}=(0,\ 1)^T$ 为初始点进行两次迭代。最后比较从上述两个不同初始点出发的寻优过程。

2. 试以 $X^{(0)}=(0,\ 0)^T$ 为初始点，运用牛顿法求解无约束极值问题

$$\min f(X)=2x_1^2+x_2^2+2x_1x_2+x_1-x_2$$

3. 试用库恩-塔克条件求解问题

$$\min f(X)=(x-4)^2$$
$$\text{s. t. } 1\leqslant x\leqslant 6$$

4. 试用罚函数法（外点法）求解

$$\min f(X)=x_1^2+x_2^2$$
$$\text{s. t. } x_2=2$$

并写出当罚因子 $M=1$ 和 $M=10$ 时的近似解。

5. 某公司有两个生产棒球手套的工厂。由于设备类型、生产能力等原因，两个工厂的生产成本不同。工厂 1 的周生产成本是产量的函数：

$$\text{TCD}(x)=x^2-x+5$$

其中，x 是以千为单位的周生产量，TCD(x) 是以千元为单位的成本。工厂 2 的周生产成本由下式给出：

$$\text{TCD}(y)=y^2+2y+3$$

其中，y 是以千为单位的周生产量，TCD(y) 是以千元为单位的成本。该公司想以最低成本每周生产 8 000 双手套。请建立数学模型，确定每周每个工厂生产手套的最优数量。

第 6 章 动态规划

Chapter 6

学习要点

- 理解多阶段决策问题的基本特征和阶段划分
- 区分阶段变量、状态变量、决策变量等概念
- 理解过程决策、状态方程、指标函数的表述
- 理解动态规划的最优性原理和状态无后效性
- 了解动态规划逆序求解思路和递推求解方法

引导案例

在工业和交通运输企业中，经常碰到设备陈旧或部分损坏需要更新的问题。一种设备用多少年后进行更新比较恰当？例如某一物流企业购进一批卡车进行运输业务活动，每年年初可对卡车资产作出更新决策，可以继续使用旧卡车，也可以出售部分旧卡车并购买新卡车。新卡车运输收入高，维修费用少；而旧卡车的维修费用随着时间的推移而增长。同时，卡车越旧越不值钱，变卖后所得的收入变少。如果该运输企业要做一个 5 年的卡车更新计划，每年采取何种策略，可使得 5 年的总收益最大？

如果你是该物流企业的运输部门主管，在掌握不同车龄的卡车的运营收入、维修费用、残值等详细数据的基础上，你会怎样分析这个问题？卡车资产报告如何写才能获得企业经理的认可和批准？

动态规划（dynamic programming）是解决多阶段决策过程最优化问题的一种方法，由美国数学家贝尔曼（Bellman）等人在 20 世纪 50 年代提出。他们针对多阶段决策问题的特点，提出了解决这类问题的最优化原理，并成功地解决了生产管理、工程技术等方面的许多实际问题，如管理中的最短路径、装载规划、库存管理、物流网络规划、资源分配、生产过程最优化、作业排序、设备更新等问题。一

些用线性规划、非线性规划处理有困难的问题，往往可以用动态规划方便地求解。

本章将介绍动态规划的基本原理和建模方法，用实例说明动态规划在管理中的应用，还提供了动态规划在物流网络规划中的应用案例。

第1节　动态规划数学模型

在经济管理决策中，有些管理决策问题可以按时间或空间顺序演变划分成相互联系的多个阶段，在每一个阶段都需要作出决策，从而确定一个过程的活动路线，使整个过程达到最好的活动效果。这类决策问题称为多阶段决策问题。每个阶段决策的选取不是任意确定的，它依赖于当前面临的状态，又影响下一阶段决策的状态发展，当各个阶段决策确定后，就组成一个决策序列。因此，多阶段决策问题的求解一般把原问题分解成相互联系的几个阶段，每个阶段即为一个子决策问题。这样原问题的求解就化为逐个求解几个简单的阶段子问题。当每一个阶段的决策子问题确定后，就组成了一个决策序列，每个阶段的决策一旦确定，整个决策过程也随之确定。此类把一个问题看作一个前后关联具有明显阶段性的决策过程就称为多阶段决策问题（见图6-1）。

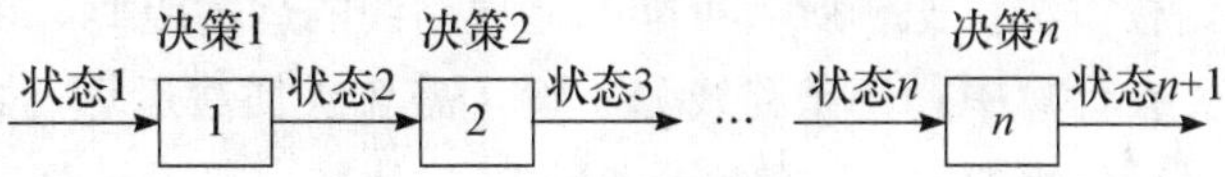

图6-1　多阶段决策图

多阶段决策问题的求解一般可以按时间或空间顺序划分为一系列单阶段问题。决策依赖于当前的状态，又随即影响未来的状态转移，一个决策序列就是在变化的状态中产生的，同时，每一个阶段都有若干个决策可供选择，然后从可行方案中选择最优或满意的方案的过程也具有一定的动态含义，所以把这种方法称为动态规划法。此外，一些与时间原本没有关系的静态规划（如线性规划、非线性规划等）问题，只要人为地引入时间因素，也可把它看作多阶段决策问题，即可用动态规划方法去处理。动态规划方法在企业管理中有许多重要的运用，例如企业生产物流可以按物流环节划分为物料供应、生产制造、分销零售等阶段，物流运输和配送中的最短路径问题，均可以按空间顺序划分阶段。

一、动态规划的基本概念

在介绍动态规划的基本概念之前，让我们先看一个关于路径选择的问题，根据这个题目可以梳理动态规划的若干技术术语。

[例6-1]　供应商S_1要运输一批货物到S_T公司，两公司中间有一个如图6-2所示的运输网络，路线中间的结点表示要经过的港口和城市，路线上的数字表示两地间的距离，试求一条运输路径，使所走距离最短。

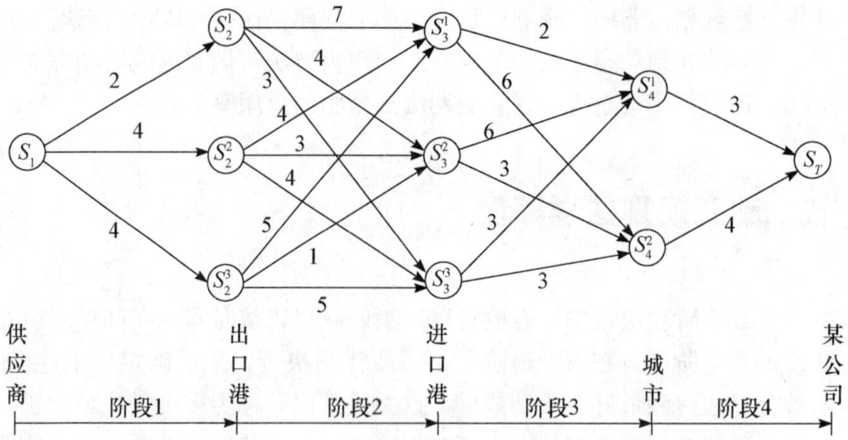

图6-2 多阶段运输问题

解 这是一个多阶段决策问题，按照空间顺序可分为4个阶段。第一阶段为从供应商到出口港；第二阶段为从出口港到进口港；第三阶段为从进口港到城市；第四阶段为从城市到某公司。每个阶段选取的路线不同（即决策不同），相应地从 S_1 到 S_T 就有一系列不同的运输路线。从始点 S_1 到终点 S_T 共有18条（$3\times3\times2\times1$）不同路线。现在的问题是如何选择一条距离最短的路线。

若是用枚举法，比较所有可能的运输路线的运输距离，可从中选出一条路程最短的路线。在计算中，每条路线分4段，需3次加法运算，18条路线共需54次加法运算，最后还需要对18条路线进行17次比较，可见计算工作量很大。特别是路线复杂、阶段增多时，计算量将增加很快，甚至变得不堪计算，显然枚举法在求解此类问题时不可取。

由于本题规模小，经过枚举计算，得到最短路径为：$S_1\to S_2^1\to S_3^3\to S_4^1\to S_T$，该最短路径的长度为11。按这一计划线路运输，就可使运输的路径最短。

（一）阶段变量

处理多阶段决策问题，需将问题的全过程划为若干阶段（stage），以便于求解。每个阶段进行一次抉择，各阶段按一定顺序连接在一起组成统一的整体。过程不同，阶段数就可能不同。描述阶段的变量称为阶段变量，用 k 表示。

阶段编号可以是顺序编号，令初始阶段为1，以后逐渐增大；也可以是逆序编号，令最后一个阶段为1，由后向前逐渐增大。本书采用顺序编号。对于例6-1，可以把其划分为4个阶段，而且每一阶段都要作一次决策，选择下一站应走的港口或城市。

（二）状态变量

状态（state）表示过程发展中某阶段的起始状况。过程的发展可以通过各阶段状态的演变来描述。状态反映前面各阶段决策的结果，又是本阶段决策的起点。状态可用一个或一组数来描述，称为状态变量，用 S_k 表示。S_k 表示第 k 阶段的所有状态。

状态变量的选取因具体问题而异，但必须始终注意，选取的状态变量必须满足无后效性。即若某阶段的状态给定，则过程未来发展不受该阶段以前各阶段状态的影响。所有各阶段都确定时，整个过程也就确定了。状态的这个性质意味着过程的历史只能通过当前的状态去影响它未来的发展。

例 6-1 中由 S_1 出发应当走出口港 S_2^1，但是如果由于天气原因或不可抗力导致 S_2^1 出口港停止运营，而管理部门调整计划决定走出口港 S_2^2。这样我们把 S_2^2 看作状态，即 S_2^2 只对未来发展有影响，而对已经走过的路线没有影响，称其为状态满足无后效性。

一个阶段可能有若干状态，用 S_k 表示在第 k 阶段的状态集合，$s_k(i)$ 表示第 k 阶段的第 i 个状态。于是第 k 个阶段的状态集合可表示为：

$$S_k=\{s_k(1),s_k(2),\cdots,s_k(i),\cdots,s_k(n)\}$$

例 6-1 中，第一阶段只有一个状态 S_1，第二阶段有三个状态 S_2^1，S_2^2，S_2^3，显然第二阶段的状态集合为 $S_2=\{s_2(1),s_2(2),s_2(3)\}=\{S_2^1,S_2^2,S_2^3\}$。

(三) 决策变量

从上一阶段某状态演变到下一个阶段某状态要作一次选择，称为决策（decision)。决策可用一个变量来描述，称为决策变量。决策变量的取值决定着过程在下一阶段处于哪个状态。通常决策变量的取值被限制在某一范围内，此范围称为允许决策集合。因状态满足无后效性，故在每个阶段选择决策时只需考虑当前状态。

用 $x_k(S_k)$ 表示第 k 阶段状态为 S_k 时的决策变量，$D_k(S_k)$ 表示相应的允许决策集合。显然有 $x_k(S_k)\in D_k(S_k)$。

在例 6-1 中，从第一阶段 S_1 出发，可到第二阶段的 S_2^1，S_2^2，S_2^3，则允许决策集合为 $D_1(S_1)=\{S_2^1,\ S_2^2,\ S_2^3\}$。从 S_1 出发，若下阶段选取的点为 S_2^1，这一决策用 $x_1(S_1)=S_2^1$ 表示。

(四) 过程策略

在多阶段决策过程中，从初始状态开始到最终阶段结束，每一阶段均有一个决策。多阶段的决策所组成的一个决策序列称为一个策略（policy)。

从第一阶段开始每个阶段决策依序组合成一个全过程的决策序列，称为全过程策略。含 n 个阶段的决策过程的全过程策略可写为：

$$P_{1,n}=\{x_1(S_1),x_2(S_2),\cdots,x_n(S_n)\}$$

在例 6-1 中选取一条从始点到终点的路线就是一个全过程策略。例如，$S_1\to S_2^1\to S_3^1\to S_4^1\to S_T$ 就是其中的一个全过程策略，而例 6-1 中总共有 18 个全过程策略。

从过程的某个阶段开始到最终阶段结束称为后部子过程，对应的决策序列称为后部子策略。从第 k 阶段开始的后部子策略可写为：

$$P_{k,n}(S_k)=\{x_k(S_k),x_{k+1}(S_{k+1}),\cdots,x_n(S_n)\}$$

每一个阶段有若干状态，从每一个状态出发可能有若干个不同的决策。因此在决策过程中每一个状态含有许多策略可供选择。这些策略全体构成允许策略集合，记为 $P_{k,n}(S_k)$。其中能使预期状态目标达到最优效果的策略称为最优策略 $P_{k,n}^*(S_k)$，简记为 $P_{k,n}^*(S_k)=\{x_k^*,\ x_{k+1}^*,\ \cdots,\ x_n^*\}$。构成最优策略的各阶段决策称为相应阶段的最优决策，记为 x_k^*。例 6-1 中，路线 $S_1 \to S_2^1 \to S_3^3 \to S_4^1 \to S_T$ 就是全过程最优策略。路线 $S_3^3 \to S_4^1 \to S_T$ 就是状态 S_3^3 的最优策略。

（五）状态方程

若对状态 S_k 进行决策之后得到的结果是 S_{k+1}，则状态方程记为：

$$S_{k+1}=T(S_k,x_k(S_k))$$

或可写为：

$$s_{k+1}(i)=T(s_k(i),x_k(s_k(i)))$$

S_{k+1} 称为本阶段状态变量 S_k 的下一阶段状态，是 S_k 和决策变量 $x_k(S_k)$ 的函数，简写为 $S_{k+1}=T(S_k,\ x_k)$。这种从某状态出发到下一阶段某状态的转移规律称为状态转移方程或状态转移规律。

（六）指标函数

1. 阶段指标函数

每一阶段决策效果的优劣可以用一个数量指标来衡量，称为阶段指标，用 v_k 表示。阶段指标是对应某一阶段状态和从该状态出发的一个阶段的决策的某种效益度量，因此阶段指标是特定状态和相应决策的函数，即 $v_k=v_k(s_k(i),\ x_k(s_k(i)))$。由例 6-1 可知，对于阶段中的不同状态，采取不同的决策，其运输费用也不同，这里阶段指标就是指第 k 阶段从状态 $s_k(i)$ 做出决策 $x_k(s_k(i))$ 的运输成本，也就是从第 k 阶段的 i 结点到第 $k+1$ 阶段某个结点的运输成本。

2. 过程指标函数

从第 k 阶段的状态 S_k 出发到最后阶段结束，各阶段效益综合起来反映这个后部子过程的效益，称为过程指标函数，记为 $V_{k,n}$。显然指标函数是用来衡量所实现过程优劣的一种数量指标，$V_{k,n}$ 的大小取决于从第 k 阶段到最后阶段所采取的子策略。即

$$V_{k,n}=V_{k,n}(S_k,x_k,S_{k+1},x_{k+1},\cdots,S_n,x_n)$$

根据实际问题的性质，指标函数 $V_{k,n}$ 可以是各阶段指标的和或积，以及其他函数形式。例 6-1 中 $V_{k,n}$ 是第 k 阶段之后的各个阶段运输费用之和。对于管理决策的指标函数主要针对和式展开。

3. 最优指标函数

从状态 S_k 出发，选取最优策略后得到的指标函数值称为最优指标函数值。记为：

$$f_k(S_k)=\text{opt}\{V_{k,n}\}$$

式中，opt 表示最优化，根据数量指标的具体含义可以取 max 或 min。

二、动态规划的求解思路

（一）最优原理

动态规划最优原理是美国运筹学家贝尔曼提出的。最优原理的提出为多阶段决策问题的最优化奠定了基础，他是这样表述的："作为整个过程的最优策略具有这样的性质，即无论过去的状态和决策如何，对前面的决策所形成的当前状态而言，余下的诸决策必须构成最优策略。"

例 6－1 中由 S_1 出发应当走出口港 S_2^1，但是如果由于天气原因或不可抗力导致 S_2^1 出口港停止运营，那管理部门就得重新选择最短路径。重新计算最短路径非常麻烦，而且计划也总是跟不上变化，如果每次变化都要重新计算，这对管理的及时性是非常大的挑战。但在例 6－1 中我们发现，不管怎么走，一旦走到某一出口港或进口港或中转城市，那由这个出发地走，向后必须走出最佳路线。如果能得到每一结点向后的所有最佳路线，就能及时应对突发事件。例如，一旦由于不可抗力走到出口港 S_2^2，那么由出口港 S_2^2 出发必须走出最短路径，即 $S_2^2 \rightarrow S_3^1 \rightarrow S_4^1 \rightarrow S_T$。

（二）逆序算法

动态规划最优原理导出了它的解题思路，即将决策问题划分为若干个阶段，将全过程的优化问题分解为子过程的优化问题；逆着阶段顺序的方向，由后向前逐步倒推；各阶段求解都是在后部子过程最优策略基础上，再考虑本阶段的指标函数，求出本阶段的最优策略；由后向前推算直到第一阶段为止，最优化的子过程逐渐成为最优化的全过程。

例 6－1 中采取逆序的办法，先求出第四阶段每个状态的最优，再后推到第三阶段每个状态的最优，直到后推出第一阶段的每个状态的最优就可找出整条线路的最优，这就是动态规划方法的基本思路。

不言而喻，作为全过程的最优策略 $P_{1,n}^*$ 的组成部分的任一子策略 $P_{k,n}^*(S_k)$，也一定是从状态 S_k 出发直至终点的最优策略（见图 6－3）。

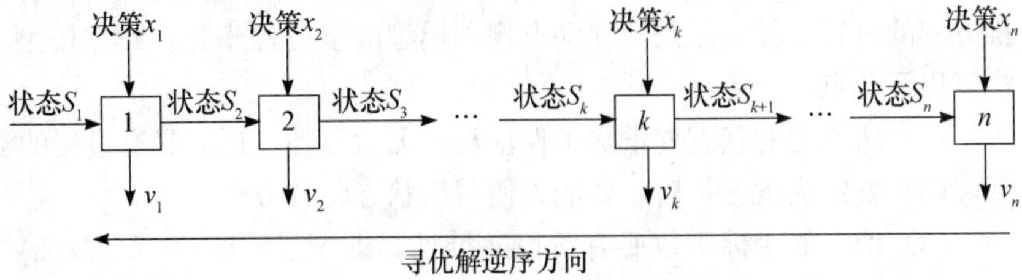

图 6－3　动态规划逆序算法示意图

（三）递推方程

依据最优原理，产生了动态规划的基本方程。

在多阶段决策过程中，本阶段状态随上阶段所取决策而变化。状态转移规律由 $S_{k+1}=T(S_k, x_k(S_k))$ 给出。随状态转移而完成的过程（或后部子过程）的效果优劣由指标函数描述。根据最优原理，把本阶段的阶段指标加上（或乘以）从下一阶段开始到过程结束采取最优策略取得的最优指标函数值，然后从所有的组合中选出最优的，便是本阶段从特定状态出发到全过程结束的最优指标函数值。

1. 加法合成

若 $V_{k,n}=\sum_{i=k}^{n}V_i(S_i,x_i)$，即过程指标等于各阶段指标之和时，则有

$$f_k(S_k)=\underset{x_k\in D_k(S_k)}{\text{opt}}\{v_k(S_k,x_k)+f_{k+1}(S_{k+1})\},\quad k=1,2,\cdots,n$$

边界条件 $f_{n+1}(S_{n+1})=0$。

2. 乘法合成

若 $V_{k,n}=\prod_{i=k}^{n}V_i(S_i,x_i)$，即全过程指标等于各阶段指标之积时，则有

$$f_k(S_k)=\underset{x_k\in D_k(S_k)}{\text{opt}}\{v_k(S_k,x_k)f_{k+1}(S_{k+1})\},\quad k=1,2,\cdots,n$$

边界条件 $f_{n+1}(S_{n+1})=1$。

上述两式便是动态规划的基本递推方程，简称递推方程。式中 $f_{n+1}(S_{n+1})=0$ 和 $f_{n+1}(S_{n+1})=1$ 为边界条件，意指第 n 阶段过程结束后，第 $n+1$ 阶段不会产生任何效果。

三、动态规划的数学模型

实际上，写出了动态规划问题的基本递推方程，便基本上建立了此问题的动态规划的数学模型。

（一）动态规划建模过程

为了写出基本递推方程，首先要对问题进行阶段划分，然后确定状态变量、决策变量、允许决策集合、状态转移方程、基本递推方程及其边界条件。写出基本递推方程的过程步骤，就是建立动态规划模型的全过程步骤。建立模型过程中，还应注意以下几点：

（1）所确定的状态变量除了保证具有无后效性，还应具有过程的演变特性。

（2）确定决策变量后，要能方便写出状态转移方程。

（3）确定的指标函数要有阶段递推性，即 $V_{k,n}=V_k(S_k, x_k)+V_{k+1,n}$ 或 $V_{k,n}=V_k(S_k, x_k)V_{k+1,n}$。

（4）边界条件是指过程开始或结束时指标函数值。在逆序算法中是指 $k=n$ 时，方程中 $f_{k+1}(S_{k+1})$ 这一项。一般过程的效果指标等于各阶段指标之和或积时，分别是 $f_{n+1}(S_{n+1})=0$ 或 $f_{n+1}(S_{n+1})=1$。

（二）动态规划模型分类

状态转移演进的路径过程可能是确定性的，也可能是随机性的；决策变量取值要求可能是离散取值，也可能是连续取值。因此，可以把动态规划模型作如表 6-1 所示的分类。

表 6-1　　动态规划模型分类

决策变量	演进过程	
	确定过程	随机过程
离散取值	离散确定型	离散随机型
连续取值	连续确定型	连续随机型

状态演进过程如果是随机性的，需要借助概率论中关于期望的概念和性质，本书突出应用性，结合企业应用案例重点讨论确定性状态演进过程。

第 2 节　逆序求解递推过程

对于例 6-1 中满足多阶段决策问题的条件，在前面叙述中我们已将其划分为四个阶段，还找到满足无后效性的状态，而且很容易看出过程指标函数 $V_{k,n}$ 是加法合成关系，所以递推方程为：

$$\begin{cases} f_k(S_k)=\underset{x_k \in D_k(S_k)}{\text{opt}}\{v_k(S_k,x_k)+f_{k+1}(S_{k+1})\}, \quad k=1,2,\cdots,4 \\ f_5(S_5)=0 \end{cases}$$

下面用动态规划的逆序法进行求解。

一、逆序标号

首先，从终点开始标号，给某公司 S_T 标上（S_T，0），前一个标号是路径标识，后一个标号是路长距离，如图 6-4 所示。

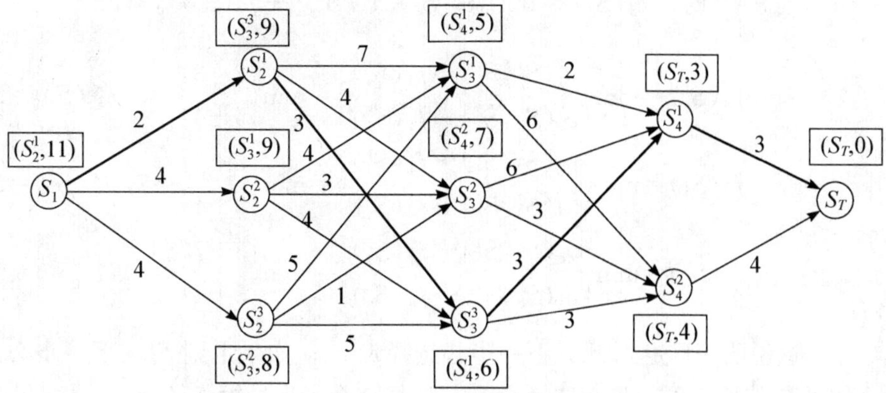

图 6-4　逆序标号寻求多阶段运输的最优路线

其次，给中转城市标号（第四阶段的状态 S_4^1，S_4^2），分别寻求各个中转城市→某公司 S_T 的最短路径和路长。显然，如果从状态 S_4^1 出发，最短路长为3；如果从状态 S_4^2 出发，最短路长为4。因此，给中转城市 S_4^1 标上（S_T，3），给 S_4^2 标上（S_T，4）。

同理，给进口港标号（第三阶段的状态 S_3^1，S_3^2，S_3^3），分别寻求进口港→中转城市→某公司 S_T 的最短路径和路长。如果从状态 S_3^1 出发，最短路长为 $\min\{2+3, 6+4\}=5$；如果从状态 S_3^2 出发，最短路长为 $\min\{6+3, 3+4\}=7$；如果从状态 S_3^3 出发，最短路长为 $\min\{3+3, 3+4\}=6$。因此，给进口港 S_3^1 标上（S_4^1，5），给 S_3^2 标上（S_4^2，7），给 S_3^3 标上（S_4^1，6）。

然后，再给出口港标号（第二阶段的状态 S_2^1，S_2^2，S_2^3），分别寻求出口港→进口港→中转城市→某公司 S_T 的最短路径和路长。如果从状态 S_2^1 出发，最短路长为 $\min\{7+5, 4+7, 3+6\}=9$；如果从状态 S_2^2 出发，最短路长为 $\min\{4+5, 3+7, 4+6\}=9$；如果从状态 S_2^3 出发，最短路长为 $\min\{5+5, 1+7, 5+6\}=8$。因此，给进口港 S_2^1 标上（S_3^3，9），给 S_2^2 标上（S_3^1，9），给 S_2^3 标上（S_3^2，8）。

最后，给始点 S_1 标号（第一阶段的状态是已知的），分别寻求供应商 S_1→出口港→进口港→中转城市→某公司 S_T 的最短路径和路长。最短路长为 $\min\{2+9, 4+9, 4+8\}=11$，则给供应商 S_1 标上（S_2^1，11）。

顺序追踪寻求最短路径为 $S_1 \to S_2^1 \to S_3^3 \to S_4^1 \to S_T$，组成最佳策略，如图 6-4 中的粗箭线所示。在图 6-4 中不仅能看到从 S_1 到 S_T 的最短路径及其路长，而且从其他点到 S_T 的最小费用及其路径也一目了然，这有利于我们分析问题和调整实际路径。

二、递推算法

当 $k=4$ 时，$f_4(S_4)=\underset{x_4 \in D_4}{\text{opt}}\{v_4[S_4, x_4(S_4)]+f_5(S_5)\}$，有

$$f_4(S_4^1)=\min_{x_4 \in D_4}\{v_4(S_4^1,S_T)+f_5(S_5)\}=\min\{3+0\}=3, x_4^*(S_4^1)=S_T$$

$$f_4(S_4^2)=\min_{x_4 \in D_4}\{v_4(S_4^2,S_T)+f_5(S_5)\}=\min\{4+0\}=4, x_4^*(S_4^2)=S_T$$

当 $k=3$ 时，$f_3(S_3)=\underset{x_3 \in D_3}{\text{opt}}\{v_3[S_3, x_3(S_3)]+f_4(S_4)\}$，有

$$f_3(S_3^1)=\min\begin{Bmatrix} v_3(S_3^1,S_4^1)+f_4(S_4^1) \\ v_3(S_3^1,S_4^2)+f_4(S_4^2) \end{Bmatrix}=\min\begin{Bmatrix} 2+3 \\ 6+4 \end{Bmatrix}=5, x_3^*(S_3^1)=S_4^1$$

$$f_3(S_3^2)=\min\begin{Bmatrix} v_3(S_3^2,S_4^1)+f_4(S_4^1) \\ v_3(S_3^2,S_4^2)+f_4(S_4^2) \end{Bmatrix}=\min\begin{Bmatrix} 6+3 \\ 3+4 \end{Bmatrix}=7, x_3^*(S_3^2)=S_4^2$$

$$f_3(S_3^3)=\min\begin{Bmatrix} v_3(S_3^3,S_4^1)+f_4(S_4^1) \\ v_3(S_3^3,S_4^2)+f_4(S_4^2) \end{Bmatrix}=\min\begin{Bmatrix} 3+3 \\ 3+4 \end{Bmatrix}=6, x_3^*(S_3^3)=S_4^1$$

这说明一旦走到 S_3^1，下一步必选择走 S_4^1；如果走到 S_3^2，下一步必选择走 S_4^2；如果走到 S_3^3，下一步必选择走 S_4^1；这样就会走出最短路径。

当 $k=2$ 时，$f_2(S_2)=\underset{x_2 \in D_2}{\text{opt}}\{v_2[S_2, x_2(S_2)]+f_3(S_3)\}$，有

$$f_2(S_2^1)=\min\begin{Bmatrix}v_2(S_2^1,S_3^1)+f_3(S_3^1)\\v_2(S_2^1,S_3^2)+f_3(S_3^2)\\v_2(S_2^1,S_3^3)+f_3(S_3^3)\end{Bmatrix}=\min\begin{Bmatrix}7+5\\4+7\\3+6\end{Bmatrix}=9,x_2^*(S_2^1)=S_3^3$$

$$f_2(S_2^2)=\min\begin{Bmatrix}v_2(S_2^2,S_3^1)+f_3(S_3^1)\\v_2(S_2^2,S_3^2)+f_3(S_3^2)\\v_2(S_2^2,S_3^3)+f_3(S_3^3)\end{Bmatrix}=\min\begin{Bmatrix}4+5\\3+7\\4+6\end{Bmatrix}=9,x_2^*(S_2^2)=S_3^1$$

$$f_2(S_2^3)=\min\begin{Bmatrix}v_2(S_2^3,S_3^1)+f_3(S_3^1)\\v_2(S_2^3,S_3^2)+f_3(S_3^2)\\v_2(S_2^3,S_3^3)+f_3(S_3^3)\end{Bmatrix}=\min\begin{Bmatrix}5+5\\1+7\\5+6\end{Bmatrix}=8,x_2^*(S_2^3)=S_3^2$$

这说明一旦走到 S_2^1，下一步必选择走 S_3^3；如果走到 S_2^2，下一步必选择走 S_3^1；如果走到 S_2^3，下一步必选择走 S_3^2；这样才会走出最短路径。

当 $k=1$ 时，$f_1(S_1)=\underset{x_1\in D_1}{\text{opt}}\{v_1[S_1,\ x_1(S_1)]+f_2(S_2)\}$，有

$$f_1(S_1)=\min\begin{Bmatrix}v_1(S_1,S_2^1)+f_2(S_2^1)\\v_1(S_1,S_2^2)+f_2(S_2^2)\\v_1(S_1,S_2^3)+f_2(S_2^3)\end{Bmatrix}=\min\begin{Bmatrix}2+9\\4+9\\4+8\end{Bmatrix}=11,x_1^*(S_1)=S_2^1$$

由于出发点的位置是确知的，即初始状态 S_1 是确定的，从 S_1 走到 S_2^1 的路长为最短。

顺序寻找，可知决策序为：$x_1^*(S_1)=S_2^1$，$x_2^*(S_2^1)=S_3^3$，$x_3^*(S_3^3)=S_4^1$，$x_4^*(S_4^1)=S_T$，即 S_1 到 S_T 的最短路径为 $S_1\rightarrow S_2^1\rightarrow S_3^3\rightarrow S_4^1\rightarrow S_T$，这时总路长为 11。

以上计算过程是逆着阶段顺序的方向，由后向前推算，称为逆序算法。动态规划问题一般用逆序算法求解，或说寻优方向是逆序而行的。

第 3 节　动态规划应用案例

一、资源分配问题

所谓的资源分配问题就是把有限的资源（如资金、材料、设备、人力等）分配给若干使用者，而使总效益为最优的问题。

[例 6-2]　某公司有 4 台设备，准备分配给 3 个小组，各小组获得该设备后预测可创造的利润如表 6-2 所示，应如何分配设备，可使获利最大？

表 6-2　**各小组的盈利性预测**　单位：万元

小组	设备台数				
	0	1	2	3	4
G_1	0	3	5	6	7
G_2	0	4	6	7	8
G_3	0	2	5	8	9

（一）模型建立

将3个小组看作3个阶段，即阶段变量 $k=1，2，3$。

第 k 阶段初尚未被分配出去的设备是其决策的起点，则状态变量 S_k 表示第 k 阶段初可分配的设备台数，$S_k \geqslant 0$，且初始状态已知，$S_1=4$。

决策变量 x_k 表示第 k 阶段分配给小组 G_k 的设备台数，允许决策集合 $X_k(S_k)=\{0 \leqslant x_k \leqslant S_k\}$。

状态转移方程为：$S_{k+1}=S_k-x_k$。

阶段指标 $v_k(S_k，x_k)$ 表示第 k 阶段从 S_k 台设备中分配给第 k 小组 x_k 台设备的阶段效益。

最优指标函数 $f_k(S_k)$ 表示第 k 阶段初从状态 S_k 开始到最后阶段采用最优分配策略取得的最大收益，递推方程函数式为：

$$\begin{cases}\text{基本方程}: f_k(S_k)=\max\limits_{x_k \in X_k(S_k)}\{v_k(S_k,x_k)+f_{k+1}(S_{k+1})\} \\ \text{边界条件}: f_4(S_4)=0\end{cases}$$

（二）逆序求解

当 $k=3$ 时，如表6-3所示。

表6-3

S_3	$v_3(S_3，x_3)+f_4(S_4)$					$f_3(S_3)$	x_3^*
	$x_3=0$	$x_3=1$	$x_3=2$	$x_3=3$	$x_3=4$		
0	0+0	—	—	—	—	0	0
1	0+0	2+0	—	—	—	2	1
2	0+0	2+0	5+0	—	—	5	2
3	0+0	2+0	5+0	8+0	—	8	3
4	0+0	2+0	5+0	8+0	9+0	9	4

当 $k=2$ 时，如表6-4所示。

表6-4

S_2	$v_2(S_2，x_2)+f_3(S_3)$					$f_2(S_2)$	x_2^*
	$x_2=0$	$x_2=1$	$x_2=2$	$x_2=3$	$x_2=4$		
0	0+0					0	0
1	0+2	4+0				4	1
2	0+5	4+2	6+0			6	2
3	0+8	4+5	6+2	7+0		9	1
4	0+9	4+8	6+5	7+2	8+0	12	1

当 $k=1$ 时，如表6-5所示。

表6-5

S_1	$v_1(S_1，x_1)+f_2(S_2)$					$f_1(S_1)$	x_1^*
	$x_1=0$	$x_1=1$	$x_1=2$	$x_1=3$	$x_1=4$		
4	0+12	3+9	5+6	6+4	7+0	12	0，1

顺序递推，得出两种方案：方案1，G_1 小组0台，G_2 小组1台，G_3 小组3台；方案2，G_1 小组1台，G_2 小组1台，G_3 小组2台，这两种方案都能得到最高的总盈利12万元。

二、生产储存问题

在生产经营中，决策者经常要考虑合理安排生产和储存问题。由于市场需求的多样性，规模化的大市场逐步分化成细分市场，企业组织产成品的生产往往也就分期分批进行。组织每批产品的生产，都要花费一些生产准备费和储存费用。若某一时期增大生产批量则可减少生产批次，从而降低生产运营成本；若生产批量增大了，超过当期市场需求的部分必然进入库存，供未来期的消费，从而使储存费用增加。在企业产品的单位生产成本、单位储存费用、市场需求量等参数确定的情况下，决策者既要考虑每期的生产批次的规模化问题，又要尽量降低各期的储存成本；既要满足市场需求，又要使计划期总支出最少。这种统筹考量各期的生产批量、库存数量和市场需求问题就是典型的多期生产与储存决策问题。

[例6-3] 某企业与客户签订的未来4个月的交货合同如表6-6所示，该企业的生产能力为每月4千件，其仓库的最大存货能力为3千件。根据以往生产数据统计，单位生产变动成本 $c_v=5\ 000$ 元/千件，每期的生产固定运营费用 $F=4\ 000$ 元，每月仓库保管费用 $H=300$ 元/千件。

表6-6 交货合同需求表

月	1	2	3	4
订货量（千件）	2	3	2	2

企业现有存货3千件，未来4月底交货后的计划存货2千件，试问应在每月各生产多少件产品，才能既满足交货合约，又使总费用最小？

(一) 模型建立

多阶段性的月度生产决策，可以按月划分阶段，即阶段变量 $k=1, 2, 3, 4$ 分别表示这4个月。

上期未需求的产品将会进入仓库存放，供下期需求消费；下期生产与否，视期初库存数量和当期需求量而定，第 k 月的期初库存反映出其状态特征。因此，状态变量 S_k 表示第 k 月期初的产品库存量，因仓库最大存货能力为3千件，所以 S_k 取值区间为 $0\leqslant S_k\leqslant 3$。

决策变量 x_k 表示第 k 月的实际生产量，允许决策集合为 $X_k(S_k)=\{0\leqslant x_k\leqslant 4\}$。

第 k 月的订货量记为 d_k，而供给量为 S_k+x_k，则状态转移方程为 $S_{k+1}=S_k+x_k-d_k$。

阶段指标 $v_k(S_k, x_k)$ 表示第 k 月的费用。本月若不安排生产，则仅需支出存货费；若安排生产，则需支出生产成本和固定运营费，同时需支出存货费。为了将储存问题简化，忽略本月生产和需求产品的短期存货费。因此当 $x_k=0$ 时，$v_k(S_k, x_k)=$

$HS_k=300S_k$；当 $x_k>0$ 时，$v_k(S_k, x_k)=F+c_vx_k+HS_k=4\,000+5\,000x_k+300S_k$。

最优指标函数 $f_k(S_k)$ 表示第 k 阶段从期初库存 S_k 开始到最后阶段采用最优生产策略实现的最低生产和储存费用。

$$\begin{cases}\text{基本方程}: f_k(S_k)=\min\limits_{x_k\in X_k(S_k)}\{v_k(S_k,x_k)+f_{k+1}(S_{k+1})\}\\ \text{边界条件}: f_5(S_5)=0\end{cases}$$

（二）逆序求解

当 $k=4$ 时（见表 6-7），因为 4 月末交货后的计划存货为 2 千件，则 $S_5=2$；第 4 月的订单需求 $d_4=2$ 千件，则由状态转移方程 $S_5=S_4+x_4-d_4$ 知，$S_4+x_4=4$。

表 6-7

S_4	$4\,000+5\,000x_4+300S_4$				$f_4(S_4)$	x_4^*
	$x_4=1$	$x_4=2$	$x_4=3$	$x_4=4$		
0	—	—	—	24 000	24 000	4
1	—	—	19 300	—	19 300	3
2	—	14 600	—	—	14 600	2
3	9 900	—	—	—	9 900	1

当 $k=3$ 时（见表 6-8），第 3 月的订单需求 $d_3=2$ 千件，则满足需求时有 $S_3+x_3\geqslant2$；而仓库的最大存货能力为 3 千件，$0\leqslant S_4\leqslant3$，则由状态转移方程 $S_4=S_3+x_3-d_3$，有 $S_3+x_3\leqslant5$。

表 6-8

S_3	$300S_3+f_4(S_4)$	$4\,000+5\,000x_3+300S_3+f_4(S_4)$				$f_3(S_3)$	x_3^*
	$x_3=0$	$x_3=1$	$x_3=2$	$x_3=3$	$x_3=4$		
0	—	—	38 000	38 300	38 600	38 000	2
1	—	33 300	33 600	33 900	34 200	33 300	1
2	24 600	28 900	29 200	29 500	—	24 600	0
3	20 200	24 500	24 800	—	—	20 200	0

当 $k=2$ 时（见表 6-9），第 2 月的订单需求 $d_2=3$ 千件，则满足需求时有 $S_2+x_2\geqslant3$；而仓库的最大存货能力为 3 千件，$0\leqslant S_3\leqslant3$，则由状态转移方程 $S_3=S_2+x_2-d_2$，有 $S_2+x_2\leqslant6$。

表 6-9

S_2	$300S_2+f_3(S_3)$	$4\,000+5\,000x_2+300S_2+f_3(S_3)$				$f_2(S_2)$	x_2^*
	$x_2=0$	$x_2=1$	$x_2=2$	$x_2=3$	$x_2=4$		
0	—	—	—	57 000	57 300	57 000	3
1	—	—	52 300	52 600	48 900	48 900	4
2	—	47 600	47 900	44 200	44 800	44 200	3
3	38 900	43 200	39 500	40 100	—	38 900	0

当 $k=1$ 时（见表 6-10），企业现有存货 3 千件，即 $S_1=3$，第 1 月的订单需求

$d_1=2$ 千件，则不生产也能满足需求；而仓库的最大存货能力为 3 千件，则有$x_1\leqslant 2$。

表 6-10

S_1	$300S_1+f_2(S_2)$	$4\,000+5\,000x_1+300S_1+f_2(S_2)$		$f_1(S_1)$	x_1^*
	$x_1=0$	$x_1=1$	$x_1=2$		
3	49 800	54 100	53 800	49 800	0

顺序递推，得出结论：第 1 月不生产；由状态转移方程 $S_2=S_1+x_1-d_1$ 知，$S_2=1$，则第 2 月生产 4 千件；再由状态转移方程 $S_3=S_2+x_2-d_2$ 知，$S_3=2$，则第 3 月生产 0 件；再由状态转移方程 $S_4=S_3+x_3-d_3$ 知，$S_4=0$，则第 4 月生产 4 千件。

三、采购计划制定

采购计划决定将于什么时候、在哪里购买何种材料或产品，这是企业非常关注的问题。对于企业而言，采购计划涉及大量的物流和供应链活动，因此其内容的确定是影响企业运营成功与否的重要因素。采购计划衔接着供应和生产，应该以有效性为前提，收集和分析有关未来的需求信息，为企业后续生产和销售提供前提。

[例 6-4]　某公司需要在未来四周内采购一批原材料，估计在未来四周内价格会有一定波动。假设价格波动具有 50 元、60 元、70 元和 80 元四种状态，其概率分别为 0.2，0.3，0.4 和 0.1。试确定该公司的最佳采购计划，以使期望采购成本最小。

(一) 模型建立

将每一周作为一个阶段，阶段变量 $k=1$，2，3，4 分别表示这四周。

状态变量 S_k 代表第 k 周该原材料的市场价格。

决策变量 x_k 代表第 k 周是否采购，$x_k=1$ 代表第 k 周采购，$x_k=0$ 代表第 k 周决定等待。

阶段指标 v_k 代表第 k 周决定等待（即在 $x_k=0$）的情况下，以后采取采购策略时的采购价格期望值。

$$v_k=E[f_{k+1}(S_{k+1})]=0.2f_{k+1}(50)+0.3f_{k+1}(60)+0.4f_{k+1}(70)+0.1f_{k+1}(80)$$

最优指标函数：是否采购取决于目前市场价格 S_k 与等待价格期望值 v_k 的相对大小。如果前者大于后者，应决定等待；如果前者小于后者，则应决定采购，于是 $f_k(S_k)=\min\{S_k,\ v_k\}$。

边界条件：对于第 4 周，因为没有继续等待的余地，所以 $f_4(S_4)=S_4$，即 $f_4(S_4=50)=50$，$f_4(S_4=60)=60$，$f_4(S_4=70)=70$，$f_4(S_4=80)=80$。

$$x_k=\begin{cases}1, & 当\ f_k(S_k)=S_k\\ 0, & 当\ f_k(S_k)=v_k\end{cases}$$

（二）逆序求解

当 $k=4$ 时：只有一种采购选择，即 $f_4(S_4=50)=50$，$f_4(S_4=60)=60$，$f_4(S_4=70)=70$，$f_4(S_4=80)=80$。

当 $k=3$ 时，若第三周决定等待，则此后采购的价格期望值为：

$$\begin{aligned}v_3 &=0.2\times f_4(S_4=50)+0.3\times f_4(S_4=60)+0.4\times f_4(S_4=70)\\&\quad+0.1\times f_4(S_4=80)\\&=0.2\times 50+0.3\times 60+0.4\times 70+0.1\times 80=64\end{aligned}$$

于是

$$f_3(S_3)=\min\{S_3,v_3\}=\min\{S_3,64\}=\begin{cases}50, & 当 S_3=50\\ 60, & 当 S_3=60\\ 64, & 当 S_3=70\\ 64, & 当 S_3=80\end{cases}$$

即第三周的最佳决策为：

$$x_3=\begin{cases}1，当\ S_3=50，60\\ 0，当\ S_3=70，80\end{cases}$$

当 $k=2$ 时，若第二周决定等待，则此后采购的价格期望值为：

$$\begin{aligned}v_2 &=0.2\times f_3(S_3=50)+0.3\times f_3(S_3=60)+0.4\times f_3(S_3=70)\\&\quad+0.1\times f_3(S_3=80)\\&=0.2\times 50+0.3\times 60+0.4\times 64+0.1\times 64=60\end{aligned}$$

于是

$$f_2(S_2)=\min\{S_2,v_2\}=\min\{S_2,60\}=\begin{cases}50, & 当 S_2=50\\ 60, & 当 S_2=60\\ 60, & 当 S_2=70\\ 60, & 当 S_2=80\end{cases}$$

即第二周的最佳决策为：

$$x_2=\begin{cases}1，当\ S_2=50，60\\ 0，当\ S_2=70，80\end{cases}$$

当 $k=1$ 时，若第一周决定等待，则此后采购的价格期望为：

$$\begin{aligned}v_1 &=0.2\times f_2(S_2=50)+0.3\times f_2(S_2=60)+0.4\times f_2(S_2=70)\\&\quad+0.1\times f_2(S_2=80)\\&=0.2\times 50+0.3\times 60+0.4\times 60+0.1\times 60=58\end{aligned}$$

于是

$$f_1(S_1)=\min\{S_1,v_1\}=\min\{S_1,58\}=\begin{cases}50, & 当 S_1=50\\ 58, & 当 S_1=60\\ 58, & 当 S_1=70\\ 58, & 当 S_1=80\end{cases}$$

即第一周的最佳决策为：

$$x_1=\begin{cases}1, & 当 S_1=50\\ 0, & 当 S_1=60, 70, 80\end{cases}$$

由以上计算可知，最佳采购策略为：第一周只有价格为50元时才采购，否则就等待；第二、三周，只要价格不超过60元就要采购，否则继续等待；如果已经等到了第四周，那么无论什么价格都得采购，别无选择。

依照上面的最优策略进行采购时，价格的数学期望是：

$$\begin{aligned}v&=0.2\times f_1(S_1=50)+0.3\times f_1(S_1=60)+0.4\times f_1(S_1=70)\\&\quad+0.1\times f_1(S_1=80)\\&=0.2\times 50+0.3\times 58+0.4\times 58+0.1\times 58=56.4\end{aligned}$$

四、设备负荷分配

合理分配设备是生产运营中的基本任务，要求设备既能够满负荷运转，又要充分考虑到设备的生产能力、磨损与故障规律等因素，追求设备的使用与企业生产计划相协调，与设备的维护阶段相适应，以实现设备资源利用的最大化。

[例6-5] 企业拥有挖土机100台，用于挖土作业，每天可以是一个班次，也可以是两个班次。在一个班次下作业时，年收益（单位：万元）与投入挖土设备数Q的关系为$5Q$，年损坏率β为5%；在两个班次下作业时，年收益（单位：万元）与投入挖土设备数Q的关系为$10Q$，年损坏率α为30%。要求制定一个5年计划，在每年年初时应决定如何重新安排作业班次的设备分配，使得5年内产品的总收益达到最大。

(一) 模型建立

每年为一个阶段，即阶段变量$k=1, 2, 3, 4, 5$。

状态变量S_k表示第k年年初所拥有的完好机器台数，已知$S_1=100$。

决策变量x_k表示第k年投入两个班次生产的设备数，则剩余设备S_k-x_k投入一个班次的生产作业，允许决策集合为$0\leqslant x_k\leqslant S_k$。

状态转移方程为$S_{k+1}=(1-\alpha)x_k+(1-\beta)(S_k-x_k)=0.95S_k-0.25x_k$。

阶段指标$v_k(S_k, x_k)$表示第k年的收益，即$v_k(S_k, x_k)=10x_k+5(S_k-x_k)=5S_k+5x_k$。

最优指标函数$f_k(S_k)$表示从第k年S_k开始到第5年年末采用最优分配策略实现的最佳收益。

基本递推方程为：

$$\begin{aligned} f_k(S_k) &= \max_{x_k \in X_k(S_k)} \{v_k(S_k, x_k) + f_{k+1}(S_{k+1})\} \\ &= \max_{0 \leqslant x_k \leqslant S_k} \{5S_k + 5x_k + f_{k+1}(0.95S_k - 0.25x_k)\} \end{aligned}$$

边界条件 $f_6(S_6)=0$。

（二）逆序求解

当 $k=5$ 时，$f_5(S_5) = \max\limits_{0 \leqslant x_5 \leqslant S_5} \{v_5(S_5, x_5) + f_6(S_6)\} = \max\limits_{0 \leqslant x_5 \leqslant S_5} \{5S_5 + 5x_5\}$，由于 $f_5(S_5)$是关于 x_5 的单增函数，故 $x_5^* = S_5$ 时，$f_5(S_5)$ 最大，$f_5(S_5) = 10S_5$。

当 $k=4$ 时，有

$$\begin{aligned} f_4(S_4) &= \max_{0 \leqslant x_4 \leqslant S_4} \{v_4(S_4, x_4) + f_5(S_5)\} \\ &= \max_{0 \leqslant x_4 \leqslant S_4} \{5S_4 + 5x_4 + 10S_5\} \\ &= \max_{0 \leqslant x_4 \leqslant S_4} \{5S_4 + 5x_4 + 10(0.95S_4 - 0.25x_4)\} \\ &= \max_{0 \leqslant x_4 \leqslant S_4} \{14.5S_4 + 2.5x_4\} \end{aligned}$$

由于 $f_4(S_4)$ 是关于 x_4 的单增函数，故 $x_4^* = S_4$ 时，$f_4(S_4)$ 最大，$f_4(S_4) = 17S_4$。

当 $k=3$ 时，有

$$\begin{aligned} f_3(S_3) &= \max_{0 \leqslant x_3 \leqslant S_3} \{v_3(S_3, x_3) + f_4(S_4)\} \\ &= \max_{0 \leqslant x_3 \leqslant S_3} \{5S_3 + 5x_3 + 17S_4\} \\ &= \max_{0 \leqslant x_3 \leqslant S_3} \{5S_3 + 5x_3 + 17(0.95S_3 - 0.25x_3)\} \\ &= \max_{0 \leqslant x_3 \leqslant S_3} \{21.15S_3 + 0.75x_3\} \end{aligned}$$

由于 $f_3(S_3)$ 是关于 x_3 的单增函数，故 $x_3^* = S_3$ 时，$f_3(S_3)$ 最大，$f_3(S_3) = 21.9S_3$。

当 $k=2$ 时，有

$$\begin{aligned} f_2(S_2) &= \max_{0 \leqslant x_2 \leqslant S_2} \{v_2(S_2, x_2) + f_3(S_3)\} \\ &= \max_{0 \leqslant x_2 \leqslant S_2} \{5S_2 + 5x_2 + 21.9S_3\} \\ &= \max_{0 \leqslant x_2 \leqslant S_2} \{5S_2 + 5x_2 + 21.9(0.95S_2 - 0.25x_2)\} \\ &= \max_{0 \leqslant x_2 \leqslant S_2} \{25.805S_2 - 0.475x_2\} \end{aligned}$$

由于 $f_2(S_2)$ 是关于 x_2 的单减函数，故 $x_2^* = 0$ 时，$f_2(S_2)$ 最大，$f_2(S_2) = 25.805S_2$。

当 $k=1$ 时，有

$$\begin{aligned} f_1(S_1) &= \max_{0 \leqslant x_1 \leqslant S_1} \{v_1(S_1, x_1) + f_2(S_2)\} \\ &= \max_{0 \leqslant x_1 \leqslant S_1} \{5S_1 + 5x_1 + 25.805S_2\} \end{aligned}$$

$$= \max_{0 \leqslant x_1 \leqslant S_1} \{5S_1 + 5x_1 + 25.805(0.95S_1 - 0.25x_1)\}$$
$$= \max_{0 \leqslant x_1 \leqslant S_1} \{29.51475S_1 - 1.45125x_1\}$$

由于 $f_1(S_1)$ 是关于 x_1 的单减函数，故 $x_1^* = 0$ 时，$f_1(S_1)$ 最大，$f_1(S_1) = 29.51475S_1$。

最优作业安排策略是前两年将挖土机全部按一个班次进行作业，后 3 年全部把完好挖土机按两个班次进行作业。这样 5 年总收益达到最大，为 2 951.475 万元。

根据状态转移方程可以预测每年年初完好的设备数量，如下：$S_1 = 100$，由 $x_1^* = 0$，得 $S_2 = 0.95S_1 - 0.25x_1 = 95$ 台。

同理，由 $x_2^* = 0$，得 $S_3 = 0.95S_2 - 0.25x_2 = 90$ 台。

由 $x_3^* = S_3$，得 $S_4 = 0.95S_3 - 0.25x_3 = 63$ 台。

由 $x_4^* = S_4$，得 $S_5 = 0.95S_4 - 0.25x_4 = 44$ 台。

由 $x_5^* = S_5$，得 $S_6 = 0.95S_5 - 0.25x_5 = 30$ 台，即 5 年后完好设备只有 30 台。

如果要求 5 年年末完好设备不少于 70 台，则由状态转移方程可知 $0.95S_5 - 0.25x_5 \geqslant 70$，即有允许决策集合 $0 \leqslant x_5 \leqslant 3.8S_5 - 280$。当 $x_5^* = 3.8S_5 - 280$ 时，$f_5(S_5)$ 最大为 $5S_5 + 5x_5^* = 24S_5 - 1\,400$；类似地递推求解，可得最优作业安排为前 4 年将挖土机全部按一个班次进行作业，第 5 年才把完好挖土机的 35%按两个班次进行作业，65%按一个班次进行作业。

□ 案例分析

综合本章的内容，我们再来回顾一下开篇案例：如果你是运输部门主管，被要求拿出一份卡车资产使用更新报告书。运输部门主管进行市场分析，并且结合不同车龄的卡车的运营收入、维修费用、残值等制定卡车资产使用更新报告。分析的问题包括：该问题可以分为几个阶段；每个阶段有哪几个状态；每个阶段的决策变量是什么；阶段指标是什么；边界条件是什么；状态转移方程怎么设计。

现在可知，分析思路如下：第 k 年年初，卡车的车龄用t_k表示，$r_k(t_k)$ 表示车龄为t_k的车子使用一年的收入，$u_k(t_k)$ 表示车龄为 t_k 的车子使用一年的维修费用，$c_k(t_k)$表示车龄为t_k的更新成新车的费用。

(1) 阶段变量：按照时间分为 5 个阶段，$k=1, 2, \cdots, 5$，表示第 k 年的决策过程。

(2) 状态变量：t_k表示第 k 年卡车车龄。

(3) 决策变量：$x_k = \begin{cases} 1，第\ k\ 年更新 \\ 0，第\ k\ 年不更新 \end{cases}$，每年年初对卡车做出更新或继续使用的决定，可用 0-1 变量表示更新与否。

(4) 状态转移方程：$t_k = t_k(1 - x_k) + 1$。

(5) 阶段指标：$v_k = r_k(t_k(1 - x_k)) - u_k(t_k(1 - x_k)) - x_k c_k(t_k)$。

（6）指标函数：$v_k=\sum_{k}^{5}v$。

基本方程：

$$\begin{cases}f_k=\max\{v_k+f_{k+1}\}\\f_6=0\end{cases}$$

根据以上方程和实际参数，运输主管可以得出第1年至第5年的最佳更新决策策略，来使得5年内获得最大收益。

结合本章所学习的内容，我们可以知道如何界定多阶段决策问题的阶段变量，分析每个阶段的状态变量，设定决策变量，最后得到状态转移方程，从而制定最优的过程策略。动态规划方法求解多阶段决策问题可以使得决策者既能得到整个阶段最佳收益的策略，同时也能得到从其中任何一个阶段某个状态往后的最佳决策，供决策者根据现实变化情况快速做出调整。

□ 复习思考题

1. 试述生产计划、仓储运输等管理决策中的多阶段决策问题。

2. 试述动态规划逆序求解思路。

3. 某公司打算向它的3个营业区A，B，C增设6个销售店，每个营业区至少增设1个。各营业区每年增加的利润与增设的销售店个数有关，具体关系如表6－11所示。试规划各营业区应增设销售店的个数，使增设6个销售门店后公司总利润增加额最大。

表6－11 单位：万元

增设销售店个数	营业区A	营业区B	营业区C
1	100	120	150
2	160	150	165
3	190	170	175
4	200	180	190

4. 某工厂与用户签订了4个月的交货合同如表6－12所示，该厂仓库的存货能力为4万件，每万件的生产费用为20 000元，在进行生产的月份，工厂要支出固定费用6 000元，仓库的保管费每万件每月1 500元，假定开始时及4月底交货后无存货，试问应在每月各生产多少件产品，才能满足交货任务，同时使总的生产和仓储费用最小？

表6－12

月份	合同数量（万件）
1	2
2	3
3	5
4	1

5. 某公司有某种设备200台，准备5年后全部由新设备取代。该设备在高负荷下工作年损坏率为45%，年利润为12万元；如在低负荷下工作年损坏率为15%，年利润为8万元，问应如何安排这些设备的生产负荷，才能使5年内获得的利润最大?

实验：软件求解动态规划

动态规划求解的迭代过程是比较复杂的，用 LINGO 软件来求解动态规划问题可以节省大量时间，但使用前要把问题进行转化，让 LINGO 知道我们在用它做什么。

为了完成模型的转化，有必要对最短路径问题的本质进行探讨。其实最短路径问题用数学语言来表示就变成如下问题：给定 n 个点 $v_i(i=1, 2, \cdots, n)$ 组成集合 $\{v_i\}$，由集合中任一点 v_i 到另一点 v_j 的距离用 d_{ij} 表示，两点之间没有路则设 $d_{ij}=\infty$，显然 $d_{ii}=0$。指定出发点为 v_1，终点为 v_n，求从点 v_1 出发到点 v_n 的最短路径。下面对例 6-1 进行转化。

（1）描述点。

例 6-1 的图 6-2 中，城市和结点的对应关系如表 6-13 所示。

表 6-13　　图 6-2 中城市和结点的对应关系

城市	S_1	S_2^1	S_2^2	S_2^3	S_3^1	S_3^2	S_3^3	S_4^1	S_4^2	S_T
结点	v_1	v_2	v_3	v_4	v_5	v_6	v_7	v_8	v_9	v_{10}

（2）确定 n，可知 $n=10$。

（3）确定 d_{ij}，如表 6-14 所示，空白处为∞。

表 6-14　　图 6-2 中城市之间的直接距离

结点	v_1	v_2	v_3	v_4	v_5	v_6	v_7	v_8	v_9	v_{10}
v_1	0	2	4	4						
v_2		0			7	4	3			
v_3			0		4	3	4			
v_4				0	5	1	5			
v_5					0			2	6	
v_6						0		6	3	
v_7							0	3	3	
v_8								0		3
v_9									0	4
v_{10}										0

（4）递推方程。在这里，定义 $f(i)$ 是由点 v_i 出发至终点 v_n 的最短路程，则有

$$\begin{cases} f(i)=\min\limits_{j}\{d_{ij}+f(j)\}, \quad i=1,2,\cdots,n-1 \\ f(n)=0 \end{cases}$$

这是一个简单的函数递推方程，逆序求解用 LINGO 可以很方便地解决。

第一步，在 LINGO 的命令窗口中输入此动态规划的模型，程序的源代码如下：

```
data:
  n=10;              ! 定义城市的个数
enddata
sets:
  v/1..n/: f;        ! n 个城市的结构类型名为 v，包含 n 个成员
                     ! 结构变量是 f，即 f(1)，…，f(n)，其中 f(i) 表示从城市 i 到城市 n 的最短路径
  Link(v, v)/        ! Link 类型中有 n×n 个成员，分别表示两城市之间是否直接相连
    1,2  1,3  1,4       ! 表示城市 1 和城市 2，3，4 之间直接相连，下同
    2,5  2,6  2,7
    3,5  3,6  3,7
    4,5  4,6  4,7
    5,8  5,9
    6,8  6,9
    7,8  7,9
    8,10
    9,10
  /: d, P;              ! d(i, j) 表示城市 i 到城市 j 的距离，P(i, j) 表示城市 i 到城市 j 的路径
endsets
data:
  d=2  4  4
    7  4  3
    4  3  4
    5  1  5
    2  6
    6  3
    3  3
    3
    4;
enddata
  f(@SIZE (v))=0; ! 其实"@SIZE(v)"就等于 n
                  ! 计算到城市 n 的最短路径，则城市 n 到城市 n 的距离或费用是 0
  @FOR(v(i)|i#LT#@SIZE(v):
    f(i)=@MIN(Link(i,j):d(i,j)+f(j))  ! 城市 i 到城市 n 最短距离一定是与 i 相连的所有城市 j 到
                                       城市 n 的最短距离 f(j) 与城市 i 到城市 j 直接距离
                                       d(i, j)之和的最小值
  );
  @for(Link(i, j):
  P(i,j)=@if(f(i)#eq#d(i,j)+f(j),1,0)    ! 显然，如果 P(i, j)=1，则点 i 到点 n 的最短路径
                                          的第一步是 i→j，否则就不是。由此，就可方便地
                                          确定出最短路径
  );
end
```

然后，可以单击 File 菜单下的 Save，将模型保存，供以后使用。

第二步，单击 LINGO 菜单下的 Solve 菜单项，对模型进行求解。结果如表 6-15 所示。

第三步，对结果进行分析，得出结论。第一，$f(1)$，$f(2)$，…，$f(10)$ 分别显示了从点v_1，v_2，…，v_9到终点 v_{10}的最短距离，可以看出从始点到终点的最短距离为 11，与前述手工求解结果一样。第二，$d(i, j)$ 显示的是 v_i 到 v_j 的直接距离，这些值是在模型初始化时进行设定的，表 6-15 中未列出。第三，$P(i, j)$ 显示的是从点 v_i 到终点的最短路径中是否经过 v_j 的路径，如 $P(1, 2)=1.000\,000$ 表示从

表 6-15　　LINGO 求解图 6-2 城市间的最短距离

Variable	Value	Variable	Value	Variable	Value
$f(1)$	11.000 000	$P(1, 2)$	1.000 000	$P(4, 6)$	1.000 000
$f(2)$	9.000 000	$P(1, 3)$	0.000 000	$P(4, 7)$	0.000 000
$f(3)$	9.000 000	$P(1, 4)$	0.000 000	$P(5, 8)$	1.000 000
$f(4)$	8.000 000	$P(2, 5)$	0.000 000	$P(5, 9)$	0.000 000
$f(5)$	5.000 000	$P(2, 6)$	0.000 000	$P(6, 8)$	0.000 000
$f(6)$	7.000 000	$P(2, 7)$	1.000 000	$P(6, 9)$	1.000 000
$f(7)$	6.000 000	$P(3, 5)$	1.000 000	$P(7, 8)$	1.000 000
$f(8)$	3.000 000	$P(3, 6)$	0.000 000	$P(7, 9)$	0.000 000
$f(9)$	4.000 000	$P(3, 7)$	0.000 000	$P(8, 10)$	1.000 000
$f(10)$	0.000 000	$P(4, 5)$	0.000 000	$P(9, 10)$	1.000 000

点 v_1 到终点的最短路径要经过 v_2，而$P(1, 3)=P(1, 4)=0.000\,000$ 表示从点 v_1 到终点的最短路径不经过 v_3，v_4。注意这里的某点 v_i 不一定是始点。由此追踪路径可以得：

$$v_1 \to v_2 \to v_7 \to v_8 \to v_{10}$$

$$v_3 \to v_5 \to v_8 \to v_{10}$$

$$v_4 \to v_6 \to v_9 \to v_{10}$$

第7章 网络分析

Chapter 7

学习要点

- 理解图论中结点、边、链、弧、路径的概念
- 掌握最短路径的标号算法及网络选址中的应用
- 理解网络流的概念及其网络瓶颈的识别方法
- 理解最小费用流的调整与改进的思路和方法

引导案例

某公司是一家手机制造商，近期它获悉竞争对手计划将一款很有市场潜力的新款手机推向市场，而这家公司也正在研制一款类似产品，但原计划是在一年以后才投放市场。得知此消息后，公司的管理者希望加速产品的研发，缩短周期，与竞争对手一同投放市场以获取更多的市场销售份额。

现在还有四个无法并行的工作阶段没有完成，每个阶段的实施都可以从正常提高至优先或者应急，使之能够加速完成。而且，为了提高研发进度，管理层给这四个工作阶段拨款3 000万元，表7-1为各阶段不同实施水平所需的时间和需要新增的费用。

表7-1　准备新品的各阶段时间、费用明细表

水平	未完成的研发工作		工艺流程设计		制造系统设计		生产和分销	
	时间（月）	费用（万元）	时间（月）	费用（万元）	时间（月）	费用（万元）	时间（月）	费用（万元）
正常	5	300	—	—	—	—	—	—
优先	4	600	3	600	5	900	2	300
应急	2	900	2	900	3	1 200	1	600

管理层希望研发、生产和销售三个部门共同确定这四个阶段选择哪一种水平能够在3 000万元预算内让新品能够在最短的时间内推向市场。你认为可行方案有几

种？如果你是这家公司的管理者，在选择决策方案时，你认为应该考虑哪些因素？

网络的形式多种多样，遍布人们的生产活动和日常生活，如通信网络、电力网络、交通运输网络、供排水网络、生产计划的安排，等等。网络适用于自然科学、社会科学和经济科学各领域的虚拟性和抽象性研究。我们可以借助网络来描绘管理系统内各组成部分之间的关系，以增强可视化的直观性理解。网络与图的概念密不可分，且图更利于直观地描述和分析管理问题，因此用图论方法来研究管理系统，如物流网络，更加简便。随着科技的发展和计算机的广泛应用，人们借助计算机工具，将复杂的工程问题和管理问题用图描述，可以解决很多工程设计和管理决策的优化问题。图论作为认识和处理对象关系的一种高度抽象的科学工具，在工程技术和管理决策方面得到越来越广泛的应用。

第 1 节　图论的概念

18 世纪，哥尼斯堡城中有一条普雷格尔河，有 7 座桥将河中的两个小岛与河岸连接起来，如图 7 - 1（a）所示。人们提出了这样的问题：一个散步者能否从某地出发，走遍 7 座桥且每座桥恰好经过一次，最后回到原地？

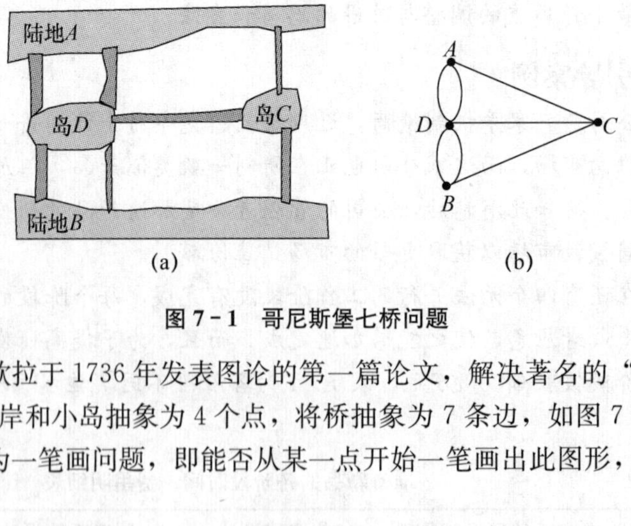

(a)　　(b)

图 7 - 1　哥尼斯堡七桥问题

数学大师欧拉于 1736 年发表图论的第一篇论文，解决著名的“哥尼斯堡七桥问题”。他将两岸和小岛抽象为 4 个点，将桥抽象为 7 条边，如图 7 - 1（b）所示，将此问题归结为一笔画问题，即能否从某一点开始一笔画出此图形，最后回到原点且不重复。

欧拉证明在这个问题中一笔画是不可能的。对于某点若只一进一出，则与此点相连的边必为偶数，而图 7 - 1（b）中每个点都与奇数条边相连，不可能将此图不重复地一笔画出，又回到原点。欧拉证明了存在这类回路的充要条件是图中无奇点，而图中每个点都与奇数条线相连，因此七桥问题无解。

一、图的内涵

图论中所说的图与一般的几何图形或代数函数图形是完全不同的。

(一) 图的定义

图论中的图，是由一些代表具体事物的“点”和表示事物之间衔接关系的“连线”所组成的“图形”。点和线的位置是任意的，线的曲直、长短也与实际无关，它所代表的只是点与点之间的相互关系。图 7－2 即用图表示了某公司在长三角区域的上海 v_1、杭州 v_2、苏州 v_3、南京 v_4 四座城市设置仓储网点之间的物流运输线路关系。

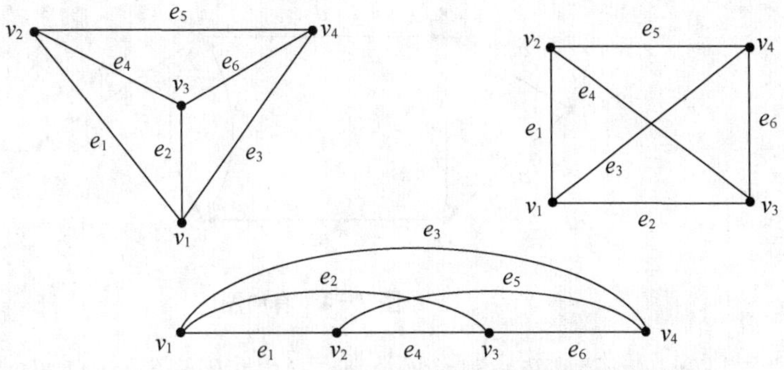

图 7－2　长三角仓储网点之间路线关系

可见，图是由表示具体事物的结点集合和表示事物之间联系的连线集合组成。图 7－2 中，结点集合 $V=\{v_1, v_2, v_3, v_4\}$，表示四座城市的仓库；连线集合 $E=\{e_1, e_2, e_3, e_4, e_5, e_6\}$，表示每两座仓库之间的运输线路。

(二) 图的分类

根据连线是否有方向性，存在两类情况：不带箭头的连线称为“边”，如公路运输线路；带箭头的连线称为“弧”，如供排水的管道运输线路。因此，图论中的图可分成无向图和有向图两类。

1. 无向图

如果一个图由点和边的集合所构成，则称为无向图，记为 $G=(V, E)$，V 是图 G 的点集合，E 是图 G 的边集合。一条连接点 v_i，$v_j \in V$ 的边记为 $[v_i, v_j]$ 或 $[v_j, v_i]$。图 7－3 是一个无向图。

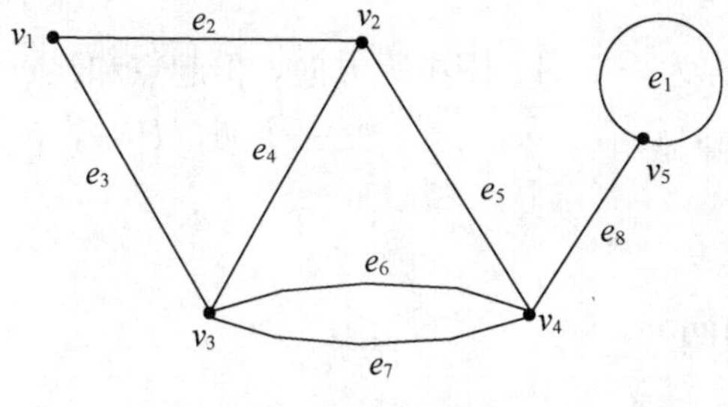

图 7－3　无向图

$V=\{v_1, v_2, v_3, v_4, v_5\}$，$E=\{e_1, e_2, e_3, e_4, e_5, e_6, e_7, e_8\}$。其中，$e_1=[v_5, v_5]$，$e_2=[v_1, v_2]$，$e_3=[v_1, v_3]$，$e_4=[v_2, v_3]$，$e_5=[v_2, v_4]$，$e_6=[v_3,$

v_4]，e_7=[v_3，v_4]，e_8=[v_4，v_5]。

图7-3中，边e_1称为环，e_6和e_7称为多重边。

2. 有向图

如果一个图由点和弧的集合所构成，则称为有向图，记为$D=(V, A)$，V是图D的点集合，A是图D的弧集合。一条从点v_i指向点v_j的弧记为（v_i，v_j）。图7-4是一个有向图。

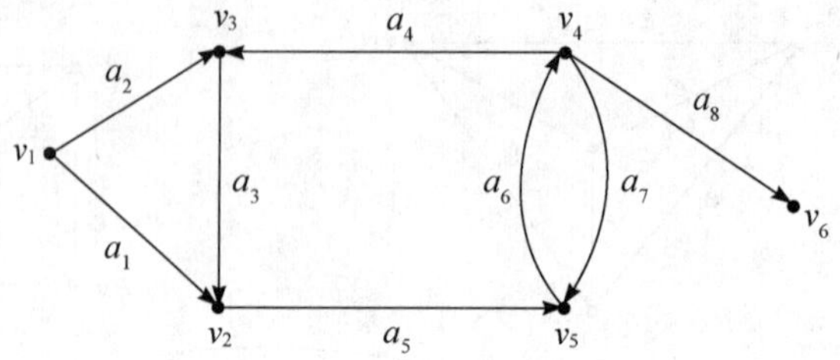

图7-4 有向图

V={v_1，v_2，v_3，v_4，v_5，v_6}，E={a_1，a_2，a_3，a_4，a_5，a_6，a_7，a_8}。其中，a_1=(v_1，v_2)，a_2=(v_1，v_3)，a_3=(v_3，v_2)，a_4=(v_4，v_3)，a_5=(v_2，v_5)，a_6=(v_5，v_4)，a_7=(v_4，v_5)，a_8=(v_4，v_6)。

二、路线类别

（一）无方向

1. 链

无向网络图中，一个前后相继点和边的交替序列称为一条链。链中不考虑线段的方向性。

图7-3中，边序列{[v_1，v_2]，[v_2，v_4]，[v_4，v_5]}是结点v_1到v_5的一条链；当然，结点v_1到v_5的链不止一条，例如边序列{[v_1，v_3]，[v_3，v_2]，[v_2，v_4]，[v_4，v_5]}是结点v_1到v_5的另一条链。

不考虑线段的方向，图7-4成为无向图，边序列{[v_1，v_2]，[v_2，v_3]，[v_3，v_4]，[v_4，v_6]}是结点v_1到v_6的一条链。当然，结点v_1到v_6的链也不止一条。

2. 圈

闭合的链称为一个圈。圈中无方向，但起点和终点是同一个结点。图7-3中，{[v_1，v_2]，[v_2，v_3]，[v_3，v_1]}是一个圈，{[v_2，v_3]，[v_3，v_4]，[v_4，v_2]}是另一个圈。

（二）有方向

1. 路径

有向网络图中，前后相继并且方向一致的点弧序列称为一条路径。图7-4中，{(v_1，v_2)，(v_2，v_5)，(v_5，v_4)，(v_4，v_6)}是结点v_1到v_6的一条路径，{(v_1，v_3)，(v_3，v_2)，(v_2，v_5)，(v_5，v_4)，(v_4，v_6)}是结点v_1到v_6的另一条路径。

2. 回路

闭合的路径称为一个回路。回路中各条边的方向是一致的，且起点和终点是同一个结点。图 7 - 4 中，$\{(v_2, v_5), (v_5, v_4), (v_4, v_3), (v_3, v_2)\}$ 就是一个回路。

第 2 节　最短路径问题

给定一个有向网络，求两点间距离最短的路径，亦即各弧权之和最小的通路，此即最短路径问题（shortest path problems）。通路中各弧权之和，称为路权，即通路的长度。本节介绍两种求解最短路径问题算法：狄克斯特拉标号算法和策略递推算法。狄克斯特拉标号算法只适用于全部弧权为正的有向网络，若有向网络中出现负权时，则该算法失效。当弧权存在负权时，就可采用策略递推算法。

一、狄克斯特拉标号算法

1959 年，狄克斯特拉（Dijkstra）提出通过标号解决最短路径问题的公认算法。狄克斯特拉标号算法假设有向网络 D 是完备图。所谓完备图是图 D 中任意两点 v_i 和 v_j 之间，恰有两条方向相反的弧（v_i，v_j）和（v_j，v_i）。若 v_i 到 v_j 不存在弧（v_i，v_j），可设想一条从 v_i 到 v_j 的弧，其权 $w_{ij}=+\infty$；若 v_i 到 v_j 有重复的弧，则保留弧权最小的弧。

（一）标号法的基本思路

从网络始点 v_s 出发，逐步向外探寻，给每个结点 v_j 进行标号。结点 v_j 的标号分永久标号 $P(v_j)$ 和临时标号 $T(v_j)$ 两种：

（1）永久标号 $P(v_j)$ 是从始点 v_s 到结点 v_j 的最短路权 $\underline{d_j}$；

（2）临时标号 $T(v_j)$ 是从始点 v_s 到结点 v_j 最短路权的上界 $\overline{d}_j$。

算法的每一步在临时标号集中选择最小者，变其临时标号为永久标号；再考察刚得到永久标号的结点，从它出发，向前探寻一步，修改其余临时标号；经过逐次变更，直到网络终点已经是永久标号为止，就可以得到从网络始点 v_s 到各点的最短路径。

算法的迭代函数公式为：

$$T(v_j)_k=\min\{T(v_j)_{k-1}, P(v_i)+w_{ij}\}$$

式中，点 v_i 的永久标号 $P(v_i)$ 是从始点 v_s 到结点 v_i 的最短路权 $\underline{d_i}$，临时标号 $T(v_j)_k$ 表示第 k 步中从 v_s 到 v_j 的可能最短路权 $\overline{d}_j$，w_{ij} 表示从 v_i 到 v_j 弧的实际路权。用图上标号简化为：

$$(\overline{d}_j)_k=\min\{(\overline{d}_j)_{k-1}, \underline{d_i}+w_{ij}\}$$

（二）标号法的具体步骤

为了便于获取最短路径，对每一结点赋予两个标号，前一标号为路标（表示路径），后一标号为路权（表示路长），结点 v_j 的路权记为 d_j。

（1）给网络始点 v_s 标上永久标号 $\underline{(v_s,\ 0)}$，给从网络始点 v_s 出发的各弧（一步可达）的结点 v_j 标上临时标号 $(v_s,\ d_j)$，其中 $d_j=w_{sj}$。

（2）在所有临时标号中选择路权最小者，设 $d_i=\min\{d_j\}$，则将结点 v_i 的临时标号变为永久标号 $\underline{d_i}$，在标号下画横线。

（3）接着考察刚刚获得永久标号的结点 v_i，修改从结点 v_i 出发的各弧箭头点 v_j 的临时标号。利用算法迭代函数式 $(d_j)_k=\min\{(d_j)_{k-1},\ \underline{d_i}+w_{ij}\}$ 计算结点 v_i 到临时标号点 v_j 的路权。如果 $(d_j)_k=(d_j)_{k-1}$，即结点 v_j 原来 $k-1$ 步的路权小于 v_i 永久标号路权 $\underline{d_i}$ 与 w_{ij} 之和，则结点 v_j 的临时标号不变；反之，若 $(d_j)_k=\underline{d_i}+w_{ij}$，就将结点 v_j 的临时标号变为 $(v_i,\ \underline{d_i}+w_{ij})$，并划去其原有较大的标号。

依此类推，当所有标号都是永久标号，则标号过程结束。网络终点 v_t 的后一个标号即为 v_s 到 v_t 的最短路权，据 v_t 的另一个标号进行反向追踪，就求得 v_s 到 v_t 的最短路径。同时还可求得从 v_s 到其余各点的最短路权和最短路径。

注意：第（3）步考察过程中，凡是得到永久标号的结点，其标号不再改变。为了节省时间，每次都不必再计算已经获得永久标号结点的路权。

（三）迪克斯特拉标号算法举例

［例 7-1］ 试求图 7-5 中从 v_s 到 v_t 的最短路径。

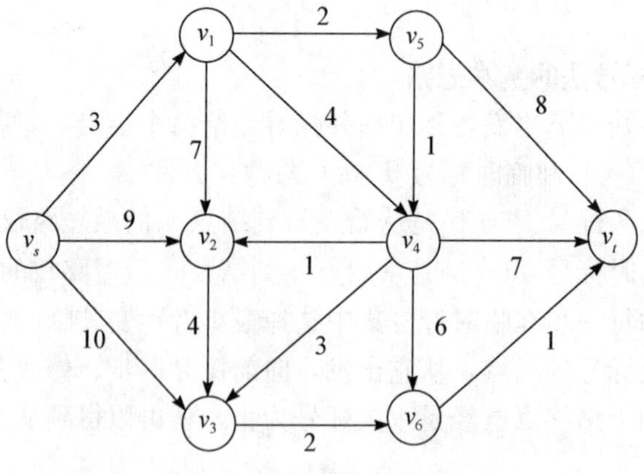

图 7-5 寻求网络的最短路径举例

（1）给网络始点 v_s 标号 $(v_s,\ 0)$，并在标号下面画横线表示为永久标号；给从 v_s 出发的各弧的点 v_j 赋予临时标号 $(v_s,\ w_{sj})$，不能一步到达的点赋予临时标号 $(v_s,\ \infty)$，如下：

$$(d_1)_1=w_{s1}=3$$

$$(d_2)_1=w_{s2}=9$$

$$(d_3)_1=w_{s3}=10$$

$$(d_4)_1 = w_{s4} = \infty$$
$$(d_5)_1 = w_{s5} = \infty$$
$$(d_6)_1 = w_{s6} = \infty$$
$$(d_t)_1 = w_{st} = \infty$$

比较以上路权，在所有临时标号中选择路权最小者，即结点 v_1，将 v_1 的临时标号变为永久标号，即 $P(v_1) = \underline{d_1} = 3$，在标号下画横线 $\underline{(v_s，3)}$，见图 7－6。

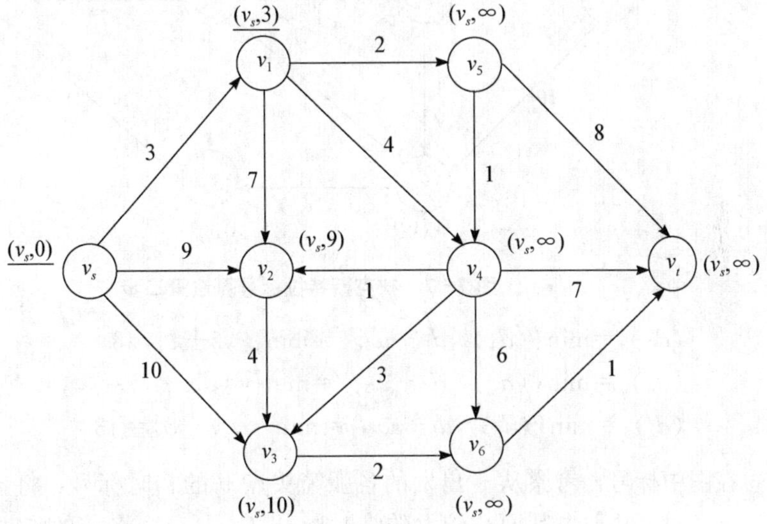

图 7－6　狄克斯特拉标号算法第一步

（2）修改从永久标号 v_1 出发到临时标号点 v_j 的路权。

$$(d_2)_2 = \min\{(d_2)_1, \underline{d_1} + w_{12}\} = \min\{9, 3+7\} = 9$$
$$(d_3)_2 = \min\{(d_3)_1, \underline{d_1} + w_{13}\} = \min\{10, 3+\infty\} = 10$$
$$(d_4)_2 = \min\{(d_4)_1, \underline{d_1} + w_{14}\} = \min\{\infty, 3+4\} = 7$$
$$(d_5)_2 = \min\{(d_5)_1, \underline{d_1} + w_{15}\} = \min\{\infty, 3+2\} = 5$$
$$(d_6)_2 = \min\{(d_6)_1, \underline{d_1} + w_{16}\} = \min\{\infty, \infty\} = \infty$$
$$(d_t)_2 = \min\{(d_t)_1, \underline{d_1} + w_{1t}\} = \min\{\infty, \infty\} = \infty$$

在图中标号，考察从 v_1 出发的各弧箭头点 v_j 的临时标号：将 v_5 的临时标号变为（v_1，5），并划去其原有较大的临时标号（v_s，∞）；同理，结点 v_4，临时标号变为（v_1，7）。然而，结点 v_2 的临时标号不变，因为结点 v_2 原有临时标号 $(d_2)_1 = 9$，而 $\underline{d_1} + w_{12} = 3 + 7 = 10$，选取最小者为 9。

再次比较以上路权，在所有临时标号中选择路权最小者，即结点 v_5，将 v_5 的临时标号变为永久标号有 $\underline{d_5} = 5$，在标号下画横线 $\underline{(v_1，5)}$，见图 7－7。

（3）修改从永久标号 v_5 出发到临时标号点 v_j 的路权。

$$(d_2)_3 = \min\{(d_2)_2, \underline{d_5} + w_{52}\} = \min\{9, 5+\infty\} = 9$$
$$(d_3)_3 = \min\{(d_3)_2, \underline{d_5} + w_{53}\} = \min\{10, 5+\infty\} = 10$$

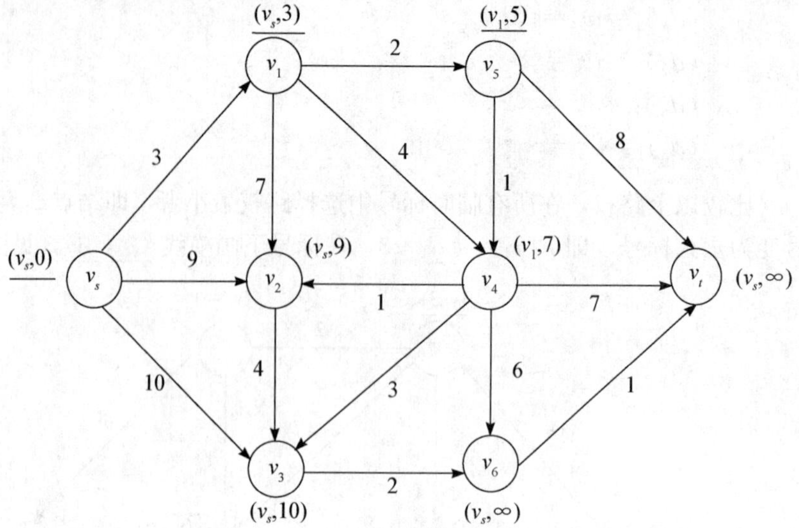

图 7-7 狄克斯特拉标号算法第二步

$(d_4)_3=\min\{(d_4)_2, \underline{d_5}+w_{54}\}=\min\{7,5+1\}=6$

$(d_6)_3=\min\{(d_6)_2, \underline{d_5}+w_{56}\}=\min\{\infty,5+\infty\}=\infty$

$(d_t)_3=\min\{(d_t)_2, \underline{d_5}+w_{5t}\}=\min\{\infty,5+8\}=13$

在图中标号，考察从 v_5 出发的各弧箭头点 v_j 的临时标号：将 v_4 的临时标号变为（v_5，6），并划去其原有较大的临时标号（v_1，7）；将 v_t 的临时标号变为（v_5，13），并划去其原有较大的临时标号（v_s，∞）。

比较以上路权，在所有临时标号中选择路权最小者，即结点 v_4，将 v_4 的临时标号变为永久标号 $\underline{d_4}=6$，在标号下画横线 $\underline{(v_5,6)}$，见图 7-8。

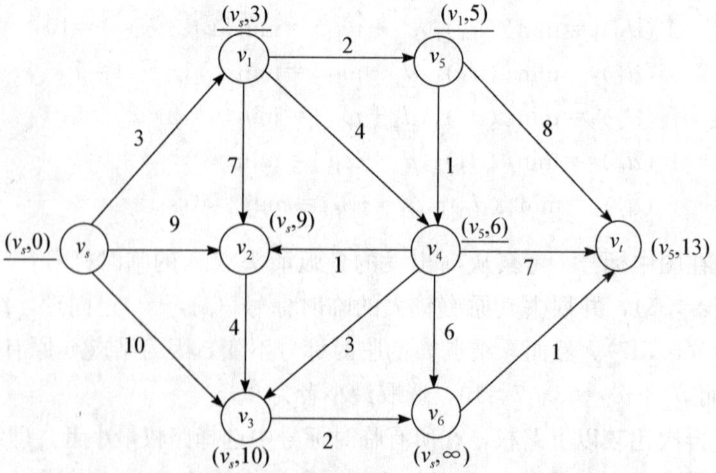

图 7-8 狄克斯特拉标号算法第三步

（4）依此类推，重复上述标号过程。当所有标号都是永久标号，即每一个标号下都画上横线时，则标号过程结束，见图 7-9。

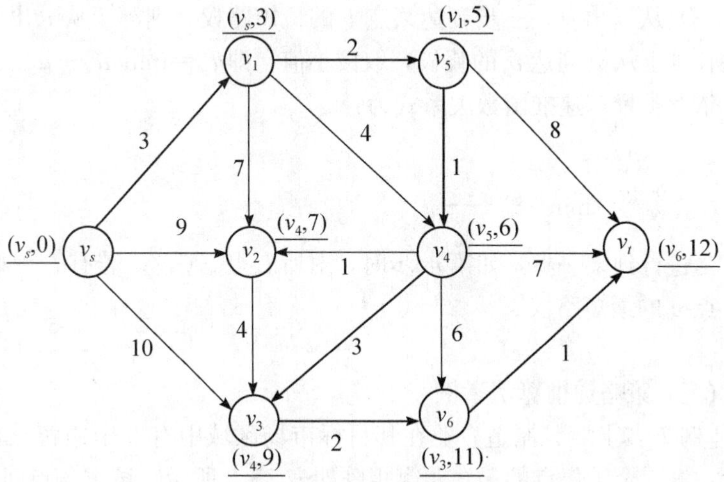

图 7-9　狄克斯特拉标号算法求的最短路径

v_t的后一个标号为v_s到v_t的最短路权，即 12；根据v_t的另一个标号反向追踪求得v_s到v_t的最短路径为$\{v_s, v_1, v_5, v_4, v_3, v_6, v_t\}$。同时，还可求得从$v_s$到$v_2$的最短路权为 7 和最短路径$\{v_s, v_1, v_5, v_4, v_2\}$，以及从点$v_s$到其余点的最短路权和最短路径。

二、策略递推法

狄克斯特拉标号算法只适合所有弧权$w_{ij} \geqslant 0$的情况，当赋权有向图中存在负权（$w_{ij} < 0$）时，标号算法失效。策略递推法既适合求解所有弧权$w_{ij} \geqslant 0$的最短路径问题，又适合求解存在负权的最短路径问题，尤其是对于可以往返的交通网络的最短路径问题更适合。此时可以借助动态规划的递推方程，进行迭代寻求最短路径，更便于用计算机编程求解。

（一）递推法的基本思路

从v_s到任一点v_j的最短路权记为$d(v_s, v_j)$，而从v_s到v_j的最短路径，总是从v_s出发，沿着一条路到达某点v_i（也许是v_s本身），再沿着弧(v_i, v_j)到达点v_j。

根据最短路径的特性，若$v_s \to \cdots \to v_k \to v_i \to v_j$是$v_s$到$v_j$的最短路径，则$v_s \to \cdots \to v_k \to v_i$一定是$v_s$到$v_i$的最短路径，其路权为$d(v_s, v_i)$。故$d(v_s, v_j)$必定满足方程：$d(v_s, v_j) = \min\{d(v_s, v_i) + w_{ij}\}$。

（二）递推法的求解步骤

（1）从v_s出发，一步到达（一条弧）各点v_j的最短路权等于从v_s出发的弧权，即$d_{sj}^1 = w_{sj}$，若一步不能到达（不存在弧）v_j，则$d_{sj}^1 = \infty$。

（2）从v_s出发，两步到达某点v_j的最短路长，等于从v_s出发一步到达某点v_i的路长再加上从v_i到达v_j的弧权，取其极小值，即$d_{sj}^2 = \min\{d_{si}^1 + w_{ij}\}$。

（3）从 v_s 出发，三步到达某点 v_j 的最短路权，则等于从 v_s 出发两步到达某点 v_i 的路长加上从 v_i 到达 v_j 的弧权，取极小值，即 $d_{sj}^3=\min\{d_{si}^2+w_{ij}\}$。

依此类推，递推函数关系式为：

$$\begin{cases}d_{sj}^1=w_{sj}\\ d_{sj}^k=\min\{d_{si}^{k-1}+w_{ij}\}\end{cases}$$

当进行到某一步，如第 m 步时，对所有点 $v_j\in V$，若有 $d_{sj}^m=d_{sj}^{m-1}$，则 d_{sj}^m 就是 v_s 到各点 v_j 的最短路权。

（三）策略递推算法举例

［例7-2］　某制造企业在其目标市场区域中有6个销售点，分布如图7-10所示，这6个销售点的最短距离矩阵如表7-2所示。试求各点间的最短距离。

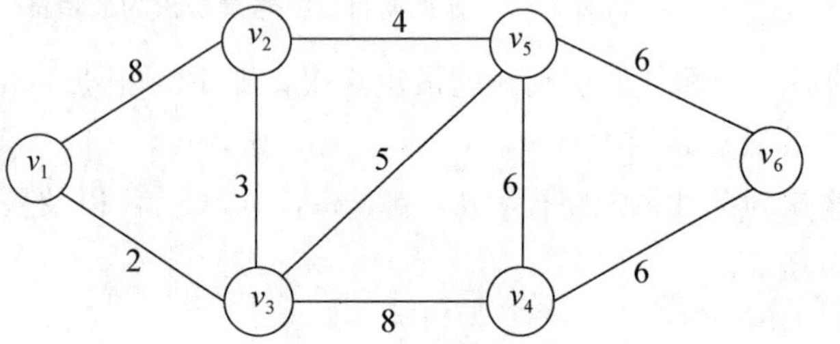

图7-10　策略递推算法的最短路径举例

（1）定义两点 v_i 与 v_j 之间的权矩阵 $D=(d_{ij})_{m\times n}$，表示两点间的距离，两点间若无法直接到达，则其距离为∞，如表7-2所示。

表7-2　结点之间弧权矩阵

结点	v_1	v_2	v_3	v_4	v_5	v_6
v_1	0	8	2	∞	∞	∞
v_2	8	0	3	∞	4	∞
v_3	2	3	0	8	5	∞
v_4	∞	∞	8	0	6	6
v_5	∞	4	5	6	0	6
v_6	∞	∞	∞	6	6	0

（2）取表7-2的 v_1 行数据即为 $d_{1j}^1=w_{1j}$；第一次迭代是 d_{1j}^1 列的元素与表7-3中第1～6列对应元素相加取最小，得到 d_{1j}^2 列；其余函数迭代过程以此类推。

例如，d_{15}^2 最短距离是 d_{1j}^1 列的元素与第5列的对应元素相加再取最小值，计算过程如下。

$$d_{11}^2=\min\{0+0,8+8,2+2,\infty+\infty,\infty+\infty,\infty+\infty\}=0$$
$$d_{12}^2=\min\{0+8,8+0,2+3,\infty+\infty,\infty+4,\infty+\infty\}=5$$
$$d_{13}^2=\min\{0+2,8+3,2+0,\infty+8,\infty+5,\infty+\infty\}=2$$
$$d_{14}^2=\min\{0+\infty,8+\infty,2+8,\infty+0,\infty+6,\infty+6\}=10$$

$d_{15}^2=\min\{0+\infty,8+4,2+5,\infty+6,\infty+0,\infty+6\}=7$

$d_{16}^2=\min\{0+\infty,8+\infty,2+\infty,\infty+6,\infty+6,\infty+0\}=\infty$

从计算中可知，点 v_1 到点 v_2 最短距离为 $d_{12}^2=2+3=5$，对应于 $d_{12}^2=d_{13}^1+w_{32}$，因此在此最短距离值 5 的后面注明下标 132，如表 7－3 所示，表示路径是从 $v_1\rightarrow v_3\rightarrow v_2$。

（3）同理计算 d_{1j}^3，d_{1j}^4，如表 7－3 所示。

表 7－3　　最短路径的函数迭代过程

结点	v_1	v_2	v_3	v_4	v_5	v_6	d_{1j}^1	d_{1j}^2	d_{1j}^3	d_{1j}^4
v_1	0	8	2	∞	∞	∞	0	0	0	0
v_2	8	0	3	∞	4	∞	8_{12}	5_{132}	5_{132}	5_{132}
v_3	2	3	0	8	5	∞	2_{13}	2_{13}	2_{13}	2_{13}
v_4	∞	∞	8	0	6	6	∞	10_{134}	10_{134}	10_{134}
v_5	∞	4	5	6	0	6	∞	7_{135}	7_{135}	7_{135}
v_6	∞	∞	∞	6	6	0	∞	∞	13_{1356}	13_{1356}

（4）由于 $d_{1j}^3=d_{1j}^4$，迭代结束，此时 d_{1j}^3 列的各元素，即为 v_1 到其余各点的最短路权，其右下标即为最短路径。例如，追踪 v_1 到 v_6 的最短路径，对于 $d_{16}^3=13$，最短路径为 $v_1\rightarrow v_3\rightarrow v_5\rightarrow v_6$。

（5）同理，可以取表 7－2 的 v_2 行数据为 $d_{2j}^1=w_{2j}$，迭代寻求 v_2 到其余各点的最短路权；依此类推，求出各结点之间的最短距离矩阵，如表 7－4 所示。

表 7－4　　各结点之间的最短距离矩阵

结点	v_1	v_2	v_3	v_4	v_5	v_6
v_1	0	5_{231}	2_{31}	10_{431}	7_{531}	13_{6531}
v_2	5_{132}	0	3_{32}	10_{452}	4_{52}	10_{652}
v_3	2_{13}	3_{23}	0	8_{43}	5_{53}	11_{653}
v_4	10_{134}	10_{254}	8_{34}	0	6_{54}	6_{64}
v_5	7_{135}	4_{25}	5_{35}	6_{45}	0	6_{65}
v_6	13_{1356}	10_{256}	11_{356}	6_{56}	6_{56}	0

三、最短路径应用

在管理实践中，常常涉及离散型选址问题。事先已知待选区域中有有限个可行的位置，将这几个位置组成一个网络，确定设施设置在该网络中的哪一个可行位置，使得运送路径最短或物流费用最低。例如在一个目标市场的物流网络中，需要选择一个地方设置仓库，这就可以根据网络各结点之间的最短距离矩阵，寻求网络的中心和重心位置。

（一）离散中心选址法

所谓网络的中心是指一个网络 N 中，选择一点，使其余各点到该中心点的距离之和为最小。

将网络 N 中各结点之间最短距离矩阵的各列（或行）求和，选取最小者所对应的结点即为网络的中心；或者从每行中选一最大值，再从中选最小值，即网络的中心。

［例7-3］ 继续考虑例7-2中的企业情境，如果要在6个销售点中选一个作为仓库所在地，应该建在哪个销售点，使其余各销售点都离它较近？

根据最短距离矩阵，按网络中心的概念及算法可知（如表7-5所示）：各列之和的最小值为28，对应的点 v_5 即是网络的中心；也可以根据各行选择最大值，再从中选择最小值为7，同样对应的点 v_5 是网络的中心。因此，仓库应建在位于网络中心的销售点 v_5。

表7-5 销售网络的离散中心选址法

销售点	最短距离矩阵 d_{ij}						各行中最大值
	v_1	v_2	v_3	v_4	v_5	v_6	
v_1	0	5	2	10	7	13	13
v_2	5	0	3	10	4	10	10
v_3	2	3	0	8	5	11	11
v_4	10	10	8	0	6	6	10
v_5	7	4	5	6	0	6	7
v_6	13	10	11	6	6	0	13
各列之和	37	32	29	40	28	46	

（二）离散重心选址法

例7-3，没有考虑企业的客户分布情况，这是以客户均匀分布为前提的，寻求网络中心点设置仓库。然而，事实上各销售点的客户分布不均衡，可能是客户群的规模不同，也可能是客户群的购买力大小不同。因此，引进结点 v_i 的加权系数 g_i，反映客户分布情况。将加权系数与最短距离矩阵 $(d_{ij})_{n\times n}$ 各列对应元素加权求和，即

$$h(v_j)=\sum_{i=1}^{n}g_i d_{ij}$$

再从中选择最小的即为网络重心。

例7-3中，如果以6个销售点的月销售额（如表7-6所示）为其加权系数，则仓库应该建在哪个销售点呢？

表7-6 销售点的月销售额

销售点	1	2	3	4	5	6
销售额（万元/月）	40	25	45	30	20	35

根据最短距离矩阵以及各销售点的月销售额（相当于加权系数），按网络重心的概念及算法得到表7-7，各列加权之和的最小值为880，对应的点 v_3 是网络的

重心位置。因此，要使运送货物总路程最短，仓库应建在位于网络重心的销售点 v_3。

表7-7　销售网络的离散重心选址法

销售点	加权系数	最短距离矩阵					
		v_1	v_2	v_3	v_4	v_5	v_6
v_1	40	0	5	2	10	7	13
v_2	25	5	0	3	10	4	10
v_3	45	2	3	0	8	5	11
v_4	30	10	10	8	0	6	6
v_5	20	7	4	5	6	0	6
v_6	35	13	10	11	6	6	0
各列加权之和		1 110	1 065	880	1 340	995	1 565

企业在自建仓库时，一般采用中心法，因为仓库所有权属于企业自身，需要考虑仓库的长期性。一旦建成，不能随意移动。然而，企业与客户之间的关系在长时间内将发生变动，企业选择租赁仓库时，一般采用重心法，因为仓库所有权不属于企业自身，只需要考虑租期长短。企业可以随着目标客户群分布变化而改变仓库位置。

另外，如果企业生产的多为创新型产品，这类产品的边际贡献率高，产品更新速度快，顾客群变动较大，销售区域也有可能发生变化，则选择租赁仓库时宜使用重心法。如果企业生产的多为功能性产品，这类产品的边际贡献率低，产品更新速度慢，顾客群变动较小，销售区域较为稳定，则选择自建仓库时宜使用中心法。

第3节　最大流量问题

许多网络系统包含流量问题，如供应链物流系统中有货物流、信息流和资金流，商业系统中有商品流，公交系统中有顾客流等。这些网络都是有发点、收点及中间点的有向网络，每条弧上都有传输能力的限制，如何使网络输送的流量达到最大，就是网络的最大流问题（maximum flow problems）。选定路段扩充整个网络的流通能力，需要正确识别网络的瓶颈所在。

一、相关概念与定理

（一）弧容量与容量网络

对于如图7-4所示的有向图 $D=(V, A)$，弧 $(v_i, v_j)\in A$，V 是图 D 的点集合，A 是图 D 的弧集合，对应一个数 $b_{ij}\geqslant 0$，它表示弧 (v_i, v_j) 的最大流通能力，称为该弧的容量。

在 V 中指定一点称为发点（记为 v_s），另一点称为收点（记为 v_t），其余点叫中间点，这样的赋权有向图就称为一个容量网络，记 $N=(V, A, B)$。

（二）弧的流量与可行流

弧（v_i，v_j）的实际通过量 x_{ij} 称为该弧的流量。这是网络中的决策变量。

弧集 A 上的流量集合 $f=\{x_{ij}\}$ 称为网络上的流。

满足下列条件的流 f 称为可行流：

（1）容量限制：对每条弧（v_i，v_j）$\in A$，都有 $0 \leqslant x_{ij} \leqslant b_{ij}$；

（2）平衡条件：中间点只起中转作用，即中间点的流出量等于流入量。

（三）前向弧与后向弧

在网络 N 中，设 μ 是从发点 v_s 到收点 v_t 的一条链，规定链的方向是从 v_s 到 v_t，则链 μ 上的弧分为两类：

- 弧的方向与链 μ 的方向相同，称为前向弧，前向弧的集合记为 μ^+。
- 弧的方向与链 μ 的方向相反，称为后向弧，后向弧的集合记为 μ^-。

（四）饱和弧与非饱和弧

在网络 N 中，对于可行流 $f=\{x_{ij}\}$ 而言，根据弧（v_i，v_j）的流量 x_{ij} 与容量 b_{ij} 的比较：

- 满足 $x_{ij}=b_{ij}$ 的弧称为饱和弧，弧的流量不能进一步扩充。
- 满足 $x_{ij}<b_{ij}$ 的弧称为非饱和弧，弧的流量允许再扩大。

（五）零弧与非零弧

在网络 N 中，对于可行流 $f=\{x_{ij}\}$ 而言，根据弧（v_i，v_j）的流量 x_{ij} 取值：

- 满足 $x_{ij}=0$ 的弧称为零弧。由于要求 $x_{ij} \geqslant 0$，因此弧的流量不能减少。
- 满足 $x_{ij}>0$ 的弧称为非零弧。弧的流量可以减少，但要满足 $x_{ij} \geqslant 0$。

（六）流量可以扩充的路

设 $f=\{x_{ij}\}$ 是一可行流，μ 是从 v_s 到 v_t 的一条链，若链 μ 满足：μ 上的所有前向弧为非饱和弧，即满足 $x_{ij}<b_{ij}$，可以扩充流量；μ 上的所有后向弧为非零弧，即满足 $x_{ij}>0$，可以减少流量，则称 μ 是一条关于可行流 f 的可扩充流量的路，亦称增广链。

（七）网络流量与最大流

可行流中，网络发点的流出量（或网络收点的流入量）就是网络的流量 $v(f)$。

一个容量网络 $N=(V, A, B)$ 的诸可行流中，网络流量 $v(f)$ 最大的可行流，称为最大流 f^*。

常用的适合计算机使用的有最大流数学规划法和手工改进的网络最大流定理法。

1. 最大流的数学规划模型

$$
\max v_f
$$

$$
\text{s. t.}\begin{cases}\sum\limits_{(v_i,v_j)\in A} x_{ij} - \sum\limits_{(v_j,v_i)\in A} x_{ji} = 0, \quad i \neq s,t \\ \sum\limits_{(v_s,v_j)\in A} x_{sj} - \sum\limits_{(v_j,v_s)\in A} x_{js} = v(f) \\ \sum\limits_{(v_t,v_j)\in A} x_{tj} - \sum\limits_{(v_j,v_t)\in A} x_{jt} = -v(f) \\ 0 \leqslant x_{ij} \leqslant b_{ij} \\ (v_i,v_j) \in A \end{cases}
$$

2. 网络最大流定理

设 $f=\{x_{ij}\}$ 是网络 N 中的一个可行流，并且对于 $\{x_{ij}\}$ 来说不存在可扩充流量的路，则 $\{x_{ij}\}$ 为最大流。

二、求最大流标号法

最大流定理给我们提供了寻找网络最大流的方法，若给定一个可行流 $f=\{x_{ij}\}$，只要判断网络 N 中有无关于 f 的可扩充流量的通路就可以了。由于可扩充流量的路是最大流的有效判据，因此寻求最大流的问题便可以从寻找可扩充流量的路入手。

1956 年，福特（Fold）和富尔克森（Fulkerson）提出了寻求网络最大流的基本方法，称为福特-富尔克森算法（Fold-Fulkerson algorithm）。通过标号判定是否存在可扩充流量的通路，其思想是找出可扩充流量的路，调整可行流的分布，使之网络流量增大。如此往复，再找可扩充流量的路，再调整可行流的分布……直至没有可扩充流量的路为止。

（一）标号过程

标号过程就是从一个可行流 f 出发，经过标号过程判断是否存在从发点 v_s 到收点 v_t 的可扩充流量的路。若网络中没有给定可行流 f，则可以设 $f=\{0\}$ 是零流。

在标号过程中，网络中的点分为标号点和未标号点。标号由路标和增减量两部分组成。路标表明可扩充流量路的来龙去脉，路标前的"＋""－"号表示是前向弧还是后向弧；增减量表明前向弧可以增加的流量，或者是后向弧可以减少的流量，其步骤如下：

（1）标号过程之初，先给发点 v_s 标上（$+v_s$，∞），v_s 成为已标号尚未检查的点，其余为未标号点。

（2）取一个已标了号而未检查的点 v_i，依次检查与 v_i 相接而未标号的所有点 v_j。

若有以 v_i 为起点的弧（v_i，v_j），满足 $x_{ij}<b_{ij}$，且 v_j 尚未标号，则给 v_j 标号

$(+v_i, \theta_j)$，这里$\theta_j=\min\{\theta_i, b_{ij}-x_{ij}\}$。于是$v_j$成为已标号尚未检查的点；若$x_{ij}=b_{ij}$，则不能给点$v_j$标号。

若有以v_i为终点的弧(v_j, v_i)，满足$x_{ji}>0$，且v_j尚未标号，则给v_j标号$(-v_i, \theta_j)$，这里$\theta_j=\min\{\theta_i, f_{ji}\}$，$v_j$成为已标号尚未检查的点；若$x_{ji}=0$，则不能给点$v_j$标号。

于是v_i成为已标号已检查的点，在其标号下画横线。

（3）检查收点v_t是否已标号，一旦v_t有了标号，则意味着找到了可扩充流量的路，转入调整过程；否则v_t未标号，转第（2）步。如果所有标号都已检查过，而v_t未标号，则表明此网络已不存在可扩充流量的路，算法结束，此时的可行流就是最大流。

（二）调整过程

调整过程就是改进可扩充流量路上各条弧的流量。根据路标，反向追踪找出v_s到v_t的可扩充流量路μ；可调整的流量$\theta=\theta_t$，即满足

$$\theta=\min\begin{Bmatrix} b_{ij}-x_{ij} \mid (v_i,v_j)\in\mu^+ \\ x_{ij} \mid (v_i,v_j)\in\mu^- \end{Bmatrix}$$

调整可行流的流量，得新的可行流$f'=\{x_{ij}'\}$。可扩充流量路上的前向弧μ^+，弧的流量加上调整量θ；可扩充流量路上的后向弧μ^-，弧的流量减去调整量θ；不属于可扩充流量路上的其余弧的流量不变。即

$$x_{ij}'=\begin{cases} x_{ij}, & (v_i,v_j)\notin\mu \\ x_{ij}+\theta, & (v_i,v_j)\in\mu^+ \\ x_{ij}-\theta, & (v_i,v_j)\in\mu^- \end{cases}$$

抹去所有标号，对新的可行流$f'=\{x_{ij}'\}$，重新进入标号过程。

（三）举例说明

[例7-4] 图7-11表示了企业所处的供应市场、配送中心以及销售市场组成的网络，各弧上括号里的前一个数字表示弧的容量，后一个数字是目前的实际流量。其中，v_1，v_2为两家供应源，供应商v_1的最大供货能力为15，供应商v_2的最大供货能力为12。v_3，v_4代表两个配送中心的仓库。v_5，v_6，v_7代表3个目标市场，市场v_5的容量为5而现有需求量为4，市场v_6的容量为10而现有需求量为8，市场v_7的容量为8而现有需求量为6。通过促销，扩大了市场v_6的需求量，由现有需求量8扩大到10。试求这个供应-销售网络的最大流方案。

解 为了寻求网络最大流，将供应商v_1和v_2虚拟合并成v_s，作为供应源，即是网络的发点；弧(v_s, v_1)与(v_s, v_2)，即为两条虚拟供应路径，其容量分别为供应商v_1和v_2的最大供货能力，流量分别为它们的现有流出量，即图7-12左边虚线上的数字。

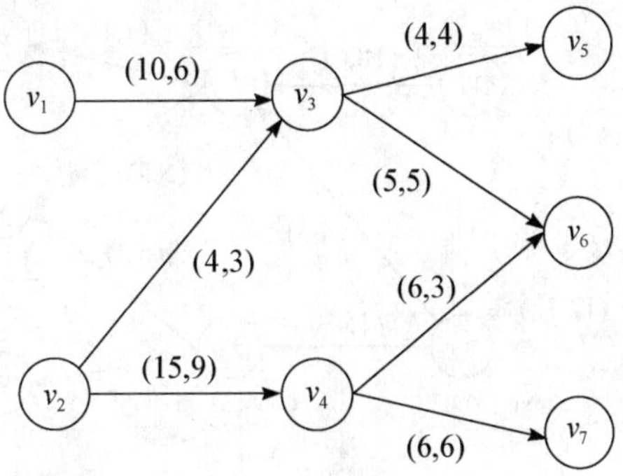

图 7-11　供应-销售网络的流量分布

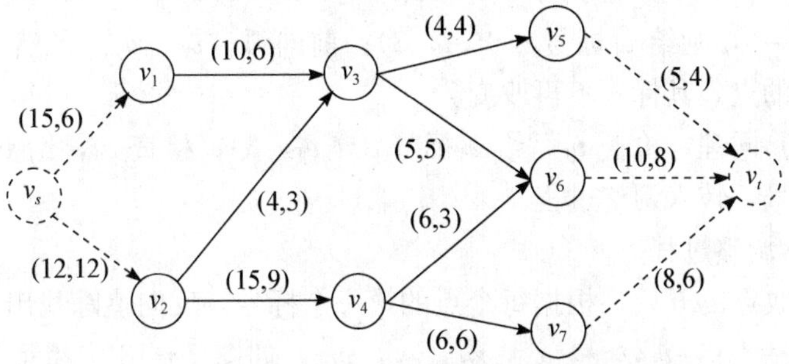

图 7-12　供应-销售网络的可行流

再将 3 个目标市场 v_5，v_6，v_7 虚拟合并成 v_t，为网络的收点；弧（v_5，v_t），（v_6，v_t）与（v_7，v_t），即为 3 条虚拟收货路径，其容量分别不低于目标市场 v_5，v_6 和 v_7 的最大市场容量，流量分别为它们的现有流入量，即图 7-12 右边虚线上的数字。

接着检查图 7-12 中的流量分布，需要是一个可行流。显然，网络中各条弧的流量都没有超过其容量，满足容量限制；而且，中间点 v_1，v_2，…，v_7 的流入量都等于其流出量，发点 v_s 的流出量为 18(即 6+12)，收点 v_t 的流入量为 18(即 4+8+6)，满足平衡条件。这说明图 7-12 所示的供应-销售网络是可行流。

1. 标号过程

(1) 先给 v_s 标上（$+v_s$，∞）。

(2) 检查 v_s，弧（v_s，v_1）上，$x_{s1}<b_{s1}$，$\theta_1=\min\{\theta_s, b_{s1}-x_{s1}\}=\min\{\infty, 15-6\}=9$，则给 v_1 标号（$+v_s$，9）；前向弧（v_s，v_2）上，由于 $x_{s2}=b_{s2}$，即为饱和弧，不满足标号条件，不能给 v_2 标号。v_s 成为已检查的点，在标号下画线（如图 7-13 所示）。

(3) 点 v_1 是已经标号但尚未检查的点，检查 v_1。前向弧（v_1，v_3）上，$x_{13}<b_{13}$，$\theta_3=\min\{\theta_1, b_{13}-x_{13}\}=\min\{9, 10-6\}=4$，则给 v_3 标号（$+v_1$，4）；v_1 成为已检查的点，在标号下画线。

(4) 现在点 v_3 是已标号但未检查的点，检查 v_3，前向弧（v_3，v_5）和（v_3，v_6）都是饱和弧，不满足标号条件；后向弧（v_2，v_3）上，$f_{23}>0$，$\theta_2=\min\{\theta_3, x_{23}\}=\min\{4, 3\}=3$，则给 v_2 标号（$-v_3$，3）。v_3 成为已检查的点，在标号下画线。

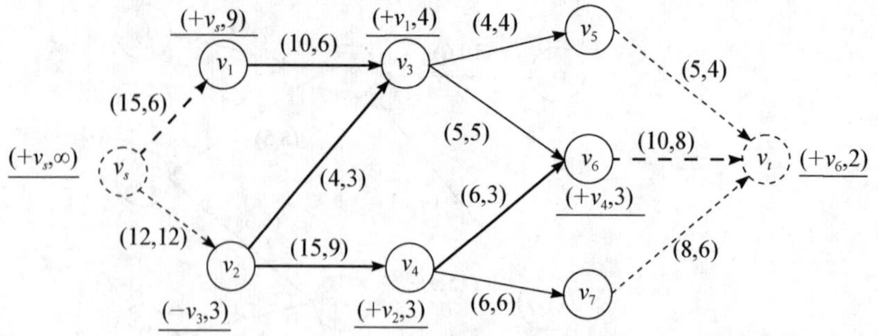

图 7-13　供应-销售网络的可扩充路

（5）检查 v_2，前向弧（v_2，v_4）上，$x_{24}<b_{24}$，$\theta_4=\min\{\theta_2, b_{24}-x_{24}\}=\min\{3, 15-9\}=3$，则给 v_4 标号（$+v_2$，3）；前向弧（v_2，v_3）虽然是非饱和弧，但 v_3 是已标号的点，其标号不再改变。

（6）同理，检查 v_4，给 v_6 标号（$+v_4$，3）；检查 v_6，给 v_t 标号（$+v_6$，2）。v_t 已有标号，转入调整过程。

2. 调整过程

从收点 v_t 开始，根据每个点的第一个标号，反向追踪找出 v_s 到 v_t 的可扩充流量路 μ，$\mu=\{v_s, v_1, v_3, v_2, v_4, v_6, v_t\}$，如图 7-13 中粗箭线所示。其中，前向弧 $\mu^+=\{(v_s, v_1), (v_1, v_3), (v_2, v_4), (v_4, v_6), (v_6, v_t)\}$，后向弧 $\mu^-=\{(v_2, v_3)\}$。由收点 v_t 的第二个标号知，调整量 $\theta=2$。进行流量调整，弧（v_s，v_1），（v_1，v_3），（v_2，v_4），（v_4，v_6），（v_6，v_t）的流量加上调整量 2，弧（v_2，v_3）的流量减去调整量 2，其余弧的流量不变，调整后的可行流如图 7-14 所示。

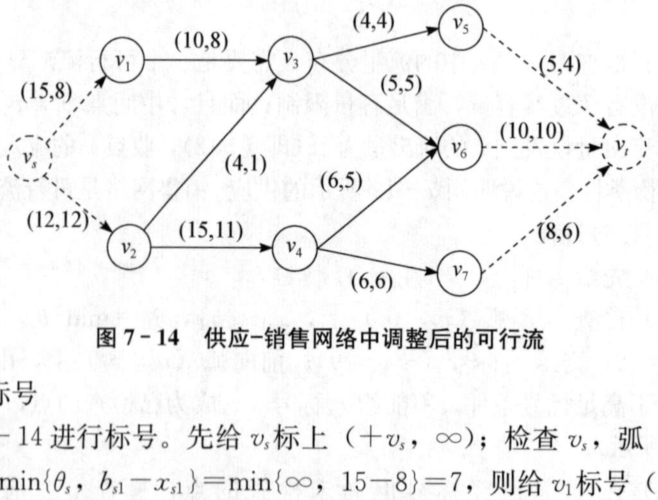

图 7-14　供应-销售网络中调整后的可行流

3. 再次标号

再对图 7-14 进行标号。先给 v_s 标上（$+v_s$，∞）；检查 v_s，弧（v_s，v_1）上，$x_{s1}<b_{s1}$，$\theta_1=\min\{\theta_s, b_{s1}-x_{s1}\}=\min\{\infty, 15-8\}=7$，则给 v_1 标号（$+v_s$，7）；检查 v_1，前向弧（v_1，v_3）上，$x_{13}<b_{13}$，$\theta_3=\min\{\theta_1, b_{13}-x_{13}\}=\min\{7, 10-8\}=2$，则给 v_3 标号（$+v_1$，2）；检查 v_3，前向弧（v_3，v_5）和（v_3，v_6）都是饱和弧，但后向弧（v_2，v_3）是非零弧，$\theta_2=\min\{\theta_3, x_{23}\}=\min\{2, 1\}=1$，则给 v_2 标号（$-v_3$，1）；检查 v_2，前向弧（v_2，v_4）上，$x_{24}<b_{24}$，$\theta_4=\min\{\theta_2, b_{24}-x_{24}\}=\min\{1, 15-11\}=1$，则给 v_4 标号（$+v_2$，1）；检查 v_4，前向弧（v_4，v_6）上，

$x_{46}<b_{46}$，$\theta_6=\min\{\theta_4, b_{46}-x_{46}\}=\min\{1, 6-5\}=1$，则给 v_6 标号（$+v_4$，1）；检查 v_6，不满足标号条件；所有已标号的点都被检查过了，但收点 v_t 仍没被标号，说明图 7-14 中调整后的可行流即为最大流。最大流量为：$f^*=x_{s1}+x_{s2}=x_{5t}+x_{6t}+x_{7t}=20$。

三、网络的瓶颈识别

网络的最大流问题能够帮助企业在供应-销售网络中最大限度地使用网络容量，挖掘企业扩容的空间。在这一过程中，网络中的个别路段往往成为影响整个网络的瓶颈。如何识别网络的瓶颈所在呢？

（一）截集、截量与最小截集

对于网络 $N=(V, A, B)$，如果将 V 分为两个非空集合 S 和 $\overline{S}$，使发点 $v_s\in S$，收点 $v_t\in\overline{S}$，则起点属于 S 而终点属于 $\overline{S}$ 的所有弧的集合称为截集，记为 $(S, \overline{S})$。

截集 $(S, \overline{S})$ 中所有弧的容量之和，称为这个截集的容量，简称截量，记为 $C(S, \overline{S})$。

截量最小的截集，称为最小截集。

（二）最大流-最小截量定理

网络 N 中，任一可行流的流量恒不超过任一截集的截量，称为流量-截量定理。

网络 N 中，从发点 v_s 到收点 v_t 的最大流量等于分离 v_s 和 v_t 的最小截集的截量，称为最大流-最小截量定理。

在图 7-14 中，由于弧 (v_3, v_5)，(v_6, v_t)，(v_4, v_7) 都是饱和弧，所以从此截开，$S^*=\{v_s, v_1, v_2, v_3, v_4, v_6\}$，$\overline{S^*}=\{v_5, v_7, v_t\}$，得到最小截集 $(S^*, \overline{S^*})=\{(v_3, v_5), (v_6, v_t), (v_4, v_7)\}$，其截量为 20（即 4+10+6），这就是网络的瓶颈所在。

可见，最小截量的大小影响总流量的提高。一方面，为了提高总流量，必须首先考虑改善最小截集中各弧的运输状况，提高其运输能力；另一方面，一旦最小截集中弧的容量降低，就会使总流量减少。

第 4 节　最小费用流问题

现实中的许多问题除了要求流量最大之外，还要求费用最低。也就是达到最大流量的方案不止一个，还要考虑费用最低的问题。

对于网络 $N=(V, A, B)$ 上的每条弧 $(v_i, v_j)\in A$，给定了弧的容量 b_{ij} 和单位流量的费用 c_{ij} $(c_{ij}\geqslant 0)$，寻求一个可行流 $f=\{x_{ij}\}$ 并使其总费用 $C(f)=\sum_{(v_i,v_j)\in A} c_{ij}x_{ij}$ 达到最小。

求解最小费用流的方法有生成法与调整法两种。生成法是从零流开始，每次依据最小费用链作为可扩充的路，进行网络流量增大的调整。调整法只是调整流量的分布，不断改进与改善，使费用减少，寻求最小费用流，但网络流量保持不变。调整法体现了管理的不断改进与改善哲理，下面以调整法为例，介绍最小费用的求解过程。

一、调整法求解步骤

调整法求解最小费用流是一种较为简便的方法。一般求解过程步骤如下：

（1）先不考虑费用问题，求得任一可行流 f（也可以是最大流）。

（2）根据这一可行流 f 构造赋权有向图 $W(f)$。顶点是原网络 N 的顶点，弧权根据可行流 f 确定。若弧 (v_i, v_j) 的流量可以增加，则照原方向画弧，标上费用 c_{ij}，这是增加单位流量的新增费用；若弧 (v_i, v_j) 的流量可以减少，则照反方向画弧，标上费用 $-c_{ij}$，这是减少单位流量可以节省的费用。

（3）在赋权有向图 $W(f)$ 中寻找负回路 μ（总权为负值的回路）。若没有负回路，则得到最小费用流；若存在负回路，则调整与负回路相对应的弧上的流量，使费用减少。

（4）根据所得的负回路，比较弧的方向和负回路 μ 的方向，划分出前向弧和后向弧，计算调整量 θ。

$$\theta=\min\left\{\begin{matrix} b_{ij}-x_{ij}\mid(v_i,v_j)\in\mu^+ \\ x_{ij}\mid(v_i,v_j)\in\mu^- \end{matrix}\right\}$$

然后，进行流量调整。若弧 (v_i, v_j) 与负回路 μ 方向一致，则其流量调整为 $x_{ij}+\theta$；若弧 (v_i, v_j) 与负回路 μ 方向相反，则其流量调整为 $x_{ij}-\theta$。

（5）继续第（2）步，构造赋权有向图，寻找负回路，调整流量，直到没有负回路。

二、调整法应用举例

［例 7-5］ 这里沿用例 7-4 的网络流。事实上，企业在进行网络流量的调整时，时常要考虑费用问题。图 7-15 中弧旁的数字为 (b_{ij}, x_{ij}) 和 c_{ij}。其中，弧 (v_s, v_1) 和 (v_s, v_2) 的 c_{s1} 和 c_{s2} 分别是两家供应商的货物价格；弧 (v_5, v_t)，(v_6, v_t) 和 (v_7, v_t) 的 c_{5t}，c_{6t} 和 c_{7t} 分别是三个目标市场销售商的售货成本；其余弧 (v_i, v_j) 的 c_{ij} 为运输、装卸、仓储等物流作业费用。试求图 7-15 所示网络流的最小费用流。

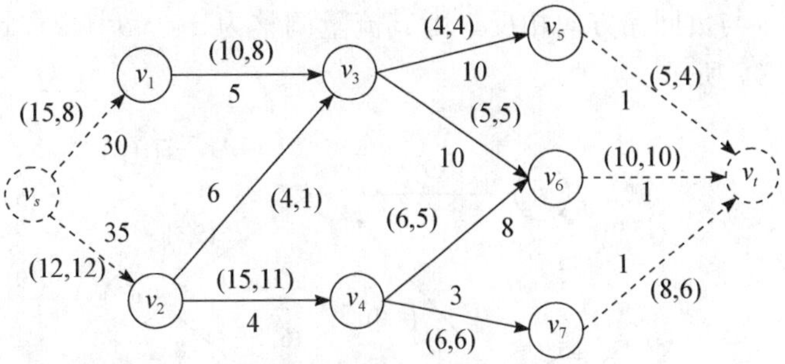

图 7-15 供应-销售网络中流量-费用信息

求解步骤如下。

(一) 赋权有向图

赋权有向图 $W(f)$ 的顶点是图 7-15 中网络的顶点。对于弧 (v_s, v_1)，前向流量可以增加，则照原方向画弧，弧权为 30；同时，后向的流量可以减少，则照反方向画弧，弧权为 -30。对于弧 (v_s, v_2)，前向流量不能再增加，则弧权为 ∞；后向的流量可以减少，则照反方向画弧，弧权为 -35。其他各弧依此类推，得到图 7-16。

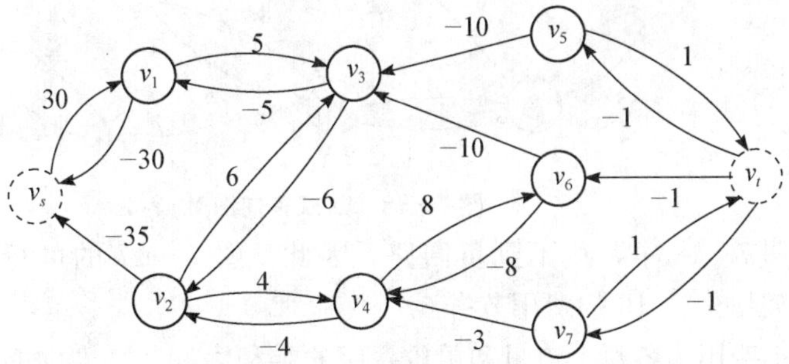

图 7-16 赋权有向图 $W(f_1)$

(二) 寻找负回路

在赋权有向图 7-16 中，寻找总权数为负的回路。可见，存在两条负回路 $v_s \to v_1 \to v_3 \to v_2 \to v_s$，总权数为 $30+5-6-35=-6$；以及 $v_6 \to v_3 \to v_2 \to v_4 \to v_6$，总权数为 $-10-6+4+8=-4$，则选取负权绝对值大的那条负回路进行流量分布调整（调整对应的弧上的流量值）。即取负回路 $v_s \to v_1 \to v_3 \to v_2 \to v_s$，图 7-15 中弧 (v_s, v_1) 和 (v_1, v_3) 的方向与负回路的方向相同，是前向弧，而弧 (v_2, v_3) 和 (v_s, v_2) 的方向与负回路的方向相反，是后向弧。

(三) 调整弧流量

计算调整量 θ，$\theta=\min\{b_{s1}-x_{s1}, b_{13}-x_{13}, x_{23}, x_{s2}\}=\min\{15-8, 10-8, 1, 12\}=1$。进行流量调整，弧 (v_s, v_1) 与负回路方向一致，则其流量调整为 $x_{s1}+\theta=8+1=9$；弧 (v_1, v_3) 与负回路方向一致，则其流量调整为 $x_{13}+\theta=8+1=9$；而弧 (v_2, v_3) 与负回路方向相反，则其流量调整为 $x_{23}-\theta=1-1=0$；弧

(v_s, v_2) 与负回路方向相反，则其流量调整为 $x_{s2}-\theta=12-1=11$。调整后的网络如图 7－17 所示。

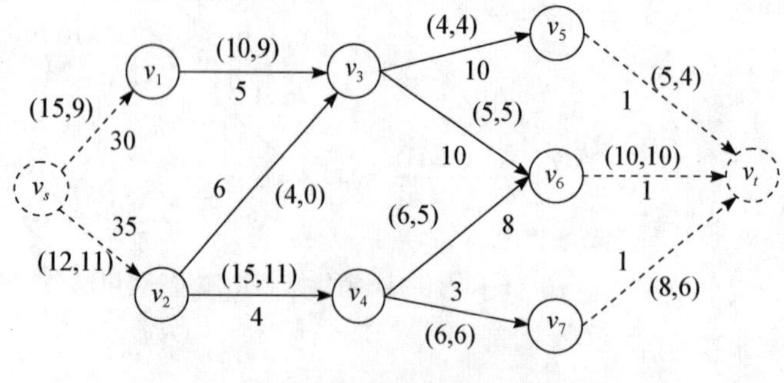

图 7－17 供应－销售网络中调整后的流量分布

重复上述步骤，同理构造赋权有向图 $W(f_2)$ 如图 7－18 所示。

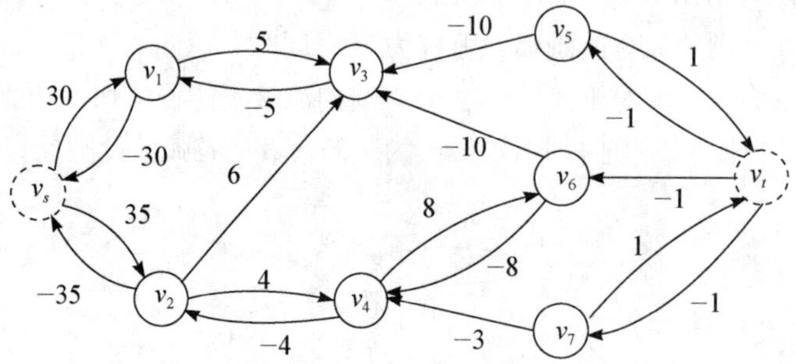

图 7－18 赋权有向图 $W(f_2)$

从图 7－18 中，找不到负回路，因此，图 7－17 的可行流就是最小费用流。图 7－17比图 7－16 的费用节省 6。

最小费用为各弧上流量和单位费用的乘积之和，从左向右依次为 $9\times30+11\times35+9\times5+6\times0+11\times4+4\times10+5\times10+5\times8+6\times3+4\times1+10\times1+6\times1=912$。

□ 复习思考题

1. 在图 7－19 的网络中，弧旁的数字表示距离，试用狄克斯特拉标号算法求 v_s 到 v_t 的最短路径和最短路长。

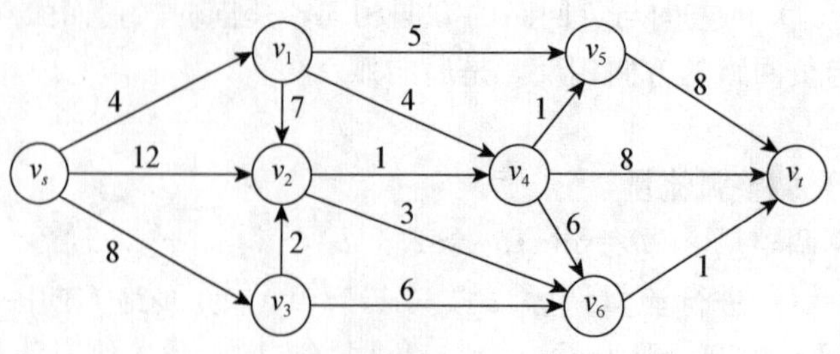

图 7－19

2. 离散性选址问题。某一城区设有 7 个分销网点，它们之间的交通路线情况如图 7－20 所示。

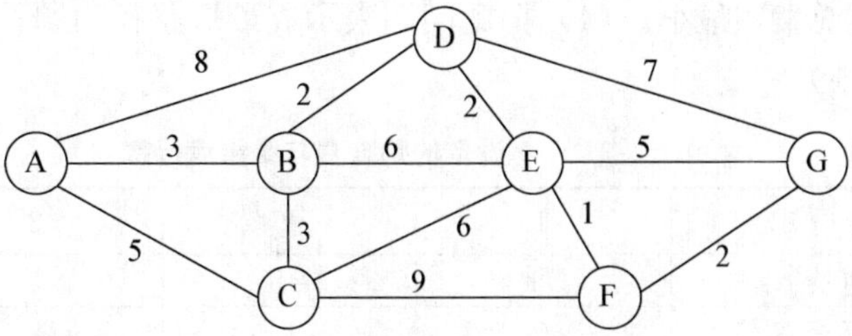

图 7－20

各分销网点之间的最短距离如表 7－8 所示。

表 7－8　各分销网点之间的最短距离矩阵

	A	B	C	D	E	F	G
A	0	3	5	5	7	8	10
B	3	0	3	2	4	5	7
C	5	3	0	5	6	7	9
D	5	2	5	0	2	3	5
E	7	4	6	2	0	1	3
F	8	5	7	3	1	0	2
G	10	7	9	5	3	2	0

(1) 现规划一座仓库，覆盖这 7 个分销网点，试用中心法确定仓库选址，使得运送路径最短。

(2) 如果又已知各分销网点的每周销售能力如表 7－9 所示，公司希望设立一个仓储中心，向各分销网点销售商发送产品，试寻求网络重心，使总运输成本最低。

表 7－9　各分销网点的每周销售能力

分销网点	A	B	C	D	E	F	G
周销售能力	400	350	450	300	250	350	500

(3) 简述离散中心法和离散重心法选址的实用性。

3. 求图 7－21 中从 v_1 到各点的最短路径。

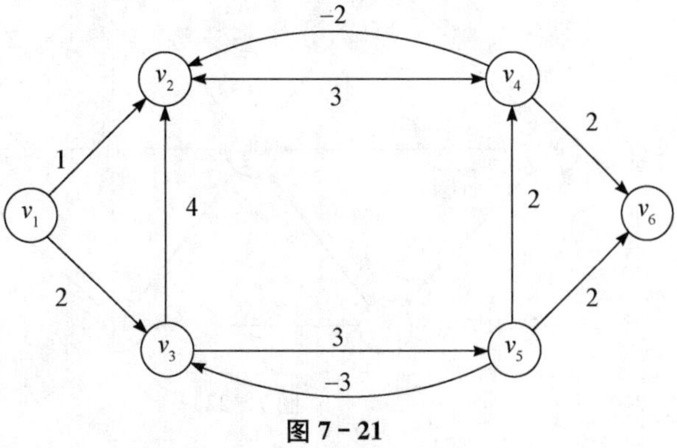

图 7－21

4. 某工厂使用一种设备，设备的购置费 K_i 和使用时的维修运行费 C_i 如表 7－10 所示。问题是要判断今后 4 年的设备更新计划，使包括购置费和维修运行费在内的总费用最小。(1) 把此问题表示成最短路径问题；(2) 求最优更新方案（最短路线）。

表 7－10　　设备的购置费与维修运行费

年份 i	1	2	3	4
购置费 K_i	11	11	2	12
维修运行费 C_i	5	6	8	11

5. 某种零件的生产经毛坯、机械加工、热处理及检验四道工序，在同样满足技术要求的前提下，各道工序有不同的加工方案，其费用如表 7－11 所示。试确定一个生产费用最低的零件加工方案。

表 7－11　　零件生产加工费用表　　单位：元

毛坯生产（2 种方案）		机械加工（3 种方案）		热处理（2 种方案）		检验
方案	生产费用	方案	生产费用	方案	生产费用	生产费用
1	40	1	40	1	30	20
				2	40	10
		2	50	1	40	20
				2	50	10
		3	60	1	40	20
				2	50	10
2	60	1	30	1	30	20
				2	40	10
		2	20	1	40	20
				2	50	10
		3	30	1	40	20
				2	50	10

6. 考虑容量网络图 7－22，结点 v_1 与 v_7 分别为发点和收点。(1) 用标号求结点 v_1 到结点 v_7 的最大流；(2) 求最小截集及其容量。

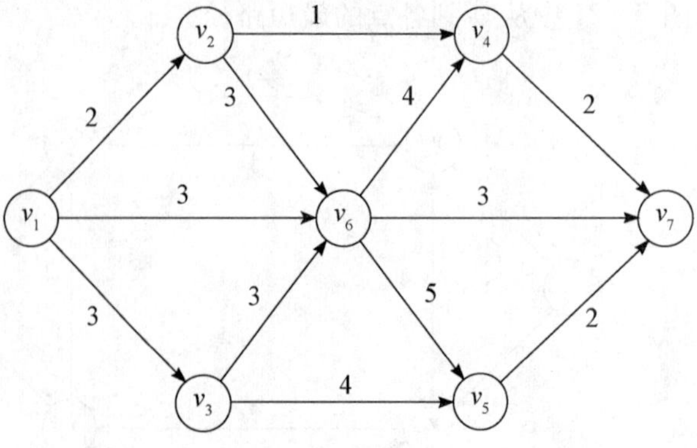

图 7－22

7. 在图 7 - 23 的网络中，弧旁的数字分别表示（容量，流量）和单位流费用，试问：所给流是不是可行流？目前的网络流方案是否合理（是否需要进行调整）？如果需要进行调整，应如何调整改进？

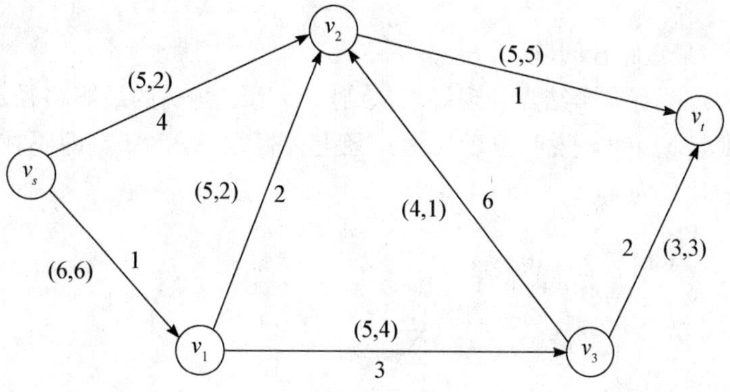

图 7 - 23

实验：软件求解最短路径和最大流

1. 最短路径问题

假定图有 n 个结点，现寻求从结点 v_1 到结点 v_n 的最短路径。当弧（v_i，v_j）的决策变量 $x_{ij}=1$，说明位于最短路径上；否则，$x_{ij}=0$，即不在最短路径上。数学规划表达式为：

$$\min \sum_{(v_i,v_j)\in A} w_{ij}x_{ij}$$

$$\text{s.t.}\begin{cases}\sum\limits_{\substack{j=1\\(v_i,v_j)\in A}}^{n} x_{ij}-\sum\limits_{\substack{j=1\\(v_i,v_j)\in A}}^{n} x_{ji}=\begin{cases}1, & i=1\\0, & 1<i<n\end{cases}\\ x_{ij}\geqslant 0,\quad (v_i,v_j)\in A\end{cases}$$

现在我们利用 LINGO 软件来求解最短路径问题。

（1）稀疏集方法。

对于例 7－2 的最短路径问题在 LINGO 的命令窗口中输入如下程序：

```
sets:
V/vs,v1,v2,v3,v4,v5,v6,vt/;                    ！结点V的代号或名称集合
Link(V,V)/
    vs,v1 vs,v2 vs,v3 v1,v5 v1,v4 v1,v2 v2,v3 v3,v6 v5,vt v5,v4 v4,v2 v4,v3 v4,v6 v4,vt v6,vt/:w,
x;                                             ！结点之间有弧（或边）相连
endsets
data:
w=3 9 10 2 4 7 4 2 8 1 1 3 6 7 1;              ！结点之间有弧权（或边长）
enddata
min=@SUM(Link:w*x);                            ！弧权（或边长）之和为最小
  @FOR(V(i)|i#ne#1#and#i#ne#@size(V):
    @SUM(Link(i,j):x(i,j))=@SUM(Link (j,i):x(j,i)))
  @SUM(Link(i,j)|i#eq#1:x(i,j))=1;    !x(i,j)=1，即弧（i,j）在最短路径上
end
```

LONGO 软件计算结果（仅保留非零变量）如下：

```
Objective value:                                     12.00000
          Variable              Value              Reduced Cost
         X(VS,V1)             1.000000               0.000000
         X(V1,V5)             1.000000               0.000000
         X(V3,V6)             1.000000               0.000000
         X(V5,V4)             1.000000               0.000000
         X(V4,V3)             1.000000               0.000000
         X(V6,VT)             1.000000               0.000000
```

v_s到v_t的最短路径为 $\{v_s, v_1, v_5, v_4, v_3, v_6, v_t\}$。

(2) 邻接矩阵法。

将例7-1的最短路径问题在LINGO的命令窗口中输入如下程序。

```
sets:
V/1..6/;                        ! 结点V的代号或名称集合
  E(V,V):p,w,x;
endsets
data:
p=0,1,1,0,0,0
   0,0,1,0,1,0
   0,0,0,1,1,0
   0,0,0,0,1,1
   0,1,1,1,0,1
   0,0,0,0,0,0;
w=
   0,8,2,0,0,0
   8,0,3,0,4,0
   2,3,0,8,5,0
   0,0,8,0,6,6
   0,4,5,6,0,6
   0,0,0,6,6,0;                 ! 结点之间的弧权（或边长）
enddata
  min=@sum(E:w*x);
       @for(V(i)|i#ne#1#and#i#ne#@size(V):
         @sum(V(j):p(i,j)*x(i,j))=@sum(V(j):p(j,i)*x(j,i)));
@sum(V(j):p(s,j)*x(s,j))=1;
end
```

LONGO软件计算结果（仅保留非零变量）如下：

```
Objective value:                                          13.00000
                Variable              Value            Reduced Cost
                X(1,3)              1.000000             0.000000
                X(3,5)              1.000000             0.000000
                X(5,6)              1.000000             0.000000
```

2. 最大流问题

第一步，对例7-3的资料在LINGO的命令窗口中输入如下程序。

```
sets:
  nodes/s,1,2,3,4,5,6,7,t/;                                  ! 设置网络的结点
  arcs(nodes,nodes)/
    s,1s,21,32,32,43,53,64,64,75,t6,t7,t/:b,x;               ! 设置网络结点之间的弧
endsets
data:
  b=15 12 10 4 15 4 5 6 6 5 10 8;                            ! 依次设置网络弧的容量
```

```
enddata
max=flow;
@FOR(nodes(i) | i#ne#1#and#i#ne#@SIZE(nodes):
  @SUM(arcs(i,j):x(i,j))-@SUM(arcs(j,i):x(j,i))=0);          ! 中间结点的净流量为0
@SUM(arcs(i,j) | i#eq#1:x(i,j))=flow;                         ! 发点的净流量为网络流量
@FOR(arcs:@BND(0,x,b));                                       ! 容量限制
end
```

第二步，LONGO软件计算结果如下。

```
Objective value:                        20.00000
          Variable              Value              Reduced Cost
          X(S,1)             8.000000                0.000000
          X(S,2)            12.000000                0.000000
          X(1,3)             8.000000                0.000000
          X(2,3)             1.000000                0.000000
          X(2,4)            11.000000                0.000000
          X(3,5)             4.000000               -1.000000
          X(3,6)             5.000000                0.000000
          X(4,6)             5.000000                0.000000
          X(4,7)             6.000000               -1.000000
          X(5,T)             4.000000                0.000000
          X(6,T)            10.000000               -1.000000
          X(7,T)             6.000000                0.000000
```

第 8 章 网络计划

Chapter 8

学习要点

- 了解网络图中作业、结点、路线的概念
- 理解绘制确定性箭线网络图的基本规则
- 掌握结点时间参数计算及关键路线确定
- 理解作业开工、完工和时差参数的应用
- 理解 PERT 的时间估计和完工概率估计
- 掌握工期压缩、工期-费用优化的思路
- 掌握工期-资源配置的原则和作业安排
- 理解关键路线法中有效监控进度的前提
- 理解工序作业缓冲时间的有效设置方式

引导案例

路易十世是法国卡佩王朝时代的国王之一。传说路易十世想为他的城堡新建大、中、小三个不同的地牢，其中小地牢设计需要 12 周，建造仅需 1 周；中地牢设计需要 5 周，建造需要 6 周；而大地牢设计仅需 1 周，但建造需要 9 周。现在路易十世只有 1 个设计师和 1 个建筑师，且他们不能相互替工，那么路易十世要想完成这三个地牢至少需要多少周？有几种可行方案呢？请对比几种可行方案的优缺点。

20 世纪初，美国人亨利·甘特（Henry Gantt）提出了展示工程项目实施进度的横道图，也称甘特图。这种方法将各项工作任务按其起讫时间用一些线段标示在有时间坐标的图表上，展现出一项工作的全面计划安排，从而清楚表明各项任务的进度安排和资源计划。由于甘特图是在标有时间的表格上进行作业安排，具有简单、清晰、形象、易懂、使用方便等特点，显著提高了项目计划和实施控制的管理水平，至今还在世界各国广泛使用。然而，甘特图不能反映出整个工程中各道作业之间的内在逻辑关系，更不能体现某一作业的改变对工程进展的影响，管理者难以抓住重点，不知道怎样合理缩短工期、降低成本。于是，网络计划技术应运而生。

第1节 网络计划概述

网络计划法（network program，NP），也称网络计划技术，是利用网络图及其时间参数计算进行生产组织与管理的一种方法。网络计划技术是20世纪中叶在美国创造和发展起来的一项新型计划技术，它克服了甘特图的不足，可以反映整个工程和任务的全貌，明确对全局有影响的关键工作和关键线路，便于管理者抓住主要矛盾，确保工程按计划工期完成。20世纪50年代以来，一些行之有效的网络计划技术相继问世。

一、网络计划的发展历程

20世纪50年代，美国杜邦公司在制定化工厂建设计划时，为协调企业不同业务部门的系统规划，运用网络计划技术来统筹各项工作，并找出编制与执行计划的关键路线，所以把此方法称为关键路线法（critical path method，CPM）。杜邦公司1955年提出将每一活动（工作或工序）规定其起止时间，并按活动顺序绘制成网络图形；1956年又设计了计算机程序，将活动的顺序和作业工作时间输入计算机，从而编制出新的进度控制计划；1957年9月，把此法应用于新工厂建设工作，使该工程提前两个月完成。杜邦公司采用此法安排施工和维修等计划，仅一年时间就节约资金100万美元。

1958年，美国海军特种计划局在制定研制北极星导弹计划时，由于涉及3 000多个单位参加，协调工作十分复杂，而且很多工作又是开创性的，缺乏历史统计数据用于准确度量各项活动的作业时间，因此开发出了计划评审技术（program evaluation and review technique，PERT）。采用这种办法后效果显著，比原定进度提前了两年，节约了大量资金。为此，1962年美国国防部规定：以后承包有关工程的单位都应采用网络计划技术来安排计划。

网络计划技术的成功应用，引起了世界各国的高度重视，网络计划技术被称为计划管理中最有效、最先进、最科学的管理方法。1956年，我国著名数学家华罗庚教授将此技术介绍到中国，并把它称为“统筹法”。

从20世纪80年代起，建筑业在推广网络计划技术的实践中，针对建筑流水施工的特点，提出了流水网络技术方法，并在实际工程中应用。网络计划技术是以系统工程思想为理念，运用网络图的形式，来规划和表达一项计划中的各项工作的先后顺序和相互关系，通过计算关键线路和关键工作，并根据实际情况的变化不断优化网络计划，选择最优方案并付诸实施。以确定性网络（网络图中各项活动的作业关系是确定的）为工具制定工程项目计划，使得工程项目管理的计划更加有效，项目组织、实施和控制等管理更加有序并落到实处。

20 世纪后半叶，随着不确定性因素在科研项目、试制工程以及大型而复杂的服务系统中的作用日益重要，加之信号流图理论不断发展，1962 年产生了能够体现随机因素作用的图示评审技术（graphic evaluation and review technique，GERT）。20 世纪 70 年代初，美国的穆勒（G. L. Moeller）等人在 GERT 基础上提出了风险评审技术（venture evaluation review technique，VERT）。人类又开创了以随机网络为工具的项目规划时代，网络图中各项活动的作业关系并不是完全确定的，存在概率分支或反馈回路等。

由于这些技术方法均以网络描述工序作业及工序作业之间的关系，故称为网络计划技术。本书只介绍确定性网络计划技术，通过各种时间参数的计算，对网络计划进行调整和优化。

二、网络计划技术的特性

网络计划技术可以为施工管理者提供许多信息，有利于加强施工管理。它是一种科学编制和监控计划执行管理的方法，有助于管理人员全面了解、重点掌握、灵活安排、合理组织，多快好省地完成计划任务，不断提高管理水平。

网络计划技术与项目施工路线的流水作业法不同，工艺路线可以决定施工顺序和过程，而网络计划技术是把工程进度安排通过网络图的形式直观地反映出来。其优点在于：

第一，网络计划技术把项目施工过程中的各有关作业以网络图的形式组成一个有机整体，从而全面明确地表达出各项作业进行的先后顺序及其相互制约、相互依赖的逻辑关系。

第二，方便进行时间参数的计算，例如各项作业的最早可能开工时间、最早可能完工时间、最迟必须开工时间、最迟必须完工时间，以及作业的时差。通过对这些时间参数的计算，有利于各项作业的进度安排和控制。

第三，可以反映出整个工程和任务的全貌，明确对全局有影响的关键作业和关键线路，便于管理者抓住主要问题，明确施工监控的重点和瓶颈资源的有效和合理分配，确保工程如期完工。

第四，能够从多个可行的实施方案中改进和优化，以更好地调配人力、物力和财力，达到降低材料消耗和工程成本的目的。

第五，在项目计划的组织和实施过程中，某一作业因故推迟或提前完成时，可以预见到它对整个工程计划的影响程度，并能依据具体的变动情况，迅速作出实施方案的调整，确保项目计划始终受到控制和监督。

第六，便于利用计算机进行绘制和调整网络图，并能从网络计划时间参数计算和方案优化中获得更多的信息，这是甘特图法所不能达到的。

然而，网络计划技术只不过是反映和表达项目计划安排的一种方法，它既不能决定项目施工的组织安排，亦不能解决项目施工技术问题；相反，它是由项目施工技术决定的，只能适应项目施工方法的要求。

第2节　网络图的绘制

应用网络计划技术编制计划是用网络图来表示一项工程、工程中各道作业及其相互之间的关系。网络计划技术的基础是图论，网络图实际上是计划的图示模型。现将与网络图有关的术语和概念分述如下。

一、网络计划的图示形式

网络计划的表达形式是网络图，它是由箭线"→"和结点"○"按一定的次序排列而成的网状图形。所谓网络图是指由箭线、结点及时间参数所构成的有向图。

网络图中的作业（又称工序）指一项需要人、财、物和时间等资源的相对独立的活动。具体而言，作业指工程计划任务按详略程度划分而成的子项目、子过程或活动，可以是生产管理中的工艺阶段、生产工序或细分工位。直接相连的前行作业称紧前作业，直接相连的后继作业称紧后作业。

前后相邻箭线的分界点称为结点，一般用圆圈来表示。结点具有承上启下的作用，只标志作业的结束和开始的瞬间。每项作业完成的持续时间长短，称为作业时间。

网络图中从始结点开始，沿箭线方向连续通过一系列箭线与结点，最后到达终结点的通路称为线路。线路上各道作业时间之和，称为该线路的长度，也是完成这条线路上所有作业的计划工期。

在网络图中，按结点和箭线所代表的含义不同，可分为箭线式网络图和结点式网络图两大类。

（一）箭线式网络图

箭线表示作业，结点为作业之间相互关系的网络图，称箭线式网络。

在箭线上方标注作业的名称代号，可用字母表示。在箭线下方标注作业的持续时间（如图8-1所示）。

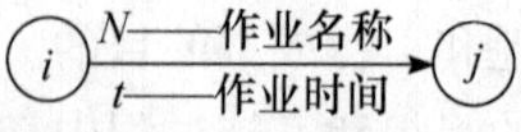

图8-1　箭线式网络图的作业表示

此时，结点（又称事件）是前后相邻作业的时间分界点。结点既不消耗人力、物力，也不占用时间资源。结点用圆圈表示，且需要在圆圈内编上顺序号，用数字表示。

箭尾结点表示一道作业的开始，箭头结点表示该道作业的完成。因此，一条箭线前后各有一个结点，可以用箭线前后两个结点的编号来表示一道作业的名称，故箭线式网络图也称双代号网络图。图 8－2 就是一个箭线式网络图的例子。

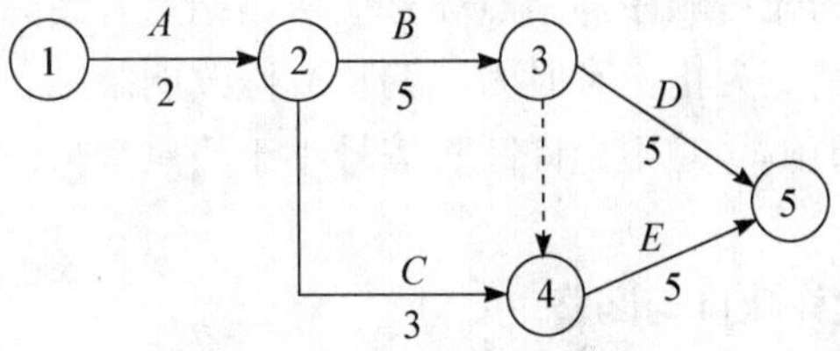

图 8－2　箭线式网络图示意图

（二）结点式网络图

结点表示作业，箭线为作业之间相互关系的网络图，称结点式网络。

结点用圆圈“○”表示，将结点分为三部分，分别表示作业序号、作业名称和作业时间。结点的编号为作业序号，用数字表示；作业名称可以用字母代号表示（如图 8－3 所示）。

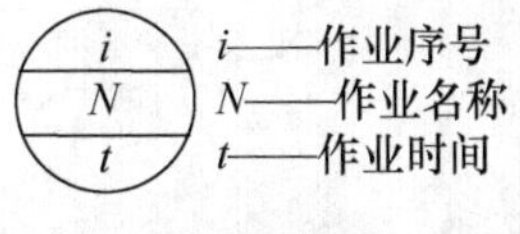

图 8－3　结点式网络图的作业表示

此时，箭线只是表示前后作业之间的相互逻辑关系。例如，物理学中的电路图，结点表示电子元器件，箭线表示线路连接关系，它是典型的结点式网络图。

由于作业序号可以唯一表示作业名称，因此也可以将结点简化为作业序号和作业时间。这样用结点的编号表示作业名称的网络图，称为单代号网络图。图 8－2 所示的作业关系，可用圆形或方形表示为图 8－4 的结点式网络图。

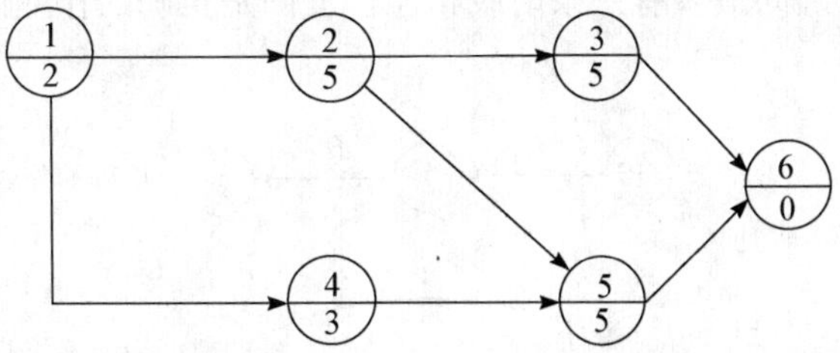

图 8－4　结点式网络图示意图

实际管理工作中，人们习惯于用箭线表示作业，结点为作业之间的相互关系，也便于计算机求解，因此本书采用箭线式网络图。

二、箭线式网络图的规则

本书不涉及随机网络问题，以下介绍的网络图绘制规则，只是针对确定性箭线式网络图。

（一）网络图是有向图

网络图是有向图，作业应按工艺流程顺序或工作逻辑关系从左向右排列。箭线方向表示作业的先后顺序。结点编号应从始结点开始，按照时序依次从小到大进行编号，直到终结点为止。有时为了调整或修改网络图，可适当留有余号。结点编号可以不连续，但编号时不允许箭头编号小于箭尾编号。

（二）不允许缺口与回路

确定性网络图中只能有一个始结点和一个终结点。因此，自网络图的同一始点经由任何路径都可以到达同一终点。在确定性网络图中不允许出现两个以上的始结点和两个以上的终结点，不允许缺口与回路。图8-5中②是缺口，③→④→⑤是回路，不符合规则。

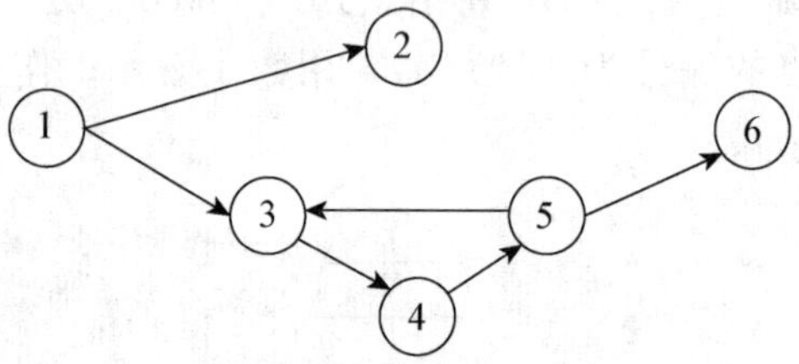

图8-5 存在缺口与回路的错误图形

（三）作业表示的规定

箭线式网络图中，一条箭线和它的相关结点只能代表一道作业，不能同时代表多道作业，因此两个结点之间只能有一条箭线相连。

对比图8-6中的两个图形，为反映作业 A 和作业 B 是紧前和紧后的逻辑关系，且两个结点之间最多有一条箭线相连，上图是正确的作业画法，下图是错误的作业画法。

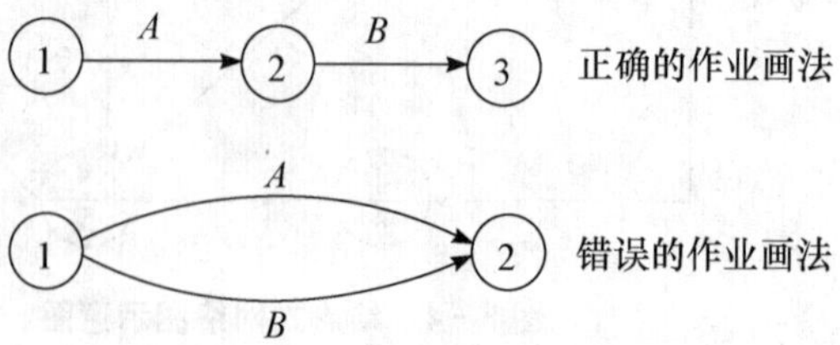

图8-6 作业表示规定

说明：在结点之间严禁出现带双向箭头或无箭头的连线。

（四）虚作业表示的规定

如果作业 A 和作业 B 不是紧前和紧后逻辑关系，而是平行作业，即相互独立的作业 A 和 B 可以同时进行，网络图中利用虚作业表示平行作业。虚作业是为了表达相邻作业之间的逻辑关系而虚设的非实际作业，既不消耗时间，又不消耗费用和资源，所以用虚箭线表示。

图 8－6 中的错误作业画法，引入虚作业应该绘制成图 8－7。一般而言，选择作业时间长者直接相连，作业时间短者则通过虚作业相连。

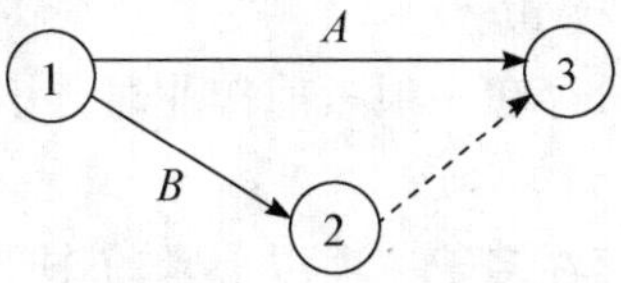

图 8－7　虚作业示意图

可见，网络计划的作业通常有三类：既消耗时间又消耗资源的作业，例如绑扎钢筋、浇筑钢筋混凝土；只消耗时间而不消耗资源的作业，例如钢筋混凝土养护、油漆干燥；既不消耗时间也不消耗资源的作业。在工程实践中，前两类作业是实际存在的，通常称为实作业，第三类作业是人为虚设的，只表示相邻前后作业之间的逻辑关系，通常称为虚作业。

（五）箭线布局的规定

绘制网络图时，箭线可以是水平、垂直、右倾斜的直线或直角折线，但不能绘制成弧线，更不宜交叉。当交叉不可避免时，可用过桥法或指向法，如图 8－8 所示。采用指向法时应注意结点编号指向的大小关系，保持箭尾结点的编号小于箭头结点编号。

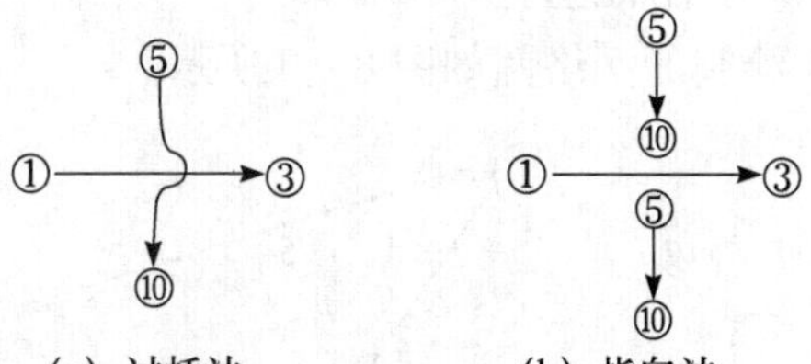

图 8－8　箭线交叉的表示方法

三、箭线式网络图举例

［例 8－1］　表 8－1 为某工程的工序作业一览表，绘制其网络图。

表 8－1　某工程的工序作业一览表

工序	*a*	*b*	*c*	*d*	*e*	*f*	*g*
紧前工序	—	—	*a*，*b*	*a*	*c*，*d*	*a*	*e*，*f*
工序时间	4	2	3	5	5	5	6

（一）先绘制网络草图

绘制网络草图的任务，就是根据确定的作业明细表中的逻辑关系，将各项作业依次正确地连接起来。绘制网络草图的方法是顺推法，即以始结点开始，首先确定由始结点引出的作业，然后根据作业间的逻辑关系，确定每项作业的紧后作业。这样把各项作业依次按网络逻辑连接起来。在这一连接过程中，为避免作业逻辑错误，应遵循以下要求：

（1）当某项作业只存在一项紧前作业时，该作业可以直接从紧前作业的结束结点连出。

（2）当某项作业存在多于一项以上紧前作业时，可从其紧前作业的结束结点引入虚作业并汇交到一个新结点，然后从这一新结点把该项作业连出。

（3）在连接某作业时，若该作业的紧前作业没有全部绘出，则该项作业不应绘出。

（二）整理网络图布局

审查作业的逻辑关系和虚作业的必要性，去掉多余的虚作业。箭线式网络图中的虚作业是非常重要的，不仅能表达作业间的逻辑关系，还能表达不同结点之间的相互联系。但引入虚作业时要恰如其分，不能滥用，以必不可少为限。然后对网络图布局进行合理安排和整理，突出整齐性和美观性。

（三）检查结点的编号

参照作业明细表中的逻辑关系，按照网络图绘制的基本原则，检查网络图有无错误，若无错误，对结点进行顺序编号。

根据表8-1绘制的网络图如图8-9所示。

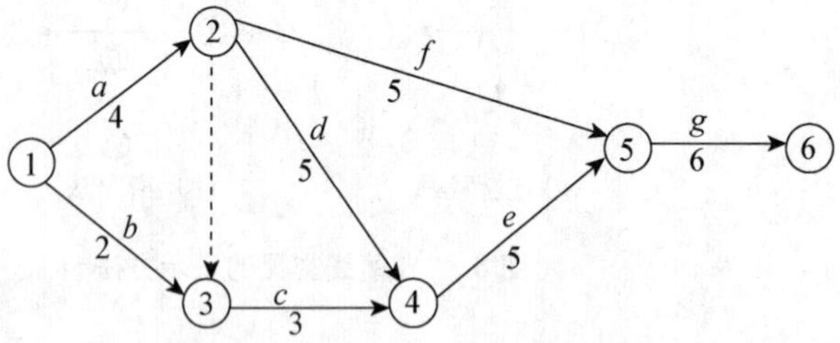

图8-9 某工程工序网络图

这种确定性网络图不仅应用于工程项目施工计划的制定，也应用于运营管理的单件生产模式，即加工对象固定的生产模式。而大量生产的流水线生产模式，一般可使用线性规划的方法制定生产计划。

第3节 关键路线法

在网络图中，从始结点开始，作业按照工艺流程顺序或工作逻辑关系，到达终结点的路称为线路或路线。这样的路线往往有多条，其中时间最长的路线称为关键路线（critical path，CP），或称为主要矛盾线，关键路线上的作业称为关键作业。关键路线法是在网络图的基础上，通过计算时间参数，确定关键路线，从而对工程项目进行更有效的协调与计划。关键路线法适用于常规性生产项目的计划安排，各项工作重复发生，有确定的操作规程和时间定额，有较完备的统计资料。关键路线法相当于我们经常说到的确定性模型。为了编制网络计划和找出关键路线，首先需要计算网络图中各个结点及各道作业的有关时间。

一、结点的时间参数

（一）结点的最早时间 $t_E(j)$

结点的最早时间 $t_E(j)$ 指从该结点开始的各道作业最早可能的开工时刻，它等于从始结点起到本结点的最长路线上各道作业时间之和。

计算从始结点开始，自左向右，顺着箭线方向逐个计算，直到终点。显然，始结点的最早时间为零，即 $t_E(1)=0$。其计算公式为：

$$\begin{cases} t_E(1)=0 \\ t_E(j)=\max\limits_{i}\{t_E(i)+t(i,j)\} \end{cases}$$

式中，$t(i,j)$ 为作业时间；$t_E(i)$ 为箭尾结点最早时间；$t_E(j)$ 为箭头结点的最早时间（如图 8－10 所示）。

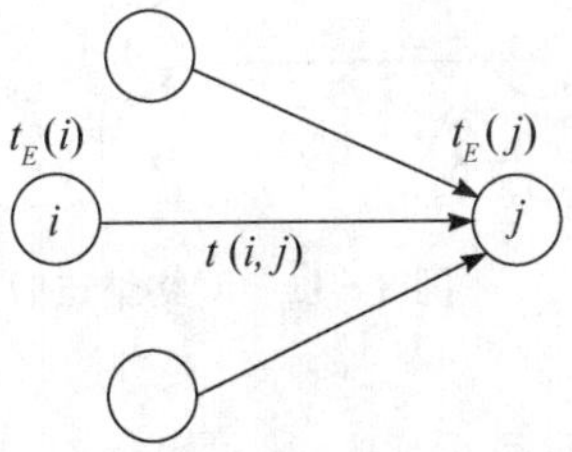

图 8－10 结点最早时间关系图

（二）结点的最迟时间 $t_L(j)$

结点的最迟时间 $t_L(j)$ 指以该结点为结束的各道作业最迟必须完工的时刻，否则将会影响后续作业按时开工，以致推迟整个工程的完工时间。

计算时由网络的终结点开始，从右向左，逆箭线方向，逐个计算，直至始结点。很明显，终结点的最迟时间等于终结点的最早时间或工程最早完工时间，即 $t_L(n)=t_E(n)=T_E$。$t_L(j)$ 的计算公式如下：

$$\begin{cases} t_L(n)=t_E(n) \\ t_L(i)=\min\limits_{j}\{t_L(j)-t(i,j)\} \end{cases}$$

式中，$t_L(n)$ 为终结点的最迟时间；$t_L(i)$ 为箭尾结点的最迟时间；$t_L(j)$ 为箭头结点的最迟时间（如图 8－11 所示）。

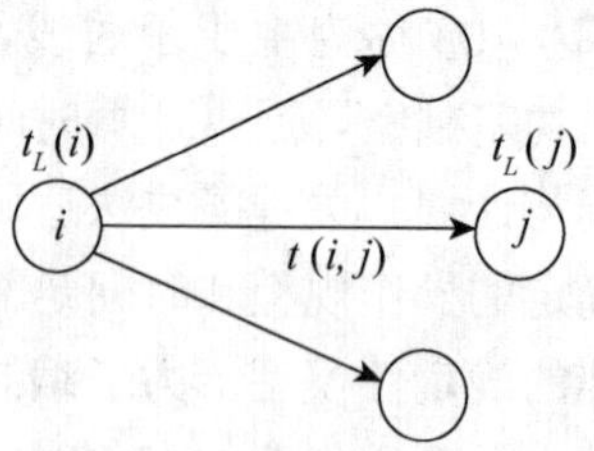

图 8-11　结点最迟时间关系图

根据上面结点时间的计算方法，我们可以计算出例 8-1 的结点时间参数。在图上计算结点时间参数时，可以用方框表示各工序的最早开始时间，并将计算的数值标注在各结点边的“□”内；同样，可以用三角形表示各工序的最迟发生时间，并将计算的数值标注在各结点边的“△”内，如图 8-12 所示。

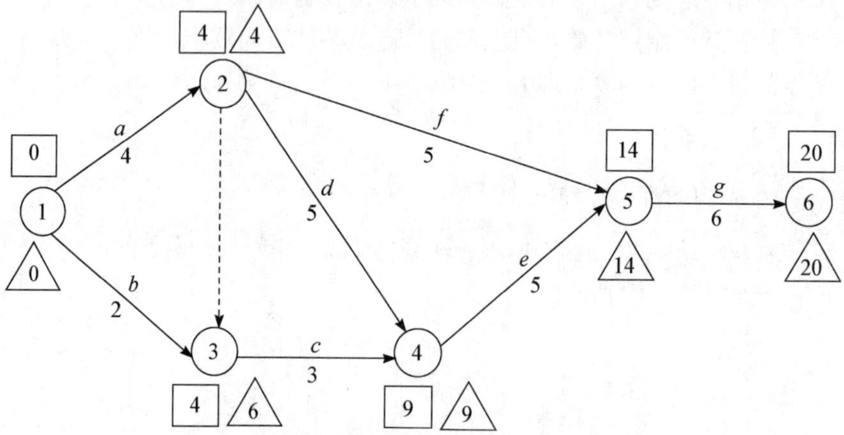

图 8-12　网络结点时间参数图

二、作业的时间参数

在理解结点时间的概念后，我们介绍作业时间参数的计算。

（一）最早可能开工时间 $t_{ES}(i, j)$

最早可能开工时间 $t_{ES}(i, j)$ 指一道作业必须在其各紧前作业都完工后才能开工，在此之前不具备开工条件的时刻。作业最早可能开工时间等于其所有紧前作业的最早可能开工时间与其作业时间之和的最大值，即它的箭尾结点的最早时间，其计算公式为：

$$t_{ES}(i,j)=t_E(i)$$

（二）最早可能完工时间 $t_{EF}(i, j)$

最早可能完工时间 $t_{EF}(i, j)$ 是它的最早可能开工时间加上本作业的作业时间，即

$$t_{EF}(i,j)=t_{ES}(i,j)+t(i,j)$$

(三) 最迟必须开工时间 $t_{LS}(i,\ j)$

最迟必须开工时间 $t_{LS}(i,\ j)$ 指在不影响整个工程如期完工的前提下，作业最迟必须开工的时刻。一般在网络中的非关键作业上可以允许有一定范围的推迟开工时间。作业的最迟必须开工时间等于它的箭头结点的最迟时间减去本作业的作业时间，即

$$t_{LS}(i,j)=t_L(j)-t(i,j)$$

(四) 最迟必须完工时间 $t_{LF}(i,\ j)$

最迟必须完工时间 $t_{LF}(i,\ j)$ 是指作业的最迟必须开工时间加上完成本作业的作业时间，即

$$t_{LF}(i,j)=t_{LS}(i,j)+t(i,j)=t_L(j)$$

三、时差与关键路线

时差又称机动时间或宽裕时间，是指在不影响如期完成任务的条件下，各道作业可以机动使用的一段时间。时差反映了网络计划中各条路线上作业时间的不平衡，计算和利用时差可以挖掘潜力，采取应对措施，合理安排调配各种资源，使计划更趋合理。

(一) 作业的总时差 $R(i,\ j)$

作业的总时差 $R(i,\ j)$ 是指在不影响其紧后作业最迟必须开工的前提下，本作业的完工时间可以推迟的时间。作业的总时差等于该作业的最迟必须完工时间减去作业最早可能完工时间，或者，用作业的最迟必须开工时间减去最早可能开工时间，即

$$\begin{aligned}R(i,j)&=t_{LF}(i,j)-t_{EF}(i,j)=t_{LS}(i,j)-t_{ES}(i,j)\\&=t_L(j)-t_E(i)-t(i,j)\end{aligned}$$

作业的总时差越大，表明该作业在整个网络中的机动时间越大，可以在一定范围内将该作业的人力、物力资源用到关键作业上去，以达到缩短工程工期的目的。

(二) 作业的单时差 $r(i,\ j)$

作业的单时差 $r(i,\ j)$ 是指在不影响其紧后作业最早可能开工的前提下，本作业最早可能完工时间可以推迟的时间。它等于紧后作业最早可能开工时间 $t_{ES}(j,\ k)$ 减去本作业最早可能完工时间 $t_{EF}(i,\ j)$，即

$$\begin{aligned}r(i,j)&=t_{ES}(j,k)-t_{EF}(i,j)\\&=t_E(j)-t_E(i)-t(i,j)\end{aligned}$$

作业时差与作业时间参数之间的关系如图 8-13 所示。紧前作业为ⓘ→ⓙ，紧后作业为ⓘ→ⓚ。

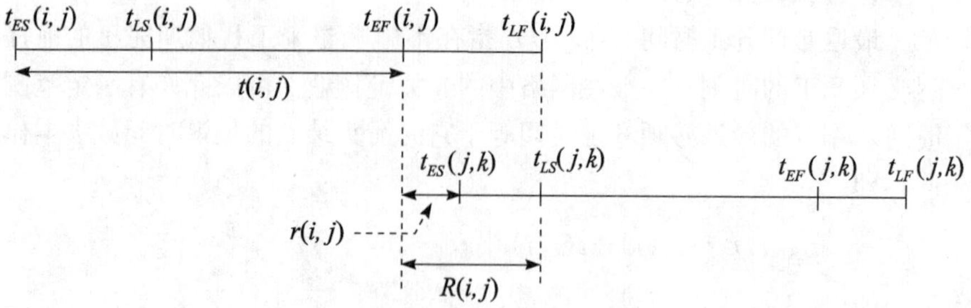

图 8-13 作业时差关系示意图

可见，某项工作的单时差小于等于其总时差。单时差为零时，总时差不一定等于零，而总时差为零时，单时差一定为零。

(三) 关键路线

在图 8-12 中，从始结点开始，按照各道作业的顺序，连续不断地到达终结点的通路共有 5 条路线。这 5 条路线的组成及所需要的时间如表 8-2 所示。

表 8-2 路线组成及其路长

路线	路线组成	路线长度
1	①→②→⑤→⑥	4+5+6=15
2	①→②→④→⑤→⑥	4+5+5+6=20
3	①→③→④→⑤→⑥	2+3+5+6=16
4	①→②→③→④→⑤→⑥	4+3+5+6=18

在图 8-12 中，关键路线为 $a \to d \to e \to g$。关键作业为 a，d，e，g。如果能够缩短关键作业所需的时间，就可以缩短工程的完工时间。而缩短非关键路线上的各道作业所需要的时间，却不能使工程的完工时间提前。可见，关键路线是对工程工期起关键作用的路线，关键路线上作业时间之和就是工程的总工期。

编制网络计划的基本思想就是在一个庞大的网络图中找出关键路线。由于上述的穷举法不易找出关键路线，可以通过如下两种方法计算得出。第一种是利用网络图上的结点时间参数。一般而言，最早时间和最迟时间相等的结点组成关键路线。第二种是总时差为零的作业称为关键作业，将关键作业连接起来就是关键路线。

四、时间参数计算举例

下面利用表格形式，计算总时差与单时差从而确定关键路线。仍以例 8-1 为例，首先将各结点的时间参数填到表 8-3 中。在表 8-3 中需要计算作业最早开始时间、最迟开始时间、最早结束时间、最迟结束时间以及时差，从表中寻找总时差为零的作业，即为关键作业，将其连接起来就是关键路线 $a \to d \to e \to g$。

表 8-3　时间参数表

作业	$t(i, j)$	$t_{ES}(i, j)$	$t_{EF}(i, j)$	$t_{LS}(i, j)$	$t_{LF}(i, j)$	$R(i, j)$	$r(i, j)$	关键作业
a	4	0	4	0	4	0	0	a
b	2	0	2	4	6	4	2	
c	3	4	7	6	9	2	2	
d	5	4	9	4	9	0	0	d
e	5	9	14	9	14	0	0	e
f	5	4	9	9	14	5	5	
g	6	14	20	14	20	0	0	g

调整和控制关键路线是网络计划技术的核心。延长或缩短关键路线上各作业的时间，则整个工程完工期就会相应延迟或缩短一定时间。对各关键作业，应优先安排资源，挖掘潜力，采取相应措施，尽量压缩需要的时间。而对非关键路线上的各作业，只需在不影响工程完工时间的条件下，抽出适当的人力、物力等资源，用在关键作业上，以达到缩短工程工期，合理利用资源等目的。在执行计划过程中，工作重点是对各关键作业加以有效控制和调度。

关键路线有时不止一条，也不是固定不变的，通过调整作业时间，可使关键路线与非关键路线相互转化。

第 4 节　计划评审技术

应用关键路线法有一个重要的前提，即网络图中所有作业的时间都是确定的。然而，在实际工作中，许多工程项目的作业时间不是确定的，存在很多不可预知的影响因素，或者某些工程属于开拓性的工作，无法以经验数据为基础来准确地确定作业时间，关键路线法显然不再适宜。这时就需要寻求新的计划方法，如采用计划评审技术，对作业时间进行粗略的估计，然后绘制确定性网络图，借助关键路线法找出关键路线；再依据概率论的中心极限定理和大数定律，对工程完工期进行概率估计。关键路线法与计划评审技术是先后发展起来的两种计划技术，共同点都是基于确定性网络图寻求关键作业，但计划评审技术解决了关键路线法单点时间估计可靠性不高的问题，使用三点时间估计方法估计活动的作业时间，以此估计整个项目在规定时间完成的概率。

一、作业时间估计

计划评审技术使用三个时间估计值来估计出服从 β 分布作业的均值和方差。β 分布是连续的且没有预先确定的形状，与三个估计值较为接近，传统分析概率性网络图时间都是使用这种分布。作业时间的三种可能估计分别为最乐观时间、最悲观时间和最可能时间。

最乐观时间即在最理想的情况下完成作业所需时间，记为 a；最悲观时间为在最不利的情况下完成作业所需时间，记为 b；最可能时间为在正常情况下完成作业所需时间，记为 m。运用三角分布，将这三者加权平均就得到作业时间的期望值 t：

$$t=\frac{a+4m+b}{6}$$

其方差表示如下：

$$\sigma^2=\left(\frac{b-a}{6}\right)^2$$

二、计算期望工期

如前所述，工程期望工期等于关键路线上各道作业的时间之和。根据中心极限定理，关键路线的均值等于各关键作业的作业时间期望之和；关键路线的方差等于各关键作业时间的方差之和，即有

$$\mu_E=\sum_k \mu_k=\sum_k \left(\frac{a_k+4\,m_k+b_k}{6}\right)$$
$$\sigma_E^2=\sum_k \sigma_k^2=\sum_k \left(\frac{b_k-a_k}{6}\right)^2$$

依据大数定律，任何分布均近似于正态分布，即工期 $T\in N(\mu_E, \sigma_E^2)$。

在关键作业 k 的平均作业时间 μ_k 和方差 σ_k^2 值估算出来的条件下，就可以计算出工程完工时间的概率，也可以算出具有一定概率的工程完工时间。

假设合同规定的工程完工时间为 T，对应置信度为 α 的标准正态分布值 $Z_\alpha=\frac{T-\mu_E}{\sigma_E}$，然后可反查标准正态分布表，求出 Z_α 值对应的完工概率 α。

三、计划评审技术应用举例

［例8-2］　某项目的作业以及相关时间参数如表8-4的左半部分所示，依据三点估计，计算作业时间的期望和方差，如表8-4右半部分所示。若合同规定工期为17，求如期完工的概率；若要求有90%的把握如期完工，求可接受的合同工期。

表8-4　　某项目的作业及其时间参数估计

作业	紧前作业	作业时间估计			作业时间	
		乐观时间	悲观时间	可能时间	期望	方差
a	—	3	5	4	4	$\frac{1}{9}$
b	—	1	3	2	2	$\frac{1}{9}$
c	a，b	2	4	3	3	$\frac{1}{9}$

续前表

作业	紧前作业	作业时间估计			作业时间	
		乐观时间	悲观时间	可能时间	期望	方差
d	a	2	10	4.5	5	$\frac{16}{9}$
e	c，d	3	11	4	5	$\frac{16}{9}$
f	a	3	9	4.5	5	1
g	e，f	4	12	5	6	$\frac{16}{9}$

解　首先，根据表 8-4 绘制项目网络图，并在图中标出各结点的时间参数，见图 8-12，工程的关键作业为：$a \to d \to e \to g$。

再根据已经估计的作业时间求出相应作业的均值、方差填到表 8-4 中右边两列，则工程工期的期望为关键作业期望时间之和，即 $\mu_E = \mu_a + \mu_d + \mu_e + \mu_g = 4+5+5+6=20$，工程工期的方差为关键作业时间的方差之和，即$\sigma_E^2 = \sigma_a^2 + \sigma_d^2 + \sigma_e^2 + \sigma_g^2 = \frac{1}{9} + \frac{16}{9} + \frac{16}{9} + \frac{16}{9} = \frac{49}{9}$。

已知合同工期 $T=17$，则 $Z_\alpha = \frac{T-\mu_E}{\sigma_E} = -1.29$，反查标准正态分布表知 $\alpha = 9.9\%$。即现有技术方案，对于合同工期 17，完工的概率不足 10%。

若要求 $\alpha = 90\%$，查标准正态分布表得到 $Z_\alpha = 1.3$，则可接受的合同工期为 $T = \mu_E + Z_\alpha \sigma_E = 20 + 1.3 \times \frac{7}{3} = 23$。

第 5 节　网络计划优化

对一项工程项目，通过绘制网络图，计算时间参数和确定关键路线，其初步计划方案就算基本完成。为了不断改进计划方案，并使之达到最优或令人满意，还要综合考虑时间进度、费用、资源等因素，对网络计划进行优化。

一、缩短工程工期

缩短工程时间是在现有资源允许条件下，尽量加快工程进度，缩短工期。主要措施有：

（1）采取技术措施，不断改进工艺和技术装备，压缩关键作业的作业时间。

（2）采取组织措施，合理组织平行作业或交叉作业。平行作业是指两道以上相互独立的作业同时进行。交叉作业是指在条件允许时，可将紧前作业完成的部分任务分期分批地转入下一道作业。平行作业和交叉作业都能加快工程进度，缩短工程周期，在工程计划中普遍采用。

（3）利用作业时差，调配非关键作业的资源，突击优先完成关键作业。也就是说，分配项目作业资源时，优先考虑关键作业的资源需求。

二、工期-费用优化

在时间进度优化中，重点在于如何缩短工期，但工期的缩短与工程费用是密切相关的。在网络计划的优化中，应考虑不同的完工时间所对应的工程费用。找到工程费用最低的完工时间，这就是工期-费用优化问题，也称为最低成本日程。寻求工期-费用的优化，应从时间与费用关系分析入手，协调工期与费用的合理结合，使得工期最短和总费用最低。

（一）工期与成本的关系

根据项目费用的习性，工程成本由直接费用和间接费用两部分组成。直接费用是指工程施工本身所需的直接材料、直接人工等费用支出；间接费用是指与工程工期有关的管理费用、设备租金等运营费用。

一般而言，缩短工期会引起直接费用增加和间接费用减少。反之，延长工期会引起直接费用减少和间接费用增加。严格来讲，直接费用与工期不是线性关系，临近极限工期，直接费用增加率骤然上升。工程工期与费用关系如图 8－14 所示。

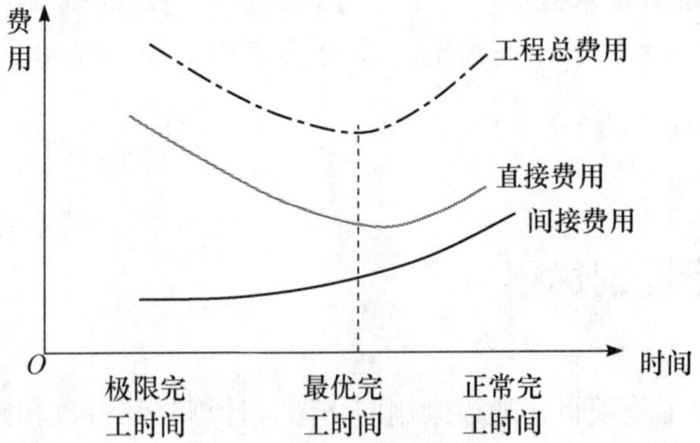

图 8－14　工期-费用关系图

在计划制定和优化过程中，为简化起见，一般把作业的直接费用增加率作为线性处理，如图 8－15 所示。如果不是线性函数关系，则采取分段函数，近似线性化。

在图 8－15 中，与直接费用 c_m 相对应的作业时间 t_m 称为正常完工的作业时间，与赶工费用 c_k 相对应的作业时间 t_k 称为极限完工的作业时间。从图 8－15 中，我们可近似计算出直接费用的费用率为：

$$e=\frac{c_k-c_m}{t_m-t_k}$$

式中，e 表示缩短作业的单位时间需要增加的直接费用。不同作业的费用率 e 是不

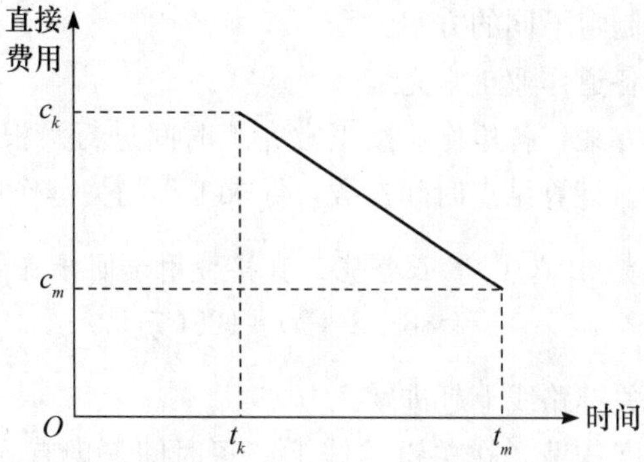

图 8-15　直接费用—时间关系图

同的，可以得到费用率的一般公式为：

$$\text{赶单位时间增加的直接费用(费率)}=\frac{\text{赶进度极限完工费用}-\text{正常完工费用}}{\text{正常完工作业时间}-\text{极限完工作业时间}}$$

（二）工期-费用优化案例

通常，工期-费用优化是从网络计划的关键路线着手，以工程费用最小为目的，通过有选择地缩短关键作业的作业时间，每次都按最小直接费用增加额进行方案改进，并比较不同方案，从中选择最优方案。这里通过例 8-3 来说明。

［例 8-3］　某工程的作业流程如表 8-5 所示，现要缩短工期，试寻求工期较短而费用最少的优化方案。

表 8-5　某工程作业流程及其费用统计资料

作业	紧前作业	作业时间（天）		作业直接费用（万元）		费率
		正常完工	极限完工	正常完工	极限完工	
a	—	4	3	8	12	4
b	—	2	1	16	17	1
c	*a*，*b*	3	2	20	21.2	1.2
d	*a*	5	2	10	13	1
e	*c*，*d*	5	3	15	19	2
f	*a*	5	3	10	12	1
g	*e*，*f*	6	4	9	17	4
合计				88		
间接费用				2 万元/天		

解　首先，根据工程预算，分别确定每道作业正常完工的直接费用，然后再预算每道作业每赶工一个时间单位（可以是周、天、小时等）所需的费用（即费用率 *e*），最后将工程间接费用平均分摊到相应的时间单位，如万元/天。而整个工程费用则是正常完工直接费用与赶工费用、间接费用之和。有关资料如表 8-5 所示，

以此为依据，制定不同的方案。

方案Ⅰ：各道作业正常完工。

制定初始方案，各道作业按正常完工时间进行。根据表8-5画出网络图，如图8-12所示。计算结点时间参数，寻求工程的关键作业为$a \to d \to e \to g$。

$$工程费用\ C(\text{Ⅰ})=正常完工直接费用+间接费用$$
$$=88+2\times20=128(万元)$$

方案Ⅱ：关键路线上赶进度。

确定赶进度作业：在关键路线上缩短时间，现有a，d，e，g四道关键作业，其中作业d赶工1天所增加的直接费用最少，所以选择关键作业d赶进度。

确定赶进度时间：赶进度的时间应考虑该作业本身最多能赶几天；同时保证赶进度后，原来的关键路线仍是关键路线。从表8-5中可以看出作业d最多能赶3天，为了保证原关键路线仍是关键路线，故计算非关键作业的总时差，$R(b)=4$，$R(c)=2$，$R(f)=5$。作业d赶进度时间$\Delta T_d=\min\{3, 4, 2, 5\}=2$，因此决定作业$d$赶进度2天。

其网络图如图8-16所示，这时出现了两条关键路线$a \to d \to e \to g$和$a \to c \to e \to g$。

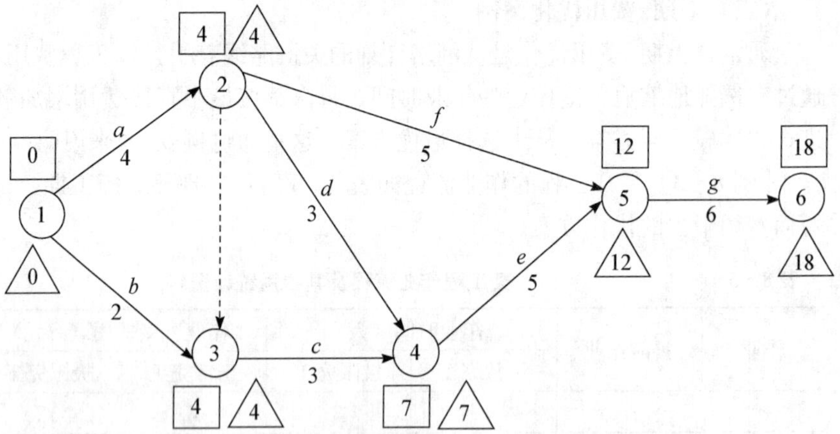

图8-16　关键作业d赶工网络图

$$工程费用\ C(\text{Ⅱ})=正常完工直接费用+赶进度增加的直接费用+间接费用$$
$$=88+2\times1+2\times18=126(万元)$$

比较两个方案，方案Ⅱ比方案Ⅰ的工程周期缩短2天，同时工程费用降低2万元。

方案Ⅲ：关键路线上赶进度。

确定赶进度作业：再继续看关键路线$a \to d \to e \to g$，其中作业d赶工1天所增加的直接费用最少（1万元），但是如果选择作业d赶进度，那么关键路线$a \to c \to e \to g$上关键作业c需要同时赶进度，c赶工1天所增加直接费用1.2万元，这样需要增加直接费用2.2万元才能缩短工程工期1天。然而，它们共有的关键作业e赶单位时间进度增加的直接费用更低（2万元），故选择关键作业e赶进度。

确定赶进度时间：从表 8-5 中可以看出作业 e 最多能赶 2 天，为了保证原关键路线仍是关键路线，需要计算非关键作业 f 的总时差，$R(f)=3$，则作业 e 赶进度时间 $\Delta T_e=\min\{2, 3\}=2$，因此决定赶 2 天。其网络图如图 8-17 所示。

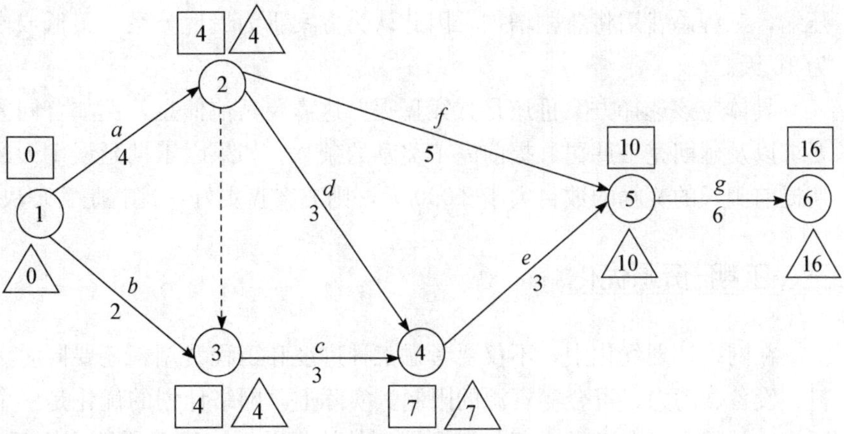

图 8-17　关键作业 e 赶工网络图

工程费用 C(Ⅲ)＝正常完工直接费用＋赶进度增加的直接费用＋间接费用

$=88+2\times1+2\times2+2\times16=126$(万元)

比较Ⅱ和Ⅲ两个方案，方案Ⅲ比方案Ⅱ的工程周期缩短 2 天，同时工程费用没增加。

方案Ⅳ：关键路线上赶进度。

方案Ⅲ有两条关键路线，在关键路线 $a\to d\to e\to g$ 上赶进度增加直接费用最少的关键作业是 d，在 $a\to c\to e\to g$ 上为关键作业 c，故确定同时压缩关键作业 d，c 的作业时间。作业 d 本身最多只能再赶 1 天，作业 c 最多能赶 1 天；为保证关键路线仍是关键路线，计算非关键路线作业的总时差 $R(f)=1$，$R(b)=2$。所以作业 d，c 同时赶进度时间 $\Delta T_c=1$，即只能同时各赶 1 天。其网络图如图 8-18 所示。

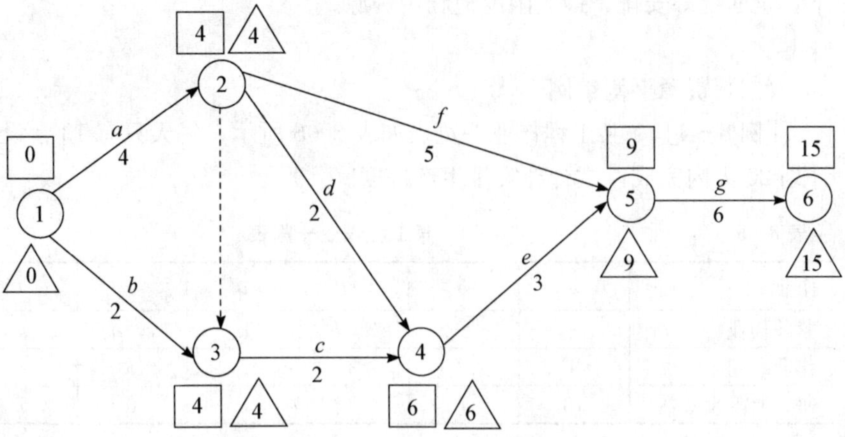

图 8-18　关键作业 d，c 同时赶工网络图

工程费用 $C(\text{Ⅳ})$＝正常完工直接费用＋赶进度增加的直接费用＋间接费用

$$=88+2\times1+2\times2+1\times(1+1.2)+2\times15=126.2（万元）$$

方案Ⅳ比方案Ⅲ的工程工期缩短1天，但工程费用增加了2 000元。如果继续压缩，工程总费用将急剧增加，因此认为方案Ⅲ为最优方案，最低成本对应的工期为16天。

具体应该选择方案Ⅲ还是方案Ⅳ呢？这需要其他信息，例如合同关于完工时间要求以及延期完工惩罚、提前完工奖励的条款。如果因工期延误1天的惩罚或因工期提前1天的奖励的数目大于2 000元，则方案Ⅳ更好，这就是管理决策的艺术性。

三、工期-资源优化

在网络计划优化中，不仅要考虑工程进度和工程费用，还要同时考虑人员、材料、设备、动力、资金等资源的限制。实际上，网络计划的优化是一个系统优化问题。这就需要综合考虑工期与资源限制的协调关系，而且需要多次反复综合平衡，最后选择最满意的方案。

（一）资源平衡准则

由于资源平衡涉及的内容广泛，每一种有限资源的合理安排方案也不尽相同。但合理安排这些资源的基本要求却比较一致。平衡资源的准则如下：

第一，在压缩工程时间及费用的同时，要分别考量每道作业所需资源的用量与供应能力及时间限制，以便确定每道作业可压缩时间的限度及其进度安排。

第二，优先保证关键路线上关键作业对资源的需求量。

第三，向非关键作业要资源，利用时差调整非关键作业的开工时间和完工时间，以达到与关键作业在占用资源的时间上错开，拉平资源需要量的高峰的目标。

第四，当资源绝对受限制时，在保证不推迟或尽量少推迟工程完工时间的前提下，全面统筹安排，最大限度地利用资源。

（二）资源平衡举例

［**例8-4**］　某工程作业一览表如表8-6所示，每天只有13台设备可供使用，计划20天内完成，试合理安排生产进度。

表8-6　某工程作业一览表

作业	a	b	c	d	e	f	g
紧前作业	—	—	a，b	a	c，d	a	e，f
作业时间	4	2	3	5	5	5	6
每天所需设备数	13	7	8	5	6	7	12

解　其网络图如图8-12所示，计算结点时间参数，寻求关键路线为 $a\rightarrow d\rightarrow e\rightarrow g$。

完成该工程共需设备数为 $4\times13+2\times7+3\times8+5\times5+5\times6+5\times7+6\times12=252$，则 20 天内完成，平均每天需设备 12.6 台。因为平均每天所需的设备数小于现有设备数 13 台，所以适当安排各作业的开工时间和完工时间，整个工程可以在预计工期 20 天内完成。

（三）制定初始方案

各项作业以最早开工时间，安排初始进度如表 8－7 所示。

表 8－7　　工程各项作业的初始进度表

作业	相关结点	作业时间	最早开工时间	总时差	工程进度																			
					1	2	3	4	5	6	7	8	9	10	11	12	13	14	15	16	17	18	19	20
a	①→②	4	0	0	13	13	13	13																
b	①→③	2	0	4	7	7																		
c	③→④	3	4	2					8	8	8													
d	②→④	5	4	0					5	5	5	5	5											
e	④→⑤	5	9	0										6	6	6	6	6						
f	②→⑤	5	4	5					7	7	7	7	7											
g	⑤→⑥	6	14	0															12	12	12	12	12	12
每天所需设备数合计					20	20	13	13	20	20	20	12	12	6	6	6	6	6	12	12	12	12	12	12

从表 8－7 可知，各项作业按最早可能开工时间安排工程进度，每天所需设备数不平衡，有些天超过了现有设备数，另外一些时间设备需求又不足。为保证整个工程能如期完工，应调整非关键作业的开工和完工时间。

（四）调整开工时间

调整原则：一是保证关键作业的需要量；二是利用非关键作业的时差，调整非关键作业的开工和完工时间。

调整后的工程进度方案见表 8－8，其中非关键作业 *b* 延至第 5 天开工，非关键作业 *c* 延至第 7 天开工，非关键作业 *f* 延至第 10 天开工。

表 8－8　　调整后的工程进度表

作业	相关结点	作业时间	最早开工时间	总时差	工程进度																			
					1	2	3	4	5	6	7	8	9	10	11	12	13	14	15	16	17	18	19	20
a	①→②	4	0	0	13	13	13	13																
b	①→③	2	0	4					7	7														
c	③→④	3	4	2							8	8	8											
d	②→④	5	4	0					5	5	5	5	5											
e	④→⑤	5	9	0										6	6	6	6	6						
f	②→⑤	5	4	5										7	7	7	7	7						
g	⑤→⑥	6	14	0															12	12	12	12	12	12
每天所需设备数合计					13	13	13	13	12	12	13	13	13	13	13	13	13	13	12	12	12	12	12	12

第6节 缓冲时间设置

为了确保项目有绝对的把握能如期完工，在实际应用关键路线法的过程中，工序作业时间除了正常的平均作业时间之外，还有部分缓冲时间。如果大家都能按要求在第一时间就抓紧时间开始作业，一般而言就能如期完工，但学生综合征是人们的一种普遍行为。同学提交作业、准备考试，往往快到最后期限时才匆忙动笔和复习，时常采取临阵磨枪策略。这个问题对项目管理的缓冲时间设置很有启示："留有余地"是否为有效的安排工作的方式？为了如期完工留有多少余地最好？在什么地方留有余地最好？

项目出现延期完工问题的大部分原因在于不可控的突发性事件。如何对突发性事件进行有效管理，便是项目管理面临的首要难题。以色列物理学家及企业管理大师高德拉特（E. Goldratt）在项目管理中考虑人的这种行为因素，突破了关键路线的金科玉律，1997年提出了关键链方法。随后，关键链方法逐渐在各国的项目管理中采用，大大缩短了工程时间。例如，以色列飞机工业有限公司运用关键链方法，将飞机维修施工期由3个月缩减到2个星期。美国宾州建一芯片厂，开始预计需要28～36个月才能建成；进行项目规划时，计划18个月内完成；但运用关键链方法改进后，实际只用了13个月。以色列政府规定，接国防研发订单，必须受过关键链的正式训练，否则不能参加竞标。

高德拉特在《关键链》中指出，一般项目经理在考虑到工程中的突发事件时，往往留有很长的安全时间，以应对实施工程中的不测，如图8-19所示。

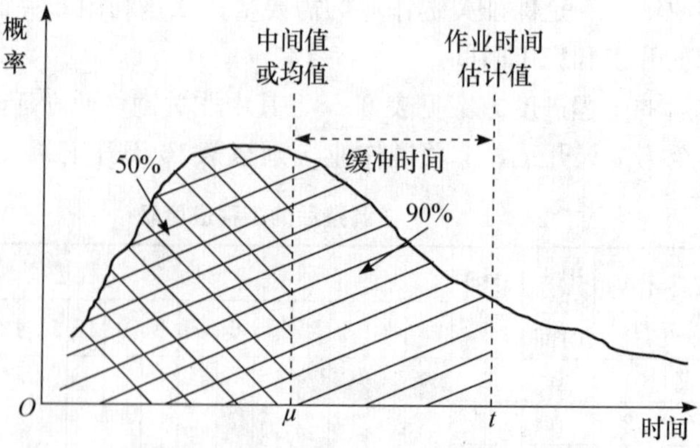

图8-19 作业时间分布图

传统的关键路线法中，为保证能如期完工，给每道作业都富留一定的安全缓冲时间。在图8-19中，作业时间估计值是大部分项目经理在做计划时会选择的预估时间，中间值（作业时间期望值）与选择的预估时间之间的差距，就是在进行项目计划时加进的安全缓冲时间。而从图8-19中可以看出，项目作业时间估计值是作业时间期望值的2倍。也就是说，一般而言的安全缓冲时间差不多是作业完工时间

（理想情况下）的 1 倍。

项目的安全缓冲时间如此之长，主要是由于过去项目中突发事件的发生使管理人员更保守，不愿承担太大的延期风险，而过多的管理层次也使各层增加安全因素。但过长的安全缓冲时间在项目管理实践中又没能如愿地大大降低项目延期的风险。这是因为每道作业都留有安全缓冲时间，所以作业人员凭经验认为作业时间留有空余，时常是开始不急，而将作业的开工时间延后，导致作业经常延迟完工；又由于前后作业之间的依存关系而导致完工延误的不断积累，前面作业完工的延误会全部转嫁给后面的系列作业。所以大部分的安全缓冲时间在项目进程的各个步骤中被人为地消耗了，根本没有起到预防突发性事件的作用。

在管理者试图确保每一步都能按时、高质量地完成的同时，却忽视了项目整体表现的重要性，即"单个步骤表现好，却并不能保证项目整体表现好"。一个项目或工程的整体绩效的提高需要从瓶颈作业着手。而关键路线便是项目的瓶颈所在，关键路线上的任何延误都会拖累整个项目，所以管理者必须首先保证关键路线上作业的按时完成。

具体的思路是：削减每道作业的预估时间，不为单道作业设置安全缓冲时间，而将节省的时间建立一个任务缓冲（某项任务的总体安全时间）。也就是说，把安全缓冲时间设置在项目任务的末端，集中富留一定时间，来应对未来的不测。

当每道作业的预估时间减少，一般是由 90%的按时完成概率减少到 50%时，各道作业时间将会减半，再将减半的时间加总，安排其总减少时间的一半，作为项目安全缓冲时间，这使得项目管理可以更集中且更加有效率（如图 8-20 所示）。

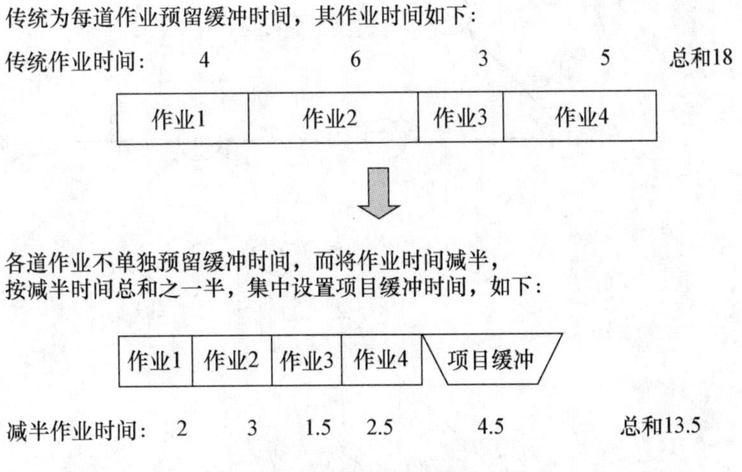

图 8-20　设置项目缓冲示意图

图 8-20 表示将每项任务的预估时间减去一半，然后将减去时间之和的一半作为项目缓冲时间，这就是项目的共用缓冲时间，所需时间为原来的 3/4。

进一步地，我们还需要考虑资源冲突，使制约因素（瓶颈资源）不受非制约因素的影响，在每条衔接路径与关键路线会合的地方插入衔接时间缓冲，例如零件的供货缓冲时间，如图 8-21 所示。

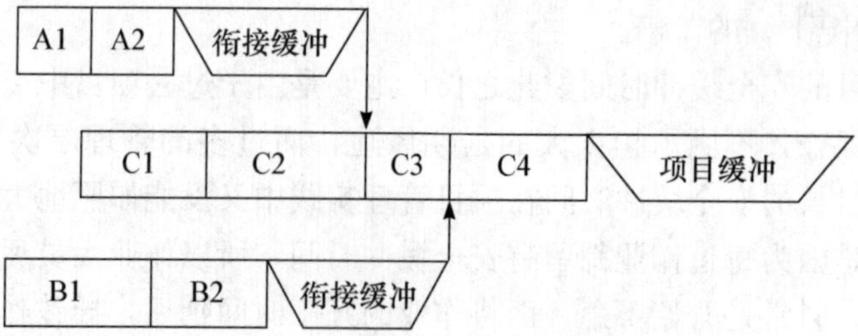

图 8-21 设置衔接缓冲时间示意图

在项目运行的过程中，管理者在关注关键路线的项目缓冲的同时，也要注意衔接路线中的缓冲时间，确保关键路线不被非关键路线的延误所阻碍。

□ 复习思考题

1. 指出图 8-22 中所示网络图的错误，并试予以改正。

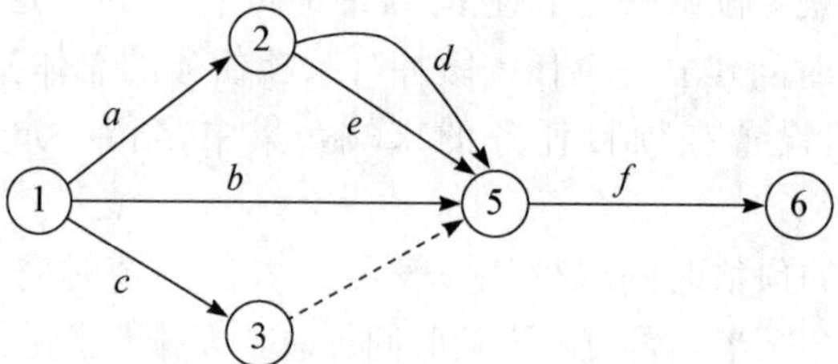

(a)

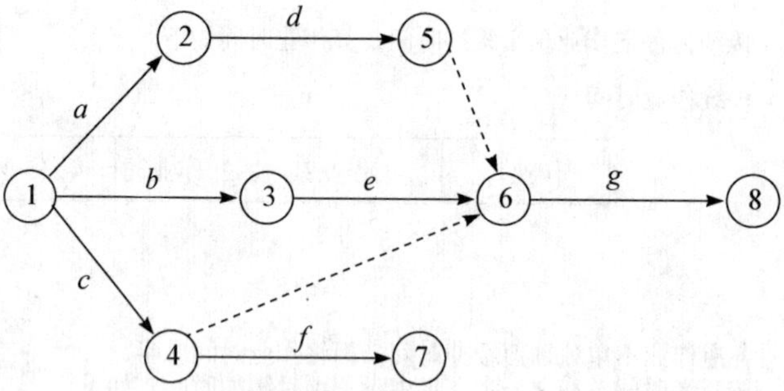

(b)

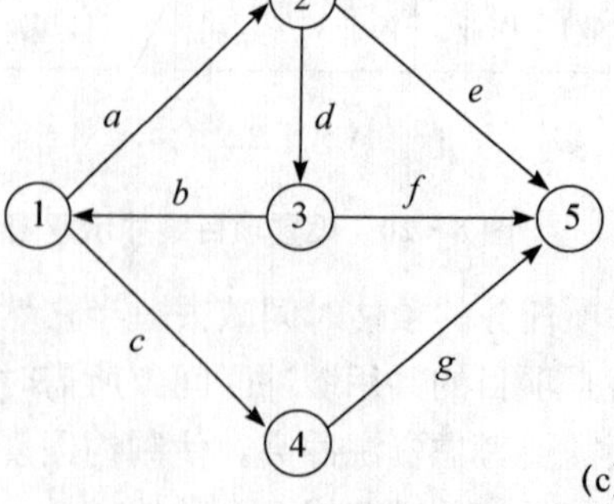

(c)

图 8-22

2. 已知如表 8－9 所列资料：

表 8－9

作业	紧前作业	作业时间（周）	作业	紧前作业	作业时间（周）	作业	紧前作业	作业时间（周）
A	—	3	*E*	*B*	4	*I*	*H*，*L*	2
B	—	4	*F*	*H*	5	*K*	*F*，*I*，*E*	6
C	*A*	4	*G*	*C*，*B*	2	*L*	*B*，*C*	7
D	*L*	3	*H*	*G*，*M*	2	*M*	*B*	6

要求：

（1）绘制网络图。

（2）计算各作业的最早开工时间、最早完工时间、最迟开工时间、最迟完工时间及总时差，并指出关键作业。

（3）若要求工程完工时间缩短 2 天，缩短哪些作业时间为宜？

3. 某项工程各作业的作业时间及所需人数如表 8－10 所示，现有人数为 10 人，试确定工程完工时间最短的各作业的进度计划。

表 8－10

作业代号	紧前作业	作业时间（天）	需要人员数
A	—	4	9
B	—	2	3
C	—	2	6
D	—	2	4
E	*B*	3	8
F	*C*	2	7
G	*F*，*D*	3	2
H	*E*，*G*	4	1

4. 已知网络图有关数据如表 8－11 所示，设间接费用为 15 元/天，求最低成本日程。

表 8－11

作业代号	正常时间		特急时间	
	工时（天）	费用（元）	工时（天）	费用（元）
①→②	6	100	4	120
②→③	9	200	5	280
②→④	3	80	2	110
③→④	0	0	0	0
③→⑤	7	150	5	180
④→⑥	8	250	3	375
④→⑦	2	120	1	170

续前表

作业代号	正常时间		特急时间	
	工时（天）	费用（元）	工时（天）	费用（元）
⑤→⑧	1	100	1	100
⑥→⑧	4	180	3	200
⑦→⑧	5	130	2	220

5. 有一工程项目，作业关系如表8-12所示。

表8-12

作业	紧前作业	需要天数		
		最乐观的	最可能的	最悲观的
a	—	7	7	7
b	—	6	7	9
c	—	8	10	15
d	b，c	9	10	12
e	a	6	7	8
f	d，e	15	20	27
g	d，e	18	20	24
h	c	4	5	7
i	g，f	4	5	7
j	i，h	7	10	30

要求：

（1）绘制网络图并按平均作业时间计算有关时间。

（2）计算结点时间参数，标出关键路线。

（3）该计划项目在60天内完成的概率是多少？

第 9 章 Chapter 9 库存控制

学习要点

- 理解库存系统的构成、库存策略以及库存费用
- 掌握经济订货批量模型及其经济生产批量模型
- 了解允许缺货或价格折扣的经济订货批量模型
- 理解单周期模型与多周期库存模型的应用前提
- 了解需求不确定时设置安全库存的目的和方法

引导案例

随着行业之间的竞争愈演愈烈，客户的期望值也不断提高，企业之间的竞争已经超越传统的方式，逐渐转换成整条供应链的竞争。一家通信设备生产企业在广东省设有一个总库并在全省 21 个城市设置了 47 个分库。所有的物资都需要经过总库才可以向下游经销商进行分配。这种配货流程使大量的流动资金沉淀在库存之中，并且重复的物流耗费了大量的物流成本，冗繁的物流程序延长了存货期，增加了库存量，导致采购和库存管理存在很大的漏洞，尤其是在市场需求出现较大波动时，库存的大量积压带来的不仅仅是成本问题，企业很可能会因为这些漏洞承担很大的经营风险。

如果你是这家企业的物流部门主管，你会如何对其库存管理的现行运作模式及存在的问题和困难进行分析？能否针对这些问题提出可行方案及具体实施步骤？

由于市场需求是不均匀的，企业运营中的仓储问题便成为常见的现象。为保证生产加工过程的连续正常进行，企业需要有产成品库存、零部件库存、原材料库存。是什么原因引起了仓储现象呢？若供应与需求是协调的，则没有成品库存的必要。只是由于供应与需求发生矛盾，才产生了仓储这一环节。引发供求矛盾的原因在于：一是供求时间上的不平衡，需求时没有供应，对于供需的季节性，存在季节

性库存；二是供求空间上的不平衡，供应者与需求者有一定的空间距离，需要渠道库存加以协调；三是供求数量上的不平衡，为了实现规模效应则需要周转库存，供需不确定需要安全库存。这些供求不匹配，必然需要设置库存来进行缓冲与协调。库存的主要作用在于平衡供求、防止中断、防止缺货，以及实现订货批量的规模效应。虽然库存是不可避免的，但库存占用大量的资金，仓储需运营费用，库存是成本之源，掩盖了潜在的管理问题。那么库存水平设置为多少才是最经济的呢？

第1节 库存的相关概念

库存是一个企业所储备的物品和资源。如果仓储量过小，可能导致供需脱节，造成停工待料损失；但仓储量过大，又会延缓流动资金周转速度，还要支付大量的仓储运营费用。商业企业库存不足，则发生缺货，失去销售机会，造成机会损失；库存过多，又造成商品积压，导致滞销损失。库存控制就是依据储存物的动态供求过程，定量描述库存状态与费用之间的关系，建立库存优化模型，确定应维持的库存水平，决定补货时间和补货数量。

一、库存系统

库存是供应和需求的中间环节，是以供应为输入、以需求为输出的动态系统。

（一）库存状态

库存状态即储存物的库存数量水平，反映储存物随时间推移而发生的数量变化，库存量随需求过程而减少，又随供应过程而增加，如图8-1中的曲线所示。

（二）需求过程

需求是不可控制的外生变量，有几种表现形式：有的需求是连续的，有的则是间断的；有的需求是确定性的，有的则是随机性的，如生产活动中对原材料的需求一般是确定的，而营销活动中顾客对商品的需求则往往是随机的；有的是线性均匀的，有的是非线性不均匀的，如生产流水线对原料的需求是均匀的，而顾客对超市商品的需求则是不均匀的。需求过程的特征决定了库存控制模型的性质。

（三）补充过程

补充（供应）是库存的输入，补充的形式可以是对外订货，也可以是自行生产。从提出补货到货物进入库存状态所需的时间称为补货延迟。从另一角度看，为了在某一时刻补充库存，必须提前订货。从发出确认补货的订单至实际到货这段时间也可称为补货提前期（lead time）。补货延迟可能很长，也可能很短；可能是确定性的，也可能是随机性的。

二、库存类型

库存系统存在不同类型，根据物品之间的需求关系是否相关联，分为独立需求库存和相关需求库存；根据供需是确定性还是随机性的，将库存系统分为确定性库存和随机性库存；根据对库存补充的订货是否重复，可以分为单周期需求库存和多周期需求库存。

（一）独立需求库存与相关需求库存

相关需求库存是指物品的需求之间具有内在的相关性。如生产过程所用的物料，根据其相关性，可以精确计算其需求量和需求时间。

独立需求库存是指物品的需求不依赖于其他物品，直接来源于企业外部的需求。如企业的产成品或用于产品维护的备件，这类物品的需求相互独立，需求量取决于市场，具有不确定性，这是库存控制关注的重点。

（二）确定性库存与随机性库存

确定性库存是指供应过程和需求过程都是确定性的，单位时间的需求率是固定不变的常数。

随机性库存是指供应过程的交货提前期或者需求过程的需求数量是不确定的，服从一定的概率分布。

（三）单周期需求库存与多周期需求库存

单周期需求库存是指易腐品（水果、蔬菜、海鲜）以及短寿命产品（报纸、杂志、时装等）的有效期储存。未出售或未使用品不能不受损害地跨期持有。例如，当天没有卖掉的烤面包往往会降价出售，剩余的海鲜可能会被丢弃，过期的杂志则会廉价回收。

多周期需求库存则指在足够长的时间里对某种物品的重复而连续的需求，其库存需要不断地补充。

本章第 2 节主要讨论独立需求是确定性的库存控制模型，第 3 节则讨论独立需求是不确定的单周期与多周期库存控制模型。

三、库存策略

在库存系统中，独立需求取决于市场需求，这是仓储服务的对象，企业本身不能够施加控制，可以控制的只是入库补货过程。企业控制补充库存的间隔时间（补货间隔期）和每次补充的数量（补货批量），这正是库存控制要解决的主要问题，即间隔多长时间检查一次库存，何时提出补货，每次补货的数量，如图 9－1 所示。

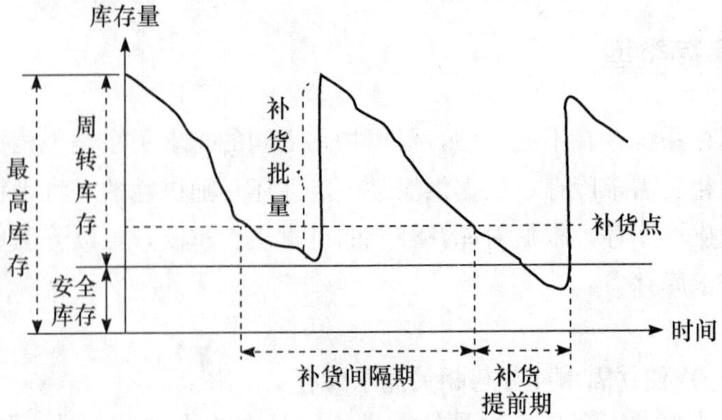

图 9-1　库存控制参数

补货间隔期 t、目标库存水平 S、补货点 s 和补货批量 Q 等库存参数的不同组合称为库存策略。常见的库存策略有四类。

（一）(s, Q) 策略

(s, Q) 策略是指事先设定补货点 s，连续性检查库存量，在每次出库时，均盘点剩余量，检查库存量是否低于预先设定的补货点。当实际库存量 I 低于补货点 s 时，则考虑补货，且补货批量固定为 Q。这是定量库存控制策略（perpetual inventory control）。其优点在于仅设置补货提前期内所需的安全库存，而使保险储备定额较低，缺点在于连续地记录库存工作量大。

（二）(t, S) 策略

(t, S) 策略是指补充过程是每隔时间 t 补充一次，每次补充到目标库存水平 S。这是定期库存控制策略（periodic inventory control）。采用定期盘点库存的方法，每经过一个相同时间间隔，进行一次补货，补货批量通常是变化的。企业可以制定统一的采购计划，一次处理多种物品的补货，从而降低补货费用或获取价格折扣。

（三）(s, S) 策略

事先设定最低（补货点 s）和最高（目标库存水平 S）库存标准，随时检查库存量。这是最大最小库存系统。当实际库存量 $I>s$ 时，则不补货；当 $I\leqslant s$ 时，则考虑补货，将库存量补充到最高库存量 S，补货量等于目标库存水平和当前库存量的差额，即 $S-I$。

（四）(t, s, S) 策略

此策略是 (t, S) 策略和 (s, S) 策略的结合，即每隔时间 t 检查库存量一次，当库存量小于等于补货点时就发出补货决策，即当 $I>s$ 时，不补充库存；当 $I\leqslant s$ 时，补充库存使之达到 S。由于不一定在每次检查库存时都补货，因而补货次数减少。

对于盘点有难度的储存问题，一般把库存分为两堆存放。一堆数量小，存放补

货点 s；其余放另一堆，数量大一些，即为周转库存。平时从大堆中取用，当动用了 s 一堆时，期末则补货；如果未动用 s 一堆，期末就不补货，俗称两堆法。

四、库存费用

库存虽然可以解决供需的矛盾，但也要为此付出代价。生产经营中的库存不可等闲视之，动辄几十万元上百万元。近年来许多企业为资金匮乏所困扰，库存控制不当是重要原因之一。现在一些跨国公司实施“无库存运动”，它们依靠先进的通信和交通工具，依靠高度严密的计划和组织，把供应和需求有效地协调起来，尽可能地减少仓储设施的数量和库存货物的数量，从而加速资金的周转，取得了一定成效。

与库存有关的费用高低是衡量库存策略优劣的标准。这类费用包括货物价格、订购费、运输费、保管费、资金占用费等项目。为了便于分析问题，下面按性质将其分为三类。

（一）储存费

储存费指货物在库存期间因储存和保管而发生的有关费用。具体包括仓库管理费、保险费、存货占用资金的利息，以及储存物的损坏、变质、报废等库存风险费用。储存费与库存量的大小和储存时间长短直接相关，属于变动费用。企业要降低存货的储存费，则需要小批量采购，减少储存数量。

（二）订购费

订购费是为订购货物所付出的手续费、差旅费、电信费等商务交易业务的费用支出。这项费用不随订购批量的大小变化，而与订购次数有关，属于固定费用。企业要降低订货成本，需要大批量采购，以减少订货次数。

订购费与进货费不能混淆，进货费除包含订购费之外，还包括所购货物本身的价值、价格折扣及其运费。

有的企业其库存的补充不是外购，而是自行生产。这时订购费便以装配费（或称准备与结束费用）的形式出现。自行生产就要对机器进行安装调试，生产完毕还要进行拆装等各项善后工作。这项费用只与生产的次数相关而与批量无关，它与订购费的性质类似。

（三）缺货费

这是指库存未能完全满足需求，出现供不应求时所引起的损失。如失去销售机会的损失、停工待料的损失、不能履行合同而支付的违约金以及商誉下降所造成的无形损失等。

上述费用是评价库存策略优劣的主要因素。在制定短期库存策略时，主要考虑这几项费用就足够了，但在制定长期库存策略时，还要考虑折旧费和贴现率等因素。

第2节 确定性库存模型

对于确定性库存问题，从需求过程看，有的可以缺货，有的不可以缺货；有的是连续的，有的是间断的。从补货过程看，当库存降为零时，有的一次性立即可以得到补货，其补货时间很短，可以近似看作无补货延迟；而有的库存补货是逐渐进行的，其补货速度有限。

一、经济订货批量模型

独立需求库存的经典模型是哈里斯（F. W. Harris）于1915年提出的经济订货批量（economic order quantity，EOQ），每次补货都需要订货，模型的假设条件是：

（1）需求是已知且连续均匀的，需求率 D（单位时间的需求量）均匀且为常数；

（2）订货提前期为固定常量；

（3）补货时间为零，即当库存降为零时，立即补充至定额水平；

（4）每次订货批量 Q 相同；

（5）每次订购费（或装配费）K 不变，与批量大小无关；

（6）储存费用与库存量成正比，单位储存费 H（库存持有成本）不变；

（7）无价格折扣，货物单价 c 不随批量而变化；

（8）不允许缺货，缺货费用为无穷大。

现根据上述假设条件，分析该库存系统的运行情况。任一时刻的库存状态以需求率 D 的速度减少，直至减小到零，此时立即补充到库存定额水平 Q，其库存量随时间的变化情况如图9-2所示。

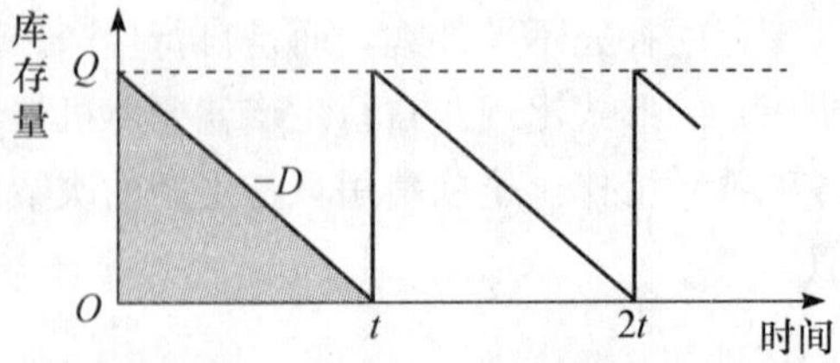

图9-2 不允许缺货的库存量变化状态

由图9-2可知，当库存量降为零时，立即补充到定额水平 Q，因此不会缺货。

最优订货量反映了持有成本与订货成本之间的平衡：当订货量变化时，一种成本会上升，同时另一种成本会下降。比如，假如订货量比较小，平均库存就会比较低，持有成本也相应较低。但是，小订货量必然导致经常性的订货，这又迫使年持有成本上升。相反，偶尔发生的大量订货使年订货成本缩减，但也会导致较高的平均库存水平，从而使持有成本上升。

因此，理想的解决方案是订货量既不能订货次数太多又不能使订货次数太少，只能位于二者之间。具体订货量取决于持有成本与订货成本的大小。

在一个周期 t 内的平均库存量为阴影三角形的面积（即$\frac{1}{2}Qt$），则单位时间的平均库存为$\frac{Q}{2}$，平均储存费用 $C_h=\frac{1}{2}QH$。

每次订货费用为 K，与订货次数有关但与批量大小无关。单位货物的售价不变为 c。

令 N 为年订货次数，D 为全年总需求量，易知 $N=\frac{D}{Q}$，H 为单位货物的年储存费，则年总费用＝储存费＋订货费＋货物成本，即

$$C(Q)=\frac{1}{2}QH+\frac{D}{Q}K+cD$$

库存费用与库存量之间的关系如图 9-3 所示。

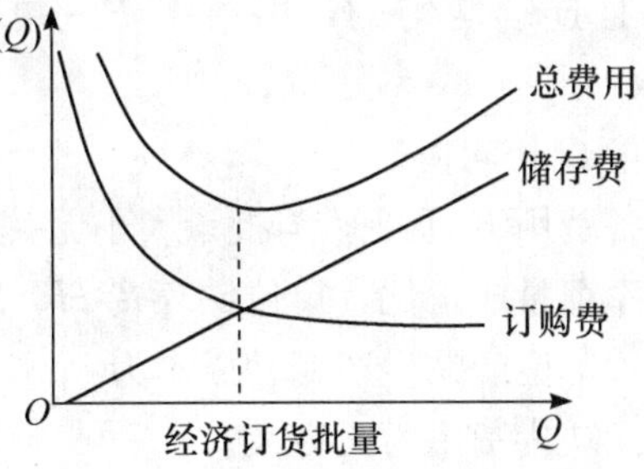

图 9-3　库存费用与库存量之间的关系

为求 $C(Q)$ 的极小值，由一阶条件

$$\frac{dC}{dQ}=\frac{1}{2}H-\frac{DK}{Q^2}=0$$

解得经济订货批量 $Q^*=\sqrt{\frac{2DK}{H}}$。

据此，还可以求出最优订货次数。

[例 9-1]　某工厂全年需要某种元件 2 000 件，不允许缺货，每次采购均按经济批量订货。现知每次的订货费用为 60 元，每件年储存费用是 6 元，其经济订货批量和最优订货次数是多少？

解　根据经济订货批量公式和已知条件，经济订货批量 Q^* 为：

$$Q^*=\sqrt{\frac{2DK}{H}}=\sqrt{\frac{2\times 2\,000\times 60}{6}}=200(\text{件})$$

最优订货次数为：

$$N^*=\frac{D}{Q^*}=\frac{2\,000}{200}=10(\text{次})$$

请大家思考：如何更有效地降低库存总费用呢？每次补货量是否一定要等于订货量呢？在合作供货库存模式下，很多企业采取“一次订货，分次到货”模式，实现小批量多频次补货，把一个订单（价格-数量合同）分解成多个订单（批量-交期合同），每次的补货量（订货量）决定储存费的高低。这样既减少了订货次数，又降低了库存数量，从而既减少订购费又降低储存费。

二、经济生产批量模型

经济订货批量假设订货批量一次性达到，而在生产过程中的相邻环节的供需关系不满足这样的条件。在企业的生产过程中，相邻的环节或工序可以理解为供方和需方的关系，供方的生产率通常大于需方的需求率，二者之间的库存量是逐步增加的。经济生产批量（economic production quantity，EPQ）模型的假设条件是：

（1）需求是已知且连续均匀的，需求率 D（单位时间的需求量）均匀且为常数；

（2）供给是已知且连续均匀的，供给率 P（单位时间的供给量）均匀且为常数；

（3）每次生产批量 Q 相同；

（4）每次生产准备费用 K 不变，与批量大小无关；

（5）储存费用与库存量成正比，单位储存费 H（库存持有成本）不变；

（6）无价格折扣，单位产品生产变动成本为 c；

（7）不允许缺货，缺货费用为无穷大。

现根据上述假设条件，分析该仓储系统的运行情况，如图 9-4 所示。

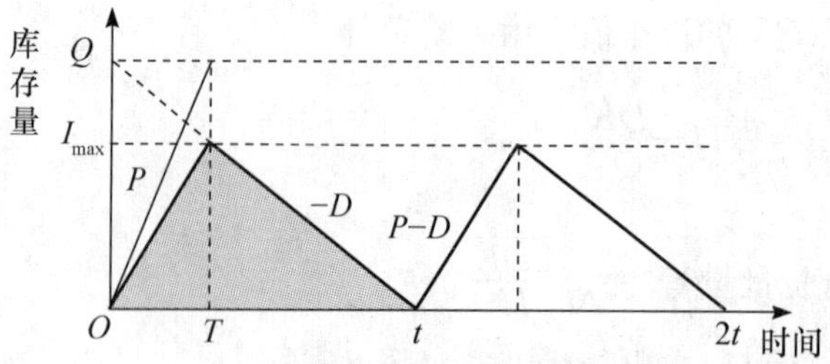

图 9-4　非即时补货的库存量变化状态

当库存水平为订货点时发出订货请求，经过一个提前期，当库存水平降为零时以补货率 P 开始生产补货。在生产周期中，库存的形成速度等于生产率和使用率之差。由图 9-4 可知，补货经过生产时间 T 结束，由于需求同时也在消耗，因补货率 P 大于需求率 D，库存量以 $P-D$ 的速度上升。一次的生产量为 Q，然而库存水平却永远不能达到 Q。这是因为系统以 P 的均匀速率进行补货时，仍有速率恒为 D 的需求持续消耗。补货停止后，库存按需求率 D 下降。当库存减少到零时，又开始了新一轮的生产。

由图 9-4 易知 $Q=PT$，因此库存水平的最大值为：

$$I_{\max}=\frac{Q}{P}(P-D)$$

在非即时补货下，平均库存量不是$\frac{Q}{2}$，而是$\frac{I_{\max}}{2}$。

令 N 为年生产次数，H 为单位物料的年仓储费用，D 为全年总需求量，易知 $N=\frac{D}{Q}$。则年总费用为：

$$C(Q)=\frac{1}{2}\frac{Q}{P}(P-D)H+\frac{D}{Q}K+cD$$

为求 $C(Q)$ 的极小值，由一阶条件

$$\frac{\mathrm{d}C}{\mathrm{d}Q}=\frac{1}{2}\left(\frac{P-D}{P}\right)H-\frac{DK}{Q^2}=0$$

解得经济生产批量 $Q^*=\sqrt{\frac{2DK}{H}}\cdot\sqrt{\frac{P}{P-D}}$。

(1) 当 $P\rightarrow\infty$ 时，$Q^*=\sqrt{\frac{2DK}{H}}$。经济订货批量是非即时补货的经济生产批量模型的一个特例。

(2) 当 $P=D$ 时，$Q^*\rightarrow\infty$，对于规模化市场，Q^* 越大越好，对应的是大量生产方式。

[例 9-2] 如果例 9-1 中所需元件是由工厂自己组织生产的，按每年 250 个工作日计算，平均日需求量为 80 件。若该厂的日生产量为 90 件，现知每次生产的准备费用为 60 元，每年每件的储存费用是 6 元，试计算其经济生产批量和最优生产次数。

解 根据经济生产批量公式和已知条件，经济生产批量 Q^* 为：

$$Q^*=\sqrt{\frac{2DK}{H}}\cdot\sqrt{\frac{P}{P-D}}=\sqrt{\frac{2\times 2\,000\times 60}{6}}\times\sqrt{\frac{90}{90-80}}=600(\text{件})$$

最优生产次数为：

$$N^*=\frac{D}{Q^*}=\frac{2\,000}{600}\approx 4(\text{次})$$

三、允许缺货批量模型

允许缺货的订货批量模型与 EOQ 模型相比，其差别在于分析可以出现缺货的情况。至于是否一定要出现缺货以及缺货多少，这正是需要决策的。如果某种物品的订购费或储存费很高，但缺货费较低时，企业就希望在一段时间内减少进货次数，或减少库存量来降低总费用。

如果企业在库存量降为零后不立即进货，而是再等一段时间进货，并在下次进货时满足前一周期缺货未能满足的那部分需求，这部分货物不需入库，这样就可以

减少订购次数以及储存费用。允许缺货的库存量随时间变化情况如图 9-5 所示。

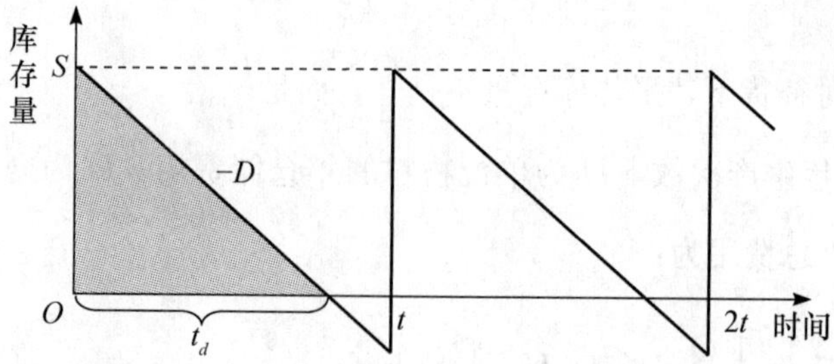

图 9-5　允许缺货的库存量变化状态

假设条件：

（1）顾客遇到缺货时会容忍等待补货，即缺货不会造成机会损失。

（2）需求是连续均匀的，且设需求速率为常数 D。

（3）每次订货费用为 K，单位储存成本为 H，单位缺货费用为 L。

（4）每次订货量相同，均为 Q。

费用函数：

（1）库存。假设初始库存量为 S，满足 t_d时间内的需求，即 $S=Dt_d$，在一个周期 t 内的平均库存量为阴影三角形的面积，即$\frac{1}{2}St_d=\frac{1}{2}\frac{S^2}{D}$。

（2）缺货。在 $t-t_d$时间内，库存量为零，发生缺货，最大缺货量等于 $t-t_d$时间内的需求量，即 $D(t-t_d)$。则一个周期内的总缺货量为水平坐标轴下三角形的面积，即$\frac{1}{2}D\ (t-t_d)^2=\frac{1}{2D}\ (Dt-S)^2=\frac{1}{2}\frac{(Q-S)^2}{D}$。

（3）订货。每次订货费用为 K，与订货次数有关但与批量大小无关。

单位时间总库存费用（储存费＋缺货费＋订货费）为 t 和 S 的函数，即

$$C(t,S)=\frac{1}{t}\left[\frac{1}{2}\frac{S^2}{D}H+\frac{1}{2}\frac{(Q-S)^2}{D}L+K\right]$$

由于 $Q=Dt$，则上式总库存费用为 Q 和 S 函数，即变为：

$$C(Q,S)=\frac{1}{2Q}[S^2H+(Q-S)^2L+2KD]$$

求 $C(Q,\ S)$ 的极小值，由一阶偏导数

$$\frac{\partial C}{\partial S}=\frac{S}{Q}H-\frac{(Q-S)}{Q}L=0$$

$$\frac{\partial C}{\partial Q}=-\frac{1}{2Q^2}[S^2H+(Q-S)^2L+2KD]+\frac{Q-S}{Q}L=0$$

解得最大库存量为：

$$S^*=\sqrt{\frac{2DK}{H}}\cdot\sqrt{\frac{L}{H+L}}$$

经济订货批量为：

$$Q^*=\sqrt{\frac{2DK}{H}}\cdot\sqrt{\frac{H+L}{L}}$$

可知，当缺货损失费 L 趋于无穷时，就变为不允许缺货的情况，得出与经济订货批量模型完全相同的结果。

［**例 9-3**］　在例 9-1 中，如果允许缺货，每件的年缺货损失费为 2 元，试求最大库存量和最大缺货量。

解　最大库存量为：

$$S^*=\sqrt{\frac{2DK}{H}}\cdot\sqrt{\frac{L}{H+L}}=\sqrt{\frac{2\times2\,000\times60}{6}}\times\sqrt{\frac{2}{6+2}}=100(\text{件})$$

经济订货批量为：

$$Q^*=\sqrt{\frac{2DK}{H}}\cdot\sqrt{\frac{H+L}{L}}=\sqrt{\frac{2\times2\,000\times60}{6}}\times\sqrt{\frac{6+2}{2}}=400(\text{件})$$

最大缺货量为：

$$Q^*-S^*=400-100=300(\text{件})$$

同理，可以在经济生产批量模型的基础上，分析允许缺货的经济生产批量问题。如果企业在库存量降为零后允许缺货一段时间，并在下次生产补货时满足前一期缺货未能满足的那部分需求。读者可以自己进行库存状态分析，推导出其经济生产批量和最大库存量的表达式，经济生产批量 $Q^*=\sqrt{\frac{2DK}{H}}\cdot\sqrt{\frac{H+L}{L}}\cdot\sqrt{\frac{P}{P-D}}$，最大库存量 $S^*=\sqrt{\frac{2DK}{H}}\cdot\sqrt{\frac{L}{H+L}}\cdot\sqrt{\frac{P-D}{P}}$。

四、价格折扣的订货量

前述各库存模型的前提条件之一是货物单价不变，得到的库存策略与货物单价无关。事实上，商品有零售价、批发价和出厂价之分，即商品单价与订货量有关。现实中，厂家往往采取鼓励商家多订货的优惠政策，即订货越多折扣越多。也就是说，购价是关于订货量 Q 的分段函数。

$$c(x)=\begin{cases}c_1, & Q\in[0,Q_1)\\ c_2, & Q\in[Q_1,Q_2)\\ \cdots\cdots & \\ c_n, & Q\in[Q_{n-1},\infty)\end{cases}$$

式中，$c_1>c_2>\cdots>c_n$，$Q_1<Q_2<\cdots<Q_n$。

由于不同的采购单价直接影响采购费用，而且单位产品的储存费用与采购单价也有关系，不再是常数，因此，不能简单地套用传统的经济订货批量模型。

针对不同的订货量有不同的价格，从而导致总库存费用的表达式不同，经济订货批量模型的总费用可以表示为：

$$C(Q_i)=\frac{1}{2}Q_iH+\frac{D}{Q_i}K+c_iD$$

如图9-6所示，总费用曲线是订货费用加上商品本身的价值再加上储存费用之和，其中订货费用与批量的关系是非线性反比的关系。批量越小，订货次数越多，订货总费用越高；批量越大，订货次数越少，订货总费用越低。

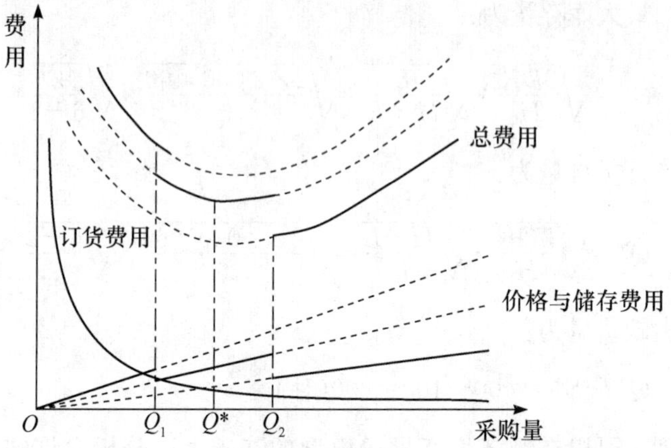

图9-6　两个折扣点的价格与费用变化关系

虽然库存总费用是一条不连续的曲线，但经济订货批量仍然是总费用最低点的数量。由于总费用曲线不连续，总费用的最低点要么位于一阶导数为零的点，要么位于曲线的中断点。因此，计算有价格折扣的经济订货批量可按下面的步骤进行：

(1) 取最低点价格代入基本经济订货批量模型，求出Q^*。如果Q^*位于其最低价格区间，则Q^*即为最优订货批量。否则转步骤(2)。

(2) 取次低价格代入基本经济订货批量模型并求出相应的Q^*。如果Q^*可行，计算订货量为Q^*时的总费用和所有大于Q^*的数量折扣点所对应的总费用，取其中最小费用对应的数量，该数量即为最优订货批量，停止步骤。

(3) 若Q^*不可行，则重复步骤(2)，直至找到一个可行的最优订货批量为止。

[例9-4]　某冰箱厂每年需要某种配件2 000个。该配件的售价为：1～499个为10元，500～999个为9元，1 000个以上为8元。现知每次订货费用为320元，每个配件每年的储存费用为售价的20%，试计算其最优订货批量以及总费用。

解　根据经济订货批量公式和已知条件：

第一步，取最低价格8元，有$H=8\times0.2=1.6$元。

$$Q_8^*=\sqrt{\frac{2DK}{H}}=\sqrt{\frac{2\times2\,000\times320}{1.6}}\approx894(\text{件})$$

由于894位于500～999的区间，此时的售价是9元而不是8元。$Q_8^*\approx894$不是可行解。

第二步，取次低价格 9 元，有 $H=9\times0.2=1.8$ 元。

$$Q_9^*=\sqrt{\frac{2DK}{H}}=\sqrt{\frac{2\times2\,000\times320}{1.8}}\approx843(\text{件})$$

由于 843 位于 500～999 的区间，售价为 9 元，因此 $Q_9^*\approx843$ 是可行解。

由库存费用计算式可知：

$$C(843)=\frac{1}{2}\times843\times1.8+\frac{2\,000}{843}\times320+2\,000\times9=19\,517.89(\text{元})$$

$$C(1\,000)=\frac{1}{2}\times1\,000\times1.6+\frac{2\,000}{1\,000}\times320+2\,000\times8=17\,440(\text{元})$$

显然，总费用最低的订货批量为 1 000 件，此时的总费用为 17 440 元。

第 3 节　随机性库存模型

确定性库存模型中，为了简化，假设货品的需求率和补货提前期都被默认为均匀且确定的常数，这只是一种理想假设。现实中，很多情况的需求或补货提前期是随机的，通过对历史需求数据或订单履约数据的资料统计，可以得到它们的概率分布。将需求率和补货提前期中的至少一个假设为随机变量的库存模型即为随机库存模型。本节仅讨论补货提前期是确定的，而需求是不确定的库存控制问题。对于需求为随机变量，但其概率分布为已知时，既不想因缺货而失去市场销售机会，又不愿因滞销而过多积压资金，那么补货批量如何确定呢？这就是随机需求的库存控制策略。

一、单周期库存模型

单周期库存模型考虑这样的仓储问题：在一定时间间隔内，需求是一个随机变量，其概率分布是已知的；而且在需求全过程中，只考虑一次进货，即因需求使库存降为零时，不能补充进货，相邻两次进货之间无联系。其库存策略是定期定量订货，具有更新快、季节性强等特点。比如，当天未售完的面包会降价出售，当天的日报第二天会抛弃，过期的杂志、时装会打折，等等。

（一）离散随机需求的库存模型

“报童问题”描述。报童每隔一定时间从邮局订购报纸后零售，其面临的需求是不确定的，用随机变量 r 表示需求量。每销售一份报纸盈利 v 元，如果未售出，则每份亏损 u 元。基本假设如下：

(1) 一个周期 T 内需求量 r 是非负随机变量，其概率 $P(r)$ 可以根据历史销售记录统计而得。

（2）每个周期开始时进行一次订购决策，一次性供货，订购量为 Q。

（3）初始库存量为零。

（4）决策准则是使期望总费用达到最小或期望总收益达到最大。

解决此类问题需注意，如果期初订货过多而供过于求，因过剩致使资金积压，会造成滞销损失；如果期初订货过少而供不应求，则出现缺货而失去盈利机会，造成机会损失。那么订货量 Q 为多少时期望损失最小（期望利润值最大）？理想目标是能够实现供求平衡，这样可以使得滞销损失和机会损失之和为最小。根据供求关系，存在如下两种情况：

（1）当产品供过于求时，即订货量 Q 大于需求量 r，此时因产品积压而导致滞销的数量为 $Q-r$，滞销损失期望值为：

$$C_u(Q)=\sum_{r\leqslant Q}u(Q-r)P(r)$$

（2）当产品供不应求时，即订货量 Q 小于需求量 r，此时因缺货而导致少销售，机会失去量为 $r-Q$，机会损失期望值为：

$$C_v(Q)=\sum_{r>Q}v(r-Q)P(r)$$

综合上面两种情况，当订货量为 Q 时，总损失的期望值为：

$$C(Q)=C_u(Q)+C_v(Q)=\sum_{r\leqslant Q}u(Q-r)P(r)+\sum_{r>Q}v(r-Q)P(r)$$

现在的问题就是确定 Q 的最优值，使得 $C(Q)$ 最小。由于需求量 r 是离散的，则订货量 Q 的取值是离散的，不能用导数法求解，要用差分方法解决。

若 $C(Q)$ 最小，则必有 $C(Q)\leqslant C(Q-1)$ 且 $C(Q)\leqslant C(Q+1)$ 成立。

由 $C(Q)\leqslant C(Q-1)$ 可知

$$\begin{aligned}&\sum_{r\leqslant Q}u(Q-r)P(r)+\sum_{r>Q}v(r-Q)P(r)\\ \leqslant&\sum_{r\leqslant Q}u[(Q-1)-r]P(r)+\sum_{r>Q}v[r-(Q-1)]P(r)\end{aligned}$$

经整理，有

$$\sum_{r\leqslant Q}uP(r)-\sum_{r>Q}vP(r)\geqslant 0$$

由 $\sum_{r>Q}P(r)=1-\sum_{r\leqslant Q}P(r)$，得

$$\sum_{r\leqslant Q}P(r)\leqslant\frac{v}{v+u}$$

同理，由 $C(Q)\leqslant C(Q+1)$ 可知

$$\sum_{r\leqslant Q}P(r)\geqslant\frac{v}{v+u}$$

于是最优订货量 Q 应按下列不等式确定：

$$\sum_{r=0}^{r_{i-1}} P(r) < \frac{v}{v+u} \leqslant \sum_{r=0}^{r_i} P(r)$$

[例 9-5] 某报亭每月初购进一定数量的某种期刊出售，每本的进价为 2.2 元，售价为 2.8 元。若到月底还没有卖完，则剩余的期刊将以每本 1 元的价格处理掉。需求量 r 的概率分布如表 9-1 所示。问报亭从批发商那里购进多少本该期刊才能获利最大（即损失最小）?

表 9-1 期刊销售量的概率分布

需求量 r（本）	100	200	300	400	500	600	700	800
概率 $P(r)$	0.1	0.15	0.12	0.12	0.16	0.18	0.1	0.07
累积概率 $F(r)$	0.1	0.25	0.37	0.49	0.65	0.83	0.93	1

解 由已知条件可知 $v=2.8-2.2=0.6$，$u=2.2-1=1.2$，临界值为：

$$\frac{v}{v+u}=\frac{0.6}{0.6+1.2}=0.33$$

由表 9-1 中的数据可知

$$F(200)=\sum_{r=0}^{200} P(r)=0.25, \quad F(300)=\sum_{r=0}^{300} P(r)=0.37$$

由于 $\sum_{r=0}^{200} P(r)=0.25<0.33<\sum_{r=0}^{300} P(r)=0.37$

于是最优进货量为 300 本。

（二）连续随机需求的库存模型

离散型库存策略的分析方法同样适用于连续型随机库存模型。在模型构造上只需用需求量的概率函数 $f(r)$ 替代 $P(r)$。订购量 Q 为连续值时，总的损失期望值由以下两部分构成。

（1）当订货批量 $Q \geqslant r$ 时产生库存，假设单位库存成本为 H，则持有成本期望值为 $\int_0^Q H(Q-r)f(r)\mathrm{d}r$。

（2）当订货批量 $Q \leqslant r$ 时发生缺货，假设单位缺货成本为 L，则缺货成本期望值为 $\int_Q^{\infty} L(r-Q)f(r)\mathrm{d}r$。

故总的损失费用为两者之和，即为：

$$E[F(Q)]=\int_0^Q H(Q-r)f(r)\mathrm{d}r+\int_Q^{\infty} L(r-Q)f(r)\mathrm{d}r$$

将上式对 Q 求导并令其等于零，即 $\frac{\mathrm{d}E[F(Q)]}{\mathrm{d}Q}=0$，可求出最佳订购量 Q^*。

根据莱布尼茨（Leibnitz）公式，可推导得：当 $\frac{\mathrm{d}E[F(Q)]}{\mathrm{d}Q}=0$ 时，$\int_0^Q f(r)\mathrm{d}r=$

$\frac{L}{H+L}$。

如果$R \sim N(u, \sigma^2)$，即服从正态分布，则可化为标准型后，根据正态分布表求得Q^*的值。

二、多周期库存模型

该模型的特点是订货机会周期性出现，若供过于求，多余部分可以储存起来，供下阶段使用；若供不应求，发生缺货需承担缺货损失。其库存策略是定期订货但订货量不确定。

此模型的假设条件为：

（1）采用(t, s, S)策略，即每隔t时间检查库存量I，当$I>s$时，不订货补充；当$I \leqslant s$时，则订货补充库存使之达到目标库存水平S，补充量$Q=S-I$。

（2）需求随机且每个固定周期t内的需求量的概率分布$P(r)$可知。

令货物单位成本为c，每次订购费用为K，单位库存持有费用为H，单位缺货费用为L，目标库存量为S，期初库存量为I，订货量为$Q=S-I$。下面建立阶段费用函数。

（一）目标库存量

1. 进货费

某阶段的进货费为订货费和货物成本，即$K+cQ$。

2. 库存费

当需求$r \leqslant S$时，未被需求部分进入仓库储存需付储存费，则储存费的期望值为$\sum_{r \leqslant S} H(S-r)P(r)$。

3. 缺货费

当需求$r>S$时，未被满足的需求要承担缺货损失，则缺货费的期望值为$\sum_{r>S} L(r-S)P(r)$。

于是离散需求下本阶段总费用期望为：

$$C(S)=K+c(S-I)+\sum_{r \leqslant S} H(S-r)P(r)+\sum_{r>S} L(r-S)P(r)$$

现在的问题就是确定S的最优值，使得$C(S)$最小，即满足$C(S) \leqslant C(S-1)$且$C(S) \leqslant C(S+1)$。利用差分法，将需求量r的随机值从小到大排列，同理可以推出：

$$\sum_{r \leqslant S_{i-1}} P(r) < \frac{L-c}{L+H} \leqslant \sum_{r \leqslant S_i} P(r)$$

目标库存水平S只从需求量r_1，r_2，…，r_n中取值，满足上式的r_i即为S。

(二) 订货点数量

下面讨论一个周期 t 后，库存数量 I 达到什么水平时，可以不需订货，假设这一库存水平是 S，如何找到订货点 s 呢？

显然，s 点不需订货时的总费用期望值 $C(s)$ 为：

$$C(s)=cs+\sum_{r\leqslant s}H(s-r)P(r)+\sum_{r>s}L(r-s)P(r)$$

订货补充库存至 S 点时的总费用期望值 $C(S)$ 为：

$$C(S)=K+cS+\sum_{r\leqslant S}H(S-r)P(r)+\sum_{r>S}L(r-S)P(r)$$

$C(s)$ 和 $C(S)$ 的关系必为 $C(s)\leqslant C(S)$。订货点 s 也只从需求量 r_1，r_2，…，r_n 中取值，满足 $C(s)\leqslant C(S)$ 的最小 r_i 即为订货点 s。

[例 9-6] 某机械厂生产某种产品，每月都不定量地需要螺钉，历史同期的每月需求量及其概率如表 9-2 所示。

表 9-2 历史同期的螺钉月需求量及其概率

需求量（筐）	30	40	50	60	70	80	90	100
概率	0.05	0.1	0.1	0.15	0.25	0.2	0.1	0.05
累积概率	0.05	0.15	0.25	0.4	0.65	0.85	0.95	1

每次订货费为 5 000 元；每千个螺钉一筐，每筐 500 元；每月每筐的保管费用为 10 元，缺货费用为 900 元。试求订货点和目标库存水平；若 $I=30$ 筐，则月初进货多少为宜?

解 由题意和已知条件可知：$K=5\ 000$ 元/次，$c=500$ 元/筐，$H=10$ 元/筐·月，$L=900$ 元/筐·月。

计算临界值 $\frac{L-c}{L+H}=\frac{900-500}{900+10}=0.44$，由于累积概率 $F(60)=0.4$，$F(70)=0.65$，所以目标库存水平 $S=70$ 筐。

当 $S=70$ 时，由 $C(S)$ 计算，得

$$\begin{aligned}C(70)=&5\ 000+500\times70+10\times[(70-30)\times0.05+(70-40)\times0.1\\&+(70-50)\times0.1+(70-60)\times0.15+(70-70)\times0.25]\\&+900\times[(80-70)\times0.2+(90-70)\times0.1+(100-70)\times0.05]\\=&45\ 035\end{aligned}$$

故月初进货 $Q=70-30=40$ 筐，可使期望费用达到最小。

再求 s，当 $s=30$ 时，由 $C(s)$ 计算，得

$$\begin{aligned}C(30)=&500\times30+10\times[(30-30)\times0.05]+900\times[(40-30)\times0.1\\&+(50-30)\times0.1+(60-30)\times0.15+(70-30)\times0.25\\&+(80-30)\times0.2+(90-30)\times0.1+(100-30)\times0.05]\\=&48\ 300\end{aligned}$$

当 $s=40$ 时，由 $C(s)$ 计算，得

$$\begin{aligned}C(40)=&500\times 40+10\times[(40-30)\times 0.05+(40-40)\times 0.1]\\&+900\times[(50-40)\times 0.1+(60-40)\times 0.15+(70-40)\times 0.25\\&+(80-40)\times 0.2+(90-40)\times 0.1+(100-40)\times 0.05]\\=&44\,755\end{aligned}$$

因 $C(s=40)<C(S=70)$，故知 $s=40$。

多阶段连续需求的随机库存模型，除需求 r 是连续的以外，其余条件相同，只需用积分取代上述求和符号，即 $P(r)$ 是连续性的概率分布函数，可得出类似表达式。

三、安全库存的设置

对于经典的经济订货批量模型，假设单位时间的需求量是固定的常数，寻求的订货批量是周转库存。然而，现实中的需求不是固定不变的，我们以需求量的数学期望 $\overline{D}$ 作为单位时间的货物需求率 D，借助经济订货批量模型测算周转库存，即用经济订货批量匹配其平均需求，采用（s，Q）策略。但由于需求的不确定性，应如何设置订货点 s，以保障在提前期内的库存服务水平（不缺货的概率）？

（一）需求的变化程度的表示

首要问题是在需求不确定的情况下，需求变化程度如何表示？由概率论知识可知，随机变量的标准差可以度量其离散程度，因此需求 D 的变化可以用标准差 σ_D 来表示，而用安全库存保证库存的服务水平。这样安全库存就既与变化方差有关，又与服务水平有关。

我们可以用在订货提前期内满足客户需求的概率（不缺货的概率）来表示服务水平，把预期达到的服务水平记为 α，则可以计算出要达到这一服务水平所需确定的订货点，如图 9－7 所示。

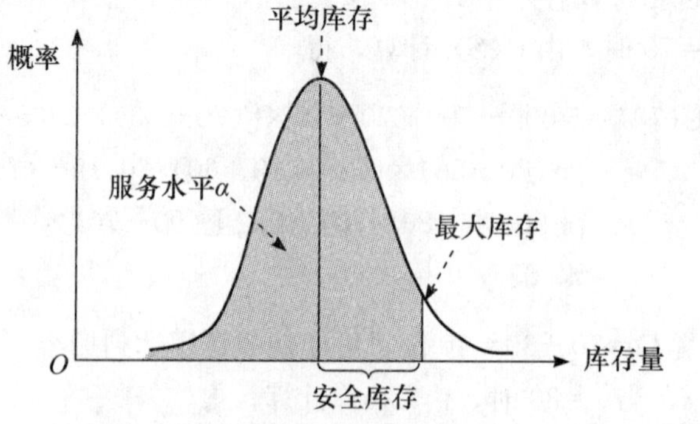

图 9－7　不确定性下的库存关系

（二）提前期的需求期望和方差

把订货提前期记为 L_T，其单位时间的需求 D（需求率）根据大数定律可知，

对于足够多期的需求，需求率可以近似看作数学期望为 $\overline{D}$，方差为σ_D^2的正态分布，即把订货提前期划分成 L_T个单位时间段（样本数为 L_T），每单位时间段的需求率 $D_i \in N(\overline{D}, \sigma_D^2)$。又由于各单位时间的需求之间是相互独立的，可以用单位时间段（样本）的需求期望和方差去推断订货提前期（总体）的需求期望和方差。由中心极限定理可知，总体的期望等于样本的期望之和，总体的方差等于样本的方差之和，因此提前期内的需求 s 可以看作数学期望为 $L_T\overline{D}$，方差为 $L_T\sigma_D^2$ 的正态分布，即 $s \in N(L_T\overline{D}, L_T\sigma_D^2)$。

（三）订货点与安全库存的测定

由预期的服务水平 α，可查表得标准正态分布的单侧百分位的检验值 Z_α，用 s 表示订货提前期内的需求（也就是订货点），可将一般正态分布化为标准正态分布，则

$$P\left\{\frac{s-L_T\overline{D}}{\sigma_D\sqrt{L_T}} \leqslant Z_\alpha\right\}=\alpha$$

从而有订货点

$$s=L_T\overline{D}+Z_\alpha\sigma_D\sqrt{L_T}$$

式中，$L_T\overline{D}$ 为提前期内的需求期望值；$Z_\alpha\sigma_D\sqrt{L_T}$为安全库存 SS_D。

同理，对于需求 D 均匀而确定但订货提前期 L_T不确定的库存问题，订货提前期 L_T的期望为 $\overline{L}_T$，方差为$\sigma_{L_T}^2$。对于足够多次的订货，订货提前期可以近似看作期望为 $\overline{L}_T$和方差为$\sigma_{L_T}^2$ 的正态分布。我们再次利用中心极限定理，则提前期内的需求可以看作数学期望为 $\overline{L}_TD$，方差为 $D^2\sigma_{L_T}^2$ 的正态分布。同理可得安全库存 $SS_{L_T}=Z_\alpha D\sigma_{L_T}$。

需求和订货提前期都不确定的安全库存 $SS=Z_\alpha\sqrt{\overline{L}_T\sigma_D^2+\overline{D}^2\sigma_{L_T}^2}$，订货点 $s=\overline{L}_T\overline{D}+Z_\alpha\sqrt{\overline{L}_T\sigma_D^2+\overline{D}^2\sigma_{L_T}^2}$。

□ 复习思考题

1. 阳光设备厂今年需采购车床 600 台，每次采购均按经济批量订货。现知每次的订货费用为 2 000 元，每个车床的单价为 1 万元，每个车床每年的库存费用是 100 元，试计算其经济订货批量。最优订货次数和总费用各是多少？

2. 某厂为了满足生产的需要，定期向外单位订购一种零件。这种零件平均需求量 $D=100$ 个/天，每个零件的储存费 $H=0.02$ 元/天，订购一次的费用 $K=100$ 元。假定不允许缺货，求最优订购量和单位时间总费用（假定订购后供货单位即时供货）。

3. 考虑第 2 题，但假定允许缺货，每个零件缺货的损失费 $L=0.08$ 元/天。求最优订购量、最大缺货量和单位时间总费用。

4. 考虑第2题，但这里假定供货单位不能即时供应，而是按一定的速度均匀供应，设供应量 $P=200$ 个/天。求最优订购量和单位时间总费用。

5. 考虑第2题，统计求得需求的日方差 $\sigma_D^2=10$，且库存服务水平为98%，如果供货单位要求工厂提前12天提出订单，到时才能及时一次供货。求工厂仓库发出订单的零件储存量（即求订货点 s）。

6. 某电视机厂自行生产所需的扬声器，已知生产准备费 $K=12\,000$ 元/次，储存费 $H=0.3$ 元/个·月，需要量 $D=8\,000$ 个/月。生产成本随产量多少变化，产量 Q 与单位成本 c_j 关系为 $c_1=11$ 元/个，$0<Q<10\,000$；$c_2=10$ 元/个，$10\,000\leqslant Q<80\,000$；$c_3=9.5$ 元/个，$Q\geqslant 80\,000$。求最优的生产批量。

7. 某食品商店要决定每天牛奶的进货数。该店根据过去销售经验可知需求量概率如下：需求量为25，26，27，28箱的概率分别为0.1，0.3，0.5，0.1。若每箱进货为8元，售价为10元，又如当天不能售出因牛奶变质而全部损失，试用报童模型确定最优的进货策略。

8. 某商店经销一种电子产品，为了减少与该产品储存有关的费用，商店请一位管理科学工作者来提供咨询。这位工作者到商店后，收集了前几个月中销量的数据，经整理分析后，他认为这种电子产品的销售量服从在区间［75，100］内的均匀分布。产品是外地生产的，通过铁路运来，每运一批的费用（运费、手续费、差旅费等）为5 000元，进货价格为4 000元。储存一台电子产品的费用，主要是因资金占压在产品上而失去的利息，如果商店把一台电子产品的钱以12%的年利投资出去，每年收进利息是480元（$0.12\times 4\,000$），即每月40元；还要支付仓库工人工资、保险费等20元，于是单位储存费为60元。如果商店无法将这种电子产品卖给顾客，那么商店为了信誉度就要立即以较贵的价格从本市的其他商店紧急进货，这时进货价格为4 300元。进入被研究的这个月的存货为零台，这位管理科学工作者应提出怎样的咨询意见？

第 10 章 Chapter 10 决策分析

学习要点

- 了解不确定决策的不同决策准则
- 掌握风险决策的准则和决策树法
- 掌握层次分析的基本原理与步骤
- 理解判断矩阵一致性检验的目的
- 理解层次单排序和总排序的差异
- 理解隶属度函数和模糊聚类评价

引导案例

协和式飞机是英法两国飞机公司于 20 世纪 60 年代联合研制的中程超音速客机，1975 年投入运营。作为世界上为数极少的投入使用的商用超音速飞机，协和式飞机从诞生开始就成为航空业内的明星产品。当时，一架普通的亚音速客机从伦敦飞往纽约需要花 7 小时，而协和式飞机仅需 3.5 小时，等于缩短了一半的飞行时间。人们普遍认为协和式飞机优异的速度性能将开创人类航空发展的新纪元。然而，这款被寄予厚望的明星客机却仅仅运营了 20 多年，2003 年就正式退役。是什么原因导致协和式飞机的失败？英国飞机公司管理层的决策又出现了什么样的失误呢？

无论在日常生活中还是在管理工作中，人们经常会面临各种各样待决策的问题。著名的诺贝尔经济学奖获得者西蒙（H. A. Simon）有一句名言："管理就是决策，管理的核心就是决策。"决策的质量高低决定了管理的成效。管理者所处的层次越高，其所作的决策的影响越大，损益也就越大，这就需要研究科学决策的理念和方法，从而提高决策能力。决策分析在经济管理领域有广泛的应用，在投资、产品开发、市场营销、项目可行性研究等方面都取得过辉煌的成就。

第1节 决策分析概论

“决策”一词来源于英语 decision making，直译为“做出决定”。决策是人类生活中最基本的活动之一，它存在于个人、组织与外界事物发生联系的一切行动中。大至国家大政方针，小到家庭生活安排，无一不在采取行动之前需要合理的决策。

决策简单地说就是决定、抉择的意思。狭义的决策可以解释为从多个可供选择的方案中作出抉择。广义来说，决策就是解决当前（或未来）发生的（或可能发生的）问题，根据当前和未来的环境条件，从多个可行方案中选择最优或满意方案的过程。

一、决策要素

决策者可以是一个人，也可能是一个群体。因为决策总是面向未来，未来总有些不确定的因素，因此决策多半要冒一定的风险。而不同的决策者对风险的态度不同，对同一问题所作决策也可能不同。决策应包括以下几个基本决策要素。

（一）决策者

决策者是指对所研究问题有权力、有能力做出最终判断和选择的个人或集体。其主要责任在于：规定总任务和总需求，确定价值判断和决策规则，提供偏好信息，抉择最终方案并组织实施。

（二）决策目标

如果决策只有一个目标称为单目标决策。如果决策目标很多并形成目标体系，这类决策称为多目标决策。预定的决策目标往往受到现实条件的制约，从而影响决策目标的实现程度，因此在多目标决策中，决策目标存在主次之分。

（三）行动方案

为了实现预定的目的，可以采取几种不同的行动，这个因素是决策者可以控制的，称为行动方案，简称方案。方案的拟订包含对决策环境的深入分析和对未来行动的通盘谋划，备选方案一般有两个或两个以上。

（四）自然状态

在一个决策问题中，无论采取哪种行动，都面临不同的自然情况和客观环境。决策环境可能出现的状态称为自然状态，简称状态。自然状态是不以决策者的意志为转移的，决策者没有能力控制它，但可以推测它、识别它。

（五）损益矩阵

当采用某一行动方案，在不同的自然状态下，决策的收益或损失将会有所差异。决策的结果或者是收益或者是损失，因此把不同行动方案在不同自然状态下的决策结果统称为损益值 a_{ij}，损益的数值应该是可测度的或可预估的。这样若有 m 个方案面临 n 个状态，则构成了一个矩阵，称为损益矩阵。

（六）决策准则

决策准则就是比较、选择方案时的判决标准和评价规则。不同的决策者有不同的评价准则，有的偏好追求利润最大，有的则寻求损失最小；有的敢于冒险，有的则力求稳妥。不同的决策准则会导致不同的决策结果，决策准则的具体实施需要选择科学合理的决策方法。

（七）后果评估

采用不同的决策方案会产生不同的后果，这就需要评价所采取的决策方案可能导致的风险大小。能定量比较各方案的优劣而给出的一种描述决策后果的具体指标称为后果指标。通常采用损益或效用作为后果指标。

二、决策程序

明确了以上决策要素，对于任何决策问题，不论简单与否都遵循如下五个阶段。

（一）确定决策目标

当决策者面临一项决策时，应当首先明确选定决策的关键性目标，这是决策的首要问题。目标的确立应建立在对决策环境进行详细分析的基础上，要兼顾各方面的要求，特别是遇到多目标时，应分清主次，统筹兼顾。

（二）预测自然状态

有了明确的决策目标，就需要调查统计在决策分析中所依据的自然状态及发生的概率，根据过去和现在的信息对将来的各种可能性进行统计和预测。因此，确定自然状态时，统计数据要准确，预测要科学。

（三）拟订决策方案

在拟订方案时必须注意方案的可行性，对于重大决策应从多种途径和角度拟订可行方案。在拟订可行方案时，应初步明确保证这些决策得以实施的相应措施，以供决策者选优时参考。方案应尽可能周全，应能计算方案在给定系统状态下的后果值。

（四）决策方案优选

一方面，对各拟订方案的效果进行科学测算，通常用损益值来表示。另一方面，在提出的若干方案中，决策者根据决策环境中自然状态的特点，选择最恰当的决策准则和方法。对于多目标决策，通常得不到各个目标都最优的方案，而只能得到各个目标较优的满意方案。

（五）方案实施与控制

利用反馈机制，模拟和分析决策实施过程，将出现的偏差反馈给决策系统，以便及时根据客观情况的变化，对决策执行过程进行有效的监控与相应的调整。反馈贯穿于决策过程各个环节之间以及决策实施过程中。通过反馈补充信息，使决策过程与决策环境保持密切的信息沟通，使决策建立在科学可靠的基础上。

三、决策分类

决策的分类方法很多，为了提高决策的质量，节省决策的时间，从而在紧急关头能作出正确及时的决策，了解决策方法的分类很有必要。

（一）按决策出现的频率分类

按决策出现的频率可分为程序性决策和非程序性决策。程序性决策是指通常重复出现的日常业务的例行决策活动，这类决策已经有了明确的管理制度要求，具有确定的决策原则和程序，这类决策也叫结构性管理决策。非程序性决策是指非经常或偶发的决策，决策者对这类问题的解决往往缺乏应对的经验，需要借助专门决策技术（如专家智能系统、辅助决策系统等），采取例外管理原则来处理，这类决策也叫非结构性或半结构性的管理决策。

（二）按对自然状态的认识程度分类

按对自然状态的认识程度可分为确定性决策、风险性决策和不确定性决策。如果对自然状态发生的信息是确知的，也就是说，决策信息是白色的，则为确定性决策，前面各章大部分均为确定性决策问题；若对自然状态的发生有所认识，而且具有一定的统计资料预知其概率分布，但不能断定何种状态一定会出现，此时的决策信息具有灰色性，称为概率性决策，也称为风险性决策；如果对未来自然状态只能预估有几种可能情况而发生可能性的信息全无，此时的决策信息犹如黑箱而难以确定，称为不确定性决策。

第2节　不确定性决策

现实中常常遇到一些决策问题，决策者对即将面临的自然状态是比较清楚的，但对状态出现的可能性则一无所知，此类决策具有如下特点：第一，具有一个明确的决策目标，例如要求销售利润最大或损失最小等；第二，存在两个或两个以上可行的行动方案，提供给决策者比较与选择；第三，对于每一个行动方案存在两种以上的自然状态，如产品销售状况好、中、差等；第四，可以预测或估计出不同可行方案在不同自然状态下的收益或损失值。因为对于这类决策缺乏对自然状态发生的信息了解，所以决策者只能依据自己的偏好选取一种决策准则进行决策。

［例 10－1］　某公司推出新产品投放市场，备选行动方案为：大批量生产（A_1），中批量生产（A_2），小批量生产（A_3）。未来市场对这种产品的需求情况有两种可能发生的自然状态：需求量大（θ_1），需求量小（θ_2）。经市场部预测估计，采用某一行动方案而实际发生某一自然状态时，公司的收益如表 10－1 所示。请按不同决策准则进行决策。

表 10－1　　生产收益值矩阵　　单位：万元

行动方案	自然状态	
	θ_1（需求量大）	θ_2（需求量小）
A_1（大批量生产）	30	−6
A_2（中批量生产）	20	−2
A_3（小批量生产）	10	5

一、悲观决策准则

悲观决策准则（pessimism decision criterion）是决策者对客观情况持较悲观的态度，唯恐决策失误带来较多损失，故而将结果估计得比较保守。它的基本想法是"坏中求好"，从不利的条件下寻求较好的行动方案，即从最坏处着眼，朝最好的方向努力。

表 10－1 是收益值，因此"小中取大"。先找出各方案在不同的状态下最小的收益值，然后再从最小的收益值中挑选最大者，所对应的可行方案则为最优方案。步骤如下。

第一步，把每一方案在不同自然状态下的最小收益值求出来，如表 10－2 所示。

表 10－2　　悲观决策准则　　单位：万元

行动方案	自然状态		行中选最小 $PC_i=\min\limits_j a_{ij}$
	θ_1（需求量大）	θ_2（需求量小）	
A_1（大批量生产）	30	−6	−6
A_2（中批量生产）	20	−2	−2
A_3（小批量生产）	10	5	5

第二步，求出各最小收益值中的最大值，即 $\max\{-6, -2, 5\}=5$，即 A_3 为所选决策方案。

这种决策方法以风险最小为决策前提，对损失很敏感，也称保守型决策准则。

它虽然能避免重大损失，但无法争取最大的收益。一般为保守的决策者或企业经不起损失风险时采用，适用于创业初期。

如果损益值矩阵是损失值，则“大中取小”。先求出各个方案在不同自然状态下的最大损失，再从最大损失值中选出最小损失值，对应的方案为最优方案。

二、乐观准则

乐观准则（optimism decision criterion）与悲观准则正好相反，是决策者对客观情况总是抱乐观的态度，它的基本思路是“好中求好”，比较所有可行方案的最大值，选取最大值中的最大收益所对应的方案。

对于表10-1的收益值矩阵“大中取大”。先对每一个可行方案找出最大的收益值，然后再从最大值中选择最大的收益值，该值对应的可行方案即为最优方案。步骤如下。

第一步，把各可行方案在不同自然状态下的最大收益值求出来，如表10-3所示。

表10-3　乐观决策准则　　单位：万元

行动方案	自然状态		行中选最大 $OC_i=\max\limits_j a_{ij}$
	θ_1（需求量大）	θ_2（需求量小）	
A_1（大批量生产）	30	−6	30
A_2（中批量生产）	20	−2	20
A_3（小批量生产）	10	5	10

第二步，求出各最大收益值中的最大值，即 $\max\{30, 20, 10\}=30$，对应的 A_1 为所选方案。

这种决策准则适合于冒险型性格的决策者，对收益很敏感，但对损失比较迟钝。

如果决策问题给出的是损失值，则应“小中取小”。先求出各个方案在不同自然状态下的最小值，再从最小值中选出最小值，对应的方案为最优方案。

三、乐观系数准则

乐观系数准则（optimistic coefficient decision criterion）的特点是：决策者对客观情况的估计既不那么乐观，也不那么悲观，而是介于悲观准则与乐观准则之间的一种折中准则。乐观程度用乐观系数 α（$0\leqslant\alpha\leqslant1$）表示，也称赫维茨准则。

决策者根据以往经验，确定乐观系数 α，利用公式 $CV_i=\alpha OC_i+(1-\alpha)PC_i$ 计算出方案 A_i 的折中收益值 CV_i，然后从中选出最大值，相应的方案确定为最优方案。

在例10-1中，若取 $\alpha=0.7$，可得 $CV_1=0.7\times30+0.3\times(-6)=19.2$，$CV_2=$

0.7×20+0.3×(−2)=13.4，$CV_3=0.7\times10+0.3\times5=8.5$。即得 $\max CV=19.2$，故选择方案 A_1。

很容易看出当 $\alpha=1$，即为乐观准则；当 $\alpha=0$，则为悲观准则。α 的取值不同，可能得到不同的决策结果，α 究竟取什么值合适，要视具体情况而定。如果决策问题的形势比较乐观，则 α 取值应大一些；反之，α 取值应小一些。

四、等可能性准则

等可能性准则也称拉普拉斯准则（Laplace decision criterion），其依据是无充分理由原则，既然没有充分的理由认为各个自然状态发生的概率不等，则认为是相等的；如果有充分的理由认为各个自然状态发生的概率是不等的，则可以预估其发生概率的大小，就演变成风险性决策了。

根据等可能性准则，决策者把各自然状态发生的可能性看成是相同的（自然状态数 n 的倒数），这样就可以计算各行动方案的损益期望值，然后在所有期望收益值中选择最大者（期望损失值中选择最小者），以它对应的方案为最优方案（如表 10-4 所示）。

表 10-4　　**等可能性决策准则**　　单位：万元

行动方案	自然状态		期望收益 $EA_i=\sum_j \frac{1}{n}\cdot a_{ij}$
	θ_1（需求量大）	θ_2（需求量小）	
A_1（大批量生产）	30	−6	$\frac{30-6}{2}=12$
A_2（中批量生产）	20	−2	20−22=9
A_3（小批量生产）	10	5	$\frac{10+5}{2}=7.5$

表 10-4 中 EA_1 最大，根据等可能性准则，选择方案 A_1。

五、最小后悔准则

当决策者作出决策之后，若实际情况未能符合最理想的预期，时常会深感惋惜，因遗憾当初的选择不当而后悔，因而派生出以“后悔值最小”为准则的决策思想。最小后悔准则（minimax-regret decision criterion）是由经济学家沙万奇（Savage）提出的，故又称沙万奇准则。

该方法是将各自然状态下的最大收益（最小损失）定为理想目标，并将该状态中的其他值与理想目标值进行比较，差值是未达到理想目标的后悔值，反映后悔的程度；然后按悲观决策准则从各方案的最大后悔值中取一个最小的，相应的方案为最优方案。

第一步，计算后悔矩阵。各自然状态下选择最大收益值作为理想目标值，填入表 10-5 的最后一行，据此计算例 10-1 的后悔矩阵如表 10-5 所示。

表 10-5　后悔值决策准则　单位：万元

行动方案	自然状态		最大后悔值
	θ_1（需求量大）	θ_2（需求量小）	
A_1（大批量生产）	0	11	11
A_2（中批量生产）	10	7	10
A_3（小批量生产）	20	0	20
理想目标值	30	5	

第二步，选取各可行方案的最大后悔值。按行选出最大后悔值，方案 A_1 的最大后悔值为 11，A_2的最大后悔值为 10，A_3的最大后悔值为 20，填入表 10-5 的最右一列。

第三步，寻求最小后悔值。从各行最大后悔值中找出最小值为 10，故选择方案 A_2的后悔程度为最小。

综上所述，不同的不确定性决策准则会导致不同的决策方案，采用什么准则没有统一的标准，依据决策者的经济状况及风险偏好而定。实际决策中，决策者面临不确定性决策问题时，往往首先设法获取有关自然状态的概率信息，把不确定性决策问题转化为风险性决策。

第 3 节　风险性决策

风险性决策是指决策者对客观情况有所认识，各种自然状态发生的概率是可以预估的，属于随机性决策。自然状态概率的取得可以靠经验估计或统计分析而来，又称统计型决策。由于信息朦胧，何种状态发生难以预料，故此决策常有一定的风险。这类决策具备五个特点，前四个特点与不确定性决策的四大特征类似，而第五个特点是：各种自然状态出现的概率是不同的，且概率值大小可以测定，或者是有较为确定的统计数据可作根据，或者是有较为相似的经验数据可借鉴，从而使对概率值的确定具有科学性，减少了主观片面性。

在例 10-1 中，如果企业向市场分析机构进行咨询，经预测机构分析可得市场需求的概率，或者企业存在同类产品的市场销售数据，经统计分析知：θ_1的状态概率为 0.75，θ_2的状态概率为 0.25，这就演变成风险性决策问题。

一、决策准则

对于风险中性的风险性决策，最常用的是期望收益准则。

（一）最大可能准则

由概率论知识可知，一个事件的概率值越大，则其发生的可能性就越大。在风险性决策中，选择概率最大的自然状态而置其他自然状态于不顾，叫作最大可能准则。利用这个准则，实际上把风险性决策问题变成确定性决策问题。在一般管理决策过程中应用非常普遍。

在例10-1中，由于θ_1的状态概率$P(\theta_1)=0.75$，而θ_2的状态概率$P(\theta_2)=0.25$，则认为未来市场的需求情况将是“需求量大”。按照最大可能准则，认为θ_1发生，并在需求量大的状态下进行决策。显然，决策者会选择A_1方案，此时收益最大为30万元。

最大可能准则简单方便，但不可滥用。若行动方案在各种自然状态下的损益值相差很大，而发生的概率相差不大，或因自然状态很多而概率值近于平均时，则不宜采用该准则。

（二）期望收益准则

期望收益准则就是把每个方案在各种自然状态下的收益值看成是离散型的随机变量，计算每个方案的数学期望，并加以比较，选取一个收益期望最大（或损失期望最小）的行动方案为最优方案。

在例10-1中，已知θ_1的状态概率$P(\theta_1)=0.75$，而θ_2的状态概率$P(\theta_2)=0.25$，按照期望收益决策准则，计算各方案的期望收益$E(A_i)$如下：

$$E(A_1)=P(\theta_1)a_{11}+P(\theta_2)a_{12}=0.75\times 30+0.25\times(-6)=21(\text{万元})$$
$$E(A_2)=P(\theta_1)a_{21}+P(\theta_2)a_{22}=0.75\times 20+0.25\times(-2)=14.5(\text{万元})$$
$$E(A_3)=P(\theta_1)a_{31}+P(\theta_2)a_{32}=0.75\times 10+0.25\times 5=8.75(\text{万元})$$

显然，最大期望收益值为21万元，风险中性的决策者会选择A_1方案。此时收益期望值为21万元，但并不是企业实际收益值，实际收益值可能是30万元，也可能是损失6万元。

期望收益准则是风险中性的决策准则，适合程序性、可重复且损失可承受的决策。这一准则比较适合状态概率稳定的重复性决策，而对于一次性决策要冒一定的风险。

（三）标准差准则

决策者一般都希望尽可能地规避风险，因此除了希望有较大的收益期望值以外，还要考虑收益值相应的离散程度。标准差是用以刻画各损益值数据与期望值偏离程度的统计指标，标准差越小，则期望值实现的可靠性越大。概而言之，若某方案的标准差为零，则该方案在任何状态下的损益值都是一样的，这个期望值是肯定能够实现的。

方案A_i的期望收益记为$E(A_i)$，标准差记为$\sigma(A_i)$，由概率论知识，有

$$E(A_i)=\sum_j p(\theta_j)a_{ij}$$
$$\sigma^2(A_i)=E(A_i^2)-[E(A_i)]^2=\sum_j p(\theta_j)a_{ij}^2-[E(A_i)]^2$$

若用$ED(A_i)$表示方案A_i的期望收益与标准差的权衡，用常数K代表决策者的风险厌恶因子，则有

$$ED(A_i)=E(A_i)-K\sigma(A_i)$$

K 的取值正如其名称一样，依决策者对风险的态度而定，如果决策者对风险十分敏感，则 K 可取大于 1 的数值，用以抵扣收益期望值中的风险因素。在这种准则之下，依据 $ED(A_i)$ 的大小进行决策，即选取 $A_k=\max\{ED(A_i)\}$ 为决策方案。

上面计算了例 10－1 的期望值，下面计算它们的标准差 $\sigma(A_i)$，取 $K=1$ 计算 $ED(A_i)$，得

$$E(A_1)=21,\quad \sigma(A_1)=15.59,\quad ED(A_1)=5.41$$
$$E(A_2)=14.5,\quad \sigma(A_2)=9.53,\quad ED(A_2)=4.97$$
$$E(A_3)=8.75,\quad \sigma(A_3)=2.17,\quad ED(A_3)=6.58$$

取 $K=1$ 时，$\max\{ED(A_i)\}=ED(A_3)=6.58$，方案 A_3 在各自然状态下的收益比较稳定，故 A_3 为最优方案。

（四）期望效用准则

虽然期望值准则在决策中较为常见，但决策者的主观评价也将深刻影响到最终的决策结果。数学家尼古拉斯·伯努利（Nicolaus Bernoulli）于 1738 年提出了著名的圣彼得堡悖论，该悖论源于当时圣彼得堡街头的一项赌博游戏，即玩家在支付 100 卢布后可连续投掷一枚均匀的硬币，若为正面则投掷成功，直到出现反面则游戏停止，玩家可以获得 2^n 卢布（n 为投掷次数）。按照概率期望值的计算方法，参加这项游戏的期望收益为：

$$\mathrm{E}=\frac{1}{2}\times 2+\frac{1}{2^2}\times 2^2+\cdots+\frac{1}{2^n}\times 2^n-100=\infty$$

但事实上，很少有人愿意去参加这样的游戏，这就出现了计算期望值与现实情况的矛盾。因此，对于风险性决策以期望值准则为决策标准，并非完全合理。有的投资大收益大，但成功的把握很小；而有的投资小收益小，但成功的把握很大。在这种情况下，决策者为保险起见，宁可选择后者，这就要借助效用理论。

衡量决策者对某一问题的各种收益或损失值的偏好程度的主观尺度称为效用（utility），代表决策者对风险的态度。效用决策是以效用期望值代替收益期望值作为风险决策的准则，依据效用曲线，以效用期望值为决策准则，选取效用期望值最大的方案。

以损益值 R 为横坐标，以效用值 $U(R)$ 为纵坐标，利用心理测定法可以确定 $U(R)$ 和 R 之间的对应关系，构成了效用曲线。典型的效用曲线有三类，如图 10－1 所示。

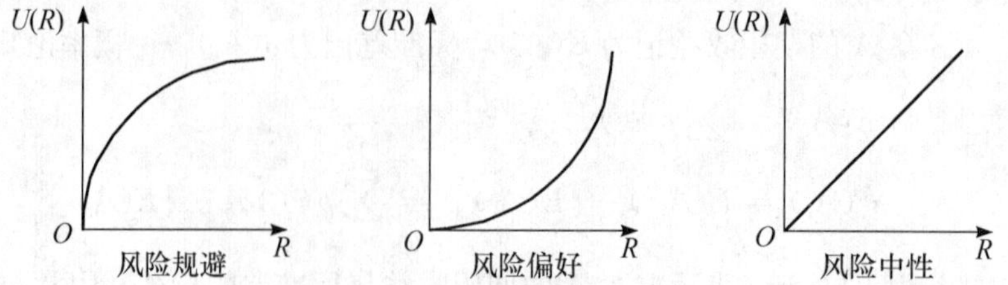

图 10－1　三类典型效用曲线

风险规避曲线属于保守型的决策者，对于风险的态度十分敏感，只愿做稳妥的事情，高风险的收益对其诱惑不大；风险偏好曲线属于冒险型的决策者，这种人雄心勃勃，对损失反应迟钝，而对高风险的高收益则十分敏感，甘冒风险；风险中性曲线是一条直线，属于中间型的决策者，对他而言效用值与损益值等比例增减，或者说是严格按期望损益进行机械决策的。

由于效用大小会因时因事而异，也存在风险规避和风险偏好的复合型曲线，当损益额度较小时属于冒险型的风险偏好者，但当损益额度较大时，却又趋于保守型的风险规避者。

二、信息分析

由上一节可知，只要得知事件发生的先验概率，就可以利用期望值准则对所有的备选方案进行排序，确定最优方案。但是在现实生活中，很多先验信息都来自人的主观估计，难以准确反映客观情况，而决策者依据这样的估计进行决策将冒着极大的风险。因此，决策者通常愿意花费一定的时间与金钱，通过获取补充信息的方式去减少环境的不确定性，以降低决策的风险，这就是所谓的信息分析。当决策者决定获取补充信息之后，随之而来的问题有二：一是如何根据补充信息修订初始的先验分布；二是获取补充信息是否值得。前者要利用到的是概率统计学中的贝叶斯分析方法，而后者则需要后验预分析的支持。

（一）贝叶斯分析方法

贝叶斯分析方法是用于求解先验概率与后验概率之间关系的方法。假定自然状态的先验概率是 $P(\theta_j)$，通过观察与θ_j有关的随机变量I_k（补充信息）的条件概率分布 $P(I_k \mid \theta_j)$，可得事件 I_k 发生情况下，自然状态 θ_j 发生的后验概率，即

$$P(\theta_j \mid I_k)=\frac{P(I_k \mid \theta_j)P(\theta_j)}{P(I_k)}$$

［例 10 - 2］ 某石油钻探队准备在某地区勘探石油，根据预测估计钻井出油的概率为 0.3。为了获得更多情报，也可以先做地震试验，再行决策。据历史资料统计，地震试验将有油区勘测为封闭构造的概率为 0.8；将无油区勘测为开放构造的概率为 0.6。试求钻井出油的后验概率。

解 我们几乎不可能取得理想的完全信息，但可以通过调查、试验或咨询等途径获取补充信息，据以修订对决策环境（自然状态）的概率估计。

由题意可知，有油事件 θ_1的概率 $P(\theta_1)=0.3$，无油事件 θ_2的概率 $P(\theta_2)=0.7$，这是先验概率；据统计资料测算，地震试验将有油区勘测为封闭构造（信息事件 I_1）的概率为 0.8，将无油区勘测为开放构造（信息事件 I_2）的概率为 0.6，均为事件 I_k发生的条件概率，即 $P(I_1 \mid \theta_1)=0.8$，$P(I_2 \mid \theta_2)=0.6$；封闭构造而有油的概率 $P(\theta_1 \mid I_1)$ 和开放构造而无油的概率 $P(\theta_2 \mid I_2)$ 则是后验概率，依据后验概率进行决策可以减少风险，改善决策效果。那这些概率又如何测定呢？这就需要利用

联合概率和贝叶斯概率公式计算。

不失一般性，设θ_1，θ_2，…，θ_n是所有可能出现的自然状态，且其中任意两个自然状态不同时发生，即$\{\theta_1, \theta_2, \cdots, \theta_n\}$是两两互斥的完备事件组。

$P(\theta_j)$是状态θ_j发生的概率估计，即先验概率。

设I_k为补充信息事件组。据统计，$P(I_k \mid \theta_j)$是自然状态θ_j出现的情况下，事件I_k发生的条件概率。

$P(\theta_j \mid I_k)$是事件I_k发生的情况下，自然状态θ_j发生的后验概率。

由联合概率公式，知

$$P(I_k, \theta_j) = P(\theta_j) P(I_k \mid \theta_j)$$

由全概率公式，知

$$P(I_k) = \sum_j P(\theta_j) P(I_k \mid \theta_j)$$

由贝叶斯公式，知

$$P(\theta_j \mid I_k) = \frac{P(I_k \mid \theta_j) P(\theta_j)}{P(I_k)}$$

利用贝叶斯公式可以计算补充信息条件下的后验概率，如表10-6所示。

表10-6 联合概率和后验概率的计算

状态θ	先验概率	条件概率		联合概率		后验概率	
	$P(\theta_j)$	$P(I_1 \mid \theta_j)$	$P(I_2 \mid \theta_j)$	$P(I_1, \theta_j)$	$P(I_2, \theta_j)$	$P(\theta_j \mid I_1)$	$P(\theta_j \mid I_2)$
有油（θ_1）	0.3	0.8	0.2	0.24	0.06	0.46	0.13
无油（θ_2）	0.7	0.4	0.6	0.28	0.42	0.54	0.87

在表10-6中，先验概率和条件概率为题意已知；联合概率通过联合概率公式计算得到（见表10-6中部）；再由全概率公式，即将联合概率的各列求和，得到封闭构造的概率为0.24+0.28=0.52，开放构造的概率为0.06+0.42=0.48；依据贝叶斯概率公式计算后验概率，即封闭构造而有油的概率$P(\theta_1 \mid I_1)=0.24/0.52=0.46$，开放构造而无油的概率$P(\theta_2 \mid I_2)=0.42/0.48=0.87$，又根据概率之和等于1，可以计算$P(\theta_2 \mid I_1)=0.54$，$P(\theta_1 \mid I_2)=0.13$。

（二）后验预分析

补充信息的价值是获得某种不完全情报可以提高的收益值。

在例10-2中，若钻井出油，则获得4 000万元的收益，若钻井不出油，则亏损1 000万元，因此，总收益为：

$$0.13 \times 4\,000 + 0.87 \times (-1\,000) = -350(\text{万元})$$

如果无地震试验提供补充信息而采取行动，则总收益为：

$$0.3 \times 4\,000 + 0.7 \times (-1\,000) = 500(\text{万元})$$

由上述分析可知，在没有获得情报前，可能因为不完全的信息而导致错误的决策（投资钻井），因而获得负的期望利润。在获得补充情报后，总收益提高了 850 万元。这个总收益的增值就是气象站的情报价值，所以当气象预报的获取成本低于 850 万元时，购买是有利的。

在一般情况下，当各种可能决策方案的后果（损益值）相差很大时，或者各种可能的未来决策环境出现的概率近似相等时，补充情报的价值就相对较高。

三、决策树法

在用期望收益准则决策时，对于一些较为复杂的风险性决策问题，例如多级决策问题，仅用表格是难以表达和分析的，为此引入决策树法。

决策树由从左向右依次展开的四部分组成：决策点，用方框“□”表示；状态点，用圆圈“○”表示；树枝，用线条“—”表示；树梢，用“Δ”表示，写在决策树的最右端，表示相应状态下的损益值。

（一）单级决策树

例 10－1 的决策树如图 10－2 所示，决策结点引出方案分支，状态结点引出概率分支，结果结点后是损益值。

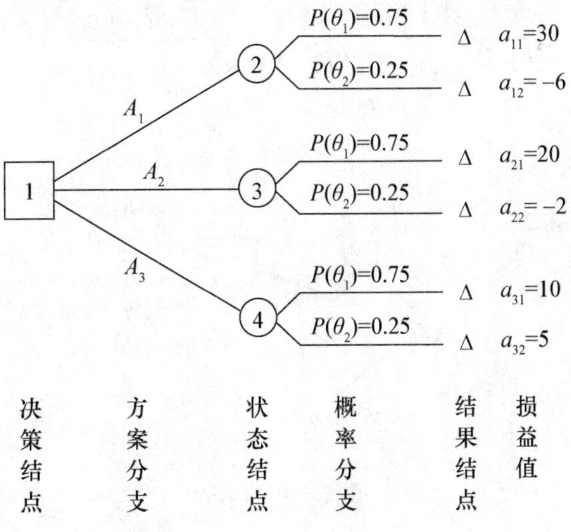

图 10－2 单级决策树

接下来计算期望值：

结点 2：$E(2)=0.75\times30+0.25\times(-6)=21$（万元）

结点 3：$E(3)=0.75\times20+0.25\times(-2)=14.5$（万元）

结点 4：$E(4)=0.75\times10+0.25\times5=8.75$（万元）

结点 1 是决策结点，需要进行抉择，结点 2 的期望收益为最大，故应选择 A_1 方案，结点 1 的决策期望收益为 21 万元。

（二）序列决策树

序列决策是指需要连贯地作出两次或两次以上的多级决策问题。事实上，许多决策都存在前后的序列关系，后续决策依赖于前面的决策，前面决策的失误则波及并影响到后续决策的效果。多阶段决策问题就是序列决策，需要前后整体地、动态地进行决策。序列决策在方法上与单级决策基本一样，每一状态结点都要计算损益期望值，每一决策结点都要进行方案选择。

［**例 10-3**］ 某石油钻探队准备在某一地区勘探石油，根据预测估计钻井出油的概率为0.3，可以自己钻探或者是出租。据以往钻井资料统计，自己钻探的钻井费为1 000万元，自己钻井出油可收入4 000万元；如果出租，租金为200万元，若有油租金再增加100万元。

为了获得更多情报，也可以先做地震试验，再行决策。根据历史资料统计，地震试验将有油区勘测为封闭构造的概率为0.8；将无油区勘测为开放构造的概率为0.6。地震试验费为300万元，是补充不完全信息付出的代价。试用决策树法进行决策。

解 据此进行决策的贝叶斯决策如图10-3所示。

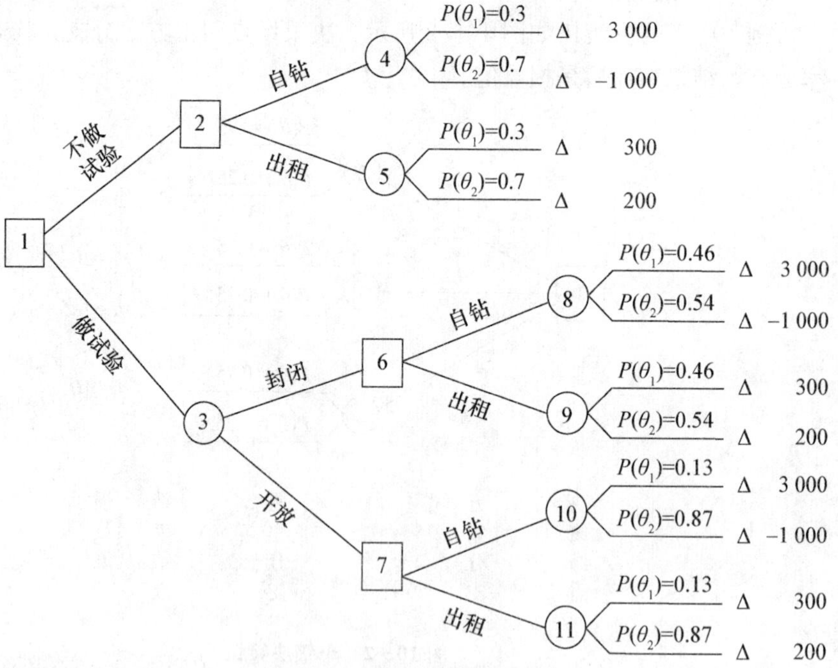

图 10-3 石油钻探决策树

接下来计算结点的收益期望值：

结点4：$0.3\times3\,000+0.7\times(-1\,000)=200$(万元)

结点5：$0.3\times300+0.7\times200=230$(万元)

结点8：$0.46\times3\,000+0.54\times(-1\,000)=840$(万元)

结点9：$0.46\times300+0.54\times200=246$(万元)

结点 10：0.13×3 000+0.87×(−1 000)=−480(万元)

结点 11：0.13×300+0.87×200=213(万元)

结点 6 是决策结点，需要进行抉择，由于结点 8 的期望值大于结点 9 的期望值，故应选择自己钻探，放弃出租，故结点 6 的期望值为 840 万元。

结点 7 是决策结点，需要进行抉择，由于结点 11 的期望值大于结点 10 的期望值，故应选择出租，而非自己钻探，故结点 7 的期望值为 213 万元。

结点 2 是决策结点，需要进行抉择，由于结点 5 的期望值大于结点 4 的期望值，故应选择出租，而非自己钻探，故结点 2 的期望值为 230 万元。

结点 3 是方案结点，需要计算期望值，为 840×0.52+213×0.48=539.04 万元。

结点 1 是决策结点，在地震试验与否中进行选择，结点 3 的做地震试验的期望值为 539.04−100=439.04 万元，结点 2 的不做地震试验的期望值为 270 万元，显然先进行地震试验是个较好的决策方案。

决策结论：先进行地震试验，如果地震试验结果是封闭构造，则自己钻探；反之，如果地震试验结果是开放构造，则决定出租。

第 4 节　多属性决策

评价决策中，一般都是多目标多指标选择，既有量化指标，又有定性指标，难以抽象为解析形式的数学模型问题（即非结构化问题），这就需要强调决策者直觉判断的重要性和决策过程中方案比较的一致性，既需要科学合理地确定指标权重，又需要客观准确地进行排序。

一、层次分析法

层次分析法（analytic hierarchy process，AHP）是由美国著名运筹学家萨蒂（T. L. Saaty）于 20 世纪 70 年代提出来的一种系统分析方法。它是用一定标度把人的主观判断进行客观量化，将定性问题进行定量分析的一种简单实用的多准则评价决策方法。其基本原理可以归结为：第一，通过分析评价方案的因素及其相互关系，形成多层次的分析结构模型。第二，将每一层次的各要素相对于其上一层次某要素的相对重要程度进行两两比较判断，建立判断矩阵。第三，通过计算判断矩阵的最大特征根及其相对应的特征向量，得到各层要素相对上层某要素的重要性次序，建立相对权重向量。第四，自上而下地用上一层次各要素的组合权重为权数，对本层次各要素的相对权重向量进行加权，得出关于总体目标的组合权重。层次分析法的实施步骤如下。

（一）建立层次模型

首先将需要评价的目标分解为测度因素指标，将这些因素再按属性关系分解为次级组成因素，如此层层分解，形成一个有序的层次递阶的因素从属关系结构，如图 10-4 所示的总目标层 O、准则层（大类指标）U、指标层（明细指标）V 和措施方案层 A 等。

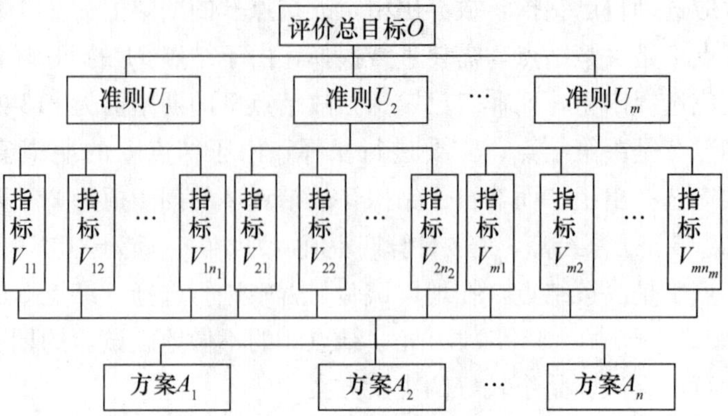

图 10-4 层次结构模型图

图 10-4 的中间层是为实现总目标而设立的准则层或指标层，即衡量目标能否实现的标准，准则层可以不止一层，一般评价采用大类和小类两层指标的完全层次关系，而且据心理学实验，人的最大比较分辨能力为 9 级，因此同一完全层次关系的指标数不要超过 9 个。

［例 10-4］ 对某行业中的企业竞争力进行评价，选定生产经营能力 U_1 和可持续发展能力 U_2 两个一级指标。其中，生产经营能力 U_1 下设产品产量 V_{11}、总资产规模 V_{12}、产品销售率 V_{13} 等二级指标；可持续发展能力 U_2 下设产值利润率 V_{21}、销售利润率 V_{22}、技术开发经费比重 V_{23}、拥有专利数 V_{24} 等二级指标。

（二）构造判断矩阵

一个因素被分解为若干个与之相关的下层因素，通过各下层因素对该因素的重要程度两两相比较，构成一个判断矩阵。所谓判断矩阵是以矩阵的形式来表述每一层次中各要素相对其上层某要素的重要程度。取一些相对数值为标度来量化判断语言，如表 10-7 所示。

表 10-7 判断标度

标度	定义	说明
1	同等重要	两个要素相比较，它们具有相同重要性
3	稍微重要	两个要素相比较，一个比另一个重要一些
5	明显重要	两个要素相比较，一个明显比另一个重要
7	强烈重要	两个要素相比较，一个比另一个重要得多
9	极端重要	两个要素相比较，一个绝对比另一个重要
2，4，6，8	上述两相邻判断的折中	上述两个相邻标准之间折中时的定量标度
上列各数的倒数	反比较	倒数表示两个相比较要素的不重要程度

要素 k 对 j 的重要性比较标度 a_{kj}，一般是根据资料统计，或由专家和分析者一起根据经验反复讨论后，凭定性分析的直觉和判断而确定的，即运用量化标度将思维判断数量化。

显然，判断矩阵应该满足如下特征：自比性 $a_{kk}=1$；反比性 $a_{kj}=1/a_{jk}$；一致性 $a_{kj}=a_{kl}/a_{jl}$。

对于例 10－4，组织相关人员讨论与比较，构造如下判断矩阵：

针对大类指标 O－U_i 判断矩阵

V	U_1	U_2
U_1	1	$\frac{1}{2}$
U_2	2	1

针对二级分类指标 U_i－V_{ij} 判断矩阵

U_1	V_{11}	V_{12}	V_{13}
V_{11}	1	$\frac{1}{2}$	2
V_{12}	2	1	3
V_{13}	$\frac{1}{2}$	$\frac{1}{3}$	1

U_2	V_{21}	V_{22}	V_{23}	V_{24}
V_{21}	1	2	3	2
V_{22}	$\frac{1}{2}$	1	$\frac{1}{2}$	$\frac{1}{3}$
V_{23}	$\frac{1}{3}$	2	1	$\frac{1}{2}$
V_{24}	$\frac{1}{2}$	3	2	1

（三）一致性检验

建立判断矩阵时保持判断思维的一致性是非常重要的，衡量判断矩阵质量优劣的办法是检验定性思维是否具有一致性。

一致性是指判断矩阵中各要素的重要性判断是否一致，不能出现逻辑矛盾。当判断矩阵中的元素都符合一致性特性时，则说明该判断矩阵具有完全一致性。例如，甲比乙稍微重要 $a_{甲乙}=3$，而乙又比丙重要一点 $a_{乙丙}=2$，则甲比丙的重要程度 $a_{甲丙}=a_{甲乙}\times a_{乙丙}=6$，就具有完全一致性；如果 $a_{甲丙}=5$ 或 $a_{甲丙}=7$，只要 $a_{甲丙}\neq 6$，就不具有完全一致性。然而，人们在进行主观评价时，对评价指标和评价方案的认识具有片面性，所建立的判断矩阵就不可能表现出完全一致性。这就需要对判断矩阵进行一致性检验，以防止思维出现逻辑矛盾。

根据矩阵理论，对 n 阶判断矩阵，其最大特征根为单根，而且最大特征根 $\lambda_{max} \geqslant n$。当 n 阶判断矩阵具有完全一致性时，具有唯一非零的最大特征根 $\lambda_{max}=n$，其余特征根均为零。当判断矩阵不能保证具有完全一致性时，其特征根也将发生变化。因此，可以利用判断矩阵特征根的变化来判断一致性程度。

引入判断矩阵的一致性指标 $C.I.$（consistency index），来检验人们思维判断的一致性程度。计算公式如下：

$$C.I.=\frac{\lambda_{max}-n}{n-1}$$

$C.I.$ 值越大，表明判断矩阵偏离完全一致性的程度越大；$C.I.$ 值越小（越接近 0），表明判断矩阵的一致性越好。

对于不同阶的判断矩阵，人们判断的一致误差不同，其 $C.I.$ 值的要求也不同。阶数 n 越大，需要比较的要素就多，人的思维分辨能力降低，造成判断不一致的可能性增大，$C.I.$ 值就越大；反之，阶数 n 越小，认为造成偏离一致性判断的可能性就小。为度量不同阶判断矩阵是否具有满意的一致性，再引入平均随机一致性系数指标 $R.I.$（random index），对不同阶次数值如表 10-8 所示。

表 10-8　　平均随机一致性指标

矩阵阶数 n	1	2	3	4	5	6	7	8	9
$R.I.$	0	0	0.58	0.92	1.12	1.24	1.32	1.41	1.45

对于一阶、二阶矩阵，判断矩阵是完全一致的。当 $n \geqslant 3$ 时，判断矩阵的一致性指标 $C.I.$ 与同阶平均随机一致性系数指标 $R.I.$ 之比称为随机一致性比值 $C.R.$（consistency ratio），即

$$C.R.=\frac{C.I.}{R.I.}$$

当 $C.R.<0.1$ 时，认为判断矩阵具有满意的一致性；$C.R.\geqslant 0.1$ 时，认为判断矩阵不一致，应对判断矩阵作适当调整，使其满足 $C.R.<0.1$，从而具有满意的一致性。只有通过一致性检验的判断矩阵才可以用于层次排序。

（四）层次单排序

层次单排序就是把本层所有要素针对上一层某要素来说，排出评比的优劣次序，这种次序以相对数值大小表示，称为相对权重向量。

这就要利用线性代数知识，计算判断矩阵的特征根和特征向量，计算所得的特征向量就是相对权重向量。一般采用方根法近似计算，以例 10-4 的 U_1-V_{1j} 判断矩阵为例，步骤如下：

（1）计算 n 阶判断矩阵每一行各元素之乘积 M_k。

$$M_1=1\times\frac{1}{2}\times 2=1$$

$$M_2=2\times1\times3=6$$

$$M_3=\frac{1}{2}\times\frac{1}{3}\times1=\frac{1}{6}$$

（2）计算 M_k 的 n 次方根 $\overline{M}_k=\sqrt[n]{M_k}$。

$$\overline{M}_1=\sqrt[3]{M_1}=\sqrt[3]{1}=1$$

$$\overline{M}_2=\sqrt[3]{M_2}=\sqrt[3]{6}=1.82$$

$$\overline{M}_3=\sqrt[3]{M_3}=\sqrt[3]{\frac{1}{6}}=0.55$$

（3）归一化处理，得到特征向量 $W=(w_1, w_2, \cdots, w_n)^T$，就是所求相对权重向量。

由 $\sum\overline{M}_j=1+1.82+0.55=3.37$，则有

$$w_1=\frac{1}{3.37}=0.297$$

$$w_2=\frac{1.82}{3.37}=0.540$$

$$w_3=\frac{0.55}{3.37}=0.163$$

即生产经营能力 U_1 下设明细指标“产品产量 V_{11}、总资产规模 V_{12}、产品销售率 V_{13}”的相对权重向量为 $W_{U_1}=(0.297, 0.540, 0.163)^T$。

（4）近似计算最大特征根 $\lambda_{\max}$。

$$\lambda_{\max}=\frac{1}{n}\sum_{k=1}^{n}\frac{(AW)_k}{W_k}$$

式中，A 是 $n\times n$ 阶判断矩阵，其相对权重列向量是 W，$(AW)_k$ 是矩阵 A 与向量 W 乘积所得列向量的第 k 个元素。即

$$AW=\begin{pmatrix}1 & \frac{1}{2} & 2\\ 2 & 1 & 3\\ \frac{1}{2} & \frac{1}{3} & 1\end{pmatrix}\begin{pmatrix}0.297\\0.540\\0.163\end{pmatrix}=\begin{pmatrix}0.894\\1.624\\0.492\end{pmatrix}$$

$$\lambda_{\max}=\frac{1}{3}\sum_{k=1}^{3}\frac{(AW)_k}{W_k}=\frac{1}{3}\left(\frac{0.894}{0.297}+\frac{1.624}{0.540}+\frac{0.492}{0.163}\right)=3.01$$

（5）进行一致性检验，有

$$C.I.=\frac{\lambda_{\max}-n}{n-1}=\frac{3.01-3}{3-1}=0.005$$

$$C.R.=\frac{C.I.}{R.I.}=\frac{0.005}{0.58}=0.008$$

可见，随机一致性指标 $C.R.<0.1$，判断矩阵 U_1-V_{1j} 具有满意的一致性。

同理，计算出其他判断矩阵的权重向量，得大类指标层权重向量为 $\alpha=(0.333,0.667)$，小类指标层权重向量为 $\omega_1=(0.297,0.540,0.163)$，$\omega_2=(0.367,0.126,0.197,0.310)$。

（五）层次总排序

计算绝对权重就是进行层次总排序。所谓层次总排序就是针对最高层目标而言，本层次各要素重要程度的次序排列。

总排序需从上到下逐层顺序进行，最高层次的层次单排序正是相对于总目标而言的，所求相对权重向量也就是其总排序的结果。因此，大类指标（U_1，U_2，…，U_m）的相对权重也就是其绝对权重（w_1，w_2，…，w_m），具体指标 V_{ij}（$j=1$，2，…，n_i）的绝对权重 α_j 等于其相对权重 w_j^i 与大类指标的绝对权重 w_i 之乘积，即 $\alpha_j=w_iw_j^i$。

二、多指标排序法

如果有 m 个可行方案，方案序号为 s，即 $s=1$，2，…，m，每个方案都有 n 个衡量指标 V_j（$j=1$，2，…，n），其权重向量记为 $\alpha=(\alpha_1,\alpha_2,\cdots,\alpha_n)$。第 s 个方案对于评价指标 V_j 的取值用 d_{sj} 表示，m 个方案对于评价指标 V_j 的取值组成一个序列 $d_j=(d_{1j},d_{2j},\cdots,d_{mj})$，如表 10-9 所示。对各方案进行价值分析，就可以得出方案的优劣。

表 10-9　方案对于评价指标的原始评价值

指标	权重	方案1	方案2	…	方案 m
V_1	α_1	d_{11}	d_{21}	…	d_{m1}
V_2	α_2	d_{12}	d_{22}	…	d_{m2}
⋮	⋮	⋮	⋮		⋮
V_n	α_n	d_{1n}	d_{2n}	…	d_{mn}

但是，在这些指标中，有一类指标我们希望它越大越好，另一类指标是越小越好，即指标极性不统一；而且各指标的量纲也不一致，各方案同一指标的数值又不完全相等，从而造成无法直接比较方案的优劣。因此，需先将各指标值无量纲化和无极性化，以使各指标的评价尺度统一，然后才能对各方案的价值进行分析和评价。

（一）指标值极性变换

由于不同评价指标的原始序列的极性是不一致的，因此，需对评价指标 V_j 的序列 d_{sj} 进行极性变换，以统一极性，得到无极性的序列。具体如下：

1. 极大值极性的无极性化

对极大值极性序列，将序列的各元素与该序列的最大值相比，即按以下方式进行变换：

$$d'_{sj}=\frac{d_{sj}}{\max\limits_{k} d_{kj}}$$

2. 极小值极性的无极性化

对极小值极性序列，将序列的最小值与该序列的各元素相比，即按以下方式进行变换：

$$d'_{sj}=\frac{\min\limits_{k} d_{kj}}{d_{sj}}$$

3. 适中值极性的无极性化

对适中值极性序列，越接近适中值越好。设 d_{0j} 为指标 V_j 的适中值，则按以下方式进行变换：

$$d'_{sj}=\frac{\min\{d_{sj},d_{0j}\}}{\max\{d_{sj},d_{0j}\}}$$

（二）指标值无量纲化

不同指标的无极性序列值 d'_{sj} 的量纲是不一致的，因此，需要进行无量纲化，以统一量纲，得到无极性无量纲化值。常见方法如下：

1. 初始值化法

对序列作初始值化处理，即将序列的各元素与该序列的初始值 d'_{1j} 相比。

2. 均值化法

对序列的指标数据作均值化处理，即先求出序列的均值，再将该序列的各元素与其均值相比。

3. 区间值化法

对序列的指标数据作区间值化处理，即先求出序列的极差（最大值与最小值之差），然后将该序列的各元素减去最小值之后再与其极差值相比，变换公式如下：

$$v_{sj}=\frac{d'_{sj}-\min\limits_{k}(d'_{kj})}{\max\limits_{k}(d'_{kj})-\min\limits_{k}(d'_{kj})}$$

时间序列或空间序列数值适合初始值化法，而指标序列数值更适合采用均值化法处理。此外，还有线性插值法、均值方差法等无量纲化方法。

（三）方案的价值分析

再用指标的权重向量 α 进行综合权衡，得方案 s 的综合评价值 $v^{(s)}$ 为：

$$v^{(s)}=\sum_{j}\alpha_j\cdot v_{sj}$$

按照综合评价值的大小，确定方案的优劣顺序。根据 $\text{opt}v=\max\limits_{s}\{v^{(s)}\}$，确定最优方案。

□ 案例分析

20世纪50年代后，随着亚音速民航客机的普及以及超音速军用飞机的正式服役，超音速客机在当时被普遍视为未来民用航空的发展方向。1962年，英国飞机公司与法国宇航公司正式开始联合研制协和式飞机。事实上，当时的英国政府正面临巨大的财政赤字，而协和式飞机的预计研发费用要超过1亿英镑。但英国人这么做不是没有底气的，根据事前与潜在客户的接洽，协和式飞机已经取得了全球20家航空公司超过100架的意向性订单，而保守估计这一数字在1975年将上升到225架。

然而随着时间的流逝，英国飞机公司在研制协和式飞机的过程中发现了越来越多的问题。首先是飞机研制费用的飙升，由于技术应用十分复杂，到1969年协和式飞机总研发费用已超过了5亿英镑，这远远超过了最初估计的数字。而高昂的研发成本带动了飞机售价的上涨，起初有意愿订购的20家航空公司面对价格步步攀升的协和式飞机纷纷望而却步，到1969年年底，只剩不到10家公司仍表达了对协和式飞机的兴趣。其次，出于对能源危机以及环境恶化问题的担忧，西方国家的政府与环保组织也多次提出民航客机应节省能源，同时尽可能地减少噪声污染等环境问题。而协和式飞机却无法满足这些要求，它飞行时会产生巨大的声响，有时甚至会震碎建筑物上的玻璃，而其巨大的油耗量更是无形中增加了航空公司的运营成本。因此，多数专家预计这种飞机的需求量不会很大，并向英国飞机公司建议停止继续研发协和式飞机。

面对以上问题，英国飞机公司的领导层有两种选择：一是将协和式飞机项目下马，并支付法国一笔数额不小的违约金；二是继续飞机的研制。由于英国飞机公司并没有决策运行控制计划，也没有重新对项目进行评审，在法国方面的施压下，英国飞机公司最终选择了妥协，勉强将项目进行下去。1975年，协和式飞机问世，而最终购买该型飞机的仅有英法两家航空公司，销量仅为14架。按照当时的价格估算，协和式飞机至少要售出64架才能保本，14架的销量根本无法收回巨额的开发成本，最终的结果是英国飞机公司承受了巨大的损失。

思考题：英国飞机公司在协和式飞机的研发与生产决策中犯了哪些错误，应如何改进？

□ 复习思考题

1. 某公司为促进其产品的销售，拟筹办一次产品展销会。为此，可利用公司的一处空地露天展销，这样免花场地费，然而展销中一旦遇雨，将要损失10万元；也可租借展览馆在室内展销，这样可避免遇雨损失，但需要付租金 7 万元。无论在何处举办展销会，都另需会务费 3 万元（见表 10－10）。试用不确定性决策准则进行决策。

表 10－10　　单位：万元

决策方案	自然状态	
	θ_1（有雨）	θ_2（无雨）
S_1（露天）	13	3
S_2（租馆）	10	10

2. 某书店希望订购新出版的一部图书。据以往经验，新书的销售量可能为 80，120，180 或 240 本。已知每本新书订购价为 5 元，零售价为 8 元，剩书的处理价为 1 元。试分别用最大最小准则、最小最大准则、折中准则和最小后悔准则确定图书的订购量。

3. 若第 1 题据统计资料预测，展销期间有雨的概率为 0.75，没雨的概率为 0.25，用最大可能准则进行决策。

4. 若第 2 题中书店统计以往这类新书销售量规律如表 10－11 所示。

表 10－11

销售量（本）	80	120	180	240
销售比例（%）	10	30	40	20

分别用最大可能准则与期望收益准则确定该书的订货量。

5. 某小型水电企业根据社会用电和水的情况，对未来售电的预测是：出现高售电的概率为 0.5，中售电的概率为 0.4，低售电的概率为 0.1。企业现有两个可供选择的方案：一是扩建电站，需投资 200 万元；二是配套改造，需投资 80 万元，扩建电站和改造工程投产后，不同自然状态下，不同方案 5 年内的年度平均售电利润如表 10－12 所示。试用决策树法分析该企业如何决策。

表 10－12

自然状态	概率	不同方案下年度平均售电利润（万元）	
		扩建电站	配套改造
高售电	0.5	80	60
中售电	0.4	40	40
低售电	0.1	10	20

6. 读大三的你在谋划自己的未来，首先要决策的问题是考研还是就业，根据你的学习状况，估计出考研成功的概率，考取以后又有三种选择：考博，从政，从商。读博士以后有三种可能：从政，到企业做高级幕僚，到大学任教。硕士研究生毕业后从政可能有作为，也可能无所作为。硕士研究生毕业后从商有三种可能：进国企，进外企，自立门户开办企业。若不考研或考研失败则有三种可能：进国企，进外企，自立。试估计各种情况的概率及收益，为自己的未来作出决策。

7. 某公司对其供应商进行评价，考虑其产品价格低廉性 U_1、质量合格率 U_2、按时交货率 U_3、交货提前期 U_4 四方面。

（1）组织采购人员讨论，将评价指标两两相比较，构造判断矩阵如下（见表10-13），试用方根法进行层次单排序，计算指标权重（矩阵维数$n=4$，$R.I.=0.92$）。

表10-13

目标O	U_1	U_2	U_3	U_4
U_1	1	2	3	5
U_2	$\frac{1}{2}$	1	2	3
U_3	$\frac{1}{3}$	$\frac{1}{2}$	1	2
U_4	$\frac{1}{5}$	$\frac{1}{3}$	$\frac{1}{2}$	1

（2）为了定量评判供应商，进行相关的调查和研究，收集到关于某种外购零件的5家供应商Co.1，Co.2，Co.3，Co.4和Co.5的指标统计数据如表10-14所示。

表10-14

评价指标	单位	Co.1	Co.2	Co.3	Co.4	Co.5
价格低廉性U_1	元/kg	800	810	790	800	805
质量合格率U_2	%	0.95	0.83	0.88	0.96	0.93
按时交货率U_3	%	0.98	0.85	0.97	0.98	0.97
交货提前期U_4	周	5	3	4	4	5

试进行多指标排序，给出供应商选择的建议。

第 11 章 对策理论

Chapter 11

学习要点

- 理解对策模型的三大要素
- 了解矩阵对策的基本定理
- 通晓纯策略和混合策略
- 掌握矩阵对策方程组法
- 理解纳什定理和平衡偶
- 掌握双矩阵对策的求解

引导案例

有一家垄断企业已在市场上，另一家新企业虎视眈眈想要进入市场。垄断企业希望能保持自己的垄断地位，所以想要阻挠新企业的进入。新企业有两种策略可以选择：进入或不进入。垄断企业也有两种策略可以选择：争斗或默许。

对于新企业来说，最理想的情况是进入市场而垄断企业默许它的市场份额。而对于垄断企业来说，最理想的情况是新企业不进入市场而延续自己的垄断地位。新企业和垄断企业都希望能避免互相斗争而两败俱伤的情况。

现在，垄断企业在得知新企业的战略计划后，向新企业表示自己将采取强硬的斗争态度。如果你是新企业的负责人，你会相信这一威胁吗？

对策论也称竞赛论或博弈论（game theory），是研究具有竞争性质现象的数学理论和方法。对策论研究的问题与政治、经济、军事活动乃至一般的日常生活等有着密切联系，并且处理问题的方法具有明显特色，所以日益引起广泛关注。

第1节 对策论简介

一、对策的概念

具有竞争或对抗性质的行为称为对策行为。在这类行为中，参加争斗或竞争的各方有不同的目标和利益。为了达到各自的目标和利益，各方必须考虑对手的各种可能行动方案，力图选取对自己最有利或最合理的方案。对策论就是研究对策行为中竞争各方是否存在最合理行动方案，以及如何找到最合理行动方案的管理优化理论和方法。

对策与决策的不同之处在于，对策论是研究多个决策主体的行为在相互作用下产生的决策行为以及这种竞争性行为的最终结局。而决策论可以理解为只有一个决策主体，在面对不确定环境下的收益最大化行为。

二、对策模型三要素

以下称具有对策行为的模型为对策模型或对策。对策模型的种类千差万别，但本质上都必须包括以下三个基本要素。

（一）局中人

在一个对策行为（或一局对策）中，有权决定自己行动方案的对策参加者，称为局中人，他们也是决策主体，根据自己的利益要求决定自己的行为。通常用 I 表示局中人的集合。如果有 n 个局中人，则 $I=\{1, 2, \cdots, n\}$。一般要求一个对策中至少有两个局中人。

对策中关于局中人的概念具有广义性。局中人除了可理解为个人外，还可理解为某一集体，如球队、交战国、企业等。特别地，当研究在不确定的条件下进行某项决策时，可把大自然当作一个局中人。另外，在对策中利益完全一致的参与者只能看成是一个局中人，例如桥牌中虽有四人参赛，但东西方和南北方各为一个局中人，因此只能算作两个局中人。需要强调的一点是，在对策中总是假定每一个局中人都是“理智的”决策者或竞争者，即所有局中人均以追求自身最大化为原则，不存在利用其他局中人决策的失误来扩大自身利益的可能性。

（二）策略集

在对策论中有两种策略概念。最基本的称为纯策略，指一局对策中，可供局中人选择的实际、可行、完整的行动方案。参加对策的每一局中人 i（$i\in I$）都有自己的策略集 S_i，也称为策略空间。策略集是指局中人所有纯策略的集合。一般，每一局中人的策略集中至少包括两个纯策略。

另一种策略概念为在纯策略基础上形成的混合策略，局中人的混合策略就是其纯策略集合上的一种概率分布，表示局中人实际对策过程中根据这种概率在纯策略中随机选择并加以实施。纯策略是混合策略的特例。

（三）赢得函数

在一局对策中，各局中人选定的策略形成的策略组称为一个局势，即若 s_i 是第 i 个局中人的一个策略，则 n 个局中人的策略组 $s=(s_1, s_2, \cdots, s_n)$ 就是一个局势。全体局势的集合 S 可用各局中人策略集的笛卡尔积表示，即 $S=S_1\times S_2\times\cdots\times S_n$。

当一个局势出现后，对策的结果也就确定了。也就是说，对任一局势 $s\in S$，局中人 i 可以得到一个赢得值 $H_i(s)$。显然，$H_i(s)$ 是局势 s 的函数，称为第 i 个局中人的赢得函数（或支付函数）。

以上讨论了局中人、策略集和赢得函数这三个概念。当这三个基本要素确定后，一个对策模型也就给定了。

三、对策问题的分类

为了便于对不同的对策问题进行研究，可以根据不同方式进行分类，通常的分类方式有：

（1）根据局中人的个数，分为二人对策和多人对策。

（2）根据各局中人的赢得函数的代数和是否为零，分为零和对策与非零和对策。

（3）根据各局中人间是否允许合作，分为合作对策和非合作对策。

（4）根据局中人的策略集中的策略个数，分为有限对策和无限对策。

（5）根据局中人的决策顺序，分为动态对策和静态对策。

（6）根据局中人对信息的掌握情况，分为完全信息对策和非完全信息对策。

此外，根据对策模型的数学特征，可分为矩阵对策、连续对策、微分对策、阵地对策、凸对策、随机对策等。

因为篇幅有限，本章研究的对策模型均为完全信息的静态对策模型。我们先对最简单的二人有限零和对策（finite two-person zero-sum game，又称矩阵对策）进行介绍，然后将赢得总和为零的约束放松，研究静态对策的一般形式（又称双矩阵对策）。静态对策可以说是一类最简单的对策模型，其研究思想和方法十分具有代表性，体现了对策论的一般思想和方法，且矩阵对策的基本结果也是研究其他对策模型的基础。

第 2 节　矩阵对策

矩阵对策，即二人有限零和对策，是指只有两个参加对策的局中人，每个局中人都只有有限个策略可供选择。在任一局势下，两个局中人的赢得总和等于零，即双方的利益是激烈对抗的，双方不存在合作的可能性。

一、矩阵对策的数学模型

（一）矩阵对策的基本模型

在矩阵对策中，一般用Ⅰ，Ⅱ分别表示两个局中人，并设局中人Ⅰ有 m 个纯策略 α_1，α_2，…，α_m，局中人Ⅱ有 n 个纯策略 β_1，β_2，…，β_n，则局中人Ⅰ，Ⅱ的策略集分别为 $S_1=\{\alpha_1, \alpha_2, \cdots, \alpha_m\}$，$S_2=\{\beta_1, \beta_2, \cdots, \beta_n\}$。

当局中人Ⅰ选定纯策略 α_i 和局中人Ⅱ选定纯策略 β_j 后，就形成了一个纯局势 (α_i, β_j)。可见这样的纯局势共有 $m\times n$ 个。对任一纯局势 (α_i, β_j)，记局中人Ⅰ的赢得值为 a_{ij}，并称

$$A=\begin{bmatrix} a_{11} & a_{12} & \cdots & a_{1n} \\ a_{21} & a_{22} & \cdots & a_{2n} \\ \vdots & \vdots & & \vdots \\ a_{m1} & a_{m2} & \cdots & a_{mn} \end{bmatrix}$$

为局中人Ⅰ的赢得矩阵（或为局中人Ⅱ的支付矩阵）。由于矩阵对策是一种零和对策，故局中人Ⅱ的赢得矩阵就是 $-A$。

当局中人Ⅰ，Ⅱ及其对应的策略集 S_1，S_2 和赢得矩阵 A 确定后，一个矩阵对策也就给定了。通常，将一个矩阵对策记成

$$G=\{\text{Ⅰ},\text{Ⅱ};S_1,S_2;A\} \quad \text{或} \quad G=\{S_1,S_2;A\}$$

［例 11-1］ 田忌赛马。战国时期，齐王与大将田忌赛马，双方约定从各自的上、中、下三个等级的马中各选一匹参赛，每匹马均只能参赛一次，每一次比赛双方各出一匹马，负者要付给胜者一千金。在同等级的马中，田忌的马不如齐王的马，而如果田忌的马比齐王的马高一等级，则田忌的马可取胜。

解 （1）局中人。即参与决策的竞争者。本例中有齐王和田忌两个局中人，他们各自独立决策并承担相应风险。（2）策略集。在本例中，如果用（上，中，下）表示以上等马、中等马、下等马依次参赛这样一个次序，这就是一个完整的行动方案，即为一个策略。可见，局中人齐王和田忌各自都有 6 个策略：（上，中，下）、（上，下，中）、（中，上，下）、（中，下，上）、（下，中，上）、（下，上，中），可分别用 $S_1=\{\alpha_1, \alpha_2, \alpha_3, \alpha_4, \alpha_5, \alpha_6\}$ 和 $S_2=\{\beta_1, \beta_2, \beta_3, \beta_4, \beta_5, \beta_6\}$ 表示。

（3）赢得函数。齐王的任一策略 α_i 和田忌的任一策略 β_j 就形成了一个局势 s_{ij}。如果 $\alpha_1=$（上，中，下），$\beta_1=$（上，中，下），则在局势 s_{11} 下齐王的赢得值为 $H_2(s_{11})=3$，如表 11-1 所示。一局对策结束后，齐王的所得必为田忌的所失，反之亦然，这就是所谓的零和对策。

表 11-1 齐王的赢得矩阵

田忌	齐王					
	上中下	上下中	中上下	中下上	下上中	下中上
上中下	3	1	1	1	−1	1
上下中	1	3	1	1	1	−1
中上下	1	−1	3	1	1	1
中下上	−1	1	1	3	1	1
下上中	1	1	1	−1	3	1
下中上	1	1	−1	1	1	3

田忌的谋士孙膑给他出了个主意，每次比赛时先让齐王牵出他要参赛的马，然后来用田忌的下等马对齐王的上等马，用田忌的上等马对齐王的中等马，用田忌的中等马对齐王的下等马。结果田忌二胜一负，赢得一千金。

但是孙膑不能算作局中人，因为他只是田忌的谋士，没有独立决策和承担风险的能力。

（二）矩阵对策的纯策略

对于一般矩阵对策，有如下定义。设 $G=\{S_1, S_2; A\}$ 为矩阵对策，其中 $S_1=\{\alpha_1, \alpha_2, \cdots, \alpha_m\}$，$S_2=\{\beta_1, \beta_2, \cdots, \beta_n\}$，$A=(a_{ij})_{m\times n}$。若等式

$$\max_i \min_j a_{ij}=\min_j \max_i a_{ij}=a_{i^*j^*}$$

成立，记 $V_G=a_{i^*j^*}$。则称 V_G 为对策 G 的值，称 V_G 对应的纯局势 $(\alpha_{i^*}, \beta_{j^*})$ 为对策 G 的平衡局势，又称解（或鞍点），α_{i^*} 与 β_{j^*} 分别称为局中人Ⅰ，Ⅱ的最优纯策略。

一个平衡局势（α_{i^*}，β_{j^*}）应具有这样的性质，当局中人Ⅰ选择了纯策略 α_{i^*} 后，局中人Ⅱ为了使其所失最少，只有选择纯策略 β_{j^*}，即“大中求小”，否则就可能失的更多；反之，当局中人Ⅱ选择了纯策略 β_{j^*} 后，局中人Ⅰ为了得到更大的赢得也只能选取纯策略 α_{i^*}，即“小中求大”，否则就会赢的更少。双方的竞争在局势（α_{i^*}，β_{j^*}）下达到了一个平衡状态。在矩阵对策中，两个局中人都只有采取平衡状态下的最优纯策略（如果最优纯策略存在）才是理智的行动。

矩阵对策 $G=\{S_1, S_2; A\}$ 在纯策略意义下有解的充分必要条件是：存在纯局势（α_{i^*}，β_{j^*}）使得对一切 $i=1, 2, \cdots, m$；$j=1, 2, \cdots, n$，均有 $a_{ij^*}\leqslant a_{i^*j^*}\leqslant a_{i^*j}$。

直观的解释是：如果 $a_{i^*j^*}$ 既是矩阵 $A=(a_{ij})_{m\times n}$ 中第 i^* 的最小值，又是 A 中第 j^* 列的最大值，则 $a_{i^*j^*}$ 即为对策的值，且（α_{i^*}，β_{j^*}）就是对策的解。

[例 11-2] 求解矩阵对策 $G=\{S_1, S_2; A\}$，其中

$$A=\begin{bmatrix} -7 & 1 & -8 \\ 3 & 2 & 4 \\ 16 & -1 & -3 \\ -3 & 0 & 5 \end{bmatrix}$$

解 根据矩阵 A 分析，局中人Ⅰ如果选择策略 α_1（第一行），局中人Ⅱ会作出最优反应，选择使自己赢得最大的策略，即 β_3（注意局中人Ⅰ和Ⅱ的支付刚好相反）。从数学上讲，就相当于局中人Ⅱ的最优反应使局中人Ⅰ只能获得每一行中的最小值。局中人Ⅰ的支付变成以下矩阵：

Ⅰ	Ⅱ			$\min\limits_j a_{ij}$
	β_1	β_2	β_3	
α_1	−7	1	−8	−8
α_2	3	2	4	2*
α_3	16	−1	−3	−3
α_4	−3	0	5	−3

对于局中人Ⅰ来说，理性选择就是在−8，2，−3，−3 中选择收益最大的策略，即 α_2。

类似地，对于局中人Ⅱ来说，如果他选择策略 β_1（第一列），局中人Ⅰ就会选择策略 α_3 使自己得到 16 的收益，也就是说针对局中人Ⅱ的策略，局中人Ⅰ都会选择每一列中的最大值，使自己收益最大。因此，局中人Ⅱ要在这些值中选择最小的一个。有

Ⅰ	Ⅱ			$\min\limits_j a_{ij}$
	β_1	β_2	β_3	
α_1	−7	1	−8	−8
α_2	3	2	4	2*
α_3	16	−1	−3	−3
α_4	−3	0	5	−3
$\max\limits_i a_{ij}$	16	2*	5	

于是 $\max\limits_i \min\limits_j a_{ij} = \min\limits_j \max\limits_i a_{ij} = a_{22} = 2$，根据矩阵对策的定义，$V_G = 2$，$G$ 的解为 (α_2, β_2)，α_2 与 β_2 分别是局中人Ⅰ和Ⅱ的最优纯策略。在上例中，(α_2, β_2) 就是对策 G 的鞍点。

下面的例题说明了矩阵对策可能有多个鞍点存在。

[例 11-3] 求对策 G 的解。

设矩阵对策 $G=\{S_1, S_2; A\}$，其中 $S_1=\{\alpha_1, \alpha_2, \alpha_3, \alpha_4\}$，$S_2=\{\beta_1, \beta_2, \beta_3, \beta_4\}$，赢得矩阵为：

$$A=\begin{pmatrix} 6 & 5 & 6 & 5 \\ 1 & 4 & 2 & -1 \\ 8 & 5 & 7 & 5 \\ 0 & 2 & 6 & 2 \end{pmatrix}$$

解 直接在 A 提供的赢得表上计算，有

$$\begin{array}{c} \\ \alpha_1 \\ \alpha_2 \\ \alpha_3 \\ \alpha_4 \\ \\ \max \end{array}\begin{array}{c} \begin{pmatrix} \beta_1 & \beta_2 & \beta_3 & \beta_4 \\ 6 & 5 & 6 & 5 \\ 1 & 4 & 2 & -1 \\ 8 & 5 & 7 & 5 \\ 0 & 2 & 6 & 2 \end{pmatrix} \\ \begin{matrix} 8 & 5^* & 7 & 5^* \end{matrix} \end{array}\begin{array}{c} \min \\ 5^* \\ -1 \\ 5^* \\ 0 \\ \\ \end{array}$$

于是 $\max\limits_i \min\limits_j a_{ij} = \min\limits_j \max\limits_i a_{ij} = a_{i^* j^*} = 5$，其中 $i^* = 1, 3$；$j^* = 2, 4$，故 (α_1, β_2)，(α_1, β_4)，(α_3, β_2)，(α_3, β_4)四个局势都是对策的解或者鞍点，且对策值唯一 $V_G=5$。

（三）矩阵对策的混合策略

1. 矩阵对策混合策略的概念

从上面讨论可知，对矩阵对策 $G=\{S_1, S_2; A\}$ 来说，局中人Ⅰ有把握的至少赢得是 $v_1=\max\limits_i\min\limits_j a_{ij}$；局中人Ⅱ有把握的至多损失是 $v_2=\min\limits_j\max\limits_i a_{ij}$。一般，局中人Ⅰ的赢得值不会多于局中人Ⅱ的所失值，即总有 $v_1 \leqslant v_2$。

当 $v_1=v_2$ 时，矩阵对策 G 存在纯策略意义下的解，且 $V_G=v_1=v_2$。然而，一般情形并非总是如此，实际更常见的情形是 $v_1<v_2$，这样根据矩阵对策的定义，对策不存在纯策略意义上的解。

例如，对于赢得矩阵

$$A=\begin{pmatrix} 3 & 6 \\ 5 & 4 \end{pmatrix}$$

的对策来说，有

$$v_1=\max_i\min_j a_{ij}=4, \quad i^*=2$$

$$v_2=\min_j\max_i a_{ij}=5, \quad j^*=1$$

$$v_2=a_{21}=5>4=v_1$$

于是，当双方各根据从最不利情形中选取最有利结果的原则选择纯策略时，应分别选取 α_2 和 β_1，此时局中人Ⅰ将赢得 5，比其预期赢得 $v_1=4$ 还多，原因就在于局中人Ⅱ选择了 β_1，使他的对手多得了原来不该得的赢得。故 β_1 对局中人Ⅱ来说并不是最优的，因而他会考虑出 β_2。

局中人Ⅰ亦会采取相应的办法，改出 α_1 以赢得为 6，而局中人Ⅱ又可能仍取策略 β_1 来对付局中人Ⅰ的策略 α_1。这样，局中人Ⅰ出 α_1 或 α_2 的可能性以及局中人Ⅱ出 β_1 或 β_2 的可能性都不能排除。对两个局中人来说，不存在一个双方均可接受的平衡局势，或者说当 $v_1<v_2$ 时，矩阵对策 G 不存在纯策略意义上的解。

在这种情况下，一个比较自然且合乎实际的想法是：既然各局中人没有最优策略可出，是否可以给出一个选取不同策略的概率分布。如在上例中，局中人Ⅰ可以制定如下一种策略：分别以概率 1/4 和 3/4 选取纯策略 α_1 和 α_2，这种策略是局中人Ⅰ的策略集$\{\alpha_1, \alpha_2\}$上的一个概率分布，称之为混合策略。同样，局中人Ⅱ也可制定这样一种混合策略：分别以概率 1/2，1/2 选取纯策略 β_1，β_2。下面给出矩阵对策混合策略的定义。

设有矩阵对策 $G=\{S_1, S_2; A\}$，其中 $S_1=\{\alpha_1, \alpha_2, \cdots, \alpha_m\}$，$S_2=\{\beta_1, \beta_2, \cdots, \beta_n\}$，$A=(a_{ij})_{m\times n}$，记

$$S_1^* = \left\{x \in E^m \mid x_i \geqslant 0, i=1,2,\cdots,m, \sum_{i=1}^{m} x_i = 1\right\}$$

$$S_2^* = \left\{y \in E^m \mid y_j \geqslant 0, j=1,2,\cdots,n, \sum_{j=1}^{m} y_j = 1\right\}$$

则 S_1^* 和 S_2^* 分别称为局中人Ⅰ和Ⅱ的混合策略集（其中 E^m 为 m 维欧氏空间）；$x\in S_1^*$ 和 $y\in S_2^*$ 分别称为局中人Ⅰ和Ⅱ的混合策略；对 $x\in S_1^*$ 和 $y\in S_2^*$，称 (x, y)为一个混合局势，局中人Ⅰ的赢得函数记成 $E(x,y)= x^{\mathrm{T}}Ay = \sum_i \sum_j a_{ij}x_i y_j$，这样得到的一个新的策略记成 $G^*=\{S_1^*, S_2^*, E\}$，称 G^* 为对策 G 的混合扩充。

2. 矩阵对策混合策略的解

设两个局中人仍像前面一样给出理智的对策。当局中人Ⅰ采取混合策略 x 时，坏中取好，在最不利当中达到最有利结果，即局中人Ⅰ可保证自己的赢得期望值不少于 $v_1=\max\limits_{x\in S_1^*}\min\limits_{y\in S_2^*}E(x, y)$，同理，局中人Ⅱ可保证自己的所失期望值至多是 $v_2=\min\limits_{y\in S_1^*}\max\limits_{x\in S_2^*}E(x, y)$。

设 $G^*=\{S_1^*, S_2^*; E\}$ 是矩阵对策 $G=\{S_1, S_2; A\}$ 的混合扩充，如果 $\max\limits_{x\in S_1^*}\min\limits_{y\in S_2^*}E(x, y)=\min\limits_{y\in S_2^*}\max\limits_{x\in S_1^*}E(x, y)$，记其值为 V_G。则称 V_G 为对策 G^* 的值，称使上式成立的混合局势（x^*，y^*）为 G 在混合策略意义下的解（或简称解），x^* 和 y^* 分别称为局中人Ⅰ和Ⅱ的最优混合策略（或简称最优策略）。

现约定，以下对 $G=\{S_1, S_2; A\}$ 及其混合扩充 $G^*=\{S_1^*, S_2^*; E\}$ 一般不加区别，通常都用 $G=\{S_1, S_2; A\}$ 来表示。当 G 在纯策略意义上解不存在时，自动认为讨论的是在混合策略意义上的解，相应的局中人Ⅰ的赢得函数为 $E(x, y)$。

［例 11-4］ 考虑矩阵对策 $G=\{S_1, S_2; A\}$，其中

$$A=\begin{bmatrix} 3 & 6 \\ 5 & 4 \end{bmatrix}$$

由前面的讨论已知 G 在纯策略意义上的解不存在，于是设 $x=(x_1, x_2)$ 为局中人Ⅰ的混合策略，$y=(y_1, y_2)$ 为局中人Ⅱ的混合策略，则

$$S_1^*=\{(x_1,x_2) \mid x_1,x_2\geqslant 0, x_1+x_2=1\}$$

$$S_2^*=\{(y_1,y_2) \mid y_1,y_2\geqslant 0, y_1+y_2=1\}$$

局中人Ⅰ的赢得期望值是

$$\begin{aligned}E(x,y)&=3x_1y_1+6x_1y_2+5x_2y_1+4x_2y_2\\&=3x_1y_1+6x_1(1-y_1)+5(1-x_1)y_1+4(1-x_1)(1-y_1)\\&=-4(x_1-1/4)(y_1-1/2)+9/2\end{aligned}$$

取 $x^*=(1/4,\ 3/4)$，$y^*=(1/2,\ 1/2)$，则 $E(x^*,\ y^*)=9/2$，$E(x^*,\ y)=E(x,\ y^*)=9/2$，即有 $E(x,\ y^*)\leqslant E(x^*,\ y^*)\leqslant E(x^*,\ y)$。

故 $x^*=(1/4,\ 3/4)$ 和 $y^*=(1/2,\ 1/2)$ 分别为局中人Ⅰ和Ⅱ的最优策略，对策值（局中人Ⅰ的赢得期望值）$V_G=9/2$。

二、矩阵对策的基本原理

下面主要讨论矩阵对策解的存在性及解的性质。

（一）混合策略解的不等式表达方式

先给出如下两记号：当局中人Ⅰ取纯策略 α_i 时，记其相应的赢得函数为 $E(i,\ y)$，于是 $E(i,\ y)=\sum_j a_{ij}y_j$；当局中人Ⅱ取纯策略 β_j 时，记其相应的赢得函数为 $E(x,\ j)$，于是 $E(x,\ j)=\sum_i a_{ij}x_i$。则

$$E(x,y)=\sum_i\sum_j a_{ij}x_iy_j=\sum_i\Big(\sum_j a_{ij}y_j\Big)x_i=\sum_i E(i,y)x_i$$

$$E(x,y)=\sum_i\sum_j a_{ij}x_iy_j=\sum_j\Big(\sum_i a_{ij}x_i\Big)y_j=\sum_j E(x,j)y_j$$

根据上面的记号，可给出混合策略解的另一种等价表示：

设 $x^*\in S_1^*$，$y^*\in S_2^*$，则 $(x^*,\ y^*)$ 是 G 的解的充要条件是：对任意 $i=1,\ 2,\ \cdots,\ m$ 和 $j=1,\ 2,\ \cdots,\ n$，有 $E(i,\ y^*)\leqslant E(x^*,\ y^*)\leqslant E(x^*,\ j)$。

不难证明，混合策略解的充要条件也可表述为如下等价的形式，而这一形式在求解矩阵对策时是特别有用的。

设 $x^*\in S_1^*$，$y^*\in S_2^*$，则 $(x^*,\ y^*)$ 是 G 的解的充要条件是：存在数 v，使得 x^* 和 y^* 分别是不等式组（Ⅰ）和（Ⅱ）的解，且 $v=V_G$。

$$(\text{Ⅰ})\begin{cases}\sum_i a_{ij}x_i\geqslant v, & j=1,2,\cdots,n\\ \sum_i x_i=1 & \\ x_i\geqslant 0, & i=1,2,\cdots,m\end{cases}$$

$$(\text{Ⅱ})\begin{cases}\sum_i a_{ij}y_j\leqslant v, & i=1,2,\cdots,m\\ \sum_j y_j=1 & \\ y_j\geqslant 0, & j=1,2,\cdots,n\end{cases}$$

（二）矩阵对策及其解的性质

下面给出矩阵对策的基本定理。

定理1 对任一矩阵 $G=\{S_1, S_2; A\}$，一定存在混合策略意义上的解。

定理2 设（x^*，y^*）是矩阵对策 G 的解，$v=V_G$，则有

(1) 若 $x_{i^*}>0$，则 $\sum\limits_j a_{ij}y_{j^*}=v$；

(2) 若 $y_{j^*}>0$，则 $\sum\limits_i a_{ij}x_{i^*}=v$；

(3) 若 $\sum\limits_j a_{ij}y_{j^*}<v$，则 $x_{i^*}=0$；

(4) 若 $\sum\limits_i a_{ij}x_{i^*}>v$，则 $y_{j^*}=0$。

记矩阵对策 G 的解集为 $T(G)$，关于对策解集的性质有如下三个定理：

定理3 设有两个矩阵对策

$$G_1=\{S_1,S_2;A_1\}$$
$$G_2=\{S_1,S_2;A_2\}$$

其中 $A_1=(a_{ij})$，$A_2=(a_{ij}+L)$，L 为任一常数，则有

(1) $V_{G_2}=V_{G_1}+L$

(2) $T(G_1)=T(G_2)$

定理4 设有两个矩阵对策

$$G_1=\{S_1,S_2;A\}$$
$$G_2=\{S_1,S_2;\alpha A\}$$

其中 $\alpha>0$ 为任一常数。则

(1) $V_{G_2}=\alpha V_{G_1}$

(2) $T(G_1)=T(G_2)$

定理5 设 $G=\{S_1, S_2; A\}$ 为一矩阵对策，且 $A=-A^{\mathrm{T}}$ 为斜对称矩阵（亦称对称对策），则

(1) $V_{G_2}=0$

(2) $T(G_1)=T(G_2)$，其中 $T(G_1)$ 和 $T(G_2)$ 分别为局中人Ⅰ和Ⅱ的最优策略集。

（三）矩阵对策的优超策略

1. 优超策略的定义

设有矩阵对策 $G=\{S_1, S_2; A\}$，其中 $S_1=\{\alpha_1, \alpha_2, \cdots, \alpha_m\}$，$S_2=\{\beta_1, \beta_2, \cdots, \beta_n\}$，$A=(a_{ij})$，如果对一切 $j=1, 2, \cdots, n$ 都有 $a_{i^0j}\geqslant a_{k^0j}$，即矩阵 A 的第 i^0 行元素均不小于第 k^0 行的对应元素，则称局中人Ⅰ的纯策略 α_{i^0} 优超于 α_{k^0}，若不等式为严格不等式，则称纯策略 α_{i^0} 严格优超于 α_{k^0}；同样，若对一切 $i=1, 2, \cdots, m$，都有 $a_{ij^0}\leqslant a_{il^0}$，即矩阵 A 的第 l^0 列元素均不小于第 j^0 列的对应元素，则称局中人Ⅱ的纯策略 β_{j^0} 优超于 β_{l^0}，若不等式为严格不等式，则称纯策略 β_{j^0} 严格

优超于 β_{l^0}。

2. 优超原则

设 $G=\{S_1, S_2; A\}$ 为矩阵对策，其中 $S_1=\{\alpha_1, \alpha_2, \cdots, \alpha_m\}$，$S_2=\{\beta_1, \beta_2, \cdots, \beta_n\}$，$A=(a_{ij})$，如果纯策略 α_1 被其余纯策略 α_2，α_3，…，α_m 中之一所严格优超，由 G 可得到一个新的矩阵对策 G'，$G'=\{S_1', S_2; A'\}$，其中：

$$S_1'=\{\alpha_3,\alpha_2,\cdots,\alpha_m\}$$

$$A'=(a_{ij}')_{(m-1)\times n}$$

$$a_{ij}=a_{1j}, \quad i=2,3,\cdots,m; j=1, 2,\cdots,n$$

于是有：

(1) $V_G{}'=V_G$；

(2) G' 中局中人Ⅱ的最优策略就是其在 G 中的最优策略；

(3) 若 G 是 G' 中局中人Ⅰ的最优策略，则 $x^*=(0, x_2^*, \cdots, x_m^*)^{\mathrm{T}}$ 便是其在 G 中的最优策略。

若 α_1 不是为纯策略 α_2，α_3，…，α_m 中之一所严格优超，而是为 α_2，α_3，…，α_m 的某个凸线性组合所优超，定理的结论仍然成立。

上述介绍实际给出了一个化简赢得矩阵 A 的原则，称为优超原则。根据这个原则，当局中人Ⅰ的某纯策略 α_i 被其他纯策略或纯策略的凸线性组合所优超时，可在矩阵 A 中划去第 i 行而得到一个与原对策 G 等价但赢得矩阵阶数较小的对策 G'，而 G' 的求解往往比 G 的求解容易些，通过求解 G' 而得到 G 的解。类似地，对局中人Ⅱ来说，可以在赢得矩阵 A 中划去被其他列或其他列的凸线性组合所优超的那些列。下面举例说明优超原则的应用。

[例 11-5]　设赢得矩阵为 A，求解这个矩阵对策。

$$A=\begin{pmatrix} 3 & 2 & 0 & 3 & 0 \\ 5 & 0 & 2 & 5 & 9 \\ 7 & 3 & 9 & 5 & 9 \\ 4 & 6 & 8 & 7 & 5.5 \\ 6 & 0 & 8 & 8 & 3 \end{pmatrix}$$

解　由于第 4 行优超于第 1 行，第 3 行优超于第 2 行，故可划去第 1 行和第 2 行，得到新的赢得矩阵

$$A_1=\begin{pmatrix} 7 & 3 & 9 & 5 & 9 \\ 4 & 6 & 8 & 7 & 5.5 \\ 6 & 0 & 8 & 8 & 3 \end{pmatrix}$$

对于 A_1，第 1 列优超于第 3 列，第 2 列优超于第 4 列，1/3×(第 1 列)+2/3×(第 2 列) 优超于第 5 列，因此去掉第 3 列、第 4 列和第 5 列，得到

$$A_2=\begin{pmatrix} 7 & 3 \\ 4 & 6 \\ 6 & 0 \end{pmatrix}$$

这时，第1行优超于第3行，故从 A_2 中划去第3行，得到

$$A_3=\begin{bmatrix}7 & 3\\ 4 & 6\end{bmatrix}$$

对于 A_3，易知无鞍点存在，根据混合策略解的充要条件，求解不等式组（Ⅰ），（Ⅱ）：

$$(\text{Ⅰ})\begin{cases}7x_3+4x_4\geqslant v\\ 3x_3+6x_4\geqslant v\\ x_3+x_4=1\\ x_3,x_4\geqslant 0\end{cases}\qquad (\text{Ⅱ})\begin{cases}7y_1+3y_2\leqslant v\\ 4y_1+6y_2\leqslant v\\ y_1+y_2=1\\ y_1,y_2\geqslant 0\end{cases}$$

首先考虑满足

$$\begin{cases}7x_3+4x_4=v\\ 3x_3+6x_4=v\\ x_3+x_4=1\end{cases} \text{和} \begin{cases}7y_1+3y_2=v\\ 4y_1+6y_2=v\\ y_1+y_2=1\end{cases}$$

的非负解。求得解为 $x_3^*=1/3$，$x_4^*=2/3$；$y_1^*=1/2$，$y_2^*=1/2$；$v=5$。

于是，原矩阵对策的一个解为 $x^*=(0,\ 0,\ 1/3,\ 2/3,\ 0)^{\mathrm{T}}$，$y^*=(1/2,\ 1/2,\ 0,\ 0,\ 0)^{\mathrm{T}}$，$V_G=5$。

三、矩阵对策的解法

如前所述，一般矩阵对策在纯策略下的解往往是不存在的。但一般矩阵对策在混合策略下的解却是存在的，并且引出求解矩阵对策的基本方法——方程组法和线性规划法。

（一）方程组法

根据矩阵对策定理2，如果假设最优策略中的 x_i^* 和 y_j^* 均不为零，可将对策矩阵的求解问题转化成求解下面两个方程组的问题：

$$(\text{Ⅰ})\begin{cases}\sum\limits_i a_{ij}x_i=v, \quad j=1,2,\cdots,n\\ \sum\limits_i x_i=1\end{cases}$$

$$(\text{Ⅱ})\begin{cases}\sum\limits_j a_{ij}y_j=v, \quad i=1,2,\cdots,m\\ \sum\limits_j y_j=1\end{cases}$$

如果上述两个方程组存在非负解 x^* 和 y^*，便求得了对策的一个解（x^*，y^*）。

如果上述两个方程组求出的 x^* 和 y^* 有负的分量，则可视具体情况，将方程组

中的某些等式改成不等式，继续试算求解，直至求出对策的解。这种方法由于事先假定 x^* 和 y^* 均不为零，故当 x^* 和 y^* 的实际分量中有些为零时，上面两个式子一般无非负解，而之后的试算过程则是无固定规程可循的。因此，这种方法在实际应用中具有一定的局限性。

［例 11-6］ 求解矩阵对策——“田忌赛马”。

解 已知齐王的赢得矩阵为：

$$A=\begin{pmatrix} 3 & 1 & 1 & 1 & 1 & -1 \\ 1 & 3 & 1 & 1 & -1 & 1 \\ 1 & -1 & 3 & 1 & 1 & 1 \\ -1 & 1 & 1 & 3 & 1 & 1 \\ 1 & 1 & -1 & 1 & 3 & 1 \\ 1 & 1 & 1 & -1 & 1 & 3 \end{pmatrix}$$

易知，A 没有鞍点，即对齐王和田忌来说都不存在最优纯策略。

设齐王和田忌的最优混合策略为 $x^*=(x_1^*, x_2^*, x_3^*, x_4^*, x_5^*, x_6^*)^{\mathrm{T}}$ 和 $y^*=(y_1^*, y_2^*, y_3^*, y_4^*, y_5^*, y_6^*)^{\mathrm{T}}$，从矩阵 A 的元素来看，每个局中人选取每个纯策略的可能性都是存在的，故可事先假定 $x_i^*>0$ 和 $y_j^*>0$，$i=1, 2, \cdots, 6$；$j=1, 2, \cdots, 6$，于是求解线性方程组

$$(\text{I})\begin{cases} 3x_1+x_2+x_3-x_4+x_5+x_6=v \\ x_1+3x_2-x_3+x_4+x_5+x_6=v \\ x_1+x_2+3x_3+x_4-x_5+x_6=v \\ x_1+x_2+x_3+3x_4+x_5-x_6=v \\ x_1-x_2+x_3+x_4+3x_5+x_6=v \\ -x_1+x_2+x_3+x_4+x_5+3x_6=v \\ x_1+x_2+x_3+x_4+x_5+x_6=1 \end{cases}$$

$$(\text{II})\begin{cases} 3y_1+y_2+y_3+y_4+y_5-y_6=v \\ y_1+3y_2+y_3+y_4-y_5+y_6=v \\ y_1-y_2+3y_3+y_4+y_5+y_6=v \\ -y_1+y_2+y_3+3y_4+y_5+y_6=v \\ y_1+y_2-y_3+y_4+3y_5+y_6=v \\ y_1+y_2+y_3-y_4+y_5+3y_6=v \\ y_1+y_2+y_3+y_4+y_5+y_6=1 \end{cases}$$

得到 $x_i=1/6$，$y_j=1/6$（$i, j=1, 2, \cdots, 6$），$v=1$。

故齐王和田忌的最优混合策略为 $V_G=1$。这与我们的设想相符，即双方都以 1/6的概率选取每个纯策略，或者说每个纯策略被选取的机会应是均等的，则总的结局应该是：齐王有 5/6 的机会赢田忌，赢得的期望是一千金。但是，如果齐王在每出一匹马前将自己的选择告诉了对方，这实际上等于公开了自己的策略，如齐王

选取出马次序为（上，中，下），则田忌根据谋士的建议便以（下，上，中）对之，结果田忌反而可得一千金。因此，在矩阵对策不存在鞍点时，竞争的双方在开局前均应对自己的策略（实际上是纯策略）加以保密，否则不保密的一方是要吃亏的。

（二）线性规划法

由于任一矩阵对策 $G=\{S_1, S_2; A\}$ 的求解均等价于一对互为对偶的线性规划问题，则对策值 G 的解 x^* 和 y^* 等价于下面两个不等式组的解。

$$(\text{I})\begin{cases}\sum_i a_{ij}x_i \geqslant v, & j=1,2,\cdots,n\\ \sum_i x_i = 1 & \\ x_i \geqslant 0, & i=1,2,\cdots,m\end{cases}$$

$$(\text{II})\begin{cases}\sum_j a_{ij}y_j \leqslant v, & i=1,2,\cdots,m\\ \sum_j y_j = 1 & \\ y_j \geqslant 0, & j=1,2,\cdots,n\end{cases}$$

其中 $v=\max\limits_{x\in S_1^*}\min\limits_{y\in S_2^*}E(x, y)=\min\limits_{y\in S_2^*}\max\limits_{x\in S_1^*}E(x, y)$ 就是对策的值 V_G。

下面给出求解矩阵对策的线性规划方法。

不妨设 $v>0$，可作变换 $x'_i=x_i/v$ $(i=1, 2, \cdots, m)$，则上面不等式组变为：

$$(\text{I})\begin{cases}\sum_i a_{ij}x'_i \geqslant 1, & j=1,2,\cdots,n\\ \sum_i x'_i = 1/v & \\ x'_i \geqslant 0, & i=1,2,\cdots,m\end{cases}$$

那么，$v=\max\limits_{x\in S_1^*}\min\limits_{1\leqslant j\leqslant n}\sum_i a_{ij}x_i$，这样，不等式组（Ⅰ）即等价于线性规划问题：

$$(P)\quad \begin{aligned}&\min z = \sum_i x'_i\\ &\text{s. t.}\begin{cases}\sum_i a_{ij}x'_i \geqslant 1, & j=1,2,\cdots,n\\ x'_i \geqslant 0, & i=1,2,\cdots,m\end{cases}\end{aligned}$$

同理，做变换 $y'_j=y_j/v$ $(j=1, 2, \cdots, n)$，相应地，有

$$(\text{II})\begin{cases}\sum_j a_{ij}y'_j \leqslant 1, & i=1,2,\cdots,m\\ \sum_j y'_j = 1/v & \\ y'_j \geqslant 0, & j=1,2,\cdots,n\end{cases}$$

其中 $v=\min\limits_{y\in S_2^*}\max\limits_{1\leqslant x\leqslant m}\sum\limits_j a_{ij}y_j$，与之等价的线性规划问题是：

$$\max w=\sum_j y'_j$$

$$(D)\quad \text{s. t.}\begin{cases}\sum\limits_j a_{ij}y'_j\leqslant 1, & i=1,2,\cdots,m\\ y'_j\geqslant 0, & j=1,2,\cdots,n\end{cases}$$

显然，问题（P）和（D）是互为对偶的线性规划，可以利用单纯形、对偶单纯形或 LINDO 软件、Excel 软件求解。

［例 11－7］　利用线性规划方法求解赢得矩阵为 A 的矩阵对策。

$$A=\begin{pmatrix}3&2&3\\2&3&4\\5&4&2\end{pmatrix}$$

求最优解及值。

解　此题无鞍点。设局中人Ⅰ、局中人Ⅱ的混合策略分别为：$X=(x_1,x_2,x_3)$，$Y=(y_1,y_2,y_3)$。记对策的值为 V。则此问题可化为：

$$\min Z(X')=\sum_{i=1}^{3}x'_i=x'_1+x'_2+x'_3$$

$$(P)\quad \text{s. t.}\begin{cases}3x'_1+2x'_2+5x'_3\geqslant 1\\ 2x'_1+3x'_2+4x'_3\geqslant 1\\ 3x'_1+4x'_2+2x'_3\geqslant 1\\ x'_i\geqslant 0, \quad i=1,2,3\end{cases}$$

$$\max Z(Y')=\sum_{i=1}^{3}y'_i=y'_1+y'_2+y'_3$$

$$(D)\quad \text{s. t.}\begin{cases}3y'_1+2y'_2+3y'_3\leqslant 1\\ 2y'_1+3y'_2+4y'_3\leqslant 1\\ 5y'_1+4y'_2+2y'_{33}\leqslant 1\\ y'_j\geqslant 0, \quad j=1,2,3\end{cases}$$

求解（D）或（P），可得

$$x'_1=0,\quad x'_2=\frac{3}{16},\quad x'_3=\frac{2}{16},\quad Z(X')=\frac{5}{16}$$

$$y'_1=\frac{2}{16},\quad y'_2=0,\quad y'_3=\frac{3}{16}$$

由于$\frac{1}{V}Z(X')=\frac{5}{16}$；$x'_i=\frac{x_i}{V}$；$y'_j=\frac{y_j}{V}$（$i,j=1,2,3$），故有

$$x_1=0,\quad x_2=\frac{3}{5},\quad x_3=\frac{2}{5},\quad Z(X)=V=\frac{15}{6}$$

$$y_1=\frac{2}{5},\quad y_2=0,\quad y_3=\frac{3}{5}$$

即原问题的解为：

$$X^*=\left(0,\frac{3}{5},\frac{2}{5}\right),\quad Y^*=\left(\frac{2}{5},0,\frac{3}{5}\right),\quad V=\frac{15}{6}$$

最后，强调一点：矩阵对策直接化为线性规划（求解）的必要条件是 $V>0$，即不是任何一个矩阵对策都可以使用线性规划法求解。

第3节　双矩阵对策

本章1～2节讨论的矩阵对策中，局中人Ⅰ的所得就是局中人Ⅱ的所失，即零和矩阵，对策的结果可用一个矩阵表示。在非零和对策中，情况就不是这样了，局中人的所得要用一对数字来表示，也就是双矩阵对策。

一、双矩阵对策的数学模型

局中人Ⅰ选择 $\alpha_i\in S_1$，局中人Ⅱ选择 $\beta_j\in S_2$，则对策局势为$(\alpha_i,\ \beta_j)$，与这个局势相应的局中人Ⅰ的收入为 a_{ij}，局中人Ⅱ的收入不再是 $-a_{ij}$，而是 b_{ij}，记作$(a_{ij},\ b_{ij})$。对这种对策，通常用 $G=\{Ⅰ,\ Ⅱ;\ S_1,\ S_2;\ A,\ B\}$表示，其中 $A=(a_{ij})$，$B=(b_{ij})$分别是局中人Ⅰ与Ⅱ的支付矩阵，或简记为 $G=\{S_1,\ S_2;\ A,\ B\}$。由于对策的赢得（或收入）必须用两个矩阵 $A=(a_{ij})$及 $B=(b_{ij})$给出，故也称二人有限非零和对策为双矩阵对策。

在矩阵对策中，由于甲方的赢得就是乙方的损失，反之亦然，二人处于完全竞争的非合作状态。而在双矩阵对策中，由于甲方的得并不一定等于乙方的失，二人可以同时得，故二人之间可能合作，从而得到更多的利益。双矩阵对策与矩阵对策也存在一定的转化关系，即当 $A+B=0$ 时，双矩阵对策即转化为矩阵对策。

二、双矩阵对策的解法

（一）平衡偶

把非零和有限对策分解成两个零和对策，其中一个只考虑Ⅰ的赢得，另一个只考虑Ⅱ的赢得。根据矩阵对策的定理，这两个对策总是有解的。Ⅰ的最大最小策略是他的最优策略，最大最小值 $v_{Ⅰ}$ 是他的对策值。同样，Ⅱ的最大最小策略也是他的最优策略，最大最小值 $v_{Ⅱ}$ 也是他的对策值。但Ⅰ与Ⅱ各为理性人来参加对策时，对策的结果$(v_{Ⅰ},\ v_{Ⅱ})$不一定是最佳结果。为此，需要对非零和对策引进新的平衡局势与解的概念。

在非零和对策中，设 $E_{\mathrm{I}}(X, Y)$ 与 $E_{\mathrm{II}}(X, Y)$ 分别是局中人Ⅰ与Ⅱ的收入，这里，$X\in S_1$，$Y\in S_2$ 为任意策略。如果存在一对策略 $X^*\in S_1$，$Y^*\in S_2$ 使得

$$E_{\mathrm{I}}(X,Y^*)\leqslant E_{\mathrm{I}}(X^*,Y^*),\quad E_{\mathrm{I}}(X^*,Y)\leqslant E_{\mathrm{I}}(X^*,Y^*)$$

对任意的 $X\in S_1$ 与 $Y\in S_2$ 均成立，则称策略 (X^*, Y^*) 为双矩阵对策 G 的一个平衡偶。

（二）纳什定理

美国数学家纳什 1951 年证明了冯·诺依曼的最大最小值定理可以推广到一般的非零和对策，这就是著名的纳什定理，叙述如下：

任何具有有限个纯策略的二人对策（包括零和对策与非零和对策），至少有一个平衡偶。

纳什定理的思想很简单，双矩阵对策的理想结局是这样一种策略组合，其中每一个局中人都不能因为单方面改变自己的策略而获利，也称为纳什均衡。

对于非退化的双矩阵对策 $G=(S_1, S_2; A, B)$，前人已证明其平衡偶的个数为奇数。其中 A，B 均为 $m\times n$ 矩阵，策略集 $S_1=\{\alpha_1, \alpha_2, \cdots, \alpha_m\}$，$S_2=\{\beta_1, \beta_2, \cdots, \beta_m\}$，定义 A_{i*} 表示 A 的第 i 行，B_{*j} 表示 B 的第 j 列。则（x^*，y^*）为 $G=(S_1, S_2; A, B)$ 的纳什平衡偶的充要条件为：

$$\begin{cases}xAy\geqslant A_{i*}y, & i=1,2,\cdots,m\\ xBy\geqslant xB_{j^*}, & j=1,2,\cdots,n\end{cases}$$

纳什定理最重要的性质就是自我强制性，即纳什平衡偶的出现不需要任何外力的帮助，它自身就蕴含着保障实现的力量。任何非纳什平衡偶的结局要成为协定都需要外在强制力量（如法律、道德等）的帮助，否则有的局中人将会有动机背叛协定。纳什定理也可以推广到多人非合作对策中，同样具有重要意义。

（三）双矩阵对策求解

1. 求解双矩阵对策的纯策略均衡

根据纳什定理，可以对双矩阵对策进行求解。下面介绍纯策略纳什均衡的画线法步骤。

首先，对于局中人Ⅱ的每一个特定策略，也就是在双变量矩阵的每一列中，找出该列双变量矩阵的第一个分量中最大者，在其下方画一道横线；如果一列中的第一分量同时有几个相等的最大值，那么要在它们下方都画线。

其次，类似地，在双变量矩阵的每一行中，找出该行中第二个分量中的最大者，在其下方画线；如果一行中的第二个分量同时有几个相等的最大值，在它们下方都要画线。

最后，双矩阵中某个单元的两个赢得值下方都画了横线，那么，这个单元对应的策略组合就是该双矩阵对策的一个纯策略的纳什平衡偶。

［例 11-8］ 智猪博弈。笼子里面有两头猪，一头大一头小。笼子很长，一边

有一个踏板，另一边是饲料的出口和食槽。每踩一下踏板，在远离踏板的笼子一边的投食口就会落下少量的食物。如果有一头猪去踩踏板，另一头猪就有机会抢先吃到另一边落下的食物。按一下按钮会有10个单位的猪食进槽，但是谁按按钮就会首先付出2个单位的成本。若大猪先到槽边，大小猪吃到食物的比例是9∶1；若大小猪同时到槽边进食，它们吃到食物的比例是7∶3；若小猪先到槽边，它们吃到食物的比例是6∶4。如表11-2所示，那么，在两头猪都有智慧的前提下，最终结果是什么呢？

表11-2　　智猪博弈双矩阵

		小猪	
		按	等待
大猪	按	(5，1)	(4，4)
	等待	(9，−1)	(0，0)

解　以智猪博弈为例，说明纯策略下的纳什均衡的求取。

(1) 当小猪选择按按钮时，如果大猪也选择按按钮，大猪的赢得是5；如果大猪选择等待，大猪的赢得是9，所以在第一列的9下面画线。

(2) 当小猪选择等待时，如果大猪选择按按钮，大猪的赢得是4；如果大猪也选择等待，大猪的赢得是0，所以在第二列的第一个分量4下面画线。

(3) 当大猪选择按按钮时，如果小猪选择按按钮，小猪的赢得是1；如果小猪选择等待，小猪的赢得是4，所以在第一行的第二个分量的4下面画线。

(4) 当大猪选择等待时，如果小猪选择按按钮，小猪的赢得是−1；如果小猪选择等待，小猪的赢得是0，所以在第二行的第二个分量0下面画线。

因此，如表11-3所示，本例中存在唯一的纯策略纳什平衡偶(4，4)，即大猪按按钮，小猪选择等待是唯一可能出现的结局。这意味着小猪将选择“搭便车”策略，也就是舒舒服服地等在食槽边；而大猪则为一点残羹不知疲倦地奔忙于踏板和食槽之间。智猪博弈的结论揭示了在竞争中弱者的策略和优势，但同时又预示着强势一方即使在一个公平、公正、合理和共享竞争环境中，其最终出现的结果也可能有悖其初始理性。

表11-3　　智猪博弈双矩阵的平衡偶

		小猪	
		按	等待
大猪	按	(5，1)	($\underline{4}$，$\underline{4}$)
	等待	($\underline{9}$，−1)	(0，$\underline{0}$)

2. 求解双矩阵对策的混合策略均衡

一个对策的混合策略纳什平衡偶一定满足以下性质：

在混合策略组合(X, Y)中，令$S_i^+\subset S_i$为参与人i以正概率选择的纯策略集合。则(X, Y)是一个纳什平衡偶，当且仅当：

(1) $E_1(s_1, Y)=E_1(s_1', Y)$，$E_2(X, s_2)=E_2(X, s_2')$，对所有$s_i, s_i'\in S_i^+$；

(2) $E_1(s_1, Y) \geqslant E_1(s_1', Y)$，$E_2(X, s_2) \geqslant E_2(X, s_2')$ 对所有 $s_i \in S_i^+$ 和所有 $s_i' \notin S_i^+$。

简单说，纳什平衡偶的混合策略会使对方不偏好任何赋予正概率的行动，即对于任何赋予正概率的行动，对方的赢得相等。以上性质给了我们求解混合策略纳什平衡偶的思路，即支付等值法：首先找到所有纯策略的纳什平衡偶。然后寻找所有为两个纯策略赋予正概率的纳什平衡偶。以此类推，直至寻找到为所有纯策略赋予正概率的纳什平衡偶。至此，我们找齐了所有纳什平衡偶。

[例 11-9]　寻找所有的纳什均衡（包括纯策略均衡和混合策略均衡）。

	L	R
U	10，1	0，4
M	4，2	4，3
D	0，5	10，2

解　根据上述方法，求解过程如下：

(1) 由上一节的方法，可知该对策模型不存在纯策略纳什均衡。

(2) 下面考虑局中人 1 采用为两个纯策略赋予正概率的混合策略，局中人 2 采用为两个纯策略赋予正概率的混合策略的解：

i. 若局中人 1 为 U，M 赋予正概率，则对于局中人 2 来说，R 严格优超于 L。因此不存在这样的纳什均衡。

ii. 若局中人 1 为 U，D 赋予正概率，设局中人 1 选择 U 的概率为 p，则选择 D 的概率为 $1-p$；局中人 2 选择 L 的概率为 q，则选择 R 的概率为 $1-q$。若局中人 1 选择 U，则他的赢得为 $10q+0\times(1-q)=10q$；若局中人 1 选择 D，则他的赢得为 $0\times q+10(1-q)=10-10q$。则有：$10q=10-10q$，解出 $q=\frac{1}{2}$。同理，对局中人 2 进行分析，有 $1p+5(1-p)=4p+2(1-p)$，解出 $p=\frac{1}{2}$。因此 $\left(\left(\frac{1}{2}, 0, \frac{1}{2}\right), \left(\frac{1}{2}, \frac{1}{2}\right)\right)$是一组纳什均衡。

iii. 若局中人 1 为 M，D 赋予正概率，设局中人 1 选择 M 的概率为 p，则选择 D 的概率为 $1-p$；局中人 2 选择 L 的概率为 q，则选择 R 的概率为 $1-q$。若局中人 1 选择 M，则他的赢得为 $4q+4(1-q)=4$；若局中人 1 选择 D，则他的赢得为 $0\times q+10(1-q)=10-10q$。则有：$4=10-10q$，解出 $q=\frac{3}{5}$。同理，对局中人 2 进行分析，有 $2p+5(1-p)=3p+2(1-p)$，解出 $p=\frac{3}{4}$。因此$\left(\left(0, \frac{3}{4}, \frac{1}{4}\right), \left(\frac{3}{5}, \frac{2}{5}\right)\right)$是一组纳什均衡。

(3) 下面考虑局中人 1 采用为三个纯策略赋予正概率的混合策略，局中人 2 采用为两个纯策略赋予正概率的混合策略的解：

若局中人 2 选择 L 的概率为 q，则选择 R 的概率为 $1-q$。则局中人 1 选择 U 的

赢得为 $10q+0\times(1-q)=10q$，选择 M 的赢得为 $4q+4(1-q)=4$，选择 D 的赢得为 $0\times q+10(1-q)=10-10q$。以上方程组无解，故不存在这样的纳什均衡。

综上所述，该对策模型的解为 $\left(\left(\frac{1}{2}, 0, \frac{1}{2}\right), \left(\frac{1}{2}, \frac{1}{2}\right)\right)$ 和 $\left(\left(0, \frac{3}{4}, \frac{1}{4}\right), \left(\frac{3}{5}, \frac{2}{5}\right)\right)$。

□复习思考题

1. 求解下列矩阵所表示对策的最优混合策略。

	L	R
L	2，1	0，2
R	1，2	3，0

2. 求解下列矩阵对策，其中赢得矩阵 A 分别为：

(1) $\begin{pmatrix} 5 & 6 & 9 \\ -2 & 3 & -5 \\ 4 & 8 & 10 \end{pmatrix}$；(2) $\begin{pmatrix} 6 & 3 & 2 \\ 7 & 4 & 5 \\ -2 & 0 & 6 \end{pmatrix}$；(3) $\begin{pmatrix} 7 & 5 & 9 & 10 & 6 \\ 6 & 4 & 1 & -3 & 2 \\ 3 & 2 & -1 & 4 & -5 \\ 2 & 3 & 4 & 6 & 7 \\ 5 & 5 & 7 & 8 & 6 \end{pmatrix}$

3. 利用优超原则求解下列矩阵对策：

(1) $\begin{pmatrix} 1 & 3 & 9 & -2 \\ 2 & 5 & 7 & 6 \\ 3 & 0 & 2 & 5 \\ 2 & -2 & 4 & 0 \end{pmatrix}$；(2) $\begin{pmatrix} 2 & 3 & -4 & -3 & 5 \\ 6 & 4 & 1 & -3 & 2 \\ 4 & 2 & -1 & 4 & -5 \\ 7 & 3 & 4 & 6 & -4 \\ 5 & 4 & 1 & 2 & 6 \end{pmatrix}$

4. 用线性规划法求解矩阵对策：

$$\begin{pmatrix} 7 & 3 & 2 \\ 6 & 4 & -5 \\ -3 & 0 & 7 \end{pmatrix}$$

5. 求下列矩阵对策的最优混合策略：

(1) $A=\begin{pmatrix} 2 & 4 \\ 5 & 3 \end{pmatrix}$；(2) $A=\begin{pmatrix} 2 & 3 & 6 \\ 2 & 4 & 4 \\ 5 & 3 & 5 \end{pmatrix}$；(3) $A=\begin{pmatrix} a & 0 & 0 \\ 0 & b & 0 \\ 0 & 0 & c \end{pmatrix}$，$a, b, c>0$

6. 求下列双矩阵对策的纳什均衡解。

(1) $\begin{pmatrix} (2, 2) & (3, 3) \\ (1, 1) & (4, 4) \end{pmatrix}$；(2) $\begin{pmatrix} (2, 1) & (4, 2) \\ (6, 2) & (3, 1) \end{pmatrix}$

7. 某空调生产厂家要决定夏季空调产量问题。已知在正常的夏季气温条件下该空调可卖出 12 万台，在较热与降雨量较大的条件下市场需求为 15 万台和 10 万台。假定该空调价格随天气有所变化，在雨量较大、正常、较热的气候条件下空调价格分别为 1 300 元、1 400 元和 1 500 元，已知每台空调成本为 1 100 元。如果夏季没有售完每台空调损失 300 元。在没有关于气温准确预报的条件下，生产多少空调能使该厂家收益最大？

8. 对表 11 - 4 求纳什平衡偶。

表 11 - 4　　数据表

乙	甲			
	b_1	b_2	b_3	b_4
a_1	(1，−1)	(4，−4)	(8，−8)	(7，−7)
a_2	(3，−3)	(2，−2)	(3，−3)	(7，−7)
a_3	(0，0)	(3，−3)	(5，−5)	(1，3)
a_4	(0，0)	(4，−4)	(3，−3)	(7，−7)

实验：软件求解非合作双矩阵对策

一般的双矩阵对策 $G=(X, Y; A, B)$，当 A，B 均为 2×2 矩阵时，可用手工计算，但是，3 阶以上的双矩阵对策用此方法求解比较困难，尤其是当矩阵的阶数很大时，手工几乎不能求解。因此，本节给出在 LINGO 软件包中，求解二人非零和矩阵对策的平衡解的详细过程，并给出相应的 LINGO 程序。

```
model:
sets:
set1/1..m/:x;
set2/1..n/:y;
link(set1,set2):a,b;
endsets
@for(set1(i):@sum(set1(k):x(k)) = 1);
@for(set2(j):@sum(set2(k):y(k)) = 1);
@for(link(i,j):@sum(link(p,q):x(p) * a(p,q) *
y(q)) >= @sum(link(i,q):a(i,q) * y(q)));
@for(link(i,j):@sum(link(p,q):x(p) * b(p,q) *
y(q)) >= @sum(link(i,j):x(t) * b(t,j)));
@for(set1:x(1)>d1);
@for(set1:x(1)<d2);
data:
a =…;
b =…;
enddata
end
```

其中，a，b 根据具体值输入；$d1$，$d2$ 为控制界限，由人为决定。注意，这个程序可以求解大数据量的二人非零和矩阵对策问题。

我们以下面的例子说明问题。考虑下列 5×5 双矩阵对策问题：

$$A=\begin{bmatrix} 4 & 5.5 & 3 & 3 & 3 \\ 4 & 7 & 4 & 4 & 4 \\ 3 & 0.5 & 6 & 3 & 3 \\ 3 & 0.5 & 3 & 7 & 3 \\ 3 & 0.5 & 3 & 3 & 3.5 \end{bmatrix}, \quad B=\begin{bmatrix} 4 & 4 & 3 & 3 & 3 \\ 5.5 & 7 & 0.5 & 0.5 & 0.5 \\ 3 & 4 & 6 & 3 & 3 \\ 3 & 4 & 3 & 3.5 & 3 \\ 3 & 4 & 3 & 3 & 7 \end{bmatrix}$$

将 x_1 限制在 10 个区间段中求解：$k\times\frac{1}{10}\leqslant x_1\leqslant(k+1)\times\frac{1}{10}(k=0, 1, \cdots, 9)$。在 LINGO 软件包中编程如下：

```
model:
sers:
set/1…5/:x;
set2/1…5/:y;
endsets
@for(set1(i):@sum(set1(k):x(k)) = 1);
@for(set2(i):@sum(set2(k):x(k)) = 1);
@for(link(i,j):@sum(link(p,q):x(p) * a(p,q) *
y(q)) >= @sum(link(i,q):a(i,q) * y(q)));
@for(link(i,j):@sum(link(p,q):x(p) * b(p,q) *
y(q)) >= @sum(link(t,j):x(t) * b(t,j)));
@for(ser1:x(1) > 0);
@for(set1:x(1) < 0.1);
data:
a=4     5.5  3    3    3
  4     7    4    4    4
  3     0.5  6    3    3
  3     0.5  3    7    3
  3     0.5  3    3    3.5;
b=4     4    3    3    3
  5.5   7    0.5  0.5  0.5
  3     4    6    3    3
  3     4    3    3.5  3
  3     4    3    3    7;
enddata
end
```

具体求解情况列表如下：

区间	纳什平衡解
$0\leqslant x_1\leqslant 0.1$	$x=(0, 0.2352941, 0.7647059, 0, 0)$ $y=(0, 0.2352941, 0.7647059, 0, 0)$
$0.1\leqslant x_1\leqslant 0.2$	无解
$0.2\leqslant x_1\leqslant 0.3$	无解
$0.3\leqslant x_1\leqslant 0.4$	无解
$0.4\leqslant x_1\leqslant 0.5$	无解
$0.5\leqslant x_1\leqslant 0.6$	无解
$0.6\leqslant x_1\leqslant 0.7$	无解
$0.7\leqslant x_1\leqslant 0.8$	无解
$0.8\leqslant x_1\leqslant 0.9$	无解
$0.9\leqslant x_1\leqslant 1$	$x=(1, 0, 0, 0, 0)$ $y=(1, 0, 0, 0, 0)$

根据定理，双矩阵对策的纳什平衡解是奇数个，所以至少还有一个解。于是在下列区间中再求解：

区间	纳什平衡解
$0\leqslant x_1\leqslant 1$	$x=(0, 0, 1, 0, 0)$ $y=(0, 0, 1, 0, 0)$

LINGO 软件包求出的是近似到小数点后面第 7 位的近似小数。于是，得到这个双矩阵对策的 3 组纳什平衡解：

$$\begin{cases} x=(0,0,1,0,0) \\ y=(0,0,1,0,0) \end{cases}$$

$$\begin{cases} x=(1,0,0,0,0) \\ y=(1,0,0,0,0) \end{cases}$$

$$\begin{cases} x=(0,0.235,0.765,0,0) \\ y=(0,0.235,0.765,0,0) \end{cases}$$

第 12 章 排队理论

Chapter 12

学习要点

- 理解排队系统中相关的排队规则以及服务规则
- 理解顾客输入过程和服务过程的时间分布函数
- 明确排队问题的求解步骤及运行指标间的关系
- 掌握标准 $M/M/1$ 模型的状态方程及运行指标
- 理解标准 $M/M/c$ 与 c 个 $M/M/1$ 模型的差别
- 了解典型排队系统的结构优化和运行优化问题

引导案例

某维修中心在周末只安排一名员工为顾客提供服务。新来维修的顾客到达后，若已有顾客正在接受服务，则需要排队等待。排队现象由两个方面构成，一方要求得到服务，另一方设法给予服务。我们把要求得到服务的人或物（设备）统称为顾客，给予服务的服务人员或机构统称为服务员或服务台。顾客与服务台就构成一个排队系统，或称为随机服务系统。显然缺少顾客或服务台任何一方都不会形成排队系统。

对于任何一个排队服务系统，每一名顾客通过排队服务系统总要经过如下过程：顾客到达、排队等待、接受服务和离去。排队服务系统中，若排队的人数过多，势必会造成顾客抱怨，会影响到公司产品的销售；若维修人员多，则会增加维修中心的支出。如何调整两者的关系，使得系统达到最优？

日本调查销售额来源得出，80%的销售额来自现有的顾客，而60%的新顾客来自现有顾客的热情推荐。学者研究还发现开发一个新客户的费用至少是维系一个现有客户成本的5倍。可见，服务经济时代，企业利润的增长来源于忠诚的顾客，而顾客的满意度又导致忠诚度的提高，因此要为顾客提供满意服务。现实中，排队等待时常导致顾客抱怨，但排队又是日常生活中经常遇到的现象，如顾客到商店购买物品、病人到医院就诊、汽车到加油站加油、轮船进港停靠码头、电话订票等常常要排队。如何有效解决排队问题呢？人们提出排队理论。所谓排队理论（queuing theory），又称随机服务理论，是研究排队系统的数学理论和方法。具体地说，在研究各种排队系统的概率规律性之基础上，解决有关排队系统的最优设计和最优运营问题。目前，排队理论在工业生产、通信、运输、港口泊位设计、机器维修、计算机设计等各个领域中都有广泛应用。

第1节 排队系统分析

由于顾客到达和服务时间是随机的，因而排队现象几乎是不可避免的。如果增设服务机构，就要增加投资，可能发生空闲浪费；如果减少服务机构，排队现象将会更加严重，如何在需要服务的顾客数与服务机构（服务台、服务员等）容量之间取得平衡，是排队理论所要解决的问题。要解决问题，首先需要认识排队系统典型结构的类型以及排队系统的规则。

一、排队系统简介

若要求服务的顾客数量超过服务机构的容量，即顾客不能立即得到服务，就出现了排队现象。首先介绍排队系统的一般结构及其组成。

（一）排队系统一般结构

排队服务过程可以描述为：顾客作为独立的个体，由顾客源出发，以随机的时间到达服务机构前排队等待接受服务，服务完成后离去。排队系统的一般结构如图12-1所示。

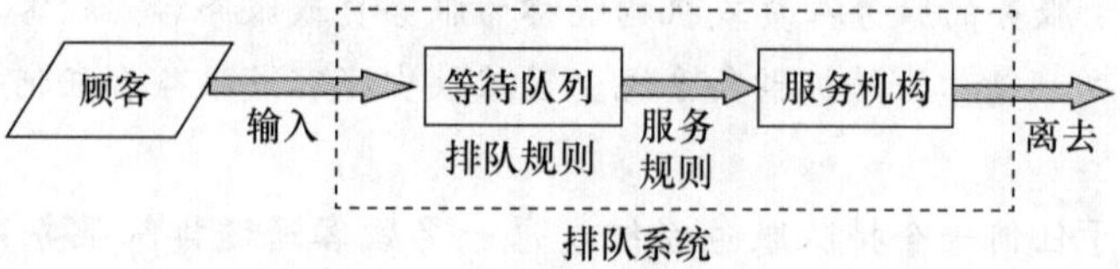

图12-1 排队系统一般结构

现实中的排队现象是各种各样的，这里所说的顾客和服务机构是广义的。顾客和服务机构可以是人，如顾客是病人、就餐者，相应的服务机构是医生、服务员；也可以是物，如顾客是驶入港口的船只，相应的服务机构是码头（泊位）；另外，顾客还可以是需处理的信息，如顾客是文稿，相应的服务机构是打字员；服务机构还可以是一个系统，如顾客是消费者，相应的服务机构是商场。

（二）排队系统的组成

一般的排队系统都有三个基本组成部分：输入过程、排队规则和服务过程。

1. 输入过程

输入过程指顾客按照怎样的规律到达排队系统，主要包括下列三种要素：顾客源容量、顾客到达方式以及顾客到达时间分布。

（1）顾客源容量。

顾客源可能是无限的，也可能是有限的。如到售票处购票的顾客可以近似认为是无限的，工厂内停机待修的机器则是有限的。

（2）顾客到达方式。

顾客到达方式可能是单个的，也可能是成批的。如去医院就诊的病人可以认为是单个到达的，入库物资则往往是成批到达的。

（3）顾客到达时间分布。

顾客相继到达的间隔时间可能是确定的，也可能是随机的。如装配线上的零件就是以确定的时间间隔到达装配点，但到商场购物的顾客、去医院就诊的病人等却是随机的。常见的输入分布有：定长分布、泊松分布、爱尔朗分布（Erlang Distribution）等。

2. 排队规则

排队规则指顾客按照一定规则排队等待服务，主要包括下列三种要素：队列数目、队列排列方式、服务规则。

（1）队列数目。

队列数目可以是有限的，也可以是无限的。如限定挂号数的挂号门诊是有限的，在银行等待办理业务的人则可以是无限的。

（2）队列排队方式。

队列可以是有形的，也可以是无形的。如排队看病、买票是有形的，向电话交换台要求通话的请求、银行叫号排队则是无形的。

（3）服务规则。

排队服务规则描述顾客到达系统后，按什么次序接受服务。一般可分为即时制、等待制和混合制三大类。

1）即时制。

当顾客到达系统时，若所有服务台都已被先来的顾客占用，就随即离去，称为即时制，或者损失制。如电话拨号后出现忙音，顾客不愿等待而自动挂断电话。

2）等待制。

当顾客到达系统时，所有服务台已被占用，就加入排队序列等待服务，称为等待制。如排队就医、故障设备待修等。顾客接受服务的次序，又可遵循如下规则：

先到先服务（first come first serve，FCFS）：按到达次序先后接受服务。

后到先服务（last come first serve，LCFS）：按照排队序列，后来的顾客却先接受服务。如仓库叠放物资的出库。

随机性服务（random serve）：不按到达先后而随机选取一等待顾客进行服务。如电话交换台要求通话的请求。

优先权服务（priority serve）：按顾客的优先权接受服务。如病情严重的病人优先就诊。

3）混合制。

这是等待制和即时制相结合的一种排队服务规则。又可分为：

队长有限：系统容量有限，当排队等待服务的顾客数超过系统容量时，后来的顾客就自动离去，另求服务。如酒店的房间数目有限，客满后酒店就不能接待新的客人。

时间有限：等待时间有限或逗留时间有限，当顾客排队等待的时间超过一定时间时，顾客就自动离去。其中，等待时间有限指顾客在系统中的等待时间不超过某一给定的长度 T，当等待时间超过 T 时，顾客将自动离去。如顾客到饭馆就餐，等待一定时间后不愿再等而自动离去。逗留时间有限中的逗留时间是指等待时间与服务时间之和。如用高射炮射击敌机，当敌机飞越高射炮射击有效区域的时间为 T 时，若在这个时间内未被击落，也就不可能再被击落了。

3. 服务过程

从服务机构的数量和服务工作情况来看可能有以下几种情况：

（1）服务机构数目。

服务机构（服务台）数目可能是一个，也可能是多个。多服务台可能是平行并列的，也可能是前后排列的。

（2）接受服务方式。

可能是单个接受服务，也可能是成批地接受服务。

（3）服务时间分布。

可能是确定的，也可能是随机的。如自动装配线上，装配时间就是确定的，但大多数情况下的服务时间是随机的，常见的服务时间分布有：定长分布、负指数分布、爱尔朗分布、一般独立分布等。

排队论所要讨论的是输入时间分布和服务时间分布至少有一个是随机分布的情况。

二、典型的排队系统

在一般排队系统中，队列数目可以是单队，也可以是多队；服务机构的数目可以是单服务台，也可以是多服务台。对于多服务台，可能是串联的，也可能是并列的，或者是串并结合的。因此，排队结构和服务结构不同，使得排队系统的结构多样，常见的有如下三类：

1. 单队-单服务台

这是最简单的一种排队结构，是本章排队模型讨论的重点，其结构如图 12－2（a）所示。

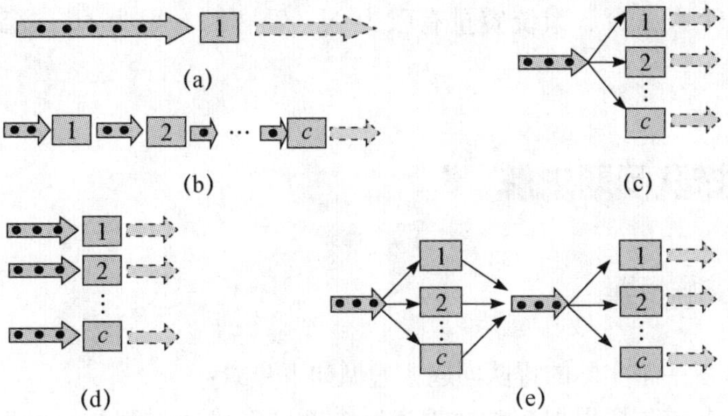

图 12－2 排队系统结构

2. 单队-多服务台

服务台不止一个，其排列方式可能是串列（前后排列）的，如病人去医院就诊治病，先后要经过挂号、检查、处方、交费、取药等服务台，可组合成单队-多服务台串列的情况，如图 12－2（b）所示；也可能是并列（平行排列）的，如旅客下车出站，可以近似看作一个队列，但出站验票口（服务台）不止一个，旅客依次从不同验票口出站，形成单队-多服务台并列的情况，如图 12－2（c）所示。

3. 多队-多服务台

多个服务台平行排列，各服务台的功能相同，每个服务台前排列一个等待列，这也是常见的一种排队结构，如图 12－2（d）所示。此外，还有多队-多服务台串并结合的混合结构，如图 12－2（e）所示。

三、排队问题的模型

较为广泛采用的分类方法是柯恩达尔（D. G. Kendall）于 1953 年提出的，即根据输入过程时间分布、服务时间分布和服务台数量特征为主来进行分类，用符号表示为 $X/Y/Z$，其中，X 处填写表示输入过程分布；Y 处填写表示服务时间分布；Z 处填写表示服务台的数目。

表示输入时间分布和服务时间分布的符号有：

D：定长分布

M：泊松分布或负指数分布

E_k：k 阶爱尔朗分布

GI：一般独立分布

G：一般分布

1971 年排队论符号标准化会议决定，将柯恩达尔符号扩充为 $X/Y/Z/A/B/C$。其中，前三项含义不变；A 处填写系统容量限制 N；B 处填写顾客源数目 m；C 处填写服务规则。例如，$M/M/1/\infty/\infty/FCFS$，表示输入过程服从泊松分布、服务时间服从负指数分布、单服务台、系统容量无限、顾客源无限、先到先服务的排队模型；$M/G/c/N/m/FCFS$，表示输入过程为泊松分布、服务时间为一般分布、c个服务台、系统容量有限为N、顾客源有限为m，先到先服务排队模型，等等。

第2节 排队问题求解

一、求解步骤

求解一个实际的排队问题，遵循如下步骤：

（1）首先要根据统计数据资料推断顾客输入过程和服务时间的经验分布；然后，按照数理统计中曲线拟合（χ^2检验）确定适合的理论分布，确定输入过程分布和服务时间分布。

（2）估计参数值。常用参数符号有：平均到达率λ，即单位时间内到达的平均顾客数；平均服务率μ，即单位时间内服务完成的平均顾客数；服务强度ρ，即系统利用率，表示服务机构的繁忙程度。

（3）给定服务台数、系统容量和服务规则，按$X/Y/Z/A/B/C$分类法确定它属于哪个模型；分析服务系统状态演进关系，系统状态n是指系统中的顾客数，若系统中有n个顾客则系统的状态为n；推算t时刻系统状态为n的概率$P_n(t)$；系统处于稳定状态的任意时刻，状态为n的概率P_n，得到平衡方程。

（4）求出有关判断排队系统运行优劣的数量指标，以便研究其运行效率，评定系统是否合理，研究设计改进措施等。

二、分布函数

在排队论中，研究最多、应用最广的理论分布是输入过程服从泊松分布（即间隔时间服从负指数分布）、服务时间服从负指数分布。

（一）泊松分布

1. 泊松输入过程满足的条件

输入流的平稳性：在时间区间$[t, t+\Delta t]$内有n个顾客到达的概率与时间t无关，只与n和Δt长短有关。对充分小的Δt，在Δt时间内有1个顾客到达的概率为：$P_1(t, t+\Delta t)=\lambda\Delta t+o(\Delta t)$。式中，$o(\Delta t)$为当$\Delta t\to 0$时，关于$\Delta t$的高阶无穷小；$\lambda>0$，是平均到达率。

输入流无后效性：在不相重叠的时间区间内到达的顾客数是相互独立的。

输入流的普通性：对于充分小的时间间隔Δt内，有$n\geqslant 2$个顾客到达的概率极小，可忽略不计，即

$$\sum_{n\geqslant 2} P_n(t,t+\Delta t)=o(\Delta t)$$

输入流的有限性：任意有限区间内到达有限个顾客的概率为1，即

$$\sum_n P_n(t) = 1$$

同时具有平稳性、无后效性、普通性和有限性的输入称做最简单流。

2. 泊松输入过程的基本性质

在长度为 t 的时间内到达 n 个顾客的概率为：

$$P_n(t)=\frac{(\lambda t)^n}{n!}e^{-\lambda t}, \quad t>0; n=0,1,2,\cdots$$

其期望为 λt，方差为 λt。

输入过程服从泊松分布，顾客相继到达的间隔时间 T 服从负指数分布。期望值 $\frac{1}{\lambda}$ 表示顾客相继到达平均间隔时间。

（二）负指数分布

设 v 是任一顾客的服务时间，若 v 具有概率密度

$$f(v)=\begin{cases}\mu e^{-\mu v}, & v\geqslant 0\\ 0, & v<0\end{cases}$$

则称 v 服从以 μ 为参数的负指数分布，且分布函数为：

$$F(v)=\begin{cases}1-e^{-\mu v}, & v\geqslant 0\\ 0, & v<0\end{cases}$$

式中，μ 为平均服务率，表示单位时间能被服务完成的顾客数；而期望 $E(v)=\frac{1}{\mu}$，表示一个顾客的平均服务时间。

三、运行指标

判断排队系统的数量指标主要有三个，包括顾客数量、排队时间以及服务效率。

（一）顾客数量

平均队长 L_s 是指服务系统中顾客数的期望值。

平均队列长 L_q 是指服务系统中排队等待服务的顾客数的期望。

$$L_s=L_q+E(\text{正被服务的顾客})$$

这是系统设计者和顾客都关心的，但 L_s（或 L_q）越大，就排队成龙，这是顾客最讨厌的。

（二）排队时间

排队服务过程如图 12-3 所示。顾客从到达至离去，在系统中停留的时间称为

逗留时间。从到达系统排队等待至开始接受服务的时间称为等待时间；从开始接受服务到服务后离去的时间称为服务时间。因此，逗留时间等于等待时间加上服务时间。

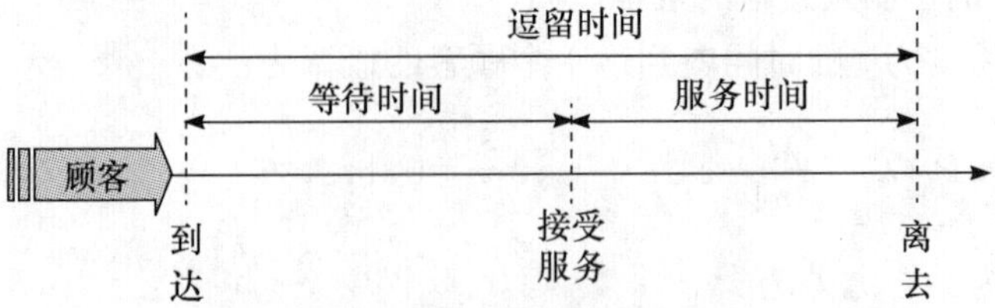

图 12－3 排队服务过程时间图谱

平均逗留时间 W_s 是指一个顾客在服务系统中停留时间的期望值。

平均等待时间 W_q 指一个顾客在服务系统中排队等待时间的期望值。

顾客在系统中的平均逗留时间，由在队列中等待的时间和在服务台接受服务的时间组成。即

$$W_s = W_q + E(\text{服务时间})$$

在机器故障中，等待修理和正在修理都使工厂遭受停工损失，所以逗留时间（停工损失时间）是主要的；但医院就诊中患者所关心的仅是等待时间，希望越短越好。

（三）服务效率

服务效率体现服务人员的工作强度。一方面，忙期是指服务机构连续繁忙工作的时间；另一方面，一个忙期中平均完成服务的顾客数，这些都是衡量服务机构效率的指标。

第3节 标准 *M/M/*1 模型

标准的 $M/M/1$ 排队模型即 $M/M/1/\infty/\infty/FCFS$ 排队模型，如图 12－2（a）所示，为输入过程服从泊松分布、服务时间服从负指数分布、单服务台、系统容量无限、顾客源无限、先到先服务的排队模型。

一、模型特征

（一）输入过程

（1）顾客源无限；

（2）顾客到达方式是单个到达，且相互独立；

（3）输入过程服从参数为 λ 的泊松分布，到达过程是平稳的。

（二）排队规则

（1）队列为单队；

（2）队长无限，即系统容量无限；

（3）系统按先到先服务的等待制规则进行服务，当顾客来到系统时，若服务台已被占用，就排队等待。

（三）服务过程

（1）只有一个服务台；

（2）服务方式为单个服务，服务时间相互独立；

（3）服务时间服从相同参数为 μ 的负指数分布。

二、状态方程

在分析标准的 $M/M/1$ 模型时，首先要求出在任意时刻 t 系统状态为 n 的概率，即 t 时刻系统中有 n 个顾客的概率 $P_n(t)$。

在任意时刻，服务系统中已有 n 个顾客（包括排队和接受服务的顾客），则在时间 $[t，t+\Delta t]$ 内：

（1）又有一个顾客到达的概率为 $\lambda\Delta t+o(\Delta t)$；没有顾客到达的概率为 $1-\lambda\Delta t+o(\Delta t)$。

（2）当 $n>0$ 时，有一个顾客离去的概率为 $\mu\Delta t+o(\Delta t)$；没有顾客离去的概率是 $1-\mu\Delta t+o(\Delta t)$。

（3）有 2 个或 2 个以上顾客同时到达或同时离去的概率为 $o(\Delta t)$，可以忽略不计。

（一）系统状态 $n>0$

在 $t+\Delta t$ 时刻，系统中有 n 个顾客（$n>0$）存在四种情况：

（1）t 时刻系统状态为 n 时的概率为 $P_n(t)$；一个顾客到达，概率为 $\lambda\Delta t$；且有一个顾客离去，概率为 $\mu\Delta t$；$t+\Delta t$ 时刻系统状态 n 的概率为 $\lambda\Delta t\mu\Delta tP_n(t)$。

（2）t 时刻系统状态为 n 时的概率为 $P_n(t)$；没有一个顾客到达，概率为 $1-\lambda\Delta t$；没有一个顾客离去，概率为 $1-\mu\Delta t$；则 $t+\Delta t$ 时刻系统状态 n 的概率为 $(1-\lambda\Delta t)(1-\mu\Delta t)P_n(t)$。

（3）t 时刻系统状态为 $n-1$ 的概率为 $P_{n-1}(t)$；有一个顾客到达，概率为 $\lambda\Delta t$；没有顾客离去，概率为 $1-\mu\Delta t$；则 $t+\Delta t$ 时刻系统状态 n 的概率为 $\lambda\Delta t(1-\mu\Delta t)P_{n-1}(t)$。

（4）t 时刻系统状态为 $n+1$ 的概率为 $P_{n+1}(t)$；没有一个顾客到达，概率为 $1-\lambda\Delta t$；而一个顾客离去，概率为 $\mu\Delta t$；则 $t+\Delta t$ 时刻系统状态 n 的概率为 $(1-\lambda\Delta t)\mu\Delta tP_{n+1}(t)$。

这四种情况如表 12 - 1 所示，略去 $o(\Delta t)$。

表 12-1 $M/M/1$ 状态概率分布表

t 时刻		（t，$t+\Delta t$）时间					$t+\Delta t$ 时刻
系统状态	概率	到达	概率	离去	概率	系统状态	概率
n	$P_n(t)$	一个	$\lambda\Delta t$	一个	$\mu\Delta t$	n	$\lambda\Delta t\mu\Delta tP_n(t)$
n	$P_n(t)$	没有	$1-\lambda\Delta t$	没有	$1-\mu\Delta t$	n	$(1-\lambda\Delta t)(1-\mu\Delta t)P_n(t)$
$n-1$	$P_{n-1}(t)$	一个	$\lambda\Delta t$	没有	$1-\mu\Delta t$	n	$\lambda\Delta t(1-\mu\Delta t)P_{n-1}(t)$
$n+1$	$P_{n+1}(t)$	没有	$1-\lambda\Delta t$	一个	$\mu\Delta t$	n	$(1-\lambda\Delta t)\mu\Delta tP_{n+1}(t)$

这四种情况互不相容，由全概率公式，$P_n(t+\Delta t)$ 应是这四种情况之和，即

$$\begin{aligned}P_n(t+\Delta t)&=\lambda\Delta t\mu\Delta tP_n(t)+(1-\lambda\Delta t)(1-\mu\Delta t)P_n(t)\\&\quad+\lambda\Delta t(1-\mu\Delta t)P_{n-1}(t)+(1-\lambda\Delta t)\mu\Delta tP_{n+1}(t)\\&=(1-\lambda\Delta t-\mu\Delta t)P_n(t)+\mu\Delta tP_{n+1}(t)\\&\quad+\lambda\Delta tP_{n-1}(t)+o(\Delta t)\end{aligned}$$

$$\begin{aligned}\frac{\mathrm{d}P_n(t)}{\mathrm{d}t}&=\lim_{\Delta t\to 0}\frac{P_n(t+\Delta t)-P_n(t)}{\Delta t}\\&=-(\lambda+\mu)P_n(t)+\mu P_{n+1}(t)+\lambda P_{n-1}(t),\quad n>0\end{aligned}$$

（二）系统状态 $n=0$

当 $n=0$，只有如表 12-2 所示的两种情况，即为在 $t+\Delta t$ 时刻，系统中有 $n=0$ 个顾客的概率为 $P_0(t+\Delta t)$。

表 12-2 $n=0$ 时概率分布

t 时刻		（t，$t+\Delta t$）时间					$t+\Delta t$ 时刻
系统状态	概率	到达	概率	离去	概率	系统状态	概率
0	$P_0(t)$	没有	$1-\lambda\Delta t$	没有	1	0	$(1-\lambda\Delta t)P_0(t)$
1	$P_1(t)$	没有	$1-\lambda\Delta t$	一个	$\mu\Delta t$	0	$(1-\lambda\Delta t)\mu\Delta tP_1(t)$

（1）t 时刻系统状态为 0 的概率为 $P_0(t)$；没有一个顾客到达，概率为 $1-\lambda\Delta t$；没有一个顾客离去，概率为 1；则 $t+\Delta t$ 时刻系统状态为 n 的概率为 $(1-\lambda\Delta t)P_0(t)$。

（2）t 时刻系统状态为 1 的概率为 $P_1(t)$；没有一个顾客到达，概率为 $1-\lambda\Delta t$；而一个顾客离去，概率为 $\mu\Delta t$；则 $t+\Delta t$ 时刻系统状态为 0 的概率为 $(1-\lambda\Delta t)\mu\Delta tP_1(t)$。即有

$$P_0(t+\Delta t)=(1-\lambda\Delta t)P_0(t)+(1-\lambda\Delta t)\mu\Delta tP_1(t)$$

类似求得

$$\begin{aligned}\frac{\mathrm{d}P_0(t)}{\mathrm{d}t}&=\lim_{\Delta t\to 0}\frac{P_0(t+\Delta t)-P_0(t)}{\Delta t}\\&=-\lambda P_0(t)+\mu P_1(t),\quad n=0\end{aligned}$$

三、稳态解

上述状态方程是标准的 $M/M/1$ 模型的微分方程组。这组状态方程中，系统状

态 n 值随时间变化的过程称为生灭过程。求解这些状态方程非常麻烦，由于系统状态 n 随时间而变化，其解是瞬态解，也不便于应用。

下面研究服务系统达到了统计平衡，或者说达到了稳态的情况。也就是说，当 $t\to\infty$ 时，$P_n(t)$ 与 t 无关，可写成 P_n，即

$$\lim_{t\to\infty}P_n(t)=P_n,\quad n=0,1,2,\cdots$$

令导数为 0，由状态方程有平衡方程式

$$\begin{cases}-\lambda P_0+\mu P_1=0, & n=0\\ \lambda P_{n-1}+\mu P_{n+1}-(\lambda+\mu)P_n=0, & n\geqslant 1\end{cases}$$

这是关于 P_n 的差分方程，这些指数排队模型是连续时间马尔科夫链的特例，它表明了各种状态间的转移关系，用马尔科夫链表示如图 12－4 所示。

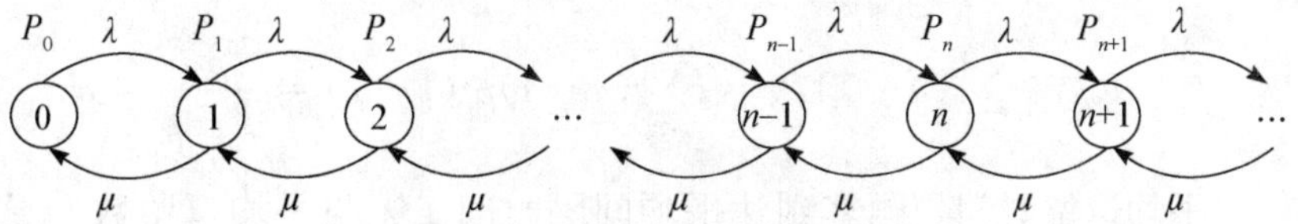

图 12－4　*M/M/*1 状态转移示意图

由图 12－4 可见，状态 0 的转出率为 λP_0，转入率为 μP_1，对状态 0 必须满足平衡方程；同样，对任何 $n\geqslant 1$ 的状态，必须满足平衡方程式。由平衡方程式，得

$$P_1=\frac{\lambda}{\mu}P_0$$

$$P_2=-\frac{\lambda}{\mu}P_0+\left(1+\frac{\lambda}{\mu^2}\right)P_1=\frac{\lambda^2}{\mu^2}P_0$$

同理，依此推得

$$P_n=\left(\frac{\lambda}{\mu}\right)^nP_0,\quad n=1,2,\cdots$$

设 $\rho=\frac{\lambda}{\mu}<1$（保证队长不会越排越长以至于无限长），则 $P_n=\rho^nP_0$。

又由 $\sum_{n=0}^{\infty}P_n=1$，即 $\sum_{n=0}^{\infty}P_n=\sum_{n=0}^{\infty}\rho^nP_0=1$，则得

$$\begin{cases}P_0=1-\rho, & \rho<1\\ P_n=(1-\rho)\rho^n, & n\geqslant 1\end{cases}$$

这是统计平衡状态下，系统状态为 n 的概率。

上式中 ρ 有其实际意义，根据表达式不同，有不同的含义。

$\rho=\frac{\lambda}{\mu}$，为平均服务水平的服务员在为一位顾客服务的时间内，到达系统的顾客数。

$\rho=\frac{1/\mu}{1/\lambda}$，为服务员为一个顾客服务的平均服务时间占顾客到达平均时间间隔的

比，称 ρ 为服务强度。

$\rho=P\{n>0\}=1-P_0$，表示系统服务机构的利用率，刻画了系统服务机构繁忙程度。

$\rho=L_s-L_q$，表示在服务台上被服务顾客的平均数。

$\rho=W_q/W_s$，反映顾客等待服务的时间占在系统中逗留时间之比。

四、运行指标

平均队长（系统中的平均顾客数）：

$$L_s=\sum_{n=0}^{\infty}nP_n=\sum_{n=0}^{\infty}n\rho^n(1-\rho)=\frac{\rho}{1-\rho}=\frac{\lambda}{\mu-\lambda}$$

平均队列长（队列中的平均顾客数）：

$$L_q=\sum_{n=1}^{\infty}(n-1)P_n=\sum_{n=1}^{\infty}(n-1)\rho^n(1-\rho)=\frac{\rho^2}{1-\rho}=\rho L_s$$

平均逗留时间是顾客到达平均间隔时间 $1/\lambda$ 与平均逗留数 L_s 之积，即 $W_s=\frac{1}{\lambda}L_s=\frac{1}{\mu-\lambda}$，因此标准 $M/M/1$ 情形下，逗留时间 W 服从参数为 $\mu-\lambda$ 的负指数分布。

平均等待时间等于逗留时间的期望值减去接受服务时间的期望值，即 $W_q=W_s-E(\text{服务时间})=W_s-\frac{1}{\mu}=\frac{\rho}{\mu-\lambda}=\rho W_s$。

忙期概率：$P_{忙}=1-P_0=\rho$

系统各运行指标的相互关系为：

$$\begin{cases}L_s=\lambda W_s\\ W_s=W_q+\frac{1}{\mu}\\ L_q=\lambda W_q\\ L_s=L_q+\rho=L_q+\frac{\lambda}{\mu}\end{cases}$$

［例 12-1］　为了评价某单人理发馆随机服务系统，记录了 100 个工作小时每小时来理发的顾客数 n 的统计情况。又记录了 100 次理发所用的时间 v，如表 12-3 所示。

表 12-3　理发馆服务统计记录

到达顾客数（n）（人/小时）	出现频率（f_n）	理发时间（v）（分钟）	出现频率（f_v）
0	0.01	10 以下	0.35
1	0.08	10～15	0.25

续前表

到达顾客数（n）（人/小时）	出现频率（f_n）	理发时间（v）（分钟）	出现频率（f_v）
2	0.27	15～20	0.15
3	0.30	20～25	0.11
4	0.24	25～30	0.08
5	0.08	30～35	0.06
6 以上	0.02	35 以上	0

试求：顾客平均到达率及该理发员的平均服务率；服务强度及顾客来理发馆不必等待的概率；系统运行指标；如果顾客在店内平均逗留时间超过 1.25 小时，则店主将考虑增加设备及人员，问平均到达率提高到多少时店主才需做这样的考虑？

解　(1) 顾客平均到达率 λ 为：

$$\lambda=\sum_{n} nf_n=3(\text{人}/\text{小时})$$

理发时间平均值 $\bar{v}$ 为：

$$\bar{v}=\sum_{v} vf_v=15(\text{分钟}/\text{人})$$

该理发员的平均服务率 μ 为：

$$\mu=\frac{1}{\bar{v}}=\frac{60}{15}=4(\text{人}/\text{小时})$$

(2) 通过统计检验，认为顾客到达服从参数为 $\lambda=3$ 的泊松分布，理发时间服从参数 $\mu=4$ 的负指数分布，则服务强度 $\rho=\frac{\lambda}{\mu}=\frac{3}{4}=0.75$，说明理发馆 75%的时间是繁忙的（被利用），25%的时间是空闲的，顾客来理发馆不必等待的概率为 0.25。

(3) 系统运行指标。

理发馆内顾客的平均数 L_s 为：

$$L_s=\frac{\lambda}{\mu-\lambda}=\frac{3}{4-3}=3(\text{人})$$

排队等待顾客的平均数 L_q 为：

$$L_q=L_s-\frac{\lambda}{\mu}=3-\frac{3}{4}=2.25(\text{人})$$

顾客在理发馆内平均逗留时间 W_s 为：

$$W_s=\frac{L_s}{\lambda}=\frac{3}{3}=1(\text{小时})$$

顾客平均排队等待时间 W_q 为：

$$W_q=W_s-\frac{1}{\mu}=1-0.25=0.75(\text{小时})$$

(4) 顾客在店内平均逗留时间超过1.25小时，即$W_s>1.25$时，店主将考虑增加设备及人员，由$W_s=\frac{1}{4-\lambda}>1.25$，解得$\lambda>3.2$人/小时，即平均到达率提高到每小时3.2人，店主将做这样的考虑。

第4节 标准 *M/M/c* 模型

标准的$M/M/c$排队模型即$M/M/c/\infty/\infty/FCFS$排队模型，如图12-2（c）所示，为输入过程服从泊松分布、服务时间服从负指数分布、多服务台、系统容量无限、顾客源无限、先到先服务的排队模型。

一、模型特征

（一）输入过程

(1) 顾客源无限；

(2) 顾客到达方式是单个到达，且相互独立；

(3) 输入过程服从参数为λ的泊松分布，到达过程是平稳的。

（二）排队规则

(1) 队列为单队；

(2) 队长无限，即系统容量无限；

(3) 当顾客到达系统时，若服务台被占用，则排队等待，服务规则是先到先服务。

（三）服务过程

(1) 有c个服务台（$c>1$）的排队系统；

(2) 各服务台的服务方式是单个服务，且各服务台相互独立不搞协作；

(3) 各服务台的服务时间服从参数为μ的负指数分布，则整个服务机构的平均服务率为$c\mu$（当$n\geqslant c$）或$n\mu$（当$n<c$），系统服务强度（服务机构平均利用率）$\rho=\frac{\lambda}{c\mu}$。

二、平衡方程

首先分析该排队系统状态间的转移关系，如图12-5所示。

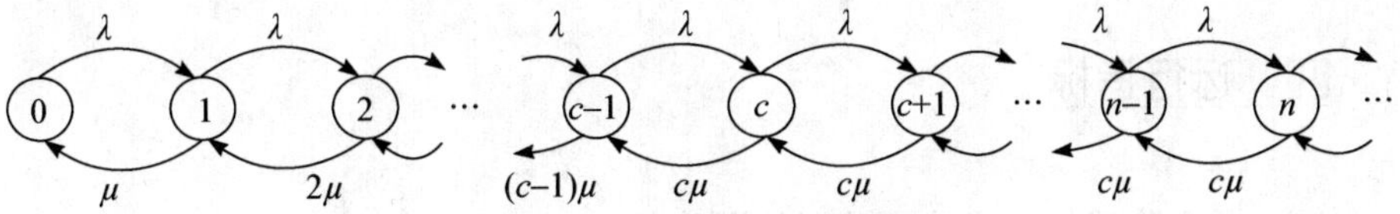

图 12－5　M/M/c 状态转移示意图

从状态 n 到 $n+1$ 的转移率为 λ。从状态 n 到 $n-1$ 的转移率需分别讨论：当 $n<c$ 时，系统中的 n 个顾客都正在接受服务，有 n 个服务台正在工作，系统服务率为一个服务台的 n 倍，即 $n\mu$，则由状态 n 到 $n-1$ 的转移率为 $n\mu P_n$；当 $n\geqslant c$ 时，由于系统只有 c 个服务台，n 个顾客中的 c 个正在接受服务，$n-c$ 个顾客等候，系统服务率为一个服务台的 c 倍，即 $c\mu$，则由状态 n 到 $n-1$ 的转移率为 $c\mu P_n$。得平衡方程如下：

$$\begin{aligned}&\mu P_1=\lambda P, && n=0\\&(n+1)\mu P_{n+1}+\lambda P_{n-1}=(\lambda+n\mu)P_n, && 1\leqslant n<c\\&c\mu P_{n+1}+\lambda P_{n-1}=(\lambda+c\mu)P_n, && n\geqslant c\end{aligned}$$

三、稳态解

1. 系统状态 $n<c$

当 $n=0$ 时，$\mu P_1=\lambda P_0$，有 $P_1=\dfrac{\lambda}{\mu}P_0$；

当 $n=1<c$ 时，$2\mu P_2+\lambda P_0=(\lambda+\mu)P_1$，有 $P_2=\dfrac{\lambda^2}{2!\mu^2}P_0$；

当 $n=2<c$ 时，$3\mu P_3+\lambda P_1=(\lambda+2\mu)P_2$，有 $P_3=\dfrac{\lambda^3}{3!\mu^3}P_0$。

同理可得 $P_n=\dfrac{\lambda^n}{n!\mu^n}P_0$。

2. 系统状态 $n\geqslant c$

当 $n=c$ 时，$c\mu P_{c+1}+\lambda P_{c-1}=(\lambda+c\mu)P_c$，有 $P_{c+1}=\dfrac{\lambda^{c+1}}{cc!\mu^{c+1}}P_0$；

当 $n\geqslant c$ 时，得 $P_n=\dfrac{\lambda^n}{c^{n-c}c!\mu^n}P_0$。

由 $\sum\limits_{n=1}^{\infty}P_n=1$，得状态概率为：

$$P_0=\left[\sum_{n=0}^{c-1}\frac{\lambda^n}{n!\mu^n}+\frac{1}{c!}\left(\frac{\lambda}{\mu}\right)^c\left(\frac{1}{1-\rho}\right)\right]^{-1}$$

$$P_n=\begin{cases}\dfrac{\lambda^n}{n!\mu^n}P_0, & n<c\\[2ex]\dfrac{\lambda^n}{c^{n-c}c!\mu^n}P_0, & n\geqslant c\end{cases}$$

四、运行指标

平均队列长（系统中的平均顾客数）：$L_q=\dfrac{\lambda^c\rho P_0}{\mu^c c!\ (1-\rho)^2}$

平均队长（队列中的平均顾客数）：$L_s=L_q+\dfrac{\lambda}{\mu}$

平均逗留时间（系统中顾客）：$W_s=\dfrac{L_s}{\lambda}$

平均等待时间（队列中顾客）：$W_q=\dfrac{L_q}{\lambda}$

［例 12-2］ 某售票厅有 3 个窗口，顾客以每分钟 4 人的平均速率按泊松分布到达，排成一队依次到空闲窗口购票；售票时间服从负指数分布，均值为 0.5 分钟，试求系统的运行指标。

解 $c=3$，$\lambda=4$ 人/分钟，$\mu=2$ 人/分钟，则$\dfrac{\lambda}{\mu}=2$，$\rho=\dfrac{\lambda}{c\mu}=\dfrac{4}{2\times3}<1$，这是一个标准的 $M/M/c$ 排队系统。

售票厅空闲的概率 P_0 为：

$$P_0=\left[\sum_{n=0}^{3-1}\frac{4^n}{n!2^n}+\frac{1}{3!}\times\left(\frac{4}{2}\right)^3\times\left(\frac{1}{1-4/6}\right)\right]^{-1}\approx 0.111$$

平均队列长 L_q 为：

$$L_q=\frac{2^3\times2\times0.111}{2^3\times3\times3!\times(1-4/6)^2}=0.888(\text{人})$$

平均队长 L_s 为：

$$L_s=L_q+2=2.888(\text{人})$$

平均逗留时间 W_s 为：

$$W_s=\frac{L_s}{\lambda}=\frac{2.888}{4}=0.722(\text{分钟})$$

平均等待时间 W_q 为：

$$W_q=\frac{L_q}{\lambda}=\frac{0.888}{4}=0.222(\text{分钟})$$

顾客到达后必须等待的概率即系统中各售票口都没空闲的概率为：

$$P(n\geqslant3)=1-P_0-P_1-P_2=1-0.111-\frac{4}{2}\times0.111-\frac{4^2}{2\times2^2}\times0.111=0.45$$

如果顾客到达后在每个窗口前各排成一队，且进入队列后不换队，这样就形成了三队并列的情况，即 3 个标准 $M/M/1$ 型的子系统，每个队列平均到达率为 $\lambda_1=$

$\lambda_2=\lambda_3=\frac{4}{3}$人/分钟。$M/M/3$ 型系统和 3 个 $M/M/1$ 型系统的比较如表 12-4 所示。

表 12-4　　**M/M/3 与 M/M/1 型系统比较**

运行指标	排队模型	
	$M/M/3$	$M/M/1$
售票厅空闲概率（P_0）	0.111	0.33（每个售票口）
顾客必须等待概率	$P(n\geqslant 3)=0.45$	0.67
平均队列长（L_q）	0.888 人	1.33 人（每个售票口）
平均队长（L_s）	2.888 人	6 人（售票厅）
平均逗留时间（W_s）	0.722 分钟	4.25 分钟
平均等待时间（W_q）	0.222 分钟	1 分钟

第 5 节　M/G/1 排队模型

前面讨论了输入时间服从泊松分布、服务时间服从负指数分布的排队模型。本节讨论的排队模型与第 3 节的区别是服务时间服从任意分布，其均值为 $E[T]$，方差为 $\mathrm{Var}[T]$，$\rho=\lambda E[T]$，且 $\rho<1$，则

$$L_s=\rho+\frac{\rho^2+\lambda^2\mathrm{Var}[T]}{2(1-\rho)}$$

这就是 Pollaczek Khintchine（PK）公式。只要知道 λ，$E[T]$，$\mathrm{Var}[T]$，不管服务时间 T 服从什么分布，都可求出 L_s。显然，对任何情况，下面的关系都是正确的：

系统中顾客数的期望＝队列中顾客数的期望＋服务机构中顾客数的期望

系统中逗留时间的期望＝排队等待时间的期望＋服务时间的期望

由第 3 节可得如下关系：

$$\begin{cases}L_s=\lambda W_s\\ L_q=\lambda W_q\\ L_q=L_s-\lambda E[T]\\ W_s=W_q+E[T]\end{cases}$$

这些公式中，由于有方差项的存在，在分析研究排队系统的运行指标时，完全不考虑概率性质会得出错误结果。因为系统的各运行指标都是期望值，仅当服务时间的方差 $\mathrm{Var}[T]=0$ 时，随机性波动才不影响平均队长 L_s。因此，要想改进系统的运行指标，除考虑期望值外，还应考虑到方差。

如果服务时间服从定长分布，即服务时间是确定的常数 $E[T]$，则方差 $\mathrm{Var}[T]=0$，有 $\rho=\lambda E[T]$，平均队长为 $L_s=\rho+\frac{\rho^2}{2(1-\rho)}$。

[例 12-3]　某汽车冲洗站有一条自动冲洗线，假设冲洗的汽车按泊松分布到

达，每小时平均4辆，冲洗每辆汽车所需时间为6分钟。求：冲洗站内汽车的平均数L_s；等待冲洗的平均汽车数L_q；每辆汽车在冲洗站内的平均逗留时间W_s；每辆汽车平均等待冲洗的时间W_q。

解　$\lambda=4$辆/小时，$E[T]=0.1$小时，$\rho=\lambda E[T]=0.4$，$\mathrm{Var}[T]=0$。

$$L_s=\rho+\frac{\rho^2}{2(1-\rho)}=0.4+\frac{0.16}{2\times0.6}=0.53(\text{辆})$$

$$L_q=L_s-\lambda E[T]=0.53-0.4=0.13(\text{辆})$$

$$W_s=\frac{L_s}{\lambda}=\frac{0.53}{4}=0.132\,5(\text{小时})$$

$$W_q=\frac{L_q}{\lambda}=\frac{0.13}{4}=0.032\,5(\text{小时})$$

第6节　排队系统的优化

排队系统的最优化问题涉及排队系统的最优设计和最优运营。前者称为静态优化问题，目的是在一定服务质量水平下要求系统最为经济。后者称为动态优化问题，研究对于一个给定的系统，如何运营可使某个目标达到最优，即进行动态最优控制。

动态控制模型大体研究两类问题：一是根据系统的实际情况，假定一个合理的或实际可行的控制策略，然后分析系统，确定系统运行的最佳参数。例如，对$M/M/c$系统采取这样的服务策略：当队长达到k时，增加一个服务台，而一旦队长小于k时，再取消增设的服务台，对于某个确定的目标函数，确定最佳的k值。二是对一个具体的系统，研究一个最佳的控制策略。

本节只讨论静态最优化问题。最优设计的主要研究内容是在输入参数给定的条件下，确定系统的参数，如在$M/M/c$模型中，给定到达率λ、服务率μ，确定服务台数c，使得系统最经济。一般而言，提高服务水平（如服务率μ、服务台数c等）会降低顾客的等待损失（等待费用），但常常使服务系统的运行成本（服务费用）增加。最优化的目标之一是使等待费用和服务费用之和为最小，或者是使服务收入与服务费用之差为最大。在稳定情况下，各种费用都按单位时间费用考虑，可以根据统计的经验资料来估计，下面介绍标准的$M/M/1$和$M/M/c$模型的静态优化问题。

一、标准$M/M/1$模型中的最优服务率μ

设C_s为单位时间服务费用，C_w为一个顾客在系统中停留单位时间的逗留费用，取目标函数为单位时间总费用的期望，即

$$\min Z(\mu)=C_s\mu+C_wL_s$$

将$L_s=\dfrac{\lambda}{\mu-\lambda}$代入，得

$$\min Z(\mu)=C_s\mu+C_w\frac{\lambda}{\mu-\lambda}$$

μ 取何值时 $Z(\mu)$ 为最小？可用微积分求极值的方法，即

$$\frac{dZ}{du}=C_s-C_w\frac{\lambda}{(\mu-\lambda)^2}=0$$

解之得 $\mu^*=\lambda+\sqrt{\lambda}$，为保证 $\mu>\lambda$，使 $\rho<1$，根号前取正号。

[例 12-4] 设配送车辆按照泊松流到达配送中心，每半小时到达一辆。假定每辆车的卸货时间服从负指数分布，且每辆车在配送中心停留一天的费用为 0.1 万元（每天按 12 小时计算），一辆车每天的卸货费用为 0.2 万元。试确定该服务系统的最优服务率。

解 根据已知可得 $\lambda=24$ 辆/天，$C_w=0.1$ 万元，$C_s=0.2$ 万元。则有

$$\mu^*=24+\sqrt{24}=28(\text{辆/天})$$

二、标准 *M/M/c* 模型中最优服务台数 *c*

设 C_s 是每个服务台的单位时间服务费用，C_w 为一个顾客在系统中停留单位时间的逗留费用，c 为服务台数，$L(c)$ 是系统中顾客平均数 L_s 或队列中等待的顾客平均数 L_q，如第 4 节所述，L_s 或 L_q 随 c 值不同而变化；取目标函数为单位时间和费用的期望，即

$$\min Z(c)=C_sc+C_wL(c)$$

由于 c 只取整数值，故 $Z(c)$ 不是连续变量的函数，下面用边际分析法求最佳 c^* 的值。

$Z(c^*)$ 为最小，则必须满足：$Z(c^*)\leqslant Z(c^*-1)$ 和 $Z(c^*)\leqslant Z(c^*+1)$。即

$$C_sc^*+C_wL(c^*)\leqslant C_s(c^*-1)+C_wL(c^*-1)$$
$$C_sc^*+C_wL(c^*)\leqslant C_s(c^*+1)+C_wL(c^*+1)$$

简化，得

$$L(c^*)-L(c^*+1)\leqslant\frac{C_s}{C_w}\leqslant L(c^*-1)-L(c^*)$$

依次求 $c=1, 2, 3, \cdots$ 时 $L(c)$ 的值，满足上式的 c 值就是最优服务台数。

[例 12-5] 某厂仓库负责向全厂工人发放材料。已知领料工人按泊松流到达，平均每小时来 20 人，发放时间服从平均值 4 分钟的负指数分布。每个工人去领料所造成的停工损失为每小时 60 元，仓库管理员每人每小时的服务成本 5 元。问该仓库应配备几名管理员才能使总费用的期望值为最小？

解 根据已知可得，$\lambda=20$ 人/小时，$\mu=\frac{60}{4}=15$ 人/小时，$C_w=60$ 元，$C_s=5$ 元，系统单位时间的总费用的期望值为 $Z(c)=C_sc+C_wL(c)=5c+60L(c)$。

为保证系统能达到稳态，必须使 $\rho=\frac{\lambda}{c\mu}<1$，因此，服务台的数目 c 应大于等于2。计算过程与结果如表12-5所示。由表12-5可知，应该取 $c^*=4$，即应配备4名管理员，相应的最小平均总费用为每小时101.54元。

表12-5　　例12-5计算结果

c	$L(c)$	$C_wL(c)$	C_sc	$Z(c)$
2	2.399	143.94	10	153.94
3	1.478	88.68	15	103.68
4	1.359	81.54	20	101.54
5	1.338	80.28	25	105.28

□ 复习思考题

1. 顾客按泊松分布到达一个服务台，如果到达率为每单位时间20个，在 $t=0$ 时系统是空闲的。

（1）已知在 $t=15$ 时系统中有10个顾客，求在 $t=30$ 时系统中有20个顾客的概率；

（2）在 $t=10$ 时和 $t=20$ 时系统中的平均顾客数。

2. 某公用电话亭有一部电话，来打电话的人按泊松分布到达，平均每小时24人，假定每次电话的通话时间服从负指数分布，平均为2分钟，求该系统空闲时间的概率、平均队长、平均队列长、平均逗留时间、平均等待时间。

又若打电话人的到达情况与通话时间的概率分布均不变，而电话增加到2部时，系统的各项指标又有什么变化?

3. 某食品杂货铺设一个收款台，配有一名专职出纳员。顾客到达该台服从泊松分布，平均速率每小时30人。在台前仅有1个顾客时，由出纳员接待，平均服务时间为1.5分钟；当台前多于1个顾客时，管理员帮助出纳员包装货物使接待顾客时间缩减至1分钟。两种服务时间都服从负指数分布。

（1）作出此排队系统的速率图；

（2）求出在收款台顾客数的概率分布；

（3）导出此系统的 L_s，使用该资料确定 L_q，W_s 及 W_q。

4. 一家银行有3名出纳员为顾客服务，顾客以每分钟4人的平均速率按泊松分布到达，排成一队等待服务。出纳员为顾客服务的时间服从负指数分布，均值为0.5分钟。

（1）画出此排队系统的速率图；

（2）求 L_q，L_s，W_q 及 W_s。

5. 在 $M/M/c$ 的标准模型中，到达率为 λ，每个服务台的服务率为 μ，则 $L_s=L_q+\frac{\lambda}{\mu}$，即与单服务台情况下的公式相同而与 c 无关，试就 $c=2$，$c=3$ 的情况给予验证。

6. 考虑某个只有一个服务员的排队系统，输入参数为 λ 的泊松流，假定服务时间的概率分布未知，但期望值已知为 $1/\mu$。

(1) 比较每个顾客在队伍中的期望等待时间，如服务时间的分布分别为负指数分布、定长分布；

(2) 如 λ 与 μ 值均增大为原来的 2 倍，σ 值也相应变化，求上述两种分布情况下顾客在队伍中期望等待时间的改变情况。

7. 某铁路局为油漆在用火车车厢，考虑了两个方案：方案一是设置一个手工油漆场，年总开支费用为 20 万元，每节车厢油漆时间服从均值 6 小时的负指数分布；方案二是建一喷漆车间，年总开支费用为 45 万元，每节车厢油漆时间服从均值 3 小时的负指数分布。设要油漆的车厢按泊松流到达，平均每 8 小时一节，油漆场昼夜常年开工（即每年工作时间为 $365\times24=8\,760$ 小时），又每节车厢闲置时间的损失为每小时 15 元，该铁路局采用哪个方案比较经济合算？

参考文献

[1] 郝英奇，谢家平，冯慧军．运筹学．北京：地震出版社，1998.

[2] 韩大卫．管理运筹学．6 版．大连：大连理工大学出版社，2010.

[3] 戴维·R. 安德森，等．数据、模型与决策．北京：机械工业出版社，2009.

[4] 谢金星，薛毅．优化建模与 LINDO/LINGO 软件．北京：清华大学出版社，2005.

[5] 钱颂迪，等．运筹学．北京：清华大学出版社，1990.

[6] 谢家平，迟琳娜．供应链管理．2 版．上海：上海财经大学出版社，2012.

[7] 韩伯棠．管理运筹学．3 版．北京：高等教育出版社，2010.

[8] 薛声家，左小德．管理运筹学．4 版．广州：暨南大学出版社，2010.

[9] 弗雷德里克·S. 希利尔，等．数据、模型与决策．北京：中国财政经济出版社，2001.

[10] 蒋绍忠．MBA 管理运筹学教程．杭州：浙江大学出版社，2005.

[11] 王金山，谢家平．系统工程基础与应用．北京：地质出版社，1996.

[12] 谢家平．生产方式变革．上海：上海财经大学出版社，2007.

[13] 胡运权，郭耀煌．运筹学教程．3 版．北京：清华大学出版社，2006.

[14] 李成标，刘新卫．运筹学．北京：清华大学出版社，2012.

[15] 牛映武，等．运筹学．2 版．西安：西安交通大学出版社，2006.

[16] 李荣钧．运筹学导论．北京：科学出版社，2009.

[17] 弗雷德里克·S. 希利尔，杰拉尔德·J. 利伯曼．运筹学导论：第 8 版．北京：清华大学出版社，2007.

[18] 李珍萍．管理运筹学．北京：中国人民大学出版社，2011.

[19] 龙子泉，陆菊春．管理运筹学．武汉：武汉大学出版社，2010.

[20] 刘洪伟．管理运筹学．北京：科学出版社，2010.

[21] 徐选华．管理运筹学．武汉：武汉理工大学出版社，2010.

[22] 岳宏志，蔺小林．运筹学．大连：东北财经大学出版社，2012.

[23] 邱启荣，吕蓬．运筹学及其应用．北京：中国电力出版社，2009.

[24] Hamdy A. Taha．运筹学导论．北京：人民邮电出版社，2008.

图书在版编目（CIP）数据

管理运筹学：管理科学方法/谢家平等编著．—3版．—北京：中国人民大学出版社，2018.5
教育部经济管理类主干课程教材．管理科学与工程系列
ISBN 978-7-300-25630-6

Ⅰ.①管… Ⅱ.①谢… Ⅲ.①管理学-运筹学-高等学校-教材 Ⅳ.①C931.1

中国版本图书馆CIP数据核字（2018）第051919号

教育部经济管理类主干课程教材·管理科学与工程系列
管理运筹学：管理科学方法（第3版）
谢家平　梁　玲　田亚明　编著
Guanli Yunchouxue：Guanli Kexue Fangfa

出版发行	中国人民大学出版社		
社　址	北京中关村大街31号	邮政编码	100080
电　话	010－62511242（总编室）		010－62511770（质管部）
	010－82501766（邮购部）		010－62514148（门市部）
	010－62515195（发行公司）		010－62515275（盗版举报）
网　址	http://www.crup.com.cn		
	http://www.ttrnet.com(人大教研网)		
经　销	新华书店		
印　刷	北京宏伟双华印刷有限公司	版　次	2010年2月第1版
规　格	185 mm×260 mm　16开本		2018年5月第3版
印　张	19.75 插页1	印　次	2020年2月第3次印刷
字　数	424 000	定　价	39.00元

教师教学服务说明

中国人民大学出版社工商管理分社以出版经典、高品质的工商管理、财务会计、统计、市场营销、人力资源管理、运营管理、物流管理、旅游管理等领域的各层次教材为宗旨。

为了更好地为一线教师服务，近年来工商管理分社着力建设了一批数字化、立体化的网络教学资源。教师可以通过以下方式获得免费下载教学资源的权限：

在中国人民大学出版社网站 www. crup. com. cn 进行注册，注册后进入“会员中心”，在左侧点击“我的教师认证”，填写相关信息，提交后等待审核。我们将在一个工作日内为您开通相关资源的下载权限。

如您急需教学资源或需要其他帮助，请在工作时间与我们联络：

中国人民大学出版社　工商管理分社

联系电话：010-62515735，82501048，62515782，62515987

电子邮箱：rdcbsjg@crup. com. cn

通讯地址：北京市海淀区中关村大街甲 59 号文化大厦 1501 室（100872）